HISTORY OF IDEAS
IN
ANCIENT GREECE

HISTORY OF IDEAS
IN
ANCIENT GREECE

Advisory Editor

Gregory Vlastos

L'AMITIÉ ANTIQUE

D'APRÈS LES MŒURS POPULAIRES

ET

LES THÉORIES DES PHILOSOPHES

L[udovic] Dugas

ARNO PRESS

A New York Times Company

New York / 1976

Editorial Supervision: EVE NELSON

———◆———

Reprint Edition 1976 by Arno Press Inc.

Reprinted by permission of
Presses Universitaires de France

Reprinted from a copy in
The University of Michigan Library

HISTORY OF IDEAS IN ANCIENT GREECE
ISBN for complete set: 0-405-07285-6
See last pages of this volume for titles.

Manufactured in the United States of America

———◆———

Library of Congress Cataloging in Publication Data

Dugas, Ludovic, 1857-
    L'amitié antique d'après les mœurs populaires
et les théories des philosophes.

    (History of ideas in ancient Greece)
    Reprint of the 1894 ed. published by F. Alcan,
Paris.
    1. Philosophy, Ancient. 2. Friendship.
3. Love. I. Title. II. Series.
B187.F75D8 1975   177'.6   75-13263
ISBN 0-405-07305-4

L'AMITIÉ ANTIQUE

LES MŒURS POPULAIRES ET LES THÉORIES DES PHILOSOPHES

Grenoble, imprimerie F. ALLIER PÈRE ET FILS,
Cours Saint-André 26.

L'AMITIÉ ANTIQUE

D'APRÈS LES MŒURS POPULAIRES

ET

LES THÉORIES DES PHILOSOPHES

PAR

L. DUGAS

DOCTEUR ÈS-LETTRES

PARIS

FÉLIX ALCAN, ÉDITEUR

108, boulevard Saint-Germain, 108

—

1894

A Monsieur SÉAILLES

Hommage affectueux.

LIVRE I

LES FAITS

CHAPITRE Ier.

DE L'AMITIÉ CONSIDÉRÉE COMME FORCE PHYSIQUE ET DES EXPLICATIONS PHYSIQUES DE L'AMITIÉ.

I. De l'Amitié considérée comme force physique : Théories d'Empédocle et d'Héraclite.

II. Critique platonicienne des théories d'Empédocle et d'Héraclite : l'amour n'est ni l'union des semblables ni celle des contraires (*Lysis*). L'amour est une force cosmique. Il produit l'ordre ou l'harmonie dans l'univers par le mélange des contraires (*Banq.*, Disc. d'Eryximaque) par le mélange du *fini* et de l'*infini* (*Philèbe*). L'opposition des deux amours, céleste et vulgaire, remplace celle de l'amour et de la haine.

III. Explication mythique de l'amour.

    A. *Théorie de l'ἵμερος.* — Les émanations de la beauté, qui s'échappent du corps de l'aimé, se communiquent à l'amant et l'enflamment de désir, puis sont renvoyées par l'amant à l'aimé.

    B. *Origine des différentes espèces d'amour.* — Les trois races humaines primitives : mâle, femelle, androgyne. Les hommes ayant été coupés en deux, les moitiés cherchent aujourd'hui à se rejoindre. Trois espèces d'amour : l'amour de l'homme et de la femme, — celui des hommes entre eux, — des femmes entre elles.

IV. Critique péripatéticienne des théories d'Empédocle et d'Héraclite. L'amitié n'existe pas dans le monde physique : les éléments se combinent, mais ne s'aiment pas. L'amitié n'existe qu'entre les personnes et pour les personnes. Interprétation psychologique des maximes : *le semblable est l'ami du semblable — le contraire est l'ami du contraire.*

CONCLUSION.

Les anciens donnent au mot φιλία l'extension que nous donnons au mot amour. Nous disons : l'amour paternel, l'amour filial, etc., ils disent : l'amitié paternelle, l'amitié filiale. La φιλία comprend toutes les affections : l'amour proprement dit, entre personnes du même sexe ou de sexe différent (φιλία ἐρωτική), l'amour du genre humain ou φιλανθρωπία, et l'amitié au sens étroit (φ. ἑταιρική). L'affinité des éléments qui rappelle la sympathie entre les personnes est elle-même appelée φιλότης.

Si l'amitié est prise pour type de toutes les affections, c'est qu'elle est, dans les mœurs de la Grèce, l'affection la plus forte et la plus développée ; elle éclipse l'amour, elle a des racines plus profondes que les sentiments de famille, elle est chantée par les poètes. Les sentiments ont leur destinée historique ; l'amitié est, dans le monde antique, ce qu'est l'amour dans le monde chevaleresque et chrétien, la passion exclusive ou dominante. Elle est le centre de la vie morale ; par une illusion d'optique psychologique, elle paraît aussi la loi du monde physique, la force qui réunit les éléments, le principe d'organisation et de vie.

Cependant, lorsque les sentiments, longtemps réduits à l'état d'instincts confus, furent soumis à la réflexion et à l'analyse, l'amitié fut mieux définie ; on saisit ses caractères propres, on ne vit plus en elle une force cosmique, mais un sentiment de l'âme humaine ; on la distingua des autres affections, on l'opposa à l'amour, à la philanthropie.

Nous étudierons les diverses conceptions de l'amitié ; nous verrons combien la conception primitive, celle qui englobe sous le nom de φιλία toutes les affections humaines, a pesé longtemps sur l'esprit des Grecs, et au prix de quels efforts l'analyse philosophique a dégagé l'idée, devenue aujourd'hui banale, d'une amitié également éloignée de l'amour coupable et de la froide philanthropie.

I. — L'AMITIÉ CONSIDÉRÉE COMME FORCE PHYSIQUE.

Théories d'Empédocle et d'Héraclite.

La première forme sous laquelle se présente le problème de l'amitié est la plus éloignée du sens commun, la moins simple, la moins naturelle ; on érige l'amitié en force physique, on cherche à déterminer son rôle dans l'univers. L'esprit humain débute toujours ainsi par les théories ambitieuses et mal fondées, il arrive à la vérité en épuisant l'erreur, aux idées de bon sens en passant par les hypothèses étranges et compliquées.

Depuis Hésiode, l'amour était considéré en Grèce comme un principe d'ordre et d'harmonie, nécessaire au monde pour se constituer et se conserver. Empédocle expliqua par le même principe les changements heureux de l'univers, la combinaison, la génération. Il dit que l'amour tend, par un mélange en proportions convenables des quatre éléments, à faire de l'univers un être un et de forme parfaite, *Sphœros*. Mais l'unité et le bien ne se réalisent jamais qu'à moitié dans le monde. L'Amour est tenu en échec par la Discorde ou la Haine. L'un unit les éléments, l'autre les sépare ; l'un est un principe de vie, l'autre, un principe de mort. La lutte entre eux

ne doit point finir. Ils ont leurs triomphes successifs et
nécessaires.

Empédocle ne songe pas à déterminer l'essence de
l'Amour et de la Haine. La distinction des natures spirituelle et corporelle lui échappe entièrement. S'il
conçoit une cause du changement, extérieure aux choses
qui changent, s'il croit que les éléments ne s'unissent pas
d'eux-mêmes et s'il imagine une force qui produit leur
union, il ne pense pas cependant que cette force soit
distincte par nature des corps sur lesquels elle agit. Sa
notion de la force est si confuse qu'il lui arrive de faire
de l'Amour et de la Haine « des substances corporelles
mêlées aux choses » (Zeller). Il n'a pas analysé non plus
le sentiment à l'image duquel il conçoit la force qui préside à l'ordre du monde. On ne sait quelle est la nature
de ce sentiment, si c'est l'amour ou l'amitié. Il le
désigne tantôt par les mots de φιλότης, de στοργή, tantôt
par ceux de Αφροδίτη, de Κύπρις, tantôt par le mot vague d'ἀρμονίη. Enfin, il reste à déterminer quels sont les
êtres que l'amitié unit, si ce sont les semblables ou les
contraires ; et de longues et subtiles discussions s'élève-
ront à ce sujet entre les philosophes.

Suivant Empédocle, ce sont les semblables que rapproche l'amitié (Arist., *Eth. Nic.*, VIII, I). A l'appui de
son opinion, on cite (Plat., *Lysis*, 214 A, Arist., *Eth.
Nic.*, VIII, I, *Mor. Eud.*, VII, I, *de Mor.*, II, XI) un vers
d'Homère : « Toujours un dieu conduit le semblable vers
le semblable. » (*Odyssée*, XVII, 218) et on invoque ce
proverbe : « le geai connaît le geai ». (Arist., *Eth. Nic.*,
VII, I), le voleur connaît le voleur et « le loup connaît le
loup ». (*Mor. Eud.*, VII, I).

Suivant Héraclite, l'harmonie résulte de l'union des
contraires. A l'autorité d'Homère, ses partisans opposent celle d'Hésiode : « Le potier est jaloux du potier,
l'aède de l'aède, le mendiant du mendiant. » (*Œuvres et
jours*, 25, vers proverbe cité par Platon, *Lysis*, 215 C.,

Banq., 182, B. — Arist., *Mor. Nic.*, VIII, ɪ, *Mor.*
Eud., VII, ɪɪ). Ils remarquent que les animaux qui se
nourrissent des mêmes aliments se font la guerre (*Mor.*
Eud., VII, ɪ). Il faut donc blâmer le vœu du poète :

Ah! cesse la discorde des dieux et des hommes!

car, sans la discorde, il n'y aurait point d'amitié ; c'est le
contraste des sons aigus et graves qui produit l'harmonie et la différence des sexes qui produit l'amour. (*Mor.*
Eud., VII, ɪ). Euripide dit aussi dans le même sens que
« la terre desséchée aime la pluie et que le ciel sombre et
chargé de pluie aime à tomber sur la terre. » (Arist.,
Eth. Nic., VIII, ɪ, 1155 B). Ainsi, c'est le contraste
et non pas la ressemblance qui fonderait l'amitié.

De bonne heure, les théories d'Empédocle et d'Héraclite deviennent classiques; on prend l'habitude de les
opposer l'une à l'autre. Platon et Aristote s'attachent à
prouver qu'elles sont fausses ou sans objet.

II. — CRITIQUE PLATONICIENNE DES THÉORIES D'EMPÉDOCLE
ET D'HÉRACLITE.

Il semble que Platon refuse de se placer au point de
vue d'Empédocle, qu'il étudie l'amitié en moraliste, non
en physicien. Ceux qui soutiennent que le semblable est
nécessairement l'ami du semblable, dit Socrate dans le
Lysis, prétendent parler de « la nature et de l'univers »
(περὶ φύσεώς τε καὶ τοῦ ὅλου, 214 D). Ils ont peut-être
raison, peut-être à moitié, peut-être tout à fait raison,
« mais nous, nous ne les entendons pas » (ἀλλ' ἡμεῖς
οὐ συνίεμεν, *ibid*). Recherchons donc, non pas si les éléments semblables s'attirent, mais si les personnes qui
ont le même caractère sont amies.

Ainsi interprétée et prise au sens absolu, la maxime
d'Empédocle est fausse. En effet, elle ne s'applique pas

aux méchants : plus le méchant ressemble au méchant, plus il en est l'ennemi ; car le méchant est injuste, et il est impossible que celui qui commet l'injustice et celui qui la subit soient amis. Il est vrai que les méchants, n'étant jamais semblables à eux-mêmes (*sibi constantes*), peuvent encore moins ressembler aux autres, et ainsi ne peuvent avoir d'amis. Quoi qu'il en soit, la maxime : *le semblable est l'ami du semblable,* ne se trouve applicable qu'aux bons. Mais c'est une question de savoir si le bon est l'ami du bon, « en tant qu'il lui ressemble » (καθ᾽ ὅσον ὅμοιος 214 E) ou en tant que bon. La réponse n'est pas douteuse : c'est la vertu, et non pas la ressemblance, qui fonde l'amitié. Il faut dire, non pas qu'il n'y a d'amitié qu'entre les semblables, mais qu'il n'y a d'amitié qu'entre les bons. Ainsi corrigée, on pourrait croire que la maxime d'Empédocle est vraie à la rigueur. Il n'en est rien. En effet, le bon, en tant que tel, se suffit à lui-même, n'a pas besoin d'amis (ὁ ἀγαθὸς, καθ᾽ὅσον ἀγαθὸς, κατὰ τοσοῦτον ἱκανὸς... αὐτῷ, 215 A). La théorie d'Empédocle n'est donc pas seulement fausse à demi, elle est fausse de tous points. Elle ne s'applique à personne, ni aux bons, ni aux méchants.

S'il n'est pas vrai que les semblables, bons ou méchants, deviennent jamais amis, il semble que les amis devront se rencontrer parmi les êtres qui diffèrent les uns des autres. En effet, si l'on considère les personnes, on voit que le pauvre aime le riche ; le faible, le fort; le malade, le médecin, et l'ignorant, le savant. Si l'on considère les choses, on voit que le sec aime l'humide ; le froid, le chaud ; l'amer, le doux, etc. C'est que le contraire a besoin du contraire, tandis que le semblable n'a rien à retirer de son semblable. Toutefois il est aisé de pousser à l'absurde la maxime d'Héraclite. Les disputeurs (οἱ ἀντιλογικοί[1]) diront que l'amitié, à ce compte,

---

[1] « Qui argute in utramque partem disputabant argumentationibus

est amie de la haine; la justice, de l'injustice; la tempérance, de l'intempérance. Le contraire n'est donc pas
plus l'ami du contraire que le semblable n'est l'ami du
semblable.

Platon propose encore, dans le *Lysis*, une autre
définition de l'amitié qui ne le satisfait pas mieux,
et conclut que l'amitié ne peut être définie. Ce n'est
là qu'un paradoxe. Le philosophe raille les éristiques,
en leur empruntant leur méthode. Il montre qu'il est trop
aisé d'embrouiller les questions. L'amitié est un fait
bien réel : Socrate, qui s'entend à la pratiquer, se char-
gera de prouver cependant qu'elle est inconcevable. On
sait que le *Lysis* est une œuvre de jeunesse : il en
a tous les caractères : il est d'une logique acerbe, tran-
chante ; il n'entre pas dans le vif des questions, il les
envisage par leur côté abstrait, il soumet à une discussion subtile des thèses légèrement admises, d'un énoncé
absolu et trop simple. Ce serait en fausser le sens, en
méconnaître l'ironie que d'y chercher une doctrine.

C'est ailleurs qu'il faut chercher les idées de Platon sur l'amitié, conçue comme force physique. Le
médecin Éryximaque, dans le *Banquet*, parle comme
Empédocle. « L'amour, dit-il, ne réside pas seulement
« dans l'âme des hommes où il a pour objet la beauté ; il
« se rencontre aussi dans la nature corporelle, dans tous
« les animaux, dans les productions de la terre, en un
« mot, *dans tous les êtres*. » (ἐν πᾶσι τοῖς οὖσιν, *Banq.*,
186 A). L'amour étant le principe universel, toute science,
remontant à ce principe, est une science de l'amour.
Le mot de Socrate, si souvent cité, «*je ne sais qu'une
petite science, l'amour* », serait donc ironique. Cette
petite science en effet contient toutes les autres, la mu-

maxime ex varia ac diversa vocabulorum significatione dictis. »
Stallbaum.

sique, l'astronomie, la science de la divination, etc. La médecine en particulier « est la science de l'amour dans « les corps relativement à la réplétion et à l'évacuation ». (*Banq.* 186 C). Les termes de réplétion (πλησμονή, *Banq.*, 186 C., πλήρωσις, *Phil.*, 31 E) et d'évacuation (κένωσις, *Banq.*, ibid.) désignent le double mouvement par lequel les éléments essentiels du corps s'agrègent et se désagrègent. Dans la composition du corps entrent le froid et le chaud, l'amer et le doux, le sec et l'humide; il faut que ces contraires s'unissent, que ces éléments ennemis deviennent amis, qu'il se forme des uns et des autres un mélange harmonieux, d'où résulte la santé ; c'est là ce qu'opère l'amour.

La même théorie se trouve énoncée dans le *Philèbe* en termes abstraits. Platon range le sec et l'humide, le froid et le chaud, etc., dans la classe de l'indéfini (ἄπειρον), c'est-à-dire de ce qui comporte le plus ou le moins. A la classe de l'indéfini s'oppose celle du défini ou de la limite (πέρας), comprenant les choses qui ont une nature déterminée, qui sont entre elles comme un nombre est à un autre nombre. Enfin, le mélange du défini et de l'infini forme une troisième classe à laquelle appartiennent les choses, comme l'harmonie et la santé. La santé, en effet, est une combinaison du sec et de l'humide, du froid et du chaud, éléments *indéfinis* par nature, mais pris ici en proportions *définies*. Platon admet une cause (αἴτιον) qui produit le mélange de l'indéfini et du défini. Mais il ne semble pas fixé sur la nature de cette cause ni sur le nom qui lui convient. Dans le *Philèbe,* il lui donne le nom d'Intelligence, et dans le *Banquet,* celui d'Amour. Il se montre ainsi tour à tour le disciple d'Anaxagore et d'Empédocle.

Entre la doctrine d'Empédocle et celle que Platon attribue à Eryximaque, il y a pourtant une différence essentielle : selon Eryximaque, l'Amour n'a point la Haine pour rivale; il est la cause unique de tous les mouvements de la matière; il ne produit pas seulement le mélange, mais la séparation des éléments. En effet, il y a deux sortes d'amour : le *céleste* et le *vulgaire*. Le premier (ὁ ἐπὶ τῷ ὑγιεινῷ ἔρως, *Banq.*, 186 B — ὁ κόσμιος ἔρως *Banq.*, 188 A) est réglé, réside dans les corps sains où il produit le mélange en proportions convenables (ὀρθὴ κοινωνία, *Philèbe*) du sec et de l'humide, du chaud et du froid. Le second (ὁ ἐπὶ τῷ νοσώδει ἔρως, 186 B — ὁ μετὰ τῆς ὕβρεως ἔρως, 188 A., *Banq.*) est de nature violente, réside dans les corps malades et tend à rompre l'équilibre entre les fonctions. La médecine est l'art de discerner « le bon et le mauvais amour des corps » et de combattre l'un par l'autre. Elle ressemble à la morale, qui distingue dans l'âme des passions généreuses et grossières. (τὸ θυμοειδές — τὸ ἐπιθυμητικόν) et oppose les unes aux autres.

Si l'Amour n'est le principe de l'harmonie qu'autant qu'il est dirigé et réglé par la Raison, on comprend que l'harmonie puisse être rapportée à la Raison aussi bien qu'à l'Amour. Il n'y a donc pas de contradiction entre la doctrine du *Philèbe* et celle du *Banquet*. L'Intelligence commande et l'Amour agit : l'une trace la voie où l'autre s'engage. Il y a entre le Θυμός et le Νοῦς le rapport de la cause efficiente à la cause finale. Tout se produit par le concours de ces deux causes : la Raison marque le but et l'Amour s'y porte d'un élan généreux. En physique comme en morale, l'Amour est au service de la Raison; il est le cheval qui obéit à la voix du cocher. Platon sur ce point se rapproche des Orphiques pour qui « Éros et Mètis (la sagesse) se réunissent en un principe unique de la vie physique qui anima dès l'origine toute la nature et tous les êtres » [1].

---

[1] Girard, *Sentiment religieux en Grèce*, p. 269.

III. — EXPLICATION MYTHIQUE DE L'AMOUR EN GÉNÉRAL.

A. *Théorie de l'*ἵμερος : *comment l'amour naît et se communique.*

Alors même qu'on ne considère plus l'Amitié comme une force cosmique, mais comme une affection de l'âme humaine, on ne laisse pas d'en donner encore une explication physique. On la rattache à l'amour, et l'amour est un attrait des corps aussi bien que des âmes. Platon explique par une allégorie du *Phèdre* comment il naît dans l'âme à la vue de la beauté, et comment il se communique d'une âme à l'autre.

L'amour, dit-il, s'appelle Ἔρως dans la langue des hommes, Πτέρως dans celle des dieux. Πτέρως veut dire : *qui donne des ailes.* Notre âme, à l'origine, était tout ailée : elle a perdu ses ailes en entrant dans la vie sensible; l'amour les lui rend. L'amour nous est inspiré par la vue de la beauté. Les émanations de la beauté (τοῦ κάλλους τὴν ἀπορροήν, *Phèdre*, 251 B) entrent dans l'âme par les yeux, les plus subtils des organes des sens; elles la réchauffent, elles fondent son enveloppe; elles font que les pores de l'âme se dilatent, que « la tige des ailes » (ὁ τοῦ πτεροῦ καυλός) se gonfle et perce. L'âme, qui par l'amour renaît à la vie ailée, est comme le nouveau-né qui fait ses dents : elle a la fièvre, elle ressent des démangeaisons, de l'agacement. Elle est tourmentée de *désir :* elle aspire à revoir l'objet aimé, dont la présence apaise ses maux, parce qu'il s'en dégage « les émanations que Jupiter, amoureux de Ganymède, appela ἵμερος » (255 C), comme qui dirait ἱέμενα μέρη, parcelles détachées, émanations[1].

---

[1] Note de la traduction Cousin.

Quand nous traduisons ἵμερος par désir, nous devons entendre le désir qu'a l'amant d'approcher, de voir, de toucher l'objet aimé, de fondre son âme à la chaleur bienfaisante des émanations qu'il envoie, et de s'imprégner de ces émanations dont la vertu est de faire pousser et de nourrir ses ailes. Si pour l'amant *l'absence est le plus grand des maux,* c'est que loin de l'objet aimé, les pores de l'âme se dessèchent, se referment, et la pousse des ailes s'arrête. L'amant éprouve alors un véritable malaise physique : « il ne peut dormir la nuit, ni rester « en place pendant le jour ; il court, plein de désir, du « côté où il croit apercevoir la beauté, » et ne retrouve qu'en sa présence le repos et la joie.

La théorie de l'ἵμερος, ou de l'émanation, rend compte de la façon dont l'amour se communique aussi bien que de celle dont il naît. Après que l'amant s'est imprégné des émanations de l'objet aimé, s'il continue à en recevoir encore, il les lui renvoie comme un corps solide et poli renvoie le souffle ou le son qui viennent le frapper. Celui qui est aimé et n'aime point, à partir du moment où les émanations de la beauté, échappées de lui-même, le pénètrent, aime à son tour « sans savoir quoi ; il ne « peut dire ce qu'il éprouve, il ne s'en rend pas compte, « il est comme celui qui en regardant un homme aux « yeux malades, aurait gagné sa maladie. » (*Phèdre,* 255 D). On sait que les Pythagoriciens, par amour de la symétrie, avaient imaginé une planète faisant face à la terre, l'ἀντίχθων. Supposons que la terre (χθών) et l'anti-terre (ἀντίχθων) aient été deux astres lumineux dont l'un, après avoir été éclairé par l'autre, l'éclairerait à son tour. Ce serait là l'image de ce que Platon appelle l'Ἔρως et l'Ἀντέρως, l'ἀντέρως désignant l'amour du bien-aimé, vers qui font retour les émanations de la beauté, après que, parties de lui, elles ont excité l'amour (ἔρως) dans le cœur de l'amant.

Platon semble ici devancer Épicure. L'hypothèse de

l'ἵμερος rappelle celle des atomes, et l'aimé qui se prend
de passion pour l'amant, parce qu' « il se voit en lui
comme dans un miroir » paraît être l'égoïste que per-
sonnifie la fable de Narcisse. Mais, en réalité, dans la
pensée de Platon, l'amour est une passion impersonnelle : il est le culte abstrait de la beauté, et c'est accidentellement qu'il se reporte sur les personnes en qui
la beauté resplendit.

B. L'origine des différentes espèces d'amour, expliquée par un mythe.

(Discours d'Aristophane dans le *Banquet*).

Le discours de Socrate dans le *Phèdre* raconte l'origine mythique de l'Amour en général, celui d'Aristophane dans le *Banquet* décrit la naissance des différentes
espèces d'amour.

Il y avait autrefois, dans l'espèce humaine, trois
sexes : le mâle (ἄρρεν), la femelle (θῆλυ), l'androgyne
(ἀνδρόγυνον). La différence des sexes provenait d'une
différence d'origine : les individus du sexe mâle étaient
originaires du Soleil, ceux du sexe féminin, de la Terre,
ceux du sexe androgyne, de la Lune. L'espèce primitive
différait de l'espèce actuelle par la force et le courage
et aussi par la forme : tout individu, quel que fût son
sexe, avait le dos et les côtés repliés en cercle; en
outre il avait quatre mains, quatre jambes, deux visages
accolés ne formant qu'une seule tête, deux paires
d'oreilles, des organes sexuels en double, et le reste à
l'avenant. Les premiers hommes, étant très forts et très
orgueilleux, attaquèrent les dieux et tentèrent d'esca-
lader le ciel. Jupiter punit leur audace, comme il avait
déjà, dans un cas pareil, puni celle des Géants ; mais

tandis qu'il avait fait disparaître la race des Géants, il laissa vivre celle des hommes, car il avait besoin d'adorateurs ; seulement il voulut les rendre moins insolents, en les rendant plus faibles. Il dit : « Je couperai chaque homme en deux, et il marchera sur deux jambes ; je doublerai ainsi le nombre de mes adorateurs, et j'ôterai leur force à mes ennemis. »

Apollon, sur ses ordres, coupa les premiers hommes en deux, tourna leur visage du côté de la déchirure, afin de leur rappeler leur faute et le châtiment qui l'avait suivie ; puis il recousit la peau et en fit disparaître les plis et rugosités, si ce n'est au milieu du ventre, à l'endroit qu'on appelle maintenant le nombril. Il arriva que les moitiés d'hommes, ainsi formées, aspirèrent à se rejoindre : quand elles se rencontraient, elles ne voulaient plus se quitter et se laissaient mourir de faim en se tenant embrassées. Jupiter, « pris de pitié » (ἐλεήσας) pour la race humaine, menacée de s'éteindre, imagina alors de reporter d'arrière en avant les parties sexuelles de chaque individu, en sorte que le mâle, rencontrant la femelle, devait la féconder par ses embrassements, et que le mâle, rencontrant le mâle, « devait se satisfaire sur lui et aller ensuite à ses affaires » (*Banq.*, 191 C). C'est depuis ce temps que l'Amour essaie de ramener les hommes à leur nature primitive, c'est-à-dire de faire un seul être de deux, en rejoignant les moitiés actuellement séparées.

Il faut ainsi remonter à l'origine de l'humanité pour trouver l'explication de l'amour, tel qu'il existe parmi nous. Aux trois sexes de l'espèce humaine primitive répondent nos trois espèces d'amour : l'amour entre l'homme et la femme, l'amour des femmes entre elles, et des hommes entre eux. L'amour entre l'homme et la femme est celui qui se rencontre parmi les individus issus de l'espèce primitive, appelée *androgyne*. L'amour d'homme à homme ou l'amour de femme à femme a

lieu entre deux individus de l'espèce actuelle, originai-
rement unis en un même individu, mâle ou femelle, de
l'espèce primitive.

La fable, imaginée par Aristophane, tend à établir
qu'il n'y a point d'amour illégitime : la pédérastie, aussi
bien que l'union des sexes, est selon la nature et dans
l'ordre de la destinée. L'amour d'homme à homme serait
même supérieur à tous les autres amours. « Quelques-
uns disent que les pédérastes sont des hommes sans
pudeur, ils mentent. » (*Banq.*, 192 A). Ce qu'on prend
pour de l'impudeur, c'est « du courage, de l'audace, de
la virilité. » Il est d'une âme virile de vouloir passer sa
vie avec les hommes, de n'aimer point les femmes, de ne
se marier que par force et pour obéir à la loi (la loi inter-
disait le célibat, à Athènes). Le peuple lui-même rend
hommage à la mâle vertu des pédérastes, car ce sont eux
qu'il appelle aux fonctions publiques.

Mais si Aristophane ne réprouve aucune forme de
l'amour, il assigne à toutes une fin plus élevée que le
plaisir. Il n'est pas vrai que les amants ne veuillent que
s'unir pour goûter la jouissance (ἡ τῶν ἀφροδισίων συνουσία,
192 C); il y a dans leur âme, par delà le désir voluptueux, une aspiration plus profonde, mais confuse et qui
ne s'exprime point en paroles. Si Vulcain demandait à
tous les amants réunis : « Ce que vous voulez, n'est-ce
pas d'être si bien unis que vous ne puissiez vous quitter,
n'est-ce pas de ne faire plus qu'un? » Ils diraient : oui,
sans hésiter. L'amour n'est donc pas la recherche du
plaisir, mais l'aspiration de deux moitiés, jadis séparées,
à former de nouveau un tout (τοῦ ὅλου οὖν τῇ ἐπιθυμίᾳ
καὶ διώξει ἔρως ὄνομα (*Banq.*, 193 A). Il ne se réduit pas à
l'ivresse des sens, il a pour but d'opérer la fusion de
deux êtres en un (ἐκ δυεῖν εἰς γενέσθαι, 192 E). Dans le
mythe d'Aristophane sur l'amour se retrouve le triple
dogme platonicien de la chute, de la réminiscence et
de l'expiation. Les dieux font expier à l'homme les fautes

d'une vie anté-terrestre, mais ils permettent que par
l'amour, il rentre en grâce auprès d'eux et renaisse à la
dignité de sa nature première. L'amour a ainsi une origine divine et une fin providentielle : « Il nous rétablit
« dans notre nature primitive, nous guérit (ἰασάμενος) et
« nous rend heureux. » (193 D.)
On ne songe pas à attribuer à Platon les théories
d'Aristophane. Il les a expressément combattues par la
bouche de Socrate (*Banq.*, 205 D, E) : l'amour, dit-il,
consiste pour chacun à rechercher le bien ; il ne saurait
donc être le désir qu'ont deux moitiés de se rejoindre,
car l'une des moitiés peut être mauvaise et ainsi ne pas
mériter d'être aimée. Il est à croire aussi que Platon
n'eût pas fait l'éloge de la pédérastie. S'il a entremêlé
les dissertations du *Banquet* des libres et étranges fan-
taisies d'un poète, c'est sans doute par esprit de satire
et de hautaine ironie, mais c'est aussi par goût pour les
fables pittoresques et les légendes divines. Il a voulu
nous conserver un échantillon des explications symbolique de l'amour, lesquelles ont précédé toujours les
explications réelles.

IV. — CRITIQUE PÉRIPATÉTICIENNE DES THÉORIES D'EMPÉDOCLE
ET D'HÉRACLITE.

Tandis que, sur la question de l'amitié physique,
Platon risque des paradoxes ou expose des vues poétiques, qui n'engagent point son système, Aristote prend
parti et formule une doctrine réfléchie et précise. L'un
raille les thèses contraires d'Empédocle et d'Héraclite,
en attendant qu'il s'en inspire ; l'autre les expose avec
sérieux, les discute, les juge, mais s'en sépare. L'un
est un poète amoureux de fictions, un raisonneur subtil

et un polémiste plein de verve; l'autre est un historien grave et un philosophe rigoureux.

Dans le *Lysis*, Platon accumule les questions embarrassantes au sujet de l'amitié. Aristote dira d'où viennent ces ἀπορίαι et comment on peut les résoudre. Platon triomphe des contradictions qu'enveloppe toute définition de l'amitié; Aristote remonte à l'origine de ces contradictions et en découvre la cause. Il dissipe l'équivoque du mot φιλία. Ce mot a pris, dit-il, une extension abusive[1]. On l'emploie à tort et à travers, comme on emploie le mot ἰατρικόν pour désigner indistinctement le médecin, ou la science du médecin, ou sa lancette. Par φιλία on entend l'affinité des éléments, alors qu'on ne devrait entendre que l'amitié qui existe entre les personnes. Il y a des philosophes qui voient dans l'amitié un phénomène physique. D'un sentiment de l'âme humaine, ils font un attribut des choses. Parce que les choses (τὰ ἄψυχα) peuvent être aimées, ils croient qu'elles peuvent aimer. En réalité, l'amitié consiste à aimer et à être aimé tout ensemble; c'est une affection payée de retour (ἀντιφίλησις)[2], les choses ne peuvent aimer; il s'ensuit qu'elles ne peuvent non plus, à proprement parler, être aimées. Les êtres inanimés ne rendant pas affection pour affection, le sentiment qu'on éprouve à leur égard n'est pas la φιλία; il porte dans la langue précise d'Aristote un autre nom, celui de φίλησις. On n'aime pas vraiment les choses, car les aimer serait leur « vouloir du bien »;

---

[1] ἐπὶ πλέου λέγοντες — λίαν καθόλου. *Eth. Eud.*, VII, I.

[2] Platon avait distingué déjà trois sens du mot φίλος : 1° le φίλος, c'est *celui qui aime* (τὸ φιλοῦν) sans être aimé lui-même : tel est par exemple l'ἐρῶν, qui souvent est odieux à l'ἐρώμενος; 2° le φίλος, c'est *celui qui est aimé* (τὸ φιλούμενον) et n'aime point; 3° le φίλος c'est celui qui aime et qui est aimé tout ensemble. Tel est le véritable ami : ἄν μὴ ἀμφότεροι φιλῶσιν, οὐδέτερος φίλος (*Lysis*, 212 D.)

par exemple on n'a pas pour le vin de l'amitié ; on en
prend soin, on le conserve ; mais ce qu'on en fait, c'est
pour le boire. L'affection qu'on a pour les choses vise
toujours leur usage ; on ne s'intéresse pas à elles directement et pour elles-mêmes.

S'il n'y a pas de notre part d'amitié pour les choses, il
y a encore moins d'amitié dans les choses. C'est gratuite-
ment qu'on fait honneur aux êtres inanimés de sentiments humains : les éléments s'attirent, se combinent,
mais ne s'aiment point. Aussi Aristote fait-il au début
de son étude de l'amitié cette importante déclaration :
« Laissons de côté toutes les questions physiques, elles
« sont étrangères à notre étude ; mais examinons toutes
« celles qui se rapportent directement à l'homme et qui
« tendent à rendre compte de son moral et de ses
« passions ». (*Eth. Nic.*, VIII, i, 1155 B). Il ne cite
donc que pour mémoire les thèses d'Empédocle et d'Héraclite ; c'est en passant qu'il les discute et qu'il critique
par exemple l'énoncé de la seconde : « Peut-être le
« contraire ne tend-il pas vers le contraire absolument
« parlant, mais seulement d'une manière accidentelle ;
« ce à quoi il aspire, c'est le milieu, c'est un état inter-
« médiaire, car c'est là ce qui est bon ; par exemple,
« l'humide ne tend pas à devenir sec, mais il est en
« marche vers une sorte de milieu entre l'humide même
« et le sec ». (*Eth. Nic.*, VIII, viii, 1159 B).

C'est exclusivement au point de vue moral et en tant
qu'elles s'appliquent aux personnes, qu'Aristote considère les fameuses maximes : *le semblable est l'ami du
semblable, le contraire est l'ami du contraire.* Il les
détourne de leur sens historique, il en restreint la portée,
il en fixe la valeur : à des formules vagues et ambitieuses il découvre un sens fort simple, mais philosophique et profond.

Selon lui, il sera permis de dire que l'amitié est
l'amour des semblables, pourvu qu'on l'entende des

personnes et non des choses, et qu'on ne l'entende pas de
toutes les personnes, mais seulement de celles qui sont
vertueuses ou agréables les unes aux autres. De même,
il est vrai que l'amitié est l'union des contraires, si l'on
a en vue non l'amitié en général, mais l'amitié intéressée entre les personnes. En effet, ceux-là seuls qui
diffèrent, comme le riche et le pauvre, le savant et l'ignorant, sont utiles l'un à l'autre, et, si les gens austères
aiment ceux qui sont gais, si les passionnés recherchent
les indolents, si les caractères les plus opposés se
conviennent, c'est qu'ils ont un intérêt à vivre ensemble
et se corrigent mutuellement de leurs excès. (*Mor.
Eud.*, VII, v). Ainsi donc, les contraires ne se recherchent pas en tant que tels, mais en tant qu'ils gagnent
à être rapprochés, parce qu'ils s'équilibrent. De même
que le sec n'aime pas l'humide, mais aspire à l'état
intermédiaire entre le sec et l'humide, les natures ardentes n'aiment pas les natures molles, mais aspirent à tenir
le milieu entre l'excès et le défaut d'activité. Ainsi la
loi d'Héraclite : le contraire est l'ami du contraire, rentre
dans la loi péripatéticienne : la vertu ou l'état parfait,
pour les personnes et pour les choses, est un milieu.

En résumé, le problème de l'amitié passe par les
mêmes phases que les autres questions philosophiques :
il est métaphysique avant d'être psychologique ou moral.
L'amitié est considérée d'abord par les φυσιολόγοι comme
un principe universel : elle explique les combinaisons de
la matière et l'origine des sociétés. Elle est de nature à la
fois spirituelle et corporelle. Mais l'amitié, qui explique
tout, ne s'explique pas elle-même. Les définitions qu'on
en donne sont contradictoires : elle est pour Empédocle
l'union des semblables, pour Héraclite, celle des
contraires. La logique confond les physiologues. Platon
oppose d'abord Héraclite à Empédocle, puis les convainc
tous deux d'absurdité.

Mais ses propres conclusions sont sceptiques. Il

sophistes; il tend à rompre les liens d'affection entre maîtres et disciples. — Distinction de l'enseignement technique et de l'enseignement philosophique. Le premier seul peut être rétribué (*Socrate*). On ne doit pas trafiquer de la sagesse (*Socrate, Platon, Aristote*). Il est déshonorant pour le philosophe de vivre de son enseignement, mais non pas de vivre des secours de ses amis.

IV. Théorie de l'enseignement.
On porte plus d'intérêt aux âmes qu'à la vérité même. On n'acquiert la sagesse qu'en vue de l'enseigner. — On ne l'acquiert aussi qu'en enseignant (*Socrate*). — L'enseignement est une *génération selon l'esprit* (*Platon*) et l'amour est le principe de la génération. — L'enseignement dérive de l'amour du genre humain : on ne s'applique à instruire les hommes que parce qu'on les aime (*Stoïciens*).

V. L'amitié, condition de l'enseignement.
Pour instruire les hommes, il faut les aimer et s'en faire aimer (*Socrate*). — L'intérêt que le maître porte à ses disciples est un amour inspiré par la vue de la beauté. La beauté du corps est l'indice d'une belle âme (*Platon, Les Stoïciens*). — L'enseignement est une intime communication des esprits : par là encore, il se rapproche de l'amitié. — L'enseignement est une influence directe exercée sur les disciples par la personne du maître. — Exemple de Socrate.

VI. L'enseignement de l'amitié. — La négociation des amitiés est un *art* ou une *science,* et devient un objet d'enseignement (*Socrate*).— Du choix ou discernement des amis. — De l'art d'acquérir des amis ou μαστροπεία. Le μαστροπός ou faiseur d'amis a une éloquence persuasive; il pratique l'ironie et la maïeutique. Il dissipe les malentendus, cause ordinaire de dissentiment et de brouille. Il fait appel aux bons sentiments. — Les bienfaits contribuent, plus encore que l'éloquence, à gagner des amis.

établit ce que l'amitié ne peut être, il ne dit point ce qu'elle est. Il ne rompt pas non plus définitivement avec la méthode des physiologues ou métaphysiciens : il lui arrive de reprendre à son compte les théories d'Empédocle (*Banquet,* Disc. d'Eryximaque, *Philèbe*). Aristote pose en de nouveaux termes le problème de l'amitié. Il distingue, comme Socrate, l'ordre physique et l'ordre moral (τὰ μὲν φυσικὰ, τὰ δ'ἀνθρωπικά). L'amitié n'est point une propriété physique, mais une affection purement humaine. Qu'on ne la confonde donc pas avec l'affinité des éléments, qu'on ne la confonde pas même avec l'intérêt qu'on porte aux objets inanimés ou φίλησις. Les philosophes ont donné de l'amitié des définitions trop larges, mais non point absolument fausses. Héraclite et Empédocle ont tous deux raison : il suffit de les entendre. L'amitié est, en un sens, l'union des semblables, et, en un autre sens, celle des contraires. Car il y a deux sortes d'amitiés : l'une, qui se fonde sur la vertu et le plaisir, rapproche des personnes de même caractère, l'autre, qui se fonde sur l'intérêt, rapproche des personnes différentes.

Ainsi se trouvent ramenées à leur vrai sens des maximes que Platon tenait pour absurdes. La plus grave erreur des premiers philosophes est d'avoir cru réalisée dans le monde physique l'amitié qui règne parmi les hommes. Leurs vues sur l'amitié sont encore superficielles et vagues, mais non point cependant erronées. Avec Aristote, le problème de l'amitié entre dans sa phase psychologique. Il paraît se restreindre : en réalité, il s'élargit. L'analyse d'un sentiment est en effet plus féconde et plus riche en développements que les plus orgueilleuses conceptions de la métaphysique.

CHAPITRE II.

L'AMITIÉ ÉTUDIÉE DANS LES INSTITUTIONS ET DANS LES MOEURS.

I. La maxime pythagoricienne κοινὰ τὰ τῶν φίλων interprétée :

   1° *Au sens littéral.* La communauté des biens entre amis est
   commandée par Pythagore, par Socrate, désapprouvée par Épicu
   — Les Stoïciens cherchent à concilier la propriété et le com
   nisme.

   2° *Au sens métaphorique.* — A. L'amitié est une communau
   vie. Pas d'amitié sans vie en commun. Pas de vie commune
   amitié (*Aristote*). — B. L'amitié est une communauté ou conf
   de sentiments, ὁμόνοια (*Aristote*). — C. L'amitié est une c
   nauté d'opinions et de croyances philosophiques, ὁμοδοξία (
   Les Stoïciens).

II. Rapports d'amitié entre maîtres et disciples : *Socrate, É*
   Socrate est le conseiller et l'ami des jeunes gens ; il le
   services matériels, il en reçoit d'eux ; il meurt, comme
   milieu de ses disciples. — L'École socratique est une
   d'amis.

   Épicure établit entre ses disciples des relations d'a
   épicurienne est une hétairie. Elle a ses propriétés
   Banquets et fêtes commémoratives destinés à resser
   tuer l'amitié entre les membres de la secte. L'amiti
   avait donné l'exemple, devient une vertu épicurien
   maître entraîne la fidélité aux doctrines. — L'ortho

III. L'antiquité conçoit l'enseignement comme u
   amis. Raison d'être des attaques contre l'enseig

Avant d'étudier les analyses psychologiques et les théories morales de l'amitié, arrêtons-nous sur les faits à l'occasion desquels ces théories sont nées, sur ceux du moins qui sont caractéristiques des mœurs grecques. Si l'antiquité nous avait laissé une morale en action, l'amitié y serait célébrée entre toutes les vertus ; on y trouverait la légende de Thésée et de Pirithoüs, d'Oreste et de Pylade, de Damon et de Phintias, l'histoire d'Harmodius et d'Aristogiton, de Socrate et de ses disciples, d'Épicure et de Métrodore. Rome aurait, comme la Grèce, ses amitiés célèbres : Lélius et Scipion, Blossius et Gracchus. Virgile a chanté Nisus et Euryale, comme Homère, Achille et Patrocle.

Mais un livre d'or de l'amitié, pour être plus poétique, serait moins instructif que l'histoire de ces institutions propres à la Grèce, qu'on appelle hétairies. En effet, l'existence des héros les plus authentiques est toujours moins significative qu'un trait de mœurs populaires. Qu'il y ait eu des âmes d'élite pour pratiquer le dévoûment, comme Damon et Phintias, cela nous frappe moins qu'une société d'amis, mettant leurs biens en commun, comme les Pythagoriciens. Voyons donc quelles institutions le sentiment de l'amitié a fait naître ou du moins a pénétrées. L'amitié a-t-elle été poussée en Grèce jusqu'à cet oubli de soi, à ce désintéressement absolu, que suppose le communisme ? A-t-elle été l'âme de l'enseignement philosophique et le seul lien qui unit le maître aux disciples, et les disciples entre eux ? Tels sont les deux points qu'on voudrait examiner dans le détail.

24   L'AMITIÉ ÉTUDIÉE DANS LES INSTITUTIONS

I. — LA MAXIME PYTHAGORICIENNE : κοινὰ τὰ τῶν φίλων. —
SES SIGNIFICATIONS DIVERSES.

Il n'y a pas dans l'antiquité de maxime plus célèbre
que le κοινὰ τὰ τῶν φίλων des Pythagoriciens. Par suite, il
n'y en a pas dont le sens soit plus vague et plus incertain : elle est citée à tout propos, par les auteurs les plus
divers, et à l'appui des doctrines les plus éloignées.
Veut-elle dire que les amis sont unis par la communauté
des biens ou par celle des sentiments ? La première interprétation est étroite, la seconde est banale : il faut les
maintenir toutes deux et compléter l'une sur l'autre ;
pour Pythagore, l'amitié est à la fois « une égalité de
biens et de sentiments ». (Diog. Laerte, VII, i, 10).
Prenons d'abord la devise pythagoricienne au sens
littéral ; entendons par amitié la communauté des biens.
On peut douter, avez Zeller[1], que l'école Italique ait
pratiqué le communisme ; on ne peut douter du moins
qu'elle ne l'ait recommandée aux amis à titre de règle
idéale. Que quelques Pythagoriciens dès lors s'y soient
conformés, c'est ce qui n'est point sûr peut-être, mais ce
qui demeure pourtant admissible et probable.
Au reste, ce n'est pas Pythagore seulement, mais
Socrate qu'il faudra, ce semble, laver du reproche de
communisme. Il estime en effet, qu'un ami est, à la
lettre, une richesse, une source de revenus, « un
moyen de vivre ». (βίος). Ainsi Théodotè ne possède ni
terres, ni maisons, et cependant elle est riche, grâce aux

---

[1] « Ce que racontent les écrivains récents sur la communauté des
biens dans l'école de Pythagore, dit-il, est à coup sûr fabuleux. »
Phil. des Grecs, tr., fr., I, p. 320.

libéralités de ses amis. « Les amis que je me fais, dit-elle, veulent bien m'obliger, je n'ai pas d'autre revenu. » Ἐάν τις, ἔφη, φίλος μοι γενόμενος εὖ ποιεῖν ἐθέλη, οὗτός μοι βίος ἐστι (*Xén.,Mém.*, III, xi, 4), d'où Socrate conclut qu'il vaut mieux avoir beaucoup d'amis que de posséder des troupeaux de brebis, de bœufs et de chèvres. Il suffit en effet de posséder un ami riche pour être à l'abri du besoin; car l'ami « se charge de fournir à son ami ce qui lui manque » (ὁ γὰρ ἀγαθὸς φίλος ἑαυτὸν τάττει πρὸς πᾶν τὸ ἐλλεῖπον τῷ φίλῳ καὶ τῆς τῶν ἰδίων κατασκευῆς. *Xén., Mém.*, II, iv, 6), il « partage ses dépenses » (συναναλίσκων, *ibid.*), il prie « son ami de considérer sa fortune comme lui « appartenant et considère lui-même comme sienne la « fortune de son ami ». (τὰ μὲν ἑαυτῶν ἀγαθὰ τοῖς φίλοις οἰκεῖα παρέχοντες, τὰ δὲ τῶν φίλων ἑαυτῶν νομίζοντες. *Mém.*, II,vi, 23).

Dans l'École socratique, on suit ces maximes. Criton, suppliant son maître de sortir de prison, lui dit de puiser sans crainte dans la bourse de ses amis. « Rassure-toi, « car premièrement la somme que l'on demande pour te « tirer d'ici n'est pas fort considérable. D'ailleurs tu sais « la misère de ceux qui pourraient nous accuser, et le « peu d'argent qu'il faudra pour leur fermer la bouche ; « mon bien, qui est le tien, suffira. Si tu fais difficulté « d'accepter mon offre, on a ici bon nombre d'étrangers « prêts à fournir du leur : le seul Simmias de Thèbes a « apporté la somme suffisante ; Cébès est en état de faire « la même offre et plusieurs autres encore. Que ces « craintes ne te fassent donc pas perdre l'envie de te « sauver ». (Plat. *Crit.*, 45 A, B).

Criton ajoute qu'il sera déshonoré, si on le soupçonne de n'avoir pas mis sa fortune à la disposition de Socrate pour faciliter son évasion. « Pour moi, si tu meurs, outre « le malheur d'être privé pour toujours de toi, d'un ami « de la perte duquel personne ne pourra jamais me con- « soler, j'ai encore à craindre que beaucoup de gens qui « ne nous connaissent pas bien, ni toi ni moi, ne croient

« que, pouvant te sauver, si j'avais voulu y employer tout
« mon bien, je t'ai abandonné. Y a-t-il rien de si hon-
« teux que d'avoir la réputation d'être plus attaché à son
« argent qu'à ses amis ! Car enfin le peuple ne pourra
« jamais se persuader que c'est toi qui n'as pas voulu
« sortir lorsque je t'en ai pressé ». (*Crit.*, 44 B).
En posant que la fortune des amis est commune,
Socrate n'exprime donc rien qui aille contre l'opinion
courante, comme il ressort encore du passage suivant :
« Je ne vous demande pas, dit-il en s'adressant à Lysis et
« à Ménèxène, lequel de vous deux est le plus riche, car
« vous êtes amis, n'est-ce pas ? — Oui, dirent-ils ensem-
« ble. — Et entre amis, dit-on, tous les biens sont
« communs ; de sorte qu'il n'y a aucune différence entre
« vous, si réellement vous êtes amis comme vous dites ».
(Plat., *Lysis,* 207 C). Tandis que Socrate blâme le
sophiste qui reçoit de l'argent de ses disciples, il approuve
donc qu'un ami vive des secours de son ami. Il n'y
a point là de contradiction. Socrate, en effet, est au-
dessus de ce préjugé que recevoir de l'argent serait
déshonorant en soi ; au contraire, il recommande le
travail lucratif à des pauvres honteux, comme Aristarque
et Euthère (*Mém.,* II, VII, VIII) ; lui-même a accepté
sans rougir des secours matériels de ses amis. (Diog.
Laert., III, 74, 121, 34, — Sén., *de Beneficiis,* I, 8, VII,
24, — Quintil., *Inst. orat.,* XII, 7, 9). Mais c'est justement, à ses yeux, le privilège des amis de n'avoir pas à
compter : l'un a le droit de recevoir comme l'autre a le
devoir de donner. Si donc le sophiste était l'ami de ses
disciples, il pourrait sans bassesse en être l'obligé ; mais
alors, en recevant d'eux de l'argent, il ne toucherait
pas un salaire. Autant il est juste que l'ami partage
la fortune de son ami, autant il est contraire à la dignité
d'un homme de recevoir rien d'un autre avec qui il n'a
pas de rapports d'affection.
    Est-ce à dire que les amis grecs aient réellement vécu

sous le régime de la communauté des biens ? Zeller remarque que la plupart des allusions au κοινὰ τὰ τῶν φίλων
impliquent la reconnaissance de la propriété. C'est peut-
être qu'au lieu de traduire un fait consacré, la devise
pythagoricienne reste une prescription et un vœu ; ou
plutôt, on laisse subsister les lois sur la propriété, mais
on convient entre amis de n'en pas tenir compte. Chacun
cesse, du jour où il a un ami, de regarder ses revenus
comme lui appartenant en propre. Il continue d'administrer sa fortune à part, mais il n'en dispose plus pour
lui seul. La propriété garde son existence légale ; la
communauté s'établit comme une règle de conduite morale, c'est-à-dire volontaire et libre, recommandée et
non prescrite. En effet, quand les amis n'ont pas de
joies qu'ils ne veuillent partager, comment voudraient-
ils mettre leur fortune à part ? Quand toutes choses
entre eux sont communes, comment les biens ne le
seraient-ils pas ?

Les Pythagoriciens auraient donc simplement dit que
la grossière distinction du *tien* et du *mien,* sur laquelle
reposent les sociétés humaines, cesse d'exister dans la
société idéale que forment entre eux les amis. Mais
c'est toujours volontiers et de bonne grâce que se fait
le partage des biens ; encore ce partage n'a-t-il lieu que
dans l'amitié parfaite. Il faut que l'union des âmes précède la communauté des biens. « Celui auquel amour
« s'attache et qui en est inspiré, dit Plutarque, premiè-
« rement comme s'il était de la République de Platon, il
« n'aura point de mien et de tien, car tous biens ne sont
« pas communs entre tous amis, mais entre ceux qui
« étant séparés de corps, conjoignent leurs âmes par
« force, et les fondent ensemble, ne croyant que c'en
« soient deux, mais une seule. » (*De l'Amour,* tr.
Amyot.) Socrate, en s'appropriant la devise pythagoricienne, l'entendait ainsi.

Aristote, qui cite et commente la même devise, qui

analyse toutes les conditions et les formes de l'amitié,
qui réfute en outre le communisme de Platon, ne parle
nulle part d'une société d'amis pythagoriciens qui aurait
aboli la propriété. Épicure, le premier, a cru que la
communauté des biens était, chez les Pythagoriciens,
une pratique constante, une institution ; il la désapprouve et y voit « une marque de défiance plutôt que
d'amitié » ἀπιστούντων εἶναι, οὐδὲ φίλων, Diog. Laert. X., ii.)
Il estime qu'on ne doit point établir en amitié de règle
ou de contrainte. La bonne volonté des amis ne saurait
faire défaut. Ils seront toujours prêts à se secourir, et
le feront de bonne grâce. Il faut qu'ils gardent la propriété de leurs biens pour qu'ils aient la joie et le mérite
d'en faire don.

Il était dans l'esprit de l'épicurisme d'affranchir
l'amitié de toute contrainte, je ne dis pas seulement
légale, mais morale. Il lui déplaisait peut-être qu'on fît
aux amis une règle de se secourir entre eux, il voulait
qu'on leur laissât prendre l'initiative de leurs bienfaits.
Il se trouve donc que l'utilitarisme défend ici la théorie
du désintéressement ou du pur amour.

Les Stoïciens, au contraire, croient que la communauté qui existe entre amis n'exclut ni la propriété ni le
don volontaire. Sénèque définit cette communauté d'une
façon originale. « Rien n'empêche, dit Sénèque, qu'on
« ne puisse donner à un ami, quoique nous disions que
« tout est commun entre amis. Car la communauté entre
« amis n'est point comme entre des associés dont chacun
« possède une part distincte. Elle ressemble à la com-
« munauté qui existe entre le père et la mère à l'égard
« des enfants; s'il y a deux enfants, le père n'en a pas
« un et la mère un autre; mais le père et la mère en ont
« deux chacun. » *Nihil prohibet, omnia amicis dica-
mus esse communia, aliquid amico donari. Non enim
mihi sic cum amico communia sunt, quomodo cum
socio, ut pars mea sit, pars illius ; sed quomodo patri*

matrique communes liberi sunt : quibus, quum duo sunt, non singuli singulos habent, sed singuli binos (*de Benef.*, VII, 12).

La règle pythagoricienne n'implique donc point le remaniement des titres de propriété. Sénèque définit encore avec précision l'espèce de droit qu'un ami a sur la fortune de son ami : ce droit n'est pas absolu comme celui du propriétaire. « Tout ce que mon ami possède est commun « entre nous ; mais la chose appartient en propre à celui « qui la tient, et je ne puis, contre son gré, en faire usage. « Vous vous moquez de moi, dites-vous. Si la propriété « de mon ami m'appartient, je puis la vendre. Non, vous « ne le pouvez pas... mais ce n'est pas une preuve « qu'une chose n'est pas à vous, parce que vous ne la « possédez que sous certaines conditions. » (*Quidquid habet amicus, commune est nobis ; sed illius proprium est qui tenet ; uti his, illo nolenti, non possum. — Derides me, inquis. Si quod amici est, meum est, licet mihi vendere. — Non licet... non est argumentum ideo aliquid tuum non esse, quia vendere non potes, quia consumere, quia mutare in deterius aut melius non potes. Tuum enim est etiam quod sub lege certa tuum est.* (*Ibid.*)

C'est ainsi qu'au théâtre les bancs équestres sont communs à tous les chevaliers romains, et cependant chacun d'eux a sur ces bancs une place qui lui est propre : cette place, il peut la céder à un autre ; il la possède réellement, quoiqu'il ne puisse ni la vendre ni la louer.

On voit à quoi se réduit la communauté des biens. L'amitié antique reste étrangère au socialisme. Seul peut-être, le Pythagorisme aurait exigé de chacun de ses membres qu'il fît à la secte un abandon complet de ses biens. Encore, cette opinion lui est-elle attribuée quand le sens de ses dogmes s'est perdu. Selon toute vraisemblance, ce sont les néo-pythagoriciens mystiques qui ont fait du renoncement aux richesses une condition de

l'amitié; mais un point reste acquis, c'est que l'amitié a
d'abord été conçue comme un échange de services matériels et une mise en commun volontaire des ressources
de chacun. Toutefois, l'aide réciproque n'est pas le tout,
ni même l'essentiel de l'amitié, puisque le prix des services dépend de la nature de l'affection.

Bientôt, l'amitié sera considérée à part de ses avantages matériels et cultivée pour elle-même. Elle se définira alors, non la communauté des biens, mais la communauté des sentiments. L'amitié, selon Aristote, est une
κοινωνία, de κοινά; (ἐν κοινωνίᾳ... ἡ φιλία, *Eth. Nic.*, VIII,
IX, 1159 B); le degré d'affection qui existe entre les personnes se mesure au nombre des *choses qu'elles mettent
en commun* (κοινά); ainsi, l'amitié la plus forte est celle
des frères et des intimes entre qui « toutes choses sont
communes » (πάντα κοινά); entre concitoyens ou entre
étrangers, l'amitié est moindre, parce qu'elle ne va pas
sans réserves, sans « choses mises à part » (ἀφωρισμένα).

Quelles sont donc, en dehors de la communauté des
biens, les différentes espèces de communautés dont
l'amitié est faite? C'est d'abord la communauté de vie,
ce qu'on appelle τὸ συζῆν. Ce rapport est encore tout
extérieur. Pour devenir amis, dit un proverbe antique,
il faut avoir mangé ensemble un boisseau de sel. Dans
le fait de partager la même vie, le sentiment de l'amitié
entre-t-il donc déjà? Et, s'il n'y a pas d'amitié possible
sans vie commune, ne peut-il y avoir de vie commune
sans amitié ?

C'est ce qui semble malaisé à soutenir, et ce qu'Aristote pourtant a soutenu. L'amitié, suivant lui, serait
si naturelle aux hommes que le seul rapprochement
doit développer entre eux des liens d'affection. « Il
« suffit qu'il s'agisse d'une société entre hommes pour
« qu'il y ait φιλία; il n'admet pas que des hommes puissent
« s'unir à la façon des bêtes sans raison, qu'une société
« d'hommes soit jamais un pur troupeau ; ce que les

« Anglais nomment *gregarious* n'a point de caractère
« humain. Dès que les hommes s'unissent, si rudimen-
« taire que soit cette union, si intéressé que soit le motif
« de s'unir, il y a quelque chose qui a son principe dans
« la volonté et sa règle dans la droite raison ; il y a des
« droits et des devoirs au moins entrevus, et il y a, à
« l'origine, un sentiment aussi vague, aussi imparfait
« que l'on voudra, mais un sentiment[1]. »

Ne voit-on pas, par exemple, s'établir entre ceux
qui naviguent ensemble, une liaison passagère? (*Eth.
Nic.*, VIII, 1, 1155 A). La κοινωνία ou vie commune
se traduit donc toujours par amitié. D'autre part, si
l'on devient ami par le fait de vivre ensemble, quand
on est amis, on aspire à vivre ensemble. Ainsi le συζῆν
est à la fois l'occasion et la fin de l'amitié. « Être
« avec les gens qu'on aime, dit la Bruyère, cela suffit :
« rêver, leur parler, ne leur parler point, penser à eux,
« penser à des choses indifférentes, mais auprès d'eux,
« tout est égal ». (*Du Cœur*). — « Il nous vient de la joie
« de ceux que nous aimons, même quand ils sont éloi-
« gnés, a dit aussi Sénèque; mais cette joie est une
« ombre vaine. La vue, la présence et la conversation
« causent un plaisir réel et vivant. » (*Ep.* XXXV, 2, 3).
L'amitié, c'est donc le lien moral qui s'établit entre les
hommes vivant ensemble, c'est le sentiment qui leur fait
goûter la joie d'être ensemble. C'est par elle qu'une
agglomération d'hommes se change en société, qu'une
réunion devient union.

Mais ce n'est pas assez pour des amis de ne se quitter
point : partager la même vie, ce n'est pas habiter côte
à côte, c'est être unis de sentiments et de pensées. On
préciserait le sens du mot συζῆν en le remplaçant par

[1] Ollé-Laprune, *Introduction à la morale à Nicomaque,* édit. Belin,
p. 29.

celui d'ὁμόνοια. L'ὁμόνοια n'est pas l'accord des esprits
(ὁμοδοξία), la reconnaissance d'une même vérité scientifique par des personnes qui peuvent être étrangères l'une
à l'autre; c'est l'accord des sentiments ou la sympathie,
c'est l'entente morale, non intellectuelle. Elle porte « sur
les choses d'ordre pratique » (περὶ τὰ πρακτά. *Eth. Nic.*,
IX, vi). Aristote remarque finement que l'ὁμόνοια existe à
la seule condition que le sentiment éprouvé par les amis
non seulement soit le même, mais vienne de la même
source. Ainsi l'ὁμόνοια n'est qu'apparente entre les amants;
ils ont bien tous deux le plaisir en vue, mais non le même:
car le plaisir de l'amant est de voir l'aimé, et le plaisir de
l'aimé de recevoir les hommages de l'amant. Au contraire, l'ὁμόνοια est réelle entre les personnes d'humeur
enjouée (οἱ εὐτράπελοι), parce qu'elles goûtent ensemble
le même plaisir.

Si Aristote exige que l'ὁμόνοια soit complète entre les
amis, il entend pourtant cette ὁμόνοια au sens large : elle
est pour lui la simple conformité des caractères et des sentiments. Épicure et les Stoïciens ont de l'amitié une idée
plus étroite : suivant eux, elle implique la conformité
des croyances; elle consiste à partager non seulement la
même vie (τὸ συζῆν) et les mêmes sentiments, mais la
même philosophie (τὸ συμφιλοσοφεῖν). Dans le langage
épicurien, philosopher ensemble signifie poursuivre en
commun le bonheur. S'associer pour être heureux, n'est-
ce pas là justement la fin de l'amitié? Épicure tient pour
amis tous les adeptes de sa doctrine, et, par exemple,
son esclave Mus qu'il affranchit; il ouvre à tous ses disciples sa maison, ses jardins ; il nourrit pendant le siège
d'Athènes ceux d'entre eux qui étaient restés auprès
de lui. Il inscrit sur son testament ceux qui furent particulièrement dévoués aux intérêts de l'École : « Qu'on
« prenne soin de Nicanor, comme nous avons fait, afin
« que ceux d'entre les partisans de notre secte qui
« mirent leur fortune à notre disposition, qui nous mon-

« trèrent toujours de l'amitié et voulurent vieillir avec
« nous dans l'étude de la philosophie, ne manquent pas
« du nécessaire, si cela dépend de nous. » (Diog. L.,X,20).
D'autre part, il met à son amitié pour condition qu'on
embrasse sa doctrine : il comble de bienfaits les fils de
Métrodore et de Polyène; mais il exige d'eux qu'ils
obéissent à son successeur Hermarchos, qu'ils vivent et
philosophent avec lui; quant à la fille de Métrodore, elle
sera aussi soumise à Hermarchos, elle acceptera le mari
de son choix, et ce mari devra être Épicurien. Dans
l'amitié entre donc l'esprit de secte; les amis doivent
avoir la même foi philosophique.

Les Stoïciens ne sont pas moins exclusifs. « S'aimer,
« selon eux, c'est être en conformité d'idées, c'est pen-
« ser de la même manière (ὁμονοεῖν) : amour rationnel
« plutôt que volontaire..... Quelqu'un dit à Épictète
« dans les *Entretiens :* « Ma mère pleure lorsque je la
« quitte. » Épictète lui répond : pourquoi n'est-elle pas
« instruite dans nos principes? » — « La seule chose, s'il
« y en a une, dira Marc Aurèle, la seule chose qui
« pourrait nous faire revenir et nous retenir dans la
« vie, c'est s'il nous était accordé de vivre avec des
« hommes attachés aux mêmes maximes que nous. »
« (*Pensées,* IV, III). — (Guyau, *Étude sur la philosophie d'Épictète*). L'amitié serait donc également, pour
les Stoïciens et les Épicuriens, une communauté de
doctrines. La distinction établie par Aristote entre
l'ὁμόνοια et l'ὁμοδοξία semble ici méconnue. On remarquera sans doute que les croyances communes, sans
lesquelles on dit qu'il n'y a point d'amitié possible,
portent sur les questions morales plutôt que philosophiques, et ainsi sont liées directement à notre façon de
sentir, à notre caractère; elles sont, en un mot, une condition de l'ὁμόνοια, au sens étroit du mot. Pourtant, l'amitié
est devenue réellement plus étroite et plus exigeante,
puisqu'elle demande compte à ceux qu'elle lie de leurs

opinions, puisqu'elle réclame l'accord des intelligences et ne se contente pas d'être l'union des cœurs.

On voit que l'amitié antique évolue de la communauté des biens à la communion des esprits. Elle est d'abord conçue comme un échange de services matériels, en particulier, comme une mise en commun des richesses. Mais l'appui que se prêtent des hommes vivant ensemble n'est point l'amitié : il est l'effet de l'amitié ou sa marque extérieure. L'amitié réside dans les cœurs, non dans les actes. Qu'on ne la considère donc pas du dehors, qu'on ne la définisse pas par exemple la communauté des biens ou « la vie commune » (τό συζῆν) mais l'accord des sentiments (ὁμόνοια) ou l'union des âmes. Enfin l'entente morale elle-même dépend d'une foi philosophique commune, et ainsi la maxime antique : κοινὰ τὰ τῶν φίλων, prend un sens élargi. Nous n'avons rien en propre ; nous appartenons, corps et âme, à nos amis ; nous devons partager avec eux nos sentiments les plus intimes, nos pensées les plus hautes, et *a fortiori* de moindres biens, comme les richesses. C'est notre vie tout entière qui se trouve engagée dans une telle liaison. Ainsi nous apparaît le sens plein et riche du mot *amitié* dans la langue antique.

II. — RAPPORTS D'AMITIÉ ENTRE MAITRES ET DISCIPLES.
SOCRATE, ÉPICURE.

Où l'amitié se rencontrera-t-elle, si elle exige, en dehors de la conformité du caractère et des habitudes, celle des opinions? C'est dans les Écoles philosophiques qu'elle trouvera réunies toutes ses conditions d'existence ; c'est là qu'elle atteindra son plus haut développement.

Les Écoles antiques sont moins des Écoles que des réunions d'amis ; les jeunes gens qui se pressent autour de Socrate sont des familiers et des intimes autant que des disciples. Ils s'appellent de leur vrai nom : οἱ συνόντες (*Mém.*, I, ΙΙ, 8), οἱ συνδιατριβόντες, οἱ ὁμιληταί. Socrate lui-même repousse le titre de διδάσκαλος, mais il fait profession d'être le directeur et le tuteur des jeunes gens d'Athènes, veillant sur eux, dit-il, comme « un père ou un frère aîné[1] ». (Plat., *Apol.*, 31 B). Et ce ne sont pas là de vaines métaphores. Le maître ne s'enferme pas dans son enseignement, il se mêle à la vie de ses disciples et prend à tâche « de leur donner sur tout, même sur les choses extérieures, les conseils qu'il croit conformes à leur intérêt.» (Xén., *Mém.*, I, 2, 14, sq.; IV, 2, 40. — Plat. , *Théét.*, 150 D, sq.). Il a souci de leur santé, de leur bien-être matériel, de leur avenir, autant que de leur éducation et de leur vertu. Ainsi Socrate recommande les exercices gymnastiques à Épigène, qui est de santé délicate (Xén., *Mém.*, III, 12); il persuade à Euthère d'accepter le joug honorable de la domesticité pour mettre sa vieillesse à l'abri du besoin (*Ibid.*, II, 8), il conseille à Aristarque, accablé de charges de famille, de recourir au travail pour sortir de la gêne (II, 7). Il éclaire les jeunes gens sur leur vocation, il les invite à se connaître, à se rendre justice, à mesurer leur ambition à leur propre mérite. Il remontre à l'orgueilleux Glaucon que les connaissances et les talents sont le seul titre pour s'élever aux fonctions publiques (*Mém.*, III, 6); au contraire, il adjure Charmide de ne pas

---

[1] Même expression dans le *Phédon*. Quand Socrate meurt, ses disciples se regardent « comme des enfants privés de leur père et condamnés à passer le reste de leur vie comme des orphelins ». — Socrate, flattant l'ambition d'Alcibiade, lui dit : « J'espère avoir un grand crédit auprès de toi, quand je t'aurai convaincu que j'en suis plus digne que qui que ce soit, qu'il *n'y a ni tuteur, ni parent, ni frère*, qui puissent te donner cette grande puissance à laquelle tu aspires, et que je le puis, moi, avec l'aide de Dieu. » (*Le premier Alcibiade*, trad. Saisset, p. 137).

se dérober, par excès de modestie, au devoir de servir l'État (*Mém.*, III, 7). Il détourne du métier paternel le fils du corroyeur Anytos. Ce sont là sans doute de menus services et qui n'égalent point les bienfaits de l'enseignement moral. Mais il est remarquable que Socrate ne dédaigna point les simples fonctions de conseiller et d'ami, alors qu'il s'était donné la tâche plus haute d'éducateur.

Le bien que nous faisons par nous-mêmes est peu de chose; il nous faut compter toujours avec la bonne volonté d'autrui. Lorsque Socrate ne peut venir en aide à ses disciples, il leur fait venir en aide par d'autres; il use pour eux de son influence et de son crédit, il se fait « entremetteur » (μαστροπός) ou « courtier » (προαγωγός). Le courtier découvre les hommes qui peuvent être utiles les uns aux autres et les met en rapport. Il prouve, par exemple, aux riches qu'ils ont besoin des pauvres.

C'est ainsi que Socrate procura à Criton un bon intendant. Criton se plaignait à lui qu'on ne pût, quand on était riche, vivre en paix à Athènes : les sycophantes lui intentaient chaque jour quelque nouveau procès, connaissant et mettant à profit son humeur, qui était de donner de l'argent pour n'avoir point d'affaires. Socrate lui dit que, comme on a un chien pour veiller à la garde du troupeau, il lui serait avantageux d'avoir un ami pour veiller à la garde de ses biens. Ils se mirent tous deux en quête de cet ami : ils découvrirent Archédème qui « avait de l'éloquence pour parler, de la résolution pour agir, et qui était pauvre ». Criton donna à Archédème une part de ses biens; Archédème se dévoua à ses intérêts, poursuivit en justice un ennemi de Criton, le fit condamner, et, par cet exemple, terrifia les autres. Archédème et Criton, se sentant également utiles l'un à l'autre, se lièrent d'amitié (*Mém.*, II, 9). Une autre fois, Socrate ayant appris qu'Hermogène était en danger de mourir de misère, alla trouver Diodore. « Par le temps qui court, lui dit-il (allusion à la guerre du Péloponnèse qui avait ruiné un grand nombre de citoyens), il est aisé de se procurer de bons amis à peu de frais. Hermogène n'est point ingrat; celui qui soulagerait présentement sa misère trouverait en lui, à l'avenir, un ami dont les services le paieraient de retour. » Diodore lui répondit : « Tu as raison, Socrate, invite donc Hermogène « à passer chez moi. — Par le Ciel, je n'en ferai rien, j'es-« time que la chose t'intéresse autant que lui. » Diodore alla donc chez Hermogène; il lui en coûta peu et il eut un ami qui ne parlait et n'agissait que pour le servir et lui plaire (Xénoph., *Mém.*, II, 10). Socrate avait donc organisé entre ses disciples une véritable société de secours mutuels : « Lorsque les amis sont dans l'embarras et la gène, il enseignait, dit Xénophon, qu'ils doivent se secourir les uns les autres, dans la mesure de leur pouvoir », τὰς ἀπορίας τῶν φίλων... δι'ἔνδειαν διδάσκων κατὰ δύναμιν ἀλλήλοις ἐπαρκεῖν, (*Mém.*, II, 7, 1). Socrate pratiquait, en toutes circonstances, le racolage honnête qu'il désigne sous le nom de μαστροπεία. Ainsi, il met les jeunes gens désireux de s'instruire en rapport avec les maîtres renommés[1] (Xén., *Mém.*, III, 1. — Plat., *Théét.*, 151 B).

---

[1] On pourrait ne voir dans ce fait qu'une preuve ordinaire et médiocre de l'intérêt que Socrate portait à ses disciples. Xénophon en parle ainsi : « Je vais montrer, dit-il, que Socrate était utile à ceux qui « avaient une noble ambition, en les rendant attentifs à ce qui faisait « l'objet de cette ambition. Ayant appris l'arrivée à Athènes de Dio-« nysodore qui faisait profession d'enseigner la tactique, il alla en aver-« tir un de ses amis qu'il savait aspirer aux fonctions de stratège ». (*Mém.*, III, I, *init.*). Mais Socrate ne se contentait pas d'adresser en général les jeunes gens aux Sophistes, il prenait soin de choisir les maîtres qui convenaient à chacun. Ainsi il veillait sur ceux mêmes qu'il ne jugeait pas mûrs pour son enseignement. « Quelquefois, « Théétète, j'en vois dont l'esprit ne me paraît pas encore fécondé, et « connaissant qu'ils n'ont aucun besoin de moi, je m'occupe avec « bienveillance de leur procurer un établissement; et je puis dire, « grâce à Dieu, que je conjecture assez heureusement auprès de qui

Il réconcilie deux frères brouillés Chérécrate et Chéréphon (*Mém.*, II, III). Phédon ayant été fait prisonnier de
guerre et vendu à un marchand d'esclaves, il le fit
racheter par Alcibiade ou Criton. Il n'était presque
aucun de ses disciples qu'il ne se fût attaché par quelque
service privé. En outre, il avait pris soin qu'ils fussent
attachés les uns aux autres, sachant appareiller les âmes,
négocier des amitiés, et en faire naître l'occasion.

Socrate à son tour est traité par ses disciples en ami.
Il reçoit d'eux des services. Criton se charge de pourvoir
à ses besoins. Il eût sauvé son maître si son maître eût
consenti à être sauvé. Il le pria éloquemment de consentir à sortir de prison : « Réponds-moi, Socrate :
« n'est-ce point par intérêt pour moi et pour tes autres
« amis que tu ne veux pas sortir d'ici, craignant, si tu
« en sors, que quelque délateur ne nous fasse des affaires
« en nous accusant de t'avoir enlevé, et que nous ne
« soyons obligés par là ou d'abandonner notre bien, ou
« de donner de grosses sommes d'argent, ou même de
« souffrir quelque chose de pis? Si c'est là ta crainte,
« Socrate, bannis-la : n'est-il pas juste que pour te sauver
« nous nous exposions à tous ces dangers et à de plus

« je dois les placer pour leur avantage. J'en ai ainsi donné plusieurs
« à Prodicus, et à d'autres sages et divins personnages, ὧν πολλοὺς
« μὲν δὴ ἐξέδωκα Προδίκῳ, πολλοὺς δὲ ἄλλοις σοφοῖς τε καὶ
« θεσπεσίοις ἀνδράσι ». Plat., *Théét.*, 151 B. L'expression grecque :
ἐξέδωκα veut dire : *j'ai donné en mariage.* Ici Socrate entend bien
parler de commerce d'esprits aussi intime que le mariage. Car dans le
même passage, il se compare aux sages-femmes, dont il définit ainsi
la fonction : « N'as-tu pas entendu dire que les sages-femmes sont de
« très habiles négociatrices en affaire de mariage, car elles savent
« parfaitement distinguer quel homme et quelle femme il convient
« d'unir ensemble pour avoir les enfants les plus accomplis? — Non
« je ne le savais pas encore. — Eh bien, sois persuadé qu'elles sont plus
« fières de ce talent que même de leur adresse à couper le nombril. »
Le fait d'apparier les maîtres et les disciples rentre donc dans la μαστροπεία.

« grands même, s'il est nécessaire? Encore une fois,
« mon cher Socrate, ne résiste pas, prends le parti que
« je te conseille ». (Plat., *Crit.*, 44 E, 45 A). Il semble,
si l'on compare la conduite de Socrate à celle de ses amis,
que de leur côté soient la tendresse et les sentiments
humains. Socrate, en s'obstinant à mourir, oublie, dit
Criton, ce qu'il doit à ses amis. En effet il les expose à
être mal jugés : « Je te l'avoue, Socrate, j'ai honte pour
« toi et pour nous, tes amis, que l'on croie que tout
« ceci n'est arrivé que par notre lâcheté; on incrimi-
« nera d'abord ta comparution devant le tribunal, quand
« tu aurais pu éviter de comparaître, puis, la conduite
« de ton procès, et enfin, comme le plus ridicule de
« toute la pièce, on nous reprochera à nous de t'avoir
« abandonné par crainte et par lâcheté, puisque nous
« ne t'avons pas sauvé, et on dira que tu ne t'es pas
« sauvé toi-même par notre faute lorsque tu le pouvais,
« pour peu de secours que nous t'eussions donné.
« Penses-y donc, mon cher Socrate; avec le mal qui
« t'arrivera, tu auras ta part de la honte dont nous
« serons tous couverts ». (*Crit.*, 45 E, 46 A). Socrate
fut sourd aux prières de ses amis. Il voulut mourir, par
obéissance aux lois. Il mourut du moins entouré de ses
disciples. Depuis sa condamnation, tous les matins ils
s'assemblaient sur la place publique, en face de la prison,
attendant que la porte fût ouverte; dès qu'elle l'était, ils
se rendaient auprès de lui, et y passaient ordinairement
la journée. Le jour où Socrate but la ciguë, ils étaient
tous là : Phédon, Apollodore, Critobule, Criton, Hermogène, Épigène, Eschine, Antisthène, Ctésippe, Ménéxène,
Simmias, Cébès, Phédondés, Euclide, Terpsion; on
compte les absents : Aristippe, Cléombrote et Platon
qui « était malade ». Les dernières paroles de Socrate
sont pour ses disciples; il a éloigné de lui sa femme et
ses enfants; il n'a rien, dit-il, à recommander à leur
sujet. C'est Criton qui prend soin de l'ensevelir, et après

sa mort, ce sont ses disciples, Xénophon et Platon, qui défendent sa mémoire.

On est tenté d'expliquer par des circonstances exceptionnelles des mœurs originales. Une école organisée en hétairie, un maître qui est l'ami de ses disciples, des disciples se venant en aide dans le besoin, il a fallu, dit-on, un Socrate pour produire ce miracle. Et si le miracle s'est déjà produit et se renouvelle, c'est à Pythagore, c'est à Épicure qu'on l'attribue encore. Sans doute, l'amitié des Socratiques dérive pour une bonne part de l'attrait exercé sur eux par la personne de leur maître. Pourtant, Socrate, ce grand maître en amour, qui se vantait de posséder des philtres et des enchantements, nous a livré, comme on verra, le secret de son art, et cet art est tout humain : il récolte l'amitié en semant les bienfaits. Il a fait de son École une famille, il a créé entre ses disciples des liens d'affection, parce qu'il n'a pas seulement prêché la vertu, mais qu'il a organisé déjà la charité, comme il ressort des *Mémorables,* cet Évangile socratique, où sont rapportés fidèlement la vie et les entretiens du maître. Le cadre étroit de la cité grecque se prêtait d'ailleurs à la formation de ces ligues amicales, fondées sur la communauté des intérêts et des services. Pour que des hommes aussi divers d'âge (Criton et ses fils), d'esprit et de caractère (Aristippe, Antisthène), que les auditeurs de Socrate, pussent former une école, il fallait qu'il existât entre eux un autre lien que celui de la communauté des doctrines, à savoir un lien d'amitié. L'amitié s'est donc développée au sein des écoles, et en même temps elle a servi à constituer les Écoles.

Si l'on passe de Socrate à Épicure, on voit se fortifier encore les liens d'amitié entre les disciples d'un même maître. Socrate a fondé une école libérale, sans formules et sans dogmes, qui compte un Xénophon et un Platon, un Aristippe et un Antisthène. Il a fondé aussi une libre hétairie, dont les membres ne sont liés par aucun enga-

gement. Épicure, d'une part, rédige un formulaire de
croyances ; de l'autre, il organise et réglemente l'hétairie.
Il méconnaît la liberté philosophique et le droit pour les
cœurs de disposer d'eux-mêmes. L'amitié n'est, chez les
Socratiques, qu'une pratique constante ; elle devient,
chez les Épicuriens, une institution et un rite.
Épicure réunit autour de lui ses disciples. « Il possédait
à Athènes un jardin qu'il avait acheté quatre-vingts
mines.» (Diog. L., X, 10.) « Ses disciples venaient à lui de
tous côtés, et passaient avec lui leur vie dans ce jardin,
comme le rapporte Appollodore. » Il voulut qu'après lui
« le jardin avec ses dépendances devînt la propriété de
l'École » (Diog. L., X., 17) et le lieu ordinaire de ses réunions. Il tenait tous ses disciples pour amis, et les trai-
tait comme tels. « Le nombre en était si grand, dit
Diogène, que des villes entières n'auraient pu les contenir. » (X, 9.) Il s'efforçait de faire tenir cette foule d'amis
(*greges amicorum*) dans sa petite maison (*in una domo,
et ea quidem augusta*) Cic., de Finibus, I, xx, 65. Il
nourrit même, pendant le siège d'Athènes, ceux de ses
disciples qui étaient restés auprès de lui (Plat. *Dém.*, V.)
Enfin, il enjoignait à ses disciples de se secourir dans le
besoin, sans demander pourtant à chacun, comme
Pythagore, de renoncer à sa fortune en faveur de tous.
Sachant que si l'amitié naît de l'intérêt, elle se maintient par l'habitude, il établit des réunions périodiques,
des fêtes et des banquets commémoratifs. Les Épicuriens
devaient célébrer tous les ans, le 10me jour du mois
Gamélion, l'anniversaire de la naissance de leur maître ;
le 20me jour de chaque mois, ils devaient assister à des
banquets, en mémoire d'Épicure et de son ami Métrodore. Il est à noter qu'Épicure fait les frais du culte dont
il est l'objet : il affecte à la célébration des fêtes commémoratives de la secte une somme prélevée sur le revenu
de ses biens, qu'il avait légués à Timocrate et à Amynomaque.

L'hétairie épicurienne a été longtemps très florissante. Cicéron atteste qu'elle subsiste de son temps *(quod fit etiam nunc ab Epicureis, — de Fin.,* I, xx, 65) ; il ajoute que les Épicuriens gardent le culte de leur maître, qu'ils ont son portrait dessiné sur la toile ou gravé sur des coupes et sur des anneaux[1]. Ils sont restés fidèles aux repas en commun : une lettre d'invitation à un de ces repas, adressée par l'Épicurien Philodème à son disciple et ami Pison, nous a été conservée par l'Anthologie. Elle nous apprend que la chère y était médiocre, mais la cordialité parfaite. « Demain, cher Pison, un disciple d'Épicure, « chéri des Muses, s'entraînera, dès la neuvième heure, « vers une chaumière modeste, où il doit célébrer dans « un banquet l'eicade annuelle. Tu n'y savoureras, il est « vrai, ni les mamelles succulentes de la truie, ni le vin « de Chio, doux présent de Bacchus, mais tu y verras « *des amis parfaitement sincères;* mais tu y entendras « des sons plus doux que ce qu'on nous vante de la terre « des Phéaciens. Si tu daignes, Pison, jeter sur nous un « regard favorable, ta présence donnera de l'éclat à la « fête, et nous tiendra lieu des mets les plus exquis. » *(Anthol. grecque,* t. I, p. 397, cité par Guyau, édit. class. du *de Finibus,* p. 136, note.) L'amitié épicurienne devint si célèbre qu'elle tourna à la légende. Valère Maxime, au chapitre de son livre intitulé *Des Miracles,* raconte que deux Épicuriens, Polystratos et Hippoclidès, seraient nés le même jour, auraient mis leur fortune en commun, l'auraient fait servir à l'entretien de la secte[2] et

---

[1] *De Fin., V, I, 3.* « *Imaginem non modo in tabulis nostri familiares sed etiam in poculis et in annulis habent.* » — Cf., Pline, *Hist. Nat.,* XXX, v, 5 : « *Epicurios vultus per cubicula gestant ac circum ferunt secum.* »

[2] « *Patrimonii etiam possidendi alendæque scholæ communione conjuncti.* » On remarquera l'inexactitude de ce trait de la légende : *Patrimonii possidendi communione conjuncti.* Épicure blâmait la com-

seraient morts ensemble au terme de la vieillesse. (I, 8, *de Miraculis,* 17). Cette fable édifiante, tendant à montrer que la communauté de destinée est la grâce accordée par les dieux aux amitiés parfaites, fait pendant à l'histoire de Damon et de Phintias, qui symbolise l'amitié des Pythagoriciens.

Le succès et la durée de l'hétairie épicurienne doivent être attribués au talent d'organisation du maître; mais l'élan qu'il a communiqué aux âmes est parti de son cœur. Il était de nature aimante, comme l'attestent « sa « piété envers ses parents, sa bonté envers ses frères, « sa douceur envers ses esclaves, et, en général, son « humanité envers tous. » (Diog. L., X, 10.) L'exemple de sa vie a plus fait pour répandre l'amitié que ses leçons et ses conseils. Il n'a pas seulement étendu sur ses disciples une protection touchante, il a voué à quelques-uns une amitié ardente et passionnée. Il ne se sépara jamais de Métrodore. C'est ce qu'exprime symboliquement le buste du Louvre, représentant sur une de ses faces Métrodore, sur l'autre, Épicure. « Métrodore de « Lampsaque, dit Diogène, du jour où il connut Épicure, « ne le quitta plus, sauf pour un voyage qu'il fit dans « sa patrie. » (X, 22). A la mort de Métrodore, Épicure recueillit ses enfants, et assura leur sort par son testament. La lettre qu'il écrivit à Idoménée le jour de sa mort se termine ainsi : « Au nom de l'amitié que tu « m'as toujours témoignée dès l'enfance et de ton amour « pour la philosophie, prends soin des enfants de Métro- « dore. » (*Ibid.*) Comme le dit Sénèque, au point de vue moral, Métrodore, Hermarchus, Polyène doivent

---

munauté des biens entre amis. Au contraire, la participation aux frais d'entretien de la secte semble avoir été de tradition chez les Épicuriens. Voir ce qui a été rapporté plus haut de Nicanor, dans le *Testament d'Épicure.*

plus à la fréquentation d'Épicure qu'à son enseignement[1]; cela est vrai aussi dans une certaine mesure de
tous ses disciples. C'est à l'imitation de leur maître que
les Épicuriens ont été des amis dévoués.

L'histoire de l'hétairie épicurienne est liée à celle de
l'Épicurisme. Ce n'est pas faire tort à Épicure, mais
se référer à ses principes que de chercher s'il n'avait pas
intérêt à organiser son école en hétairie. Il est clair que
rien ne pouvait mieux assurer la perpétuité de la secte
que la solidarité de ses membres. Épicure voulait que
le bienfait de sa philosophie ne fût pas perdu. « Il
« mourut, dit Diogène, en recommandant à ses disciples
« de garder le souvenir de ses enseignements. » (X, 16.)
Il souhaitait qu'on restât fidèle à la lettre aussi bien qu'à
l'esprit de ses doctrines, et il multipliait les traités, les
manuels, les formules. Justement les disciples les plus
orthodoxes ne sont-ils pas ceux qui ont pour le maître un
attachement de cœur et règlent leurs croyances sur le
respect dû à sa mémoire? C'est ainsi peut-être qu'il
faut expliquer l'αὐτὸς ἔφα des Pythagoriciens. Diogène se
récrie sur les succès de l'Épicurisme, sur sa longue
durée. Il faut l'attribuer surtout à l'esprit de secte, développé chez les Épicuriens par les institutions du maître.
L'école d'Épicure n'a eu qu'un Judas : « c'est Métrodore
« de Stratonice qui passa dans le camp de Carnéade,
« accablé peut-être par le souvenir des bienfaits d'Épi-
« cure. » (Diog. L., X, 9.) L'esprit d'autorité est né :
on nous présente une divergence de doctrines comme
une trahison.

S'il est odieux de prétendre qu'Épicure ait fondé une
société d'amis dans une pensée de propagande philosophique, il est vrai pourtant qu'un esprit de prosélytisme étroit

---

[1] Sén., Ép., 6. *Metrodorum et Hermarchum et Polyænum magnos
viros, non schola Epicuri, sed contubernium fecit.*

ne lui est point étranger. Il établit dans son école une
hiérarchie et une discipline. Il désigne son successeur
Hermarchos et l'investit de pleins pouvoirs. Il prescrit à
Amynomaque et à Timocrate, ses exécuteurs testamen-
taires, de se l'adjoindre comme « dispensateur du revenu de
ses biens » (Ἕρμαρχον κύριον τῶν προσόδων. Diog. L., X, 20),
de prendre son avis (μεθ' Ἑρμάρχου σκοπούμενοι, X, 18) et
de n'agir jamais sans son consentement (μετὰ τῆς Ἑρμάρχου
γνώμης, X, 20). En son testament, il fait à Hermarchos
la meilleure part, il lui lègue sa maison (17) et tous ses
livres (20). C'est à lui encore qu'il confie la garde et
l'éducation des enfants de Métrodore et de Polyène. En
créant entre ses disciples des liens d'amitié, en leur
donnant un chef (ἡγέμων τῶν συμφιλοσοφούντων ἡμῖν, *ibid.*
20) qui n'est pas seulement le dépositaire de ses doctrines,
mais le dispensateur de sa fortune et le continuateur de
ses bienfaits, Épicure a servi les intérêts de sa gloire,
il a assuré l'avenir de sa secte. Il a fondé du même coup
une hétairie et une école, et les destinées de l'une et de
l'autre sont intimement liées.

L'amitié fleurit donc dans les écoles philosophiques.
Elle naît de la fréquentation habituelle du maître et
des disciples; quand elle est née, elle devient pour les
Écoles une condition d'existence. Elle fait leur homo-
généité. L'union des âmes est plus grande dans l'École
socratique que l'union des intelligences. Là même où
une doctrine rencontre l'assentiment des esprits, il
n'est pas indifférent qu'il se forme une ligue pour la
défendre. Une école sera donc d'autant plus forte qu'elle
sera une hétairie. Dans l'esprit de secte entre toujours
pour une part le sentiment de l'amitié. De l'attachement à un maître dérive par exemple « *l'ipsedixi-
tisme*[1] ». L'organisation en hétairie des écoles antiques
a donc été une circonstance favorable, sinon essentielle à leur développement.

---

[1] Expression de Renouvier.

III. — LA QUESTION DE L'ENSEIGNEMENT SALARIÉ. — POURQUOI
IL A ÉTÉ COMBATTU PAR SOCRATE ET SES DISCIPLES. — CET
ENSEIGNEMENT TEND A ROMPRE LES LIENS D'AMITIÉ ENTRE LE
MAITRE ET LES DISCIPLES.

Au ve siècle, une révolution s'accomplit dans les
mœurs scolaires de la Grèce : les Sophistes, au lieu de
grouper autour d'eux des disciples, voyagent de ville en
ville en quête d'auditeurs nouveaux et ils font payer leurs
leçons. Si leur mode d'enseignement eût prévalu, c'en
était fait des écoles établies à demeure et des sociétés
d'amis qu'elles avaient fait naître. Aussi leurs adversaires ne leur font-ils pas seulement une guerre de
doctrines : ils leur reprochent encore d'être des étrangers
ou des hôtes et de toucher un salaire. Au fond de ces
derniers griefs, il y a cette pensée : les Sophistes
ont rompu le lien moral de maître à disciple; n'étant
pas les amis des jeunes gens, ils ne peuvent être leurs
guides. L'amitié s'étant développée à côté de l'enseignement, on en était venu à croire qu'il ne pouvait exister
en dehors d'elle.

Les modernes traitent de haut le préjugé antique
contre l'enseignement salarié. Dans cette question, ils
prennent parti pour les Sophistes contre Socrate, Platon
et Aristote. Mais si les Sophistes ont raison en principe,
la thèse socratique se défend au point de vue des faits;
cette thèse est sans doute un préjugé, mais un préjugé
honorable. Il s'agit de savoir, non si l'enseignement
peut être légitimement rétribué, mais si, en le devenant,

il laissera subsister l'affection qui a présidé jusqu'alors aux relations de maître à disciple. La conséquence ici importe plus que le principe. Un enseignement nouveau tend à s'établir. Vaudra-t-il l'ancien?

Aux yeux de Socrate, l'usage introduit par les Sophistes et suivi par Aristippe de toucher un salaire, porte préjudice au maître, aux disciples et à l'enseignement luimême. L'avantage matériel que poursuivent les Sophistes, le prix, souvent élevé, qu'ils retirent de leurs leçons, leur en fait perdre le bénéfice moral, qui serait de s'attacher leurs disciples par les liens de la reconnaissance et de l'affection (*Mém.*, I, ii, 7). « Celui qui promet de « rendre les autres meilleurs, dit Platon, doit pouvoir « compter sur leur reconnaissance, et, pour cette raison, « s'abstenir de leur demander de l'argent ». *(Gorgias,* 420 C, sq. — *Soph.*, 233 D.) Le maître qui prostitue la sagesse se fait mépriser de ceux qui devraient avoir pour lui les sentiments de piété et de respect qu'on a pour les parents et les dieux (Arist., *Eth. Nic.,* IX, 1, 1164 A, 92, sq.). De plus, le Sophiste recrute ses auditeurs au hasard, il les subit, comme le marchand, sa clientèle; il faut qu'il leur parle, il est leur « esclave » (*Mém.*, I, ii, 7). Socrate, au contraire, choisit ses disciples, comme l'ami ses amis, et il ne choisit pas les plus riches, mais les mieux doués. (ὅστις δὲ ὅν ἂν γνῷ εὐφυᾶ ὄντα, διδάσκων... *Mém.*, I, vi, 13.) Il n'est pas lié envers eux, il n'adresse la parole qu'à ceux qui lui plaisent, et ceux qui lui plaisent peuvent être pauvres, comme Antisthène, Apollodore et Aristodème (Plat., *Banq.,* 173 B et sq.).

Enfin les Sophistes prouvent qu'ils ne sentent pas le prix de la sagesse lorsqu'ils la vendent au premier venu. « La sagesse doit être donnée en présent comme « l'amour et ne doit pas être vendue ». (*Xén., Mém.,* I, 6, 3.) Socrate distingue avec profondeur l'enseignement philosophique de l'enseignement spécial et technique. Le second représente un service matériel, qui peut être évalué en argent. En tant que les sophistes professent l'hoplomachie et la stratégie, comme Euthydème et Dionysodore, ils sont en droit d'exiger un salaire. Mais, trafiquer de la sagesse, c'est méconnaître sa dignité et son prix, et c'est ignorer la façon dont elle se communique. Celui qui est assez heureux pour posséder la vertu a à cœur de la répandre ; il se met en quête des âmes qui peuvent recevoir la sagesse et il la leur communique, par amour pour elles et pour s'en faire aimer. Socrate « s'étonnait qu'on demandât de l'argent « pour enseigner la vertu, et qu'on ne fût pas persuadé « que l'acquisition d'un ami était le plus beau gain à « réaliser ». (*Mém.*, I, ii, 7.) D'ailleurs, pour être efficace, l'enseignement de la vertu a besoin d'être suivi. Or, le Sophiste est « un étranger qui va dans les grandes villes » ξένον ἄνδρα καὶ ἰόντα εἰς πόλεις μεγάλας (Plat., *Prot.*, 316 C), faisant des leçons isolées. Il attire les curieux, il a des admirateurs, il n'a point de disciples. Il frappe et éblouit les esprits ; mais il n'a pas sur eux une action durable et profonde. Tout autre est l'influence du maître qui vit dans la familiarité de ses disciples, et qui, par la conversation et la vie commune, les pénètre de son âme. Il gagne d'abord leur amitié et leur confiance : il reçoit leurs confidences, il devine leurs doutes. Il a la clef des intelligences qu'il doit ouvrir, parce qu'il entretient avec elles un commerce intime. Lui-même ne révèle sa science qu'à la longue. Il ne peut être compris d'abord, et au premier mot : il rebuterait ses auditeurs par l'étrangeté et les détours de son langage, il les troublerait par ses contradictions ; il faut qu'ils l'aient longtemps fréquenté, et le jugent sur sa vie et l'ensemble de ses discours. Ainsi, l'enseignement n'est fécond que par l'amitié du maître et des disciples. Bien plus, comme on ne communique pas aux autres la sagesse toute faite, mais qu'on la leur fait trouver, l'enseignement, c'est l'étude en commun, la collaboration du maître et du disciple. En cela, il se rapproche encore de l'amitié ; en effet, c'est le propre des amis d'être également utiles, nécessaires l'un à l'autre. C'est aussi le caractère du disciple de ne pas profiter seulement de l'instruction du maître, mais encore d'y aider. En résumé, le vice de l'enseignement sophistique est d'exclure l'amitié ; le mérite de l'enseignement socratique est de la maintenir et de s'appuyer sur elle.

Au premier abord, la question de l'enseignement salarié paraît devoir intéresser seulement la dignité du maître. Les anciens, considérant l'étude de la philosophie comme un « loisir » (σχολή, *otium*), non comme un travail, devaient trouver malséant qu'un philosophe enseignât pour de l'argent ; mais, si ce philosophe était pauvre, il leur semblait naturel qu'il vécût des secours de ses amis. Aujourd'hui nous pensons qu'il est de la dignité d'un homme de vivre de son travail et de ne point compter sur l'assistance de ses amis. Mais sommes-nous fondés à opposer notre point de vue à celui des anciens ? Autant vaudrait leur reprocher leur erreurs économiques d'où ce point de vue est né. Au reste, peut-être est-ce moins l'atteinte portée à la dignité du maître par l'enseignement salarié qui inquiète Socrate, que la rupture des relations amicales de maître à disciple que cet enseignement entraîne. Il lui semble qu'il n'y a point en dehors de l'affection d'entière communication des âmes ; il lui semble aussi que l'affection de ses disciples est la vraie, la seule récompense du maître. Si l'on songe qu'il s'agit ici, non de l'enseignement en général, mais de l'enseignement de la vertu, on comprendra que Socrate n'ait point admis qu'il devînt une profession lucrative et qu'il ait souhaité qu'il restât un apostolat. Le sentiment qu'il éprouve à l'égard des Sophistes rappelle celui de Jésus chassant les marchands du temple. Sa conception originale, mystique de l'enseignement philosophique le portait à voir dans la gloire et le gain qu'on en retirait une profanation. En somme, au point de vue moral, Socrate a raison contre les Sophistes ; l'hétairie est pour les Écoles philosophiques un mode d'organisation supérieur à celui qui existe parmi nous. L'erreur de Socrate est de n'avoir pas reconnu le salariat comme une nécessité économique. Mais cette erreur est celle de son temps. Même après lui, l'enseignement philosophique continue à vivre sans être rétribué, tirant ses moyens d'existence de la solidarité de ses membres.

IV. — THÉORIE DE L'ENSEIGNEMENT.

L'enseignement philosophique a donc pour condition l'amitié ; en outre, il prend la forme de l'amitié. Enseigner, c'est aimer ; c'est aimer la sagesse, c'est aimer ceux à qui on communique la sagesse.

L'amour, dit Platon, est une sorte de folie, μανία ; mais s'il s'oppose à la raison vulgaire, au bon sens étroit, il se confond avec la raison la plus haute ou la sagesse ; car la sagesse est faite d'enthousiasme et de passion ; c'est un délire sacré. Elle consiste à s'éprendre du bien autant qu'à le connaître. D'autre part, l'amour passionné de la sagesse inspire un vif désir de la répandre. On ne se résigne pas à posséder seul la vérité, surtout quand la vérité est d'ordre pratique ; on la doit aux autres et on a mission de la leur faire entendre. « Si vous me disiez, « dit Socrate à ses juges : Socrate, nous n'avons aucun « égard aux instances d'Anytus, et nous te renvoyons « absous ; mais c'est à condition que tu cesseras de philo- « sopher et de faire tes recherches accoutumées, et, si tu « y retombes et que tu sois découvert, tu mourras ; si « vous me renvoyiez à ces conditions, je vous répon- « drais sans balancer : « Athéniens, je vous honore et je

« vous aime, mais j'obéirai plutôt au Dieu qu'à vous, et
« tant que je vivrai, je ne cesserai de philosopher, en
« vous donnant toujours des conseils, en vous reprenant
« à mon ordinaire.» (Plat., *Apol.*, 29 C. D.) A vrai dire,
chez Socrate, la passion de l'enseignement s'explique par
l'ardeur de son zèle scientifique. Pour lui, en effet,
l'enseignement est surtout un moyen de découvrir la
vérité, c'est la recherche en commun ; enseigner, c'est
s'instruire, autant qu'instruire les autres. Est-ce donc
dans l'intérêt de la recherche philosophique que Socrate
s'entoure de disciples, ou est-ce par intérêt pour les âmes
qu'il se livre à l'étude de la philosophie ? Il est impossible de le dire. Chez lui, le philosophe et l'apôtre ne
font qu'un. Ce qui est certain, ce qui constitue « le trait
essentiel du caractère de Socrate, ce qui fait justement
de lui l'amant philosophique que nous dépeint Platon,
c'est, dit Zeller, que « si la société d'autrui était indispensable à ses recherches, il ne pouvait davantage se passer
de la recherche philosophique dans cette fréquentation. »

Selon Platon, l'enseignement se rattache plus directement encore à l'amour. Il est « une génération selon
l'esprit : τόκος κατὰ τὴν ψυχήν (*Banq.*, 206 B). Les sages
sont doués de fécondité morale (κατὰ τὴν ψυχὴν ἐγκύμονες
— γεννήτορες, *Banq.*, 209 A) ; ils font produire aux âmes
les vertus, ils déposent en elles la semence des beaux
discours et des hautes pensées, d'où sortent la tempérance, la justice et toutes les nobles actions. Tels sont
les poètes comme Homère et Hésiode, les législateurs
comme Lycurgue et Solon.

Enfin, il y a quelque chose de plus noble que cette
expansion naturelle aux grandes âmes ; c'est la volonté
de servir l'humanité, à laquelle les Stoïciens rattachent
l'enseignement de la sagesse. « La vertu nous pousse,
dit Cicéron, à vouloir être utiles au plus grand nombre
d'hommes possible, et surtout en les instruisant et en
leur découvrant les règles de la sagesse. Aussi ne trouve-

t-on pas facilement d'homme qui ne veuille faire part à autrui de sa science propre. Nous ne sommes donc pas seulement inclinés à apprendre, mais à enseigner. » (*Impellimur autem naturâ ut prodesse velimus quam plurimis, imprimisque docendo rationibusque prudentiœ tradendis. Itaque non facile est invenire qui, quod sciat ipse, non tradat alteri. Ita non solum ad discendum proni sumus, verum etiam ad docendum. De Fin.*, III, xix). Ici l'intérêt des âmes est mis au-dessus de l'intérêt philosophique. Sénèque ira plus loin encore ; il dira, s'adressant à Lucilius : « Je veux verser en ton âme tout ce que je sais, et je me réjouis d'apprendre une chose pour avoir à te l'enseigner. Il n'est point de science capable de me plaire, si remarquable et si profitable qu'elle soit, si je la dois garder pour moi seul. On me donnerait la sagesse, sous condition de la tenir enfermée et de ne la point répandre, je n'en voudrais pas ; il n'y a pas de bien dont la possession soit agréable, si on n'a avec qui le partager. (*Ego vero cupio omnia in te transfundere, et in hoc gaudeo aliquid discere, ut doceam, nec ulla me res delectabit, licet eximia sit, et salutaris, quam mihi uni sciturus sim. Si cum hac exceptione detur sapientia ut illam inclusam teneam nec enuntiem, rejiciam; nullius boni, sine socio, jucunda possessio est. Ep.*, VI.) Les Stoïciens sont si convaincus que tout enseignement est une preuve d'amour qu'on donne à ses semblables, que dans le zèle d'Épicure à défendre ses doctrines, ils voient un dévoûment qui s'ignore[1]. Comme

---

[1] « Pourquoi, ô Épicure, s'écrie Épictète, te lever de si bon matin, allumer ta lampe, écrire tant de volumes, si ce n'est, dans ta pensée, pour te rendre utile aux hommes, en les éclairant sur la nature des dieux et sur le bien ? Ce qui te tenait éveillé et te forçait d'écrire, c'était « ce qu'il y a de plus puissant parmi les hommes, la nature » d'où vient toute inspiration généreuse. « En effet, si c'est ton opinion qu'il n'y a point de société parmi les hommes, écris sur ce sujet, com-

le méchant veut le bien, alors qu'il fait le mal, Épicure
veut servir la société, alors même qu'il professe des
théories contraires à l'humanité et à la justice. C'est
qu'il « n'est pas possible que l'homme perde entièrement
les sentiments humains, pas plus que les hommes auxquels on a retranché les organes de la génération ne
peuvent se dépouiller des désirs qui appartiennent à
l'homme.» (Epict., *Entr.*, II, xx.) Pour les Épicuriens,
la sagesse, étant l'art d'être heureux, ne vaut pas en elle-
même, mais par ses effets ; instruire les autres, c'est
travailler à leur bonheur.

Enfin, il y a un rapport logique entre les doctrines des
philosophes et leur zèle à les répandre. Socrate, Platon
et les Stoïciens croient que la vertu dépend de la seule
connaissance du bien. Épicure s'attache, de toute sa foi
au bonheur, à faire agréer une doctrine qui doit nous
délivrer de tous les maux et nous faire jouir de toutes
les joies de la vie.

V. — L'AMITIÉ, CONDITION DE L'ENSEIGNEMENT.

L'enseignement ne dérive pas seulement de la sympathie ; il doit encore à la sympathie ses moyens d'action,
son succès, son efficacité. On instruit les autres parce
qu'on les aime, et on ne les instruit qu'en les aimant.
Socrate se donnait pour l'amant de ceux qu'il voulait
instruire ; quand il ne songeait qu'à recruter des disciples,
il disait qu'il donnait la chasse aux beaux jeunes gens.
N'était-ce là qu'une agacerie innocente, qu'une ironie et
une feinte comme le prétend Alcibiade? (Plat., *Banq.*,
216 D, 222 B.) Sans doute, Socrate se moquait de ses

---

munique-le aux autres, fais-en l'objet de tes veilles, et, par le fait,
sois toi-même l'accusateur de tes propres opinions.» (*Entr.*, II, xx.)

amants, quand il vantait leurs charmes. Mais l'intérêt que
lui inspiraient les natures élevées était réel et profond,
et c'est là ce qu'il appelait, en plaisantant, *ses amours.*
Il n'agréait pour disciples que ceux qu'il se sentait porté
à aimer, et lui-même n'était vraiment un maître que
pour ceux qui l'aimaient. Un instinct, qu'il lui plaît
d'appeler son génie, le guidait dans le choix de ses dis-
ciples-amis. « La puissance du génie, dit-il, s'étend jusque
« sur les rapports qu'on veut contracter avec moi : il y
« a des gens qu'il repousse, et ceux-là ne sauraient
« jamais tirer de moi aucune utilité ; je ne puis même
« avoir avec eux aucun commerce. Il y en a d'autres
« qu'il ne m'empêche pas de voir, mais sans qu'ils en
« soient plus avancés. Ceux qu'il favorise font de
« grands progrès en très peu de temps. » (Plat., *Théagès,*
129 E.) Après avoir désigné à Socrate ses disciples, le
démon l'avertit encore quand il doit leur parler. Ainsi,
Socrate a longtemps aimé Alcibiade sans lui témoigner
son amour. « Le Dieu qui m'inspire, lui dit-il un jour,
ne m'a pas permis de te parler jusqu'ici, et j'attendais
sa permission. » (Platon, *Prem. Alcib., init.*) Comme
l'amour ne se déclare que lorsqu'il espère être agréé,
l'enseignement ne se donne que quand il est sûr d'être
compris.

Que l'enseignement suppose l'amitié, que les relations
de maître à disciple dérivent d'un mutuel attrait, c'est ce
que répètent à l'envi tous les successeurs de Socrate.
Platon qui définit l'enseignement « une génération selon
l'esprit » ajoute qu'il faut à l'âme, pour exercer sa fécondité, l'excitant de la beauté (τόκος ἐν τῷ καλῷ κατὰ την
ψυχήν, *Banq.,* 206 B). En d'autres termes, on n'engendre
que par amour. « Quand un mortel divin porte en son
« âme dès l'enfance les nobles germes des vertus, et
« qu'arrivé à l'âge mûr, il éprouve le désir d'engendrer
« et de produire, alors il s'en va, cherchant de côté et
« d'autre la beauté dans laquelle il pourra exercer sa

« fécondité ; ce qu'il ne pourrait jamais faire dans la
« laideur. Pressé de ce besoin, il aime les beaux corps
« de préférence aux laids, et s'il rencontre une âme
« belle, généreuse et bien née, cette réunion en un même
« sujet lui plaît souverainement. Auprès d'un être
« pareil, il lui vient une foule d'éloquents discours sur la
« vertu, sur les devoirs et les occupations de l'homme de
« bien ; enfin, il se voue à l'instruire. » (Plat., *Banq.*,
209 B, C, trad. Cousin.) Les Grecs, comme on sait,
croyaient qu'une affinité mystérieuse existe entre la
beauté physique et la beauté morale, et ils confondaient
l'une et l'autre dans une même adoration. On retrouve
chez les austères Stoïciens eux-mêmes ce poétique préjugé que la beauté des jeunes gens est l'indice d'une belle
âme. « Le sage aura de l'amour pour les jeunes gens
« dont la beauté révèle d'heureuses dispositions pour la
« vertu (τῶν νέων τῶν ἐμφαινόντων διὰ τοῦ εἴδους τὴν πρὸς
« ἀρετὴν εὐφυίαν) », disaient Zénon dans sa *Politique*,
Chrysippe dans son premier livre des *Vies*, et Apollodore
dans sa *Morale*. — « L'amour est un désir de contracter
« amitié, inspiré par la vue de la beauté, et il n'a pas
« pour fin l'union sexuelle, mais l'amitié... — Il y a
« l'amour d'amitié : τὸν ἔρωτα φιλίας », dit encore Chrysippe, et il ajoute « que le charme de la jeunesse est la
fleur de la vertu » (εἶναι τὴν ὥραν ἄνθος ἀρετῆς, Zénon,
ap. Diog. L., VII, 1, 130, éd. Didot [1].)

---

[1] Il n'était pas sans danger de présenter l'enseignement comme une
forme de l'amour. Les relations du maître et des disciples n'ont pas
toujours été innocentes ; témoin ce qu'on rapporte de Bion. Il blâmait
Socrate au sujet d'Alcibiade : « Il était fou, disait-il, s'il se passait de
lui et qu'il lui fût nécessaire ; et il n'a pas fait un grand effort sur lui-
même, s'il n'en avait pas besoin. » (Diog. L., IV, 7, 49.) — « Une de ses
maximes était que tout est commun entre amis. Par cette raison,
personne ne voulait avoir le nom d'être son disciple ; quoiqu'il en eût
plusieurs, et parmi eux quelques-uns qui étaient devenus fort impu-
dents dans son commerce ; jusque-là qu'un certain Bétion n'eut pas

Les Épicuriens conçoivent l'enseignement en dehors de l'amour, mais non point de l'amitié; c'est ce qui ressort déjà de l'organisation de leur école en hétairie ; c'est ce qu'atteste aussi le caractère aristocratique et fermé de leur enseignement. « Je n'ai jamais voulu « plaire au peuple, dit Épicure ; car ce que je sais, le « peuple ne l'approuve point, et ce que le peuple approuve, « moi je l'ignore. » (Sén., *Ép.*, XXIX.) « Ce n'est pas à la foule, mais à toi que je m'adresse, écrit-il encore à un compagnon de ses études, nous sommes en effet l'un à l'autre un assez grand théâtre. » (Sén., *Ép.*, VII.) Le sage « pourra tenir une école, pourvu que le vulgaire n'y soit point reçu. Il pourra lire quelques-uns de ses écrits devant le peuple ; que ce ne soit pas pourtant de son propre mouvement. » (Diog. L., *Lettre à Pythoclès.*) Cela revient à dire que le philosophe ne donne son enseignement dans son intégrité qu'à ceux qu'il considère comme ses amis.

Les Stoïciens qui définissent le sage « le précepteur du genre humain » ne laissent pas de reconnaître aussi que son enseignement est perdu pour la foule. Il voudrait instruire tous les hommes ; en fait, il n'instruit que ceux pour lesquels il éprouve de la sympathie et de l'attrait. Il faut, dit Sénèque, éviter de se produire, de faire des lectures (*recitare*) et d'argumenter (*disputare*) en public. On trouvera tout au plus « une ou deux personnes qu'on s'appliquera à former, de qui on se fera comprendre » (*Non est quod te gloria publicandi ingenii producat in medium, ut recitare istis velis, aut disputare, quod facere te vellem, si haberes isti populo idoneam mercem; nemo est qui te intelligere possit. Aliquis*

---

honte de dire à Ménédème qu'il croyait ne rien faire contre l'honneur, quoiqu'il fît des actions fort criminelles avec Bion ; et celui-ci tenait quelquefois des discours plus indécents encore qu'il avait appris de Théodore. » (Diog. L., IV, 7, 53, 54.)

fortasse unus aut alter incidet, et hic ipse formandus tibi erit, instituendusque ad intellectum tui. Sén., *Ép.*, VII[1].)

L'enseignement ne peut être qu'amical, approprié à celui qui le reçoit, confidentiel, intime. Un des auditeurs d'Épictète se plaignait qu'il ne lui dît rien. Épictète lui répondit : « Stimule ma bonne volonté, comme lorsque « l'herbe qui convient à la brebis paraît, elle provoque « son appétit, tandis qu'il en est autrement, si on lui « présente une pierre ou du foin. Ainsi, il y a en nous un « penchant naturel qui nous excite à parler, lorsqu'il « se trouve un auditeur capable de nous entendre, et que « lui-même nous y invite... Tu demandes pourquoi je « ne t'ai rien dit. Parce que tu ne m'as pas excité. Car « en te regardant, sur quoi pouvais-je jeter les yeux qui « pût m'engager à te parler, comme les écuyers sont « excités à la vue des chevaux de bonne mine? Porterai- « je mes yeux sur ton corps? Tu le contournes d'une « manière ignoble. Sur tes vêtements? Ils sont effé- « minés. Sur ta démarche, sur ton visage? Sur rien. « Lorsque tu voudras entendre un philosophe, garde-toi « de lui dire : « Tu ne me dis rien, mais seulement, « montre-toi digne de l'entendre et tu verras comme « tu l'exciteras à te parler. » (*Entr.*, II, xxiv.) On trouve-rait sans doute chez les Stoïciens des affirmations contraires ; ils prétendent qu'on peut toujours instruire les hommes, convaincre leur raison et toucher leur cœur, mais c'est qu'on triomphe alors de leur mauvais vouloir, qu'on force leur bienveillance : *vincit malos pertinax bonitas*[2]. Même dans ce cas, on ne les instruit donc qu'autant qu'on les aime et qu'on s'en fait aimer.

---

[1] Cf. Épictète, *Entr.*, III, xxiii.

[2] Cette pensée est admirablement développée par Marc-Aurèle, *Pensées*, XI, 18. « La bienveillance est invincible pourvu qu'elle soit sincère, sans dissimulation et sans fard ; car que pourrait te faire le

L'enseignement se réduit-il à un échange d'idées et de sentiments, que rendrait seule possible la sympathie du maître et des disciples ? Non ; il est encore, et, dans certaines écoles, il est surtout une influence morale exercée sur les disciples par la personne du maître. Socrate, par exemple, agit moins par ses leçons que par l'exemple de sa vie : son caractère importe plus que ses doctrines. C'est un « charmeur » qui s'empare des âmes. On n'est pas son disciple, on est son ami. Ceux qui l'approchent sont transformés : sa présence fait des miracles. Platon rapporte dans le *Théagès* les paroles suivantes d'un certain Aristide. « Je vais te dire, Socrate, une chose « qui paraîtra incroyable, mais qui est pourtant très « vraie. Je n'ai jamais rien appris de toi, comme tu le « sais très bien. Cependant je profitais quand j'étais avec « toi ; même quand je n'étais que dans la même maison, « sans être dans la même chambre ; et quand, dans la « même chambre, j'avais les yeux fixés sur toi, pen- « dant que tu parlais, je sentais que je profitais plus « que quand je regardais ailleurs ; mais je profitais « bien plus encore lorsque j'étais assis auprès de toi et « que je te touchais ». (Trad. Cousin, p. 262). Si l'on prend à la lettre ce curieux passage, rien n'empêche d'y voir un cas de suggestion se produisant à distance, et

---

plus méchant des hommes, si tu persévérais à le traiter avec douceur, si dans l'occasion tu l'exhortais paisiblement et si tu lui donnais sans colère, alors qu'il s'efforce de te faire du mal, des leçons comme celle-ci : « Non, mon enfant, nous sommes nés pour autre chose. Ce n'est pas moi qui éprouverai le mal, c'est toi qui t'en feras à toi-même, mon enfant. » — Montre-lui adroitement, par une considération générale, que telle est la règle, que ni les abeilles n'agissent comme lui, ni aucun des animaux qui vivent naturellement en troupes. N'y mets ni moquerie, ni insulte, mais l'air d'une affection véritable, d'un cœur que n'aigrit point la colère ; non comme un pédant pour te faire admirer de ceux qui sont là ; mais n'aie en vue que lui seul, y eût-il là d'autres témoins. »

devenant plus nette sous l'influence du regard et de l'attouchement. L'éducation n'est-elle pas, suivant un philosophe (Guyau, *Éducation et hérédité*), la suggestion du bien ? Socrate reconnaît qu'il y a des gens sur lesquels il n'a aucune influence; ceux-là seraient les sujets rebelles. Pour les autres, ils font avec lui de grands progrès; mais, « dans les uns, les progrès sont fermes et perma- « nents; pour le reste, et c'est le grand nombre, *tant* « *qu'ils sont avec moi,* dit Socrate, ils profitent d'une « manière surprenante, mais ils ne m'ont pas plutôt « quitté qu'ils retournent à leur premier état, et ne dif- « fèrent en rien du commun des hommes ». (*Ibid.*) A l'appui de cette assertion, on pourrait citer des faits. Xénophon dit de Critias et d'Alcibiade, dont les fautes politiques étaient imputées à Socrate : « Je sais qu'ils observèrent tous deux la tempérance, tant qu'ils vécurent avec Socrate, et ils ne craignaient pas d'être châtiés ou battus par lui; mais ils croyaient alors que ce qui valait le mieux, c'était de vivre ainsi ». (*Mém.,* I, ii, 18.) Alcibiade confesse aussi dans le *Banquet* de Platon qu'il subit malgré lui l'ascendant de Socrate, et il s'irrite de cet esclavage. Il ne retrouve sa volonté qu'en s'éloignant de son maître et il ne s'en éloigne qu'à regret. « Il me faut malgré moi m'enfuir bien vite, en me bou- « chant les oreilles, comme pour échapper aux Sirènes, « si je ne veux pas rester jusqu'à la fin de mes jours « assis à la même place auprès de lui..... j'ai la cons- « cience de ne pouvoir rien opposer à ses conseils ;... je « le fuis donc ; mais, quand je le revois, j'ai honte « d'avoir si mal tenu ce que je lui avais promis ». (*Banq.,* 216 B, C.) Socrate est ainsi moins un maître qu'un ami passionnément aimé; on subit le charme de sa personne ; en vivant avec lui, on devient meilleur; l'influence qu'il exerce ne vaut pas moins que la doctrine qu'il enseigne.

Sénèque suit la tradition socratique, lorsqu'il pose comme une loi que l'enseignement de la sagesse n'est

jamais impersonnel, lorsqu'il le définit une influence
morale qui se dégage de la « vie en commun» *contuber-*
nium. « Cléanthe, dit-il, n'eût pas porté și haut la vertu
stoïque s'il n'eût été que l'auditeur de Zénon, au lieu
d'être le témoin de sa vie. Il y avait plus de profit pour
Métrodore, Hermarchos, Polyène, à vivre avec Épicure
qu'à l'entendre ; à être ses amis que ses disciples. »
(*Ép.,* VI.) Rien ne vaut la fréquentation habituelle : *viva*
vox et convictus. C'est une mauvaise condition pour
instruire les autres que d'être éloigné d'eux. Le commerce épistolaire a beau être un progrès sur l'enseignement *ex cathedra* ; il a beau être suivi, familier, intime, il
n'a point les effets de la vie commune. Sénèque entretient avec Lucilius une correspondance régulière, il lui
fait part de ses lectures, il lui envoie ses livres annotés
de sa main, il est toujours en pensée auprès de lui ;
il regrette pourtant de pas l'avoir à ses côtés ; il le
regrette pour lui-même autant que pour son ami ; car,
sous un rapport, l'enseignement ressemble encore à
l'amitié ; il est un échange de services, il vaut également
pour celui qui le donne et pour celui qui le reçoit. « Vis,
« dit Sénèque, avec ceux qui peuvent te rendre meilleur ;
« admets en ta société ceux que tu peux rendre meil-
« leurs ; il s'établit en cela un échange, et, en ensei-
« gnant, on s'instruit. » (*Ép.,* VII).

En résumé, l'amitié est la condition de l'enseignement,
C'est sur le modèle des relations d'amitié que les écoles
s'organisent, et c'est sous la forme d'une conversation
amicale que l'enseignement s'y donne.

VI. — L'ENSEIGNEMENT DE L'AMITIÉ.

Enfin, l'amitié, après avoir servi à constituer l'enseignement philosophique, devient elle-même un des objets
de cet enseignement. On la considère comme une vertu

ou comme une condition du bonheur. Si on enseigne la
vertu, comme le croient Socrate, Platon et les Stoïciens,
on pourra donc enseigner l'amité. S'il y a un art d'être
heureux, cet art comprendra celui de pratiquer l'amitié.
Socrate se donne pour tâche particulière de recruter
des amis, et, comme il y réussit grâce à l'ardeur de son
zèle et à la sûreté de son flair psychologique, il se croit
en droit de poser des règles tirées de son expérience
personnelle et de ramener à un art la négociation des
amitiés. Puis il démontre l'utilité de cet art et s'élève à
des considérations générales sur l'amitié, son origine
et son fondement. Ainsi sont nées les théories philosophiques dont l'étude fait l'objet du présent ouvrage. A
l'origine, on a uniquement en vue de susciter l'amitié ;
on la recommande plus qu'on ne la définit, on la représente à la fois comme honorable et avantageuse, on la
vante, on l'exalte. Mais, pour la faire valoir, on a besoin
de la connaître. D'ailleurs, l'amitié inspire une curiosité
sympathique. On l'étudie donc en elle-même et pour elle-
même ; on l'analyse, on indique ses caractères, ses
espèces, on remonte à son origine, on suit sa genèse.
On fait, en un mot, la *psychologie* de l'amitié. Mais
la psychologie n'est elle-même qu'un acheminement à
la *morale*. L'amitié est une société particulière ayant
ses habitudes, ses mœurs, ses lois. On la décrit comme
on décrirait une institution. On définit les devoirs et les
droits des amis. Les anciens se sont bien moins étendus
sur la psychologie de l'amitié que sur ce que j'appellerai
sa jurisprudence morale. Même après avoir posé les
règles, ils se sont enquis des exceptions : de l'éthique de
l'amitié est sortie la casuistique avec son détail minutieux
et infini.

On a dit que l'amitié avait été un objet d'enseignement. Cela doit s'entendre en deux sens : 1° On a enseigné l'art d'acquérir des amis comme on a enseigné l'art
d'acquérir des richesses ou l'économie ; 2° On s'est livré

dans les Écoles philosophiques à une étude approfondie
de l'amitié, étude à la fois psychologique et morale.

Rapportons ce que les anciens ont dit sur l'art de
contracter amitié, en faisant abstraction de leurs théories
philosophiques sur la nature de l'amitié, sur son origine
et sa fin.

Socrate a cru que pour gagner des amis, la bonne volonté
ne suffit pas, qu'il faut user d'adresse, d'ingéniosité et
d'art. Lorsqu'il se donne pour un maître en amour (ἐρωτικός, Xén., II, VI, 28. δεινὸς τὰ ἐρωτικά, Plat., Banq.,
198 D), il veut dire qu'il n'est pas capable seulement de
disserter sur l'amour en philosophe, mais qu'il s'entend
encore à le pratiquer pour son compte et pour le compte
des autres. Il aimait à rappeler qu'il avait été à l'école
d'Aspasie, laquelle exerçait à Athènes la profession de
marieuse (Xén., Mém., II,VI, 36.— Cf. Platon, Ménexène).
Il s'intitulait lui-même « μαστροπός (Xén., Banq., IV, 56)
entremetteur » ; en d'autres termes, il exerçait le métier
original de faiseur d'amis. Il professait cette théorie plus
originale encore que la « négociation des amitiés » est
un art. Cet art, il arrive qu'on le pratique d'instinct :
ainsi, c'est sans y penser que Théodotè déploie ses
charmes, qui attirent et retiennent auprès d'elle les
amants ! La douceur de ses regards, l'agrément de sa
parole, l'ardeur de ses baisers, sont des moyens de
séduction qui lui sont naturels. « Je fais tout cela, dit-
elle, sans y entendre malice » (ἐγὼ τούτων οὐδὲν μηχα-
νῶμαι, Xén., Mém., III, XI, 10). Socrate raille cette
coquetterie naïve : il en sait une autre plus raffinée,
plus savante. Il y a deux façons de se faire aimer : l'une,
empirique, faite d'expédients et qui réussit par hasard ;
l'autre, méthodique et sûre. Théodotè ne connaît que la
première, Socrate lui enseigne la seconde, trouvant plaisant d'apprendre à une courtisane son métier. Il ne faut
pas, dit-il, s'en remettre au « hasard » (τύχη) et attendre
qu'un ami nous arrive, comme une mouche qui s'abat

sur nous dans son vol; il faut user d' « artifice » (μηχανή)
pour que les amis viennent à nous (*Mém.*, III, xi, 5).
Suit une leçon de coquetterie : Théodotè fera bien de ne
pas prodiguer ses faveurs, et de tenir ses amants en
appétit (*Ibid.*, 12-14). La coquetterie et la ruse ne sont
encore que des *moyens* de succès (μηχανή), supérieurs déjà
à ceux que Théodotè emploie, parce qu'ils sont voulus,
mais qui ne constituent pas proprement un *art* (τεχνή).
Cet art toutefois existe : il y a des règles pour donner la
chasse aux amis, comme il y en a pour chasser le lièvre
(*Mém.*, III, xi, 7), et Critobule dira à Socrate : « *Ensei-
gne-moi* à rechercher les amis » (*Mém.*, II, vi, 33). La
négociation des amis est encore appelée une « *science* »
(ἐπιστήμη, *Mém.*, II, vi, 31). Ce qui prouverait à la rigueur
qu'une telle science existe, c'est que certaines professions la supposent, à savoir celle des marieuses et des
entremetteurs. Avec son ironie habituelle, Socrate relève
ces professions, ou plutôt il honore la science dont elles
font usage. On pourrait faire de cette science un noble
emploi. Il serait utile qu'il y eût des hommes pour rapprocher les amis, comme il y en a pour rapprocher les
amants. Socrate se vante d'être un de ces hommes; à
parler familièrement, c'est un entremetteur pour le bon
motif.

Comme on a des chiens pour chasser le lièvre, on fera
bien d'avoir pour se procurer des amis un *leno*[1]. Le leno
suivra pour nous les amis à la piste et les fera tomber
dans ses filets. (*Mém.*, III, xi, 15). D'ailleurs, qu'on ait
recours ou non aux services de l'entremetteur, on usera
toujours du même art pour acquérir des amis. Cet art

---

[1] L'expression de *chasse aux amis* est consacrée pour désigner la
κτῆσις φίλων. Xén., II, iv-vi ; III, xi. — Platon (*Sophiste, init.*)
définit le Sophiste un *chasseur de jeunes gens riches*. — Plutarque dit,
dans l'*Amour*, ch. xiv : « S'il y a un *dieu de la chasse,* il faut qu'il y
ait aussi un dieu qui préside à la *chasse aux amis* ».

comprend deux parties, le choix des amis et la tactique
pour se faire aimer.

Comment savoir à l'avance quels sont ceux avec qui
il est bon de se lier? C'est à l'épreuve seulement qu'on
reconnaît les amis. La difficulté est la même que lorsqu'il s'agit de découvrir de bons sculpteurs, de bons
écuyers. En ce cas, l'appréciation du mérite se fonde sur
la considération des œuvres. On appelle bon sculpteur
celui qui a déjà produit de belles statues : de même on
croira capable de devenir un bon ami celui qui a fait en
amitié ses preuves (*Mém.*, II, vi, 6, 7).

L'entremetteur ne connaîtra-t-il donc en quelque
sorte les vrais amis qu'après coup? Non; il saura encore
les découvrir, les deviner. Socrate le compare à un
limier; la première qualité du limier, c'est d'avoir du
flair. « C'est un don qui me vient de Dieu, en quel-
« que sorte, dit Socrate, de savoir découvrir à pre-
« mière vue celui qui aime et celui qui est aimé. »
(*Lysis,* 204 C.) Il eût pu ajouter : et ceux qui sont faits
pour s'aimer. D'abord, ceux qui peuvent être utiles les
uns aux autres, comme le riche et le pauvre, le savant
et l'ignorant sont tout désignés pour devenir amis. On a
montré plus haut Socrate trouvant à Criton un intendant,
faisant secourir Hermogène par Diodore, servant d'intermédiaire entre les Sophistes et les jeunes gens désireux de s'instruire. Mais le bon entremetteur n'est pas
seulement habile à négocier des amitiés au point de vue
de l'intérêt; il excelle encore à rapprocher ceux qui sont
faits pour sympathiser et se comprendre; il sait appareiller les âmes. « Dernièrement, dit Socrate à Antis-
« thène, dans le *Banquet* de Xénophon (IV, 63), tu louais
« en ma présence ton hôte d'Héraclée, et, après m'avoir
« donné envie de le connaître, tu me le présentais. Je
« t'en suis redevable, car il me paraît honnête homme. Le
« bien que tu m'as dit d'Eschyle le Phliasien, et que tu
« lui as dit de moi, ne nous a-t-il pas si étroitement unis

« qu'épris d'un amour mutuel, nous courons l'un après
« l'autre? En voyant que tu peux faire cela, je juge que
« tu es un bon *courtier* » (προαγωγός). Ainsi le μαστροπός
ou bien révèle aux hommes le besoin qu'ils ont les uns
des autres, ou bien les amène à s'apprécier, à se
connaître, et dans les deux cas, les dispose à s'aimer.
Cependant, son art n'est point infaillible. On peut toujours se méprendre sur la valeur des hommes : on
risque, quelque soin qu'on prenne et quelque perspica-
cité qu'on ait, de mal placer sa confiance. C'est pourquoi
Socrate veut qu'avant de contracter une liaison, on consulte les dieux, comme on doit toujours faire dans les
« entreprises dont l'issue est incertaine» (περὶ δὲ τῶν ἀδή-
λων, ὅπως ἂν ἀποβήσοιτο. *Mém.*, I, ı, 6). Mais, si le choix des
amis a besoin d'être approuvé par les dieux, ce n'est pas
seulement la preuve que ce choix est incertain, mais
encore qu'il est important, et engage profondément
notre vie ; car on ne consulte les dieux que sur les événements graves et décisifs.

Quand on a choisi ceux qu'on recherche pour amis,
il reste à gagner leur amitié. C'est là que la μαστροπεία
déploie toutes ses ressources. Elle est un art qui tient de
la magie. Socrate, qui est y passé maître, se vante de
posséder des philtres (φίλτρα), des enchantements (ἐποδάς),
des sortilèges (ἴυγγα) (*Mém.*, II, vi, 10 — III, xi, 16, 18).
Ce qu'il appelle ironiquement la magie amoureuse se
réduit à employer ces deux moyens infaillibles : l'éloquence persuasive et les bienfaits.

On ne prend pas les amis à la course, comme les
lièvres, ni au piège comme les oiseaux, ni surtout par la
force, comme les ennemis (*Mém.*, II, vi, 9). La violence
produit la haine et non point l'amitié. Les navigateurs
fuyaient Scylla, parce qu'elle portait la main sur eux,
et ils faisaient voile vers les Sirènes qui de loin les
attiraient par la douceur de leurs chants (*Ibid.*, 31). « Ce
n'est point par la violence qu'on prend et qu'on retient un

5

ami, c'est par les bienfaits et par le plaisir qu'on capture et qu'on garde une si belle proie. » (*Mém.*, III, xi, 11.) L'art de se faire aimer a une grande portée : il compte parmi ses applications la politique. On gouverne en effet par la persuasion ; le pouvoir est tenu de se faire agréer. Or, il y a pour le politique deux façons de devenir populaire : l'éloquence et les services qu'il rend à l'État. Périclès a conquis Athènes par le charme de sa parole, Thémistocle par ses bienfaits (*Mém.*, II, vi, 13). Qu'il s'agisse d'établir la concorde entre les citoyens, de négocier des alliances entre les États ou de faire naître des amitiés privées, on usera toujours du même art.

Étudions d'abord l'éloquence comme moyen de séduction. Les discours par lesquels on gagne les cœurs, ce sont les éloges. Les Sirènes s'adressent ainsi à Ulysse : « O Ulysse, toi qui mérites de grandes louanges et qui es la gloire des Grecs ! » (*Mém.*, II, vi, 11.) Mais il importe beaucoup qu'on tienne à chacun le langage qui est de mise, et convient à sa nature. » (Καὶ μὴν... πολὺ διαφέρει τὸ κατὰ φύσιν τε καὶ ὀρθῶς ἀνθρώπῳ προσφέρεσθαι. *Mém.*, III, xi, 11.) A des hommes qui n'eussent pas été épris de vertu, les Sirènes eussent parlé autrement qu'à Ulysse (*Mém.*, II, vi). La flatterie est maladroite : on s'offense des éloges qu'on sait n'avoir point mérités (*Ibid.*, 12). L'art de se faire aimer répugne d'ailleurs à l'emploi des moyens malhonnêtes. Aspasie disait que les bonnes marieuses sont celles qui ne mentent point. Ceux qui s'épousent sur la foi de promesses trompeuses en viennent bientôt à se haïr l'un l'autre et à haïr celle qui les a mariés (*Mém.*, II, vi, 36). Socrate est dans les mêmes principes : il promet à Critobule de l'aider à gagner des amis ; il s'engage à dire du bien de lui ; mais il se refuse à mentir. Il sait d'ailleurs qu'il lui rendrait un mauvais service, en le faisant bénéficier d'une affection obtenue par surprise. « En toute chose, lui dit-il, le moyen le plus court, le plus sûr et le meilleur de paraître

bon, c'est encore de le devenir. » Que Critobule s'efforce
donc d'être un bon ami et il ne manquera pas d'être
recherché comme tel. « C'est suivant cette méthode,
conclut Socrate, que nous devons, je crois, donner la
chasse aux amis ; si tu en sais une autre, enseigne-la
moi. » — « J'aurais honte de te contredire, Socrate,
répliqua Critobule ; et si je le faisais, je ne dirais rien
qui fût honorable et sensé. » (*Mém.*, II, vi, 39.)

Pour être tenu de ne dire que la vérité, le μαστροπός
n'est pas dispensé d'être éloquent. Socrate n'eût pas fait de
la μαστροπεία un si grand mystère, s'il n'avait vu en elle
une rhétorique spéciale. Celui qui aspire à gagner les
bonnes grâces d'un ami doit ou savoir plaider lui-
même sa cause ou se procurer un bon avocat. Mais la
rhétorique rentre dans la méthode socratique en général ; elle est une application du γνῶθι σεαυτόν ; ses procédés
sont l'*ironie* et la *maïeutique.* Le μαστροπός est un
psychologue : il agit sur les hommes parce qu'il connaît
leurs cœurs et sait les motifs qui les déterminent. Il pratique l'*ironie,* c'est-à-dire qu'il dissipe les malentendus,
prévient ou fait cesser les brouilles, comme le logicien
relève les contradictions et réfute les erreurs. La haine
n'est-elle pas d'ailleurs le plus souvent une méconnaissance, c'est-à-dire une erreur ? Ainsi, c'est parce que
Lamproclès se méprend sur les vrais sentiments de sa
mère qu'il ne lui pardonne pas son humeur fâcheuse.
« Toi qui sais bien que ta mère, quoi qu'elle dise, ne
« te veut aucun mal, mais te souhaite au contraire plus
« de bien qu'à personne, tu t'irrites contre elle ? Ou
« bien crois-tu que ta mère soit pour toi une ennemie ?
« — Non certes, je ne le crois pas. — Hé quoi ! cette mère
« qui t'aime, qui prend de toi tous les soins possibles,
« quand tu es malade, afin de te ramener à la santé, qui
« veille à ce que tu ne manques de rien et qui prie les
« dieux de te prodiguer leurs bienfaits, tu te plains de
« son humeur ? Pour moi, je crois que si tu ne peux

« supporter une telle mère, ce sont les bienfaits que tu
« ne peux supporter. » (*Mém.*, II, 9, 10.) De même
Chérécrate ne sait pas de quel bien il se prive en renonçant à l'affection de son frère, il ne croit pas non plus
à la possibilité de rentrer en grâce auprès de lui. Socrate
lui ouvre les yeux sur cette double erreur (*Mém.*, II, III).

L'art de négocier les amitiés est proprement une
maïeutique. Il paraît habile de supposer déjà présent
dans les âmes l'amour qu'on y veut faire naître. Mais, à
vrai dire, la supposition n'en est pas une. Socrate pense,
en effet, qu'il en est des sentiments comme des idées,
qu'ils sont tous, amour ou haine, innés en nous. Il n'est
donc pas simplement adroit, il est encore juste et naturel
de faire appel à la bienveillance qui sommeille dans les
cœurs. On n'a besoin, du reste, pour la susciter, que d'y
croire. Qu'on ne craigne pas de faire des avances : outre
qu'il est beau de donner l'exemple des bons sentiments
et que, si cet exemple n'est pas suivi, on a la satisfaction et l'honneur d'avoir fait son devoir, il faut toujours
espérer et croire, jusqu'à preuve du contraire, qu'un
ardent appel à la bonté des autres sera entendu. Telle est
la leçon que Socrate donne à Chérécrate, brouillé avec
son frère. « O mon ami, n'hésite pas, essaie d'adoucir
« ton frère, et il se rendra bientôt à tes avances. Ne
« vois-tu pas qu'il est un homme libre et qui aime à être
« recherché. Si on s'attache les petites âmes avec des
« présents, on se soumet les âmes généreuses en les
« prévenant d'amitié. » Chérécrate répondit : « Si je
« fais ce que tu dis et qu'il n'en devienne pas meilleur. —
« A quoi t'exposes-tu ? A montrer que tu es un bon et
« tendre frère, et qu'il n'est qu'un mauvais cœur indigne
« de tendresse. Mais non, je ne crois pas qu'il arrive
« rien de semblable. Quand il verra que tu le provoques
« à ce combat, il s'efforcera de te vaincre en généro-
« sité. » (*Mém.*, II, III, 16, 17.) Socrate use de la même
méthode auprès de Callias, amant d'Autolycos : il l'en-

gage à donner à sa passion une forme pure et élevée ; et,
ayant tracé une belle peinture de l'amour céleste, il lui
dit : « C'est de cet amour que tu sembles possédé,
« Callias; je le présume ainsi, quand je songe à l'honnê-
« teté de ton ami, et quand je vois que tu t'entretiens
« avec lui en présence de son père. Quand on n'a rien,
« en effet, à cacher à son père, c'est qu'on est chaste
« dans son amour. — Par Jupiter, s'écria Hermogène,
« je t'admire à plus d'un titre, Socrate ; mais surtout,
« parce qu'en flattant la passion de Callias, tu lui
« apprends en même temps ce qu'il doit être. » (Xénophon, *Banq.*, VIII, 10, 12.) La maïeutique de l'amour a
un double caractère ; elle est honnête et habile. Elle
repose sur une foi optimiste en la nature humaine :
Socrate part de cette idée que les hommes sont naturellement enclins à la bienveillance et à l'amour. Mais il
sait qu'il faut aider l'éclosion des beaux sentiments, et il
s'y emploie avec beaucoup d'art. Il sait que les personnes
les plus sages, les mieux disposées à recevoir les avis
souffrent pourtant dans leur amour-propre d'avoir à les
entendre. Aussi, pour compatir aux faiblesses de la
vanité, il s'efforce de laisser à ceux qu'il conseille l'illusion de croire qu'il entre dans leurs desseins et approuve
leur conduite ; il évite de dicter aux autres leur devoir et
de leur faire la loi ; il les sollicite seulement à bien
penser et à bien agir. Il est donc un diplomate rusé ; mais
il est surtout un grand cœur. Il entraîne les âmes par la
chaleur communicative de sa parole ; il leur inspire la
foi et l'élan des grands sentiments ; il arrache à un de ses
auditeurs ce cri d'admiration : « Par Jupiter, Socrate, tu
me parais homme de bien ! » (Xén., *Banq.*, IX, 1.)
Alcibiade a dit les effets de son éloquence. « En l'écou-
« tant, je sens palpiter mon cœur plus fortement que si
« j'étais animé de la manie dansante des Corybantes ; ses
« paroles font couler mes larmes, et j'en vois un grand
« nombre d'autres ressentir les mêmes émotions. Périclès

« et nos autres bons orateurs, quand je les ai entendus,
« m'ont paru sans doute éloquents, mais sans me faire
« éprouver rien de semblable. Toute mon âme n'était
« point bouleversée, elle ne s'indignait point contre elle-
« même de se sentir dans un honteux esclavage, tandis
« qu'auprès du Marsyas que voilà, je me suis souvent
« trouvé ému au point de penser qu'à vivre comme je
« fais, ce n'est pas la peine de vivre. Il me faut malgré
« moi m'enfuir bien vite en me bouchant les oreilles
« comme pour échapper aux Sirènes, si je ne veux pas
« rester jusqu'à la fin de mes jours à la même place
« auprès de lui. Pour lui seul au monde, j'ai éprouvé ce
« dont on ne me croirait guère capable, de la honte en
« présence d'un autre homme. Il est en effet le seul
« homme devant lequel je rougisse. J'ai la conscience de
« ne pouvoir rien opposer à ses conseils, et pourtant de
« n'avoir pas la force, quand je l'ai quitté, de renoncer
« à l'entraînement de la popularité ; je le fuis donc ;
« mais, quand je le revois, j'ai honte d'avoir si mal tenu
« ma promesse, et souvent, j'aimerais mieux, je crois,
« qu'il ne fût pas au monde ; et cependant, si cela arri-
« vait, je suis bien convaincu que j'en serais plus mal-
« heureux encore, de sorte que je ne sais comment faire
« avec cet homme-là. » (Plat., *Banq.*, 215 E.·, trad.
« Cousin.) Le fait d'avoir inspiré à Alcibiade une affection si vive et un respect si grand indique à lui seul,
plus clairement que tout ce qu'on peut dire, à quel point
de perfection Socrate avait porté l'art d'inspirer l'amour.
Il est vraiment sous ce rapport un magicien, un enchanteur. L'art qu'il a institué sous le nom de μαστροπεία est
celui qui nous fait le mieux pénétrer la nature de son
génie.

L'éloquence, si grand que soit son pouvoir, est au-
dessous de l'action. On gagne les cœurs par les bienfaits
plus que par les éloges. L'art de se faire aimer, c'est
l'art de se rendre utile, nécessaire. Ami se dit en grec

ἐπιτήδειος, en latin *necessarius*. « Être aimé, a dit Hugo,
c'est se savoir indispensable à qui vous est nécessaire.
» Le mérite de celui qu'il s'agit de faire agréer pour ami
fait plus que l'éloquence du μαστροπός. Il faut que ce
mérite soit réel ; le rôle du μαστροπός est de le proclamer,
de le mettre en relief, non de le surfaire. En réalité, ce
sont nos bonnes actions, et elles seules qui nous sont
comptées ; l'éloquence du μαστροπός ne sert qu'à les faire
valoir. « Si tu m'autorises à dire de toi, dit Socrate à
« Critobule, que tu prends soin de tes amis, que tu
« n'aimes personne autant qu'un bon ami, que tu es fier
« des belles actions de tes amis autant que des tiennes
« propres, que tu te réjouis de leur bonheur autant que
« de ton bonheur propre, et que tu ne négliges rien
« pour qu'ils soient heureux ; si j'ajoute que tu fais
« consister le mérite d'un homme à vaincre ses amis en
« générosité et à se venger de ses ennemis, je crois que
« je te viendrai utilement en aide dans la chasse aux
« amis. » *(Mém., II, vi, 35.)* Les bienfaits sont donc la
plus noble façon d'acquérir des amis. La popularité de
Thémistocle est de meilleure qualité que celle de Périclès,
parce qu'elle se fonde sur des services rendus, non sur
des succès oratoires. Socrate ne serait pas un maître en
amour s'il ne possédait que ces qualités brillantes, l'éloquence et le charme ; il a un mérite plus solide : il pratique une bienfaisance active et dévouée. On a vu plus
haut qu'il est le bienfaiteur de ses disciples et que les
services qu'il ne peut personnellement leur rendre, il les
leur fait rendre par d'autres. La μαστροπεία consiste à se
rendre utile aux hommes ou à leur fournir l'occasion
d'être utiles les uns aux autres.

Socrate a donc réalisé pleinement le type du μαστροπός. Il ne s'est pas borné à analyser l'amitié, à en déterminer les conditions, le rôle ; il s'est appliqué encore à
la faire naître. Comme il est de tempérament intellectuel
et qu'il voit dans la science le principe de l'action, il

pose les règles de la μαστροπεία en même temps qu'il en
offre l'exemple et le modèle. Il croit qu'il y a, comme
dit Pascal, un art d'agréer, et « des règles aussi sûres
« pour plaire que pour démontrer, et que qui les saurait
« parfaitement connaître et pratiquer » réussirait « aussi
« sûrement à se faire aimer de toutes sortes de per-
« sonnes qu'à démontrer les éléments de la géométrie à
« ceux qui ont assez d'imagination pour en comprendre
« les hypothèses ». Pascal pose que ces règles existent;
mais il ajoute : « j'estime, et c'est peut être ma faiblesse
qui me le fait croire, qu'il est impossible d'y arriver ».
Socrate n'a point ces réserves et ces doutes. Au contraire,
s'il fait en général profession d'ignorance, il se déclare
entendu aux choses de l'amour (ἐρωτικός, Xén., *Mém.*,
II, vi, 28, δεινὸς τὰ ἐρωτικά, Plat. *Banq.*, 198 D). « Je ne
sais qu'une chose, dit-il, l'amour » (οὐδέν φημι ἄλλο ἐπίσ-
τασθαι ἢ τὰ ἐρωτικά, Plat., *Banq.*, 177 D.....). « A l'égard
de tout le reste, je suis ignorant et bon à rien » (εἰμὶ
δ'ἐγὼ τὰ μὲν ἄλλα φαῦλος καὶ ἄχρηστος, *Lysis*, 204 C). Il se
départ sur ce point de sa modestie habituelle. Lui qui
repousse le titre de διδάσκαλος, il déclare qu'il a fait de
l'amour son étude propre (τὰ ἐρωτικά... διαφερόντως ἀσκῶ,
Banq., 212 B) et y est passé maître. « Je ne sais à vrai
dire qu'une petite science, l'amour; mais, dans cette
science, j'ose me vanter d'être plus profond que tous
ceux qui m'ont précédé et que ceux de notre siècle. »
(*Théagès,* tr. Cousin, p. 256).

A vrai dire, on peut donner deux sens à cette profession de foi. Ou Socrate se vante d'avoir approfondi la
nature de l'amour, ou il se montre simplement fier de
son habileté à gagner des amis. En d'autres termes, ou
il se donne comme le disciple de Diotime, qui avait
pénétré le sens philosophique de l'amour, ou il se donne
comme le disciple d'Aspasie qui s'employait à négocier
des mariages. En fait, Socrate est à la fois un philosophe
qui disserte sur l'amitié et l'amour, et un μαστροπός ou

faiseur d'amis. Ce qui constitue son originalité, c'est qu'il ne sépare pas la théorie de l'action, c'est qu'il se donne la tâche de recruter des amis, tout en philosophant sur l'amitié, et c'est aussi qu'en remplissant les fonctions du μαστροπός, il fait la théorie de la μαστροπεία, comme un orateur qui disserterait sur son art et écrirait un traité de rhétorique.

Après lui, les philosophes analyseront l'amitié; ils n'auront pas au même degré le souci de la répandre. S'il s'en rencontre pourtant qui veuillent, comme Épicure, fonder une hétairie, ils croiront assez faire, pour propager l'amitié, en vantant ses bienfaits; ils ne sortiront pas des considérations générales et des vues théoriques. Enfin on en viendra à croire que les amitiés s'établissent d'elles-mêmes, et que les inspirations du cœur suppléent à l'insuffisance des règles. Le Stoïcien, quand il fait choix d'un ami, n'est pas en peine pour se l'attacher : pour se faire aimer, il aime; c'est là tout son secret. « Je t'enseignerai, dit le philosophe Hécaton, « un philtre sans drogue, sans herbe, sans chant « magique de sorcière : Si tu veux être aimé, aime. *Si vis amari, ama* ». (Sén., *Ép.*, IX.)

Il y a dans l'histoire de l'amitié grecque un moment unique : c'est celui où paraît Socrate. Socrate est la physionomie la plus aimable et la plus aimante de l'antiquité. C'est un singulier chef d'École; il ne se donne pas pour un maître, mais pour « un maître en amour ». On s'attache à sa personne plus qu'à ses écrits. Lui-même paraît croire non seulement que l'enseignement ne peut être qu'un entretien libre, familier, intime, et ainsi doit revêtir la forme de l'amitié; mais encore, qu'il doit avoir l'amitié pour récompense et pour fin. Il est faiseur d'amis : c'est chez lui un goût, une passion, et un art raisonné. Il enseigne cet art, en même temps qu'il le pratique. Il disserte en philosophe sur l'amitié. Il appartient tout ensemble à une époque de réflexion

avancée et de mœurs naïves. Après lui, ou bien les philosophes feront de l'amitié un objet de spéculation pure,
et ils diront comme Aristote : « O mes amis, il n'y a point
d'amis ! », ou bien, s'ils s'appliquent, comme Épicure, à la
répandre, ce sera dans un but de propagande philosophique. Aucun d'eux n'aura assez de naïveté ou de subtilité pour ériger la négociation des amitiés en art. De
Socrate dérivent les fondateurs d'hétairies, les purs philosophes, les moralistes et les casuistes qui traitent de
l'amitié. Et il est le maître incomparable, parce qu'on
sent l'homme derrière le philosophe, parce que ses théories ont l'accent de la parole vivante, parce que tout son
art est sorti de son cœur.

CHAPITRE III.

L'AMOUR.

I. **Rôle de l'amitié dans la vie antique.** L'amitié occupe dans les mœurs de l'antiquité la place laissée vide par l'amour. L'amour est exclu de la vie conjugale : Socrate et Xanthippe. Le mariage a un but religieux, politique ; il ne repose pas sur une affection mutuelle. La femme est tenue à l'écart de son mari, elle n'est point son égale. L'amour va aux courtisanes. — Chez Xénophon, la femme a seulement des qualités de ménagère. — Jugements des philosophes anciens sur le mariage.

II. **L'amour grec.** La pédérastie est un vice *universel,* non pourtant *naturel.* Il se produit partout où vivent exclusivement en commun les individus de même sexe. En Grèce, il se développe : 1º dans les camps ; 2º dans les gymnases.
L'amour grec n'est pas un pur vice. Il se transforme et devient le principe du courage (*Xénophon, Platon, Plutarque*). — Le bataillon sacré.
Est-ce en vertu d'une convention romanesque ou d'une loi naturelle qu'un lien s'établit entre l'amour et l'honneur ? — Il semble que l'amour, avant de revêtir la forme d'un vice spécial, soit un penchant universel et généreux, et garde toujours quelque chose de sa nature primitive. — L'amour grec et l'amour chevaleresque.
En dehors de l'héroïsme, il y a une forme innocente de l'amour grec, analogue à notre galanterie. Cet amour a sa naïveté, son innocence hardie, ses enfantillages, sa coquetterie, sa préciosité.

I. — RÔLE DE L'AMITIÉ DANS LA VIE ANTIQUE.

La place que les Grecs ont faite à l'amitié dans les
théories morales est à peu près celle que nous accor-
derions aujourd'hui à l'amour. Dans la civilisation
antique, d'où la femme est exclue, on rencontre, au même
degré que la méconnaissance de l'amour, l'intelligence
et le culte de l'amitié. Le mot amour n'a point, pour les
Grecs, le même sens que pour nous ; il désigne le plus
souvent une passion honteuse, un vice contre nature, et,
lors même qu'il exprime un sentiment pur et élevé,
ce sentiment n'a rien à voir avec le culte chevaleresque
de la femme. L'affection dans laquelle les Grecs ont
mis tout leur cœur, c'est l'amitié. On peut dire de chacun
d'eux ce que Zeller dit de Socrate : « Sa conduite personnelle ne nous révèle en lui qu'un goût médiocre pour
la vie domestique ; ses besoins sociaux et personnels
sont satisfaits par les relations d'amitié avec les hommes. »
(*Phil. des Grecs*, tr. fr., t. III, p. 154.) Au contraire,
les modernes qui pratiquent et honorent l'amour, connaissent peu l'amitié. Elle vient, pour eux, après les
affections domestiques, elle est un charme, elle n'est pas
un besoin. Elle est chère seulement aux natures délicates, c'est le luxe de la vie morale.

Il y a donc comme une rivalité entre ces deux sentiments : où l'un s'épanouit, l'autre meurt ; c'est que toute
passion est exclusive ou jalouse ; car l'amitié, aussi bien

que l'amour, peut devenir une passion. En fait la tendresse pour les amis s'accompagne souvent de l'indifférence pour les proches. Montaigne par exemple, qui est le meilleur des amis, est aussi détaché que possible des liens domestiques. « On se marie, dit-il, sans s'épouser. Il eut des enfants, il ne sait pas au juste combien ; il en perdit deux ou trois, sinon sans regret, du moins sans fascherie. » (P. Albert.) La Fontaine unit de même à un goût très vif de l'amitié une singulière aversion pour la famille. Dans l'antiquité, les Épicuriens, qui prêchent l'amitié, ont horreur de l'amour (Lucr., *de nat. rer.*, IV). D'une manière générale, si l'on ne peut établir par le raisonnement ni poser en principe l'incompatibilité de l'amitié et des affections domestiques, on peut cependant tenir pour probable leur antagonisme de fait. Dès lors, ce qui sera retiré aux unes se trouvera acquis à l'autre. Tout ce qui, dans la société antique, nuit au développement de l'amour entre l'homme et la femme favorise donc indirectement l'éclosion de l'amitié entre hommes.

Tout d'abord, les anciens ne donnent point place à l'amour dans la vie conjugale. Le mari et la femme mènent une existence à part : l'un s'établit à demeure sur l'agora ou dans les gymnases, l'autre est recluse au fond du gynécée [1]. Ils n'ont pas de vie commune ; ils

---

[1] « A Athènes, la femme garde le logis ; quant au mari, il vit, pour « ainsi dire, en plein air, soit aux champs, où l'appelle le lever du jour, « soit dans les gymnases où, dès le matin, il va s'exercer ou converser « avec les hommes de son âge, soit sur l'agora où il se rend de bonne « heure pour recueillir les nouvelles, pour vendre, pour acheter, pour « traiter avec les banquiers dont les tables garnissent tout un côté de « la place, et forment le centre de rassemblements animés et bruyants. « Si l'on ajoute à cela les lointains voyages, le cabotage entre les ports « les mieux achalandés de la Thrace, de l'Asie mineure, de la Phéni- « cie, de l'Égypte, les obligations de la vie publique, le service « militaire comme hoplite ou comme cavalier, les expéditions mari-

n'ont donc pas non plus de mutuelle affection. On voit, par l'exemple de Socrate, jusqu'où peut aller le divorce moral qui règne dans le monde antique entre les époux. Par la libéralité des jugements qu'il porte sur la femme, le philosophe devance les idées de son temps ; par sa vie et ses mœurs conjugales, il est « profondément Grec et Athénien », et, comme dit Zeller, « le sang de la nation coule dans ses veines ». Il relève en principe la condition de la femme ; mais il est lui-même un de ces maris indifférents auxquels il parle ainsi : « Est-il quelqu'un à qui tu confies plus d'intérêts sérieux qu'à ta femme ? — Personne. — Est-il quelqu'un avec qui tu aies moins de conversation qu'avec ta femme ? — Presque personne. » (Xén., *Écon.*, III, § 1.) Il passe les journées hors de sa maison, entouré d'amis ; la présence de sa femme lui est importune ; il l'éloigne de lui à ses derniers moments, pour s'épargner une scène de larmes et pour mourir « avec de bonnes paroles » (ἐν εὐφημίᾳ). « Après qu'il fut sorti du bain, on lui apporta ses enfants, car il en avait trois, deux tout jeunes et un qui était déjà assez grand, et on fit entrer les enfants de sa famille. Il leur parla quelque temps en présence de Criton et leur donna ses ordres ; puis il fit retirer les enfants et les femmes et revint nous trouver » (*Phédon,* 116 B). On a beaucoup vanté la patience conjugale de Socrate : il faut remarquer qu'elle est faite en grande partie d'indifférence et de dédain. Xanthippe ne compte pas aux yeux de son mari : elle peut s'abandonner à sa nature violente, le philosophe est trop détaché d'elle pour s'émouvoir des éclats de son humeur fâcheuse et pour s'en offenser. Qu'elle s'attendrisse et pleure sur sa mort, il ne le

---

« times en qualité de triérarque, on aura quelque idée des causes
« multiples qui attiraient et retenaient hors de chez lui le citoyen
« d'Athènes. » (Girard, *L'Educ. ath.,* p. 76.)

remarque même pas, alors qu'il est touché de la bonté
inattendue que lui témoigne le serviteur des Onze. Sans
doute, l'union de Socrate et de Xanthippe ne peut être
prise pour type du ménage antique ; elle en accuse pourtant le vice capital, qui est l'absence de vie commune et
d'intimité.

L'échange des idées était encore plus rare chez les
époux que l'échange des sentiments. La femme était regardée, intellectuellement, comme inférieure à l'homme,
et on dédaignait de l'instruire. Socrate, pourtant, risqua
le paradoxe de l'égalité des sexes. Témoin de l'adresse
d'une danseuse, il s'écrie, dans le *Banquet* de Xénophon : « La femme ne le cède en rien à l'homme ; elle
« n'a besoin que d'un peu plus de force et de vigueur
« d'esprit ; ce qui devrait engager ceux d'entre nous qui
« ont des femmes à leur enseigner ce qu'ils voudraient
« qu'elles sussent ». (Xénophon, *Banq.*, 2.) Mais Antisthène relève ce mot : il remarque justement que Socrate
lui-même n'a rien fait pour instruire Xanthippe, et que
sa femme est peut-être la seule personne au monde à
laquelle il ait épargné ses avis, pour laquelle il se soit
relâché de son zèle d'apôtre. Ainsi, une indifférence
complète existe entre les époux ; le mari tient sa femme
en hehors de sa vie morale, il n'en fait pas sa confidente
ni son amie.

C'est que le mariage n'était point « l'union de deux
« personnes qui se convenaient et qui voulaient s'asso-
« cier pour le bonheur et pour les peines de la vie ».
(Fustel de Coulanges, *Cité antique*.) Il avait un caractère
essentiellement religieux : son but était d'assurer la perpétuité de la race et la continuité du culte domestique.
C'est ce qu'indique la formule sacramentelle : παίδων
ἐπ'ἀρότῳ γνησίων, *Ducere uxorem liberorum quærendo-
rum causa*. Dans la suite, le mariage s'est recommandé
encore par des considérations d'ordre politique (lois
contre le célibat). Mais il ne semble pas être apparu

aux anciens comme une condition de bonheur privé.
L'idée ne leur est pas venue qu'il pût être ce qu'était
justement pour eux la vie publique, à savoir, le genre
de vie le plus naturel à l'homme, le plus conforme à son
développement moral, le plus élevé et le meilleur. Ils
en excluaient le charme, ils ne pensaient pas qu'il dût
être inspiré par l'amour, même réduit à l'attrait physique.
Dans l'*Économique,* un mari dit à sa femme : « Si je
t'ai choisie, et si tes parents m'ont accepté de préférence
aux autres, ce n'est pas pour le partage d'une couche
qui ne demandait pas un si grand discernement ».
(Xén., *Écon.,* VII, 10, 11.) Dans les *Mémorables,* c'est
Socrate qui dit à son fils : « Tu ne crois pas sans doute
« que c'est pour goûter les plaisirs de l'amour que les
« hommes font des enfants ; car ils ont bien d'autres
« moyens de se procurer ce plaisir, et bien d'autres
« maisons que la leur où ils vont le chercher »[1]. (Xén.,
Mém., II, 2, 4.) Cette conception du mariage, en dehors
de l'amour, aura pour conséquence le développement de
la pédérastie et de la prostitution. « L'amour, ne trou-
« vant dans le gynécée rien de ce qui l'éveille et le
« nourrit, émigra ». (Fouillée.) Nous parlerons plus loin
de la pédérastie. Notons ici, comme signe de l'effacement des femmes la faveur et le crédit des courtisanes.
Elles joignent à l'attrait de la beauté la supériorité de
l'esprit : elles sont des personnages considérables.
Aspasie enseigne l'éloquence, puis dirige la politique à
Athènes ; Théodotè est l'objet d'une curiosité sympa-

---

[1] Cf. Plutarque, *De l'Amour.* Certains « ont plus de désir d'avoir
des enfants que des femmes épousées, ne plus ne moins que les cygales
jettent leur semence sur l'esquille ou l'oignon marin, ou autres semblables herbes : ainsi eux, engendrant à la hâte, en des corps les premiers trouvés, après en avoir trouvé le fruit qu'ils demandent, au
reste ils ne font plus compte de mariage ni de leurs femmes, ou bien,
s'ils demeurent avec elles, ils ne s'en soucient point, ni ne font plus
compte de les aymer ni d'être aymés d'elles ». (Trad. Amyot.)

thique; Socrate se rend chez elle avec ses disciples pour
admirer sa beauté (*Mém.*, III, 11). On sait l'anecdote
de Phryné devant l'Aréopage.

L'épouse grecque pouvait-elle se consoler de n'inspirer point l'amour? Le respect, en un sens, lui en
tenait-il lieu? Oui sans doute, mais encore est-ce moins
la femme même qu'on respectait en elle « que la sainteté de la famille et l'intégrité de la race ». (Denis,
Théor. mor., t. I, p. 69.) Cependant elle a gagné de bonne
heure la confiance de son mari. Xénophon trace un
tableau enchanteur de l'union conjugale : il nous montre,
dans l'*Économique,* la femme devenue la compagne de
son mari, sa confidente, son associée. Par malheur, il est
peut-être en cela aussi fidèle peintre des mœurs d'Athènes
qu'historien exact dans la *Cyropédie.* En outre, sa peinture fût-elle vraie, elle n'attesterait pas encore un sensible progrès des idées et des mœurs. En effet, les
considérations économiques dominent ici les idées morales. Ce n'est pas proprement la dignité de la femme
qui se trouve relevée, c'est son rôle dans la maison qui
est mieux défini, ce sont ses attributions dans le ménage
qui s'étendent. Xénophon enseigne l'art de s'enrichir.
« La sagesse, pour l'homme et la femme, dit-il, c'est
« d'administrer le mieux possible ce qu'ils ont, et de
« l'augmenter le plus qu'ils peuvent par des voies hon-
« nêtes et justes. » (*Écon.*, I, iii.) Il se trouve que la
condition d'un ménage prospère, c'est que la femme ait
la haute main dans la maison, qu'elle commande aux
esclaves, qu'elle ait soin d'eux; le mari partage donc
avec elle son autorité, lui confie la surveillance des tra-
vaux de l'intérieur. Ischomaque et sa femme sont seulement des associés d'une entreprise agricole, sagement
unis pour la poursuite d'intérêts communs : les soucis
du ménage tiennent chez eux la place et donnent l'illusion des vertus domestiques [1]. L'*Économique* de Xéno-

---

[1] Le point de vue économique, signalé ici, se marque par exemple

6

phon est fidèle à son titre : elle n'est point un traité des
devoirs et des droits des époux. Les plus belles pages
que l'antiquité nous ait laissées sur le rôle de la femme
ont trait seulement à son rôle de ménagère.

En somme, dans la société antique, aucun des sentiments qu'il est naturel à la femme d'inspirer n'atteint
son plein et entier développement. Il manque à celle-
ci, pour obtenir l'amour auquel elle a droit, deux conditions sans lesquelles, suivant Aristote, il n'y a pas
d'amour : la vie commune (συζῆν) et l'égalité (ἰσότης). La
femme est d'abord tenue à l'écart; son mari s'éloigne
d'elle. Ensuite, elle est légalement inférieure à l'homme :
« fille, elle dépend de son père ; femme, de son mari ;
veuve, de son fils. Elle est toujours sous le coup d'une
répudiation ; elle est en butte aux insolences et aux
outrages d'une concubine ». (Girard.) Une telle inégalité,
qui atteste que la femme n'est point aimée, empêche
aussi qu'on l'aime. L'homme éprouve pour elle un sentiment injuste : il lui sait gré de son effacement ; il ne
lui reconnaît qu'un mérite, la modestie. « S'il me faut
« parler de la vertu des femmes, qui vont vivre main-
« tenant dans le veuvage, dit Périclès, s'adressant aux
« femmes des soldats morts à la guerre, je me conten-
« terai de ce bref conseil : ne pas déchoir de vos qua-
« lités sera pour vous une grande gloire, comme de
« n'avoir, parmi les hommes, soit en bien, soit en mal,
« aucune célébrité. » (Thucydide.) « La vertu, pour les
« femmes, consiste à cacher leur vie et leur amour »,
dit encore Euripide. (*Iphig. en Aulide*, v. 569.)

---

dans le trait suivant, souvent cité et rarement compris. « Une des
fonctions de ton sexe qui te plaira peut-être le moins, dit Ischomaque,
sera de donner tes soins à ceux des domestiques qui tomberont malades.
— Que dis-tu ? répond la femme. Ce sera au contraire la partie la plus
douce de mes devoirs ; car bien soignés, ils en auront de la reconnaissance, *et nous serviront avec plus de zèle.* » (*Econ.*, ch. VII.)

Aussi, fait-on abstraction des lois religieuses et civiles
qui réprouvent le célibat comme une impiété grave ou
un danger public, et ne considère-t-on le mariage que
comme un acte qui intéresse le bonheur individuel ; on
s'explique la répugnance avouée des anciens pour la
vie conjugale. « Ceux qui ont l'âme virile et exempte de
préjugés, dit Aristophane dans le *Banquet*, quand ils
ont atteint l'âge d'homme, prennent des amants; et s'ils
se marient et veulent avoir des enfants, ils ne suivent
point en cela leur nature, mais subissent la contrainte
de la loi ». (192 A.) On comprend aussi que les philosophes en général ou bien aient traité légèrement le
mariage, ou même aient franchement recommandé le
célibat. Socrate par exemple déclare qu'on ne saurait
trop scrupuleusement s'enquérir du caractère de ceux
dont on recherche l'amitié; à cet égard, il se flatte
d'avoir quelque connaissance des hommes, et s'offre à
guider Critobule dans le discernement des gens de bien,
dans le choix des amitiés les meilleures (*Mém.*, II, VI).
Mais il paraît croire que le mariage ne comporte pas
tant de réflexion; et, quand on lui reproche d'avoir lui-
même épousé « la femme la plus insociable qui soit, qui
fut et qui sera jamais » (Xén., *Banq.*, 2), il répond par
une plaisanterie : « Je voulais apprendre, dit-il, l'art de
« vivre *avec les hommes ;* j'ai épousé Xanthippe, sûr
« que si je la supportais, je m'accommoderais facilement
« de tous les caractères ». Ce n'est là qu'une boutade,
mais qu'il faut interpréter peut-être comme une opinion
sérieuse, exprimée sous une forme légère. Les philosophes de toutes les Écoles ont un autre ton, mais
tiennent le même langage. Les Épicuriens déconseillent
le mariage, comme contraire à l'intérêt personnel ; les
Stoïciens, comme détournant le sage de ses devoirs.
Cette aversion pour le mariage, qu'on constate chez le
peuple et chez tant de penseurs divers, vient de ce qu'il
est conçu en dehors de l'amour, comme une nécessité

naturelle et une obligation sociale. Dès lors, l'amour, n'ayant pas place dans la vie conjugale, s'égare, se déprave, ou simplement s'affaiblit; dans tous les cas, il laisse le champ libre à l'amitié.

II. — L'AMOUR GREC.

Chassé du gynécée, l'amour se réfugia dans les palestres et les gymnases. Ne trouvant pas à se développer selon la nature, il devint une monstruosité et un vice. Toute vie en commun engendre l'amour; là où la vie commune n'existe qu'entre individus de même sexe, l'amour prend nécessairement la forme de la pédérastie. Le perpétuel rapprochement des hommes aux camps, sur les places publiques et dans les gymnases, si favorable à l'éclosion de l'amitié, pouvait aussi avoir pour effet de la corrompre et de la flétrir. L'amitié en Grèce ne devait pas seulement gagner le terrain perdu par le légitime amour; elle devait encore être mise en péril par l'amour infâme, envahie et absorbée par lui tout entière.

La dépravation des mœurs grecques est surabondamment attestée par des textes précis. Elle a existé de tout temps; mais comme on aime à trouver à tous les faits une date, on a dit que Laïus avait le premier donné l'exemple de la pédérastie et l'avait érigée en « loi ». (Plat., *Lois,* VIII, 836, B. Cf. Le Scholiaste d'Eschyle, *Les Sept devant Thèbes,* v. 81.) Les dieux ne laissent pas de s'être souillés du crime qu'ils firent expier à Laïus; Jupiter aima Ganymède. (Xén., *Banq.,* VIII. — Plat., *Lois,* VIII, 836 B.) Hercule aussi fut l'amant d'Iolaüs, sur la tombe duquel « Aristote rapporte que de son temps encore, on obligeait les amis d'aller se jurer une fidélité

mutuelle ». (Plut., *Vie de Pélopidas*.) Au dire de Plutarque, tous les héros de la Grèce, qu'ils appartiennent
à l'histoire ou à la légende, auraient été des amants :
Méléagre, Achille, Hermodius et Aristogiton, Aristomène,
Cimon et Épaminondas. (*De l'Amour*, ch. xvii.) Et
l'amour coupable n'est pas le privilège des héros ; il n'est
interdit qu'aux esclaves ; il est universellement accepté
comme un fait entré dans les mœurs, il est parfois consacré par les lois. « Il est constant, dit Plutarque, que
« ce ne fut point la criminelle passion de Laïus qui
« introduisit dans Thèbes l'amour viril ; mais ce furent
« les législateurs mêmes des Thébains qui l'y éta-
« blirent ». (*Vie de Pélopidas*.)[1] Enfin, la barbarie
primitive n'est pas seule entachée d'un tel vice : Eschine,
dans son discours contre Timarque, se vante d'éprouver
la passion de l'amour.

La pédérastie a existé en Grèce, chez tous les peuples
comme en tous les temps. « Il n'y a qu'en Ionie et dans
tous les autres pays barbares, que l'amour soit regardé
comme honteux. » (Plat., *Banq.*, 182 B.) Toutefois, il
n'aurait pas joui partout de la même faveur : selon
Platon, il aurait été approuvé sans réserves en Élide et

---

[1] Plutarque commente et justifie cette loi. « Voulant travailler à
« amollir et à adoucir, dès le premier âge, la trempe trop forte du
« courage des jeunes gens, les législateurs mêlèrent le jeu de la flûte
« parmi les occupations sérieuses et parmi leurs plaisirs ; ils mirent
« cet instrument en honneur, et s'attachèrent en même temps à entre-
« tenir au milieu de leurs exercices cet amour vertueux, afin de
« rendre les jeunes gens plus liants et plus souples, et de dompter la
« férocité de leurs mœurs. Aussi ce fut avec beaucoup de raison que
« ces premiers législateurs choisirent pour protectrice de leur ville la
« déesse Harmonie, qu'on dit née de Mars et de Vénus, pour faire
« entendre que partout où les naturels hardis et guerriers sont tem-
« pérés par les grâces attrayantes et par les talents de persuader, là
« se trouve toujours le gouvernement le plus parfait et le mieux d'ac-
« cord, parce que les lois de l'harmonie y sont toujours observées. »
(Plut., *Vie de Pélopidas*.)

en Béotie, reconnu par les lois en Crète et à Lacédémone, et tantôt approuvé, tantôt condamné à Athènes.
(Plat., *Lois*, 836.) La pédérastie est-elle donc un trait
de race? Est-elle proprement un vice dorien? Non,
et il n'est pas même vrai de dire qu'elle est un vice grec.
Aristote prétend, contrairement à Platon, qu'elle est
surtout la honte des pays barbares. « Les Celtes et
quelques autres nations honorent ouvertement l'amour
viril. » (*Polit.*, II, vi.) En réalité, cet amour s'est rencon-
tré chez tous les peuples : les uns lui ont opposé vaine-
ment les sévérités de l'opinion et la rigueur des lois, ils
ont atténué le mal, ils n'ont pu l'extirper; les autres, et
les Grecs sont de ce nombre, ont renoncé à le combattre
et l'ont encouragé. L'universalité d'un tel vice ne prouve
pas sans doute, comme le croit Schopenhauer, qu'il
dérive d'un penchant naturel et irrésistible, qu'il réponde
aux fins du génie de l'espèce, qu'il soit un expédient, un
stratagème dont s'avise la nature pour empêcher la
déchéance de la race, les hommes trop jeunes ou trop
vieux, qui n'engendreraient que des enfants mal consti-
tués et faibles, trouvant dans la pédérastie à satisfaire
leur instinct sexuel, sans compromettre pourtant les
intérêts de l'espèce que cet instinct doit uniquement
servir. Si généralisée qu'elle soit, la pédérastie ne doit
pas être attribuée aux suggestions d'une Nature perverse,
elle n'est même pas imputable à la nature humaine;
elle contrarie ses instincts et n'en dérive pas; encore
moins doit-elle être présentée comme le mystérieux attribut d'une race. Elle n'a pas, si l'on veut, de causes naturelles : elle est le fait des circonstances. Elle provient
toujours d'une condition de vie anormale. Elle se développe partout où les sexes vivent séparés, et elle est
d'autant plus répandue que cette séparation est plus
complète.

A l'armée, au gymnase, les hommes, les jeunes gens
vivent exclusivement entre eux. Aussi les camps et les

gymnases sont-ils des foyers d'amour. Les anciens l'ont
remarqué, « les peuples et les nations qui ont été le plus
adonnés à l'amour ont aussi été les plus belliqueux,
comme les Béotiens, les Lacédémoniens et les Caudiots. »
(Plut., *De l'Amour*, ch. xvii.) Estime-t-on que la vivante
description d'un fait est une façon de l'établir, qu'évoquer vaut prouver? Ce que Flaubert rapporte de l'amour
chez les mercenaires de Carthage éclairerait alors l'amour
grec. « La communauté de leur existence avait établi
« entre ces hommes une amitié profonde. Le camp, pour
« la plupart, remplaçait la patrie; vivant en famille,
« ils reportaient sur un compagnon leurs besoins de
« tendresse, et l'on s'endormait côte à côte, sous le
« même manteau, à la clarté des étoiles. Puis, dans ce
« vagabondage perpétuel, à travers toutes sortes de
« pays, de meurtres et d'aventures, il s'était formé
« d'étranges amours, unions obscènes, aussi sérieuses
« que des mariages, où le plus fort défendait le plus jeune
« au milieu des batailles, l'aidait à franchir les préci-
« pices, épongeait sur son front la sueur des fièvres,
« volait pour lui de la nourriture; et l'autre, enfant
« ramassé au bord d'une route, puis devenu mercenaire,
« payait ce dévouement par mille soins délicats et par
« des complaisances d'épouse. » (*Salammbô.*) La pédérastie est donc la conséquence éloignée des mœurs
guerrières; elle ne trahit pas seulement leur brutalité,
elle atteste l'immoralité radicale et profonde du système
qui tient une classe d'hommes en dehors du mariage, qui
détourne le cours de leurs affections naturelles, et, ne
pouvant comprimer leurs instincts, les déprave.

La préparation à la vie guerrière qui avait lieu dans les
palestres et dans les gymnases fut plus corruptrice encore
que la guerre elle-même. La vie en commun faisait naître
entre les jeunes gens des passions ardentes; leur imagination était prompte à s'éveiller, facile à séduire. Comme
si les dépravations s'appelaient, comme s'il y avait aussi

une inconsciente logique dans le développement des
vices, ce furent encore les Crétois et les Lacédémoniens
qui, en donnant les premiers l'exemple des exercices à
nu[1], firent entrer dans les mœurs de la jeunesse les
désordres attachés à la vie des camps. L'institution des
gymnases fut le plus grand coup porté à la moralité
grecque. « Ce n'est que d'hier ou d'avant-hier, ainsi
« que l'on dit communément, mon bel amy, depuis que
« les jeunes gens ont commencé en la Grèce, à se
« dépouiller et à se dévêtir nuds pour les exercices de la
« personne, que (l'amour entre hommes) s'est glissé ès
« parcs et lieux où la jeunesse s'exerce à la luicte ; et
« s'y étant tout bellement coulé et installé, et depuis peu
« y ayant fait des ailes, il est devenu à la fin si insolent
« qu'on ne le peut plus tenir, ains outrage et injurie
« l'amour nuptial et légitime, qui aide la nature humaine
« à s'acquérir immortalité, en la rallumant inconti-
« nent par génération, à mesure qu'elle vient à s'étein-
« dre par mort. » (Plut., *L'Amour*, ch. v, trad. Amyot.)
« La vue des corps nus, capable de faire naître dans les
« esprits élevés une satisfaction esthétique, provoquait
« aussi, dit Schœmann, des désirs impurs dans les
« âmes charnelles. » (*Ant. gr*, t. I, p. 580.) La beauté de
l'adolescent se rapprochait de celle de la femme et causait
les mêmes troubles. La gymnastique eût pu faire diversion à l'amour, la fatigue des corps eût pu détourner,
comme dit Platon (*Lois*, 841 A), les désirs voluptueux ;
mais les gymnases n'étaient pas seulement fréquentés
des lutteurs, ils étaient le rendez-vous des oisifs ; les
hommes mûrs y coudoyaient les jeunes gens ; l'attrait du
spectacle, des conversations, se mêlait à celui des jeux.
Il se nouait là des intrigues amoureuses. Les gymnases

[1] Plat., *Rep.*, V, init. — *Thucydide*, I, 6.

dégénérèrent en mauvais lieux. L'usage vint d'y élever des statues à l'Amour.

On voit comment est née la pédérastie en Grèce ; il est plus malaisé de comprendre comment elle s'est fait accepter de l'opinion. Cependant, les jugements portés sur les mœurs sont, en un sens, plus intéressants que les mœurs elles-mêmes : philosophiquement, ce que pensent les hommes importe plus que ce qu'ils font, et leur conduite ne sert qu'à découvrir leurs sentiments. En Grèce, les représentants de l'opinion, au moins de l'opinion éclairée, les philosophes et les penseurs condamnent-ils l'amour entre individus du même sexe ? Il est difficile de le dire. Certainement, cet amour ne leur paraît pas comme à nous immoral en lui-même ; il ne porte pas, à leurs yeux, la responsabilité des désordres, qu'à l'encontre de l'opinion et peut-être des faits, nous croyons qu'il engendre naturellement et toujours. Les égarements de l'amour ne leur font point méconnaître l'amour, non plus que la dégradation de l'homme souillé de crimes n'efface en nous le respect de la personne humaine. Est-ce donc que rien ne trouble la sérénité de leur jugement esthétique, détaché du réel ? Nous croyons plutôt qu'ils tirent de la vue précise des faits des motifs d'indulgence. L'amour grec, en effet, n'est pas toujours une odieuse perversion de l'instinct sexuel ; il est aussi une amitié passionnée, une galanterie innocente ; parfois même il s'ennoblit, s'épure, et représente, dans le monde antique, le sentiment chevaleresque de l'honneur, le culte de l'héroïsme et du courage. Quand Bossuet parle de « ces passions délicates dont le fond est si grossier », il désigne l'amour en termes injurieux ; s'il avait en vue l'amour grec, il resterait dans la mesure et l'exacte vérité. Cet amour, c'est tantôt un vice infâme, qu'en dépit des apparences, les anciens ont généralement flétri ; tantôt une affection étrange, inquiétante et trouble, romanesque, qui, née dans les camps, sera héroïque, ardente, et revêtira plutôt, dans les palestres, une forme aimable et gracieuse : de cette exaltation de l'âme, qu'on prendrait parfois pour une ivresse des sens, sortira un jour l'amitié.

Étudions séparément chacune des formes de l'amour. Avant de rechercher les raisons que les anciens ont eues de l'honorer, disons celles qu'ils avaient d'en rougir. Rien de mieux établi que « les désordres de l'amitié « grecque. Elle a connu les émotions brutales, les farou- « ches compétitions, les rixes suivies de meurtre. Une « très ancienne inscription funéraire semble faire allu- « sion à un personnage qui, s'étant pris de querelle avec « l'objet de sa passion, en a reçu un coup mortel. Le « plaidoyer de Lysias contre Simon nous fait voir un « amant s'introduisant la nuit dans la maison de son heu « reux rival, et le traitant avec la dernière violence. » (Girard, *L'Éduc. athén.*) Ce vice s'était si bien généra- lisé qu'il ne soulevait plus l'opinion. Il fallait, pour qu'on s'en émût, qu'il fût porté à un excès de brutalité ou d'horreur. « La sensualité satisfaite entre les bras d'un « jeune ami, dit Schœmann, ne paraissait pas chose cou- « pable. » Espérons que cette indulgence ne s'étendait pas jusqu'aux actes monstrueux, que supposent les mots « εὐρύπρωκτος et καταπύγων. » On se demande s'il peut être vrai que, comme l'a dit Eschine, « l'État ait prélevé « un impôt sur les jeunes gens qui se prostituaient pour « de l'argent. » (Schœmann, *Ant. grecq.*, t. I, p. 580.) Est-il besoin de le dire ? Sous cette forme et à un moindre degré, l'amour n'a jamais trouvé grâce devant les phi- losophes : ils le flétrissent avec une indignation éloquente, ils le condamnent en termes nettement sévères.

Mais ils se détournent de ces turpitudes ; ils savent qu'elles existent et n'y croient pas ; l'immoralité leur répugne et ils la nient. C'est aux nobles effets de l'amour qu'ils arrêtent leur pensée ; l'héroïsme des amants leur dérobe leurs vices. « Dans les rapports entre jeunes gens, ce qui dominait, c'était une ardeur romanesque, une galanterie héroïque, capable, pour plaire à l'objet aimé ou pour le défendre, de tous les courages et de tous les dévoûments ». (Girard, *op. cit.*) Il était passé en proverbe que les armées d'amants étaient invincibles (Xén., *Banq.*, VIII. — Plat., *Banq.*, 178, 179). Xénophon est un esprit positif qu'offense le romanesque ; il soutient que l'amour n'est point la source unique ni la plus pure du courage ; il ne nie pas pourtant qu'il l'inspire (Xén., *Banq.*, 8). Platon, au contraire, est séduit par cette poétique pensée que l'amour serait au fond de toutes nos vertus, qu'il serait le principe de tous « les grands sentiments » (φρονήματα μεγάλα), de la bravoure, de l'honneur, de l'amour de la liberté et de la patrie. « Veux- « tu savoir ce que j'entends par amour ? dit Phèdre « dans le *Banquet.* C'est la honte pour le mal et l'ému- « lation pour le bien » (λέγω δὲ δὴ τί τοῦτο ; τὴν ἐπὶ μὲν τοῖς αἰσχροῖς αἰσχύνην, ἐπὶ δὲ τοῖς καλοῖς φιλοτιμίαν, 178 D). L'amour est plus noble que la piété filiale ; car celui qui aime, lorsqu'il commet une bassesse, se cache moins de son père que de son amant. Aussi, si l'on pouvait former un État ou une armée d'amants, il n'y aurait pas d'État mieux gouverné ni d'armée plus brave ; personne ne voudrait à la guerre quitter son rang, ni abandonner ses armes ; on aimerait mieux mourir mille fois que de se déshonorer aux yeux de celui qu'on aime. L'amour est encore le principe des vertus civiques. Autant il paraît honorable aux Grecs, autant il est suspect aux Barbares : c'est qu'il porte ombrage aux tyrans. Dans les pays barbares, « il est de l'intérêt de ceux qui gouvernent qu'il « n'y ait pas chez les peuples de grands sentiments, non « plus que « des amitiés et des unions fortes » (οὐδὲ φιλίας ἰσχυρὰς καὶ κοινωνίας, *Banq.*, 182 C). On redoute l'exemple de ces amants illustres, Harmodius et Aristogiton, qui renversèrent la tyrannie à Athènes (*Ibid.* — Cf. *Thucyd.*, VI, 54, 3). Athénée aussi raconte

que le tyran Polycrate fit brûler les palestres de Samos,
ces foyers d'amour, qu'il regardait comme autant de
« citadelles dressées contre lui et menaçant son pouvoir. » (*Athen.*, XIII, 602 D.) Plutarque est un moraliste attendri qui s'exalte au récit des hauts faits de
l'amour. Son traité de l'*Amour* est le commentaire et
l'illustration par l'exemple du *Banquet* de Platon. Pam-
menès, dit-il, « homme bien expérimenté en l'amour »,
fut un plus habile tacticien que Nestor : au lieu de
ranger les Grecs en bataille par nations et par lignées,
il mit ensemble les Grecs unis par une étroite amitié.
« Car, dans les dangers, les nations et les lignées s'oc-
« cupent peu les unes des autres ; mais un bataillon
« formé de gens qui s'aiment est invincible et ne peut
« jamais être rompu. L'amour et le respect qu'ils se
« portent mutuellement les rend inébranlables au milieu
« des plus grands périls. » (*Vie de Pélopidas. —* Cf. *De
l'Amour,* ch. xvii.) Le Bataillon sacré était un bataillon
d'amants, et sans doute, on l'appelait ainsi parce que,
selon Platon, amant veut dire inspiré de Dieu. « On
« assure que ce bataillon se conserva invincible jusqu'à
« la bataille de Chéronée, et que Philippe, en visitant
« les morts après sa victoire, s'arrêta à l'endroit où ces
« trois cents Thébains étaient étendus par terre, serrés
« les uns contre les autres et transpercés par devant de
« grands coups de pique. Frappé d'admiration, et appre-
« nant que c'était là ce bataillon composé d'amis intimes,
« il ne put retenir ses larmes : « Périssent misérable-
« ment, s'écria-t-il, ceux qui soupçonnent de tels hommes
« d'avoir pu faire ou souffrir rien de déshonnête. » (*Ibid.*)
L'organisation du Bataillon sacré reposait sur cette idée
morale que l'amour se confond avec le sentiment de
l'honneur. Gorgidas avait disséminé le Bataillon dans
les premiers rangs répandus sur tout le front de la phalange. Pélopidas, mieux inspiré, « n'en forma qu'un
« seul corps à la tête duquel, dans les plus grands

« combats, il affronta toujours les premiers périls. Des
« chevaux attelés à un char courent plus vite que ceux
« qui vont seuls ; non parce que s'élançant tous ensemble,
« ils fendent mieux l'air par leur nombre, mais parce
« que l'émulation et la rivalité enflamment leur ardeur.
« De même, Pélopidas pensait que les hommes braves,
« quand ils sont ensemble, s'inspirant les uns aux autres
« l'émulation et le désir des plus grands exploits, sont
« bien plus utiles et combattent avec plus de courage ».
(*Vie de Pélopidas.*) Si l'amour grec a été la force des
armées, c'est en communiquant sa flamme au sentiment de
l'honneur. Mais il a exalté surtout le courage individuel.
Il se traduit par d'héroïques faits d'armes, comme ceux
qu'on rapporte de Cléomachus et de Théron. Le premier
était, dans la guerre Thesalique, l'allié de Chalcis contre
les Erétriens.

Les Chalcidiens étaient « assez forts de gens de pied,
« mais de cheval, non ; et leur était bien malaisé de rompre
« la chevalerie des ennemis. Si prièrent Cléomachus leur
« allié et confédéré, homme vaillant et magnanime, de
« commencer la charge et de donner le premier dedans
« les gens de cheval des ennemis. Et lui demanda à son
« ami, qui là était, s'il verrait le combat. Le jeune
« adolescent répondit que oui, et l'embrassa fort affec-
« tueusement en lui mettant son armet en la teste. De
« quoi Cléomachus ayant le cœur eslevé, assembla autour
« de lui une troupe des meilleurs et des plus hardis
« hommes d'armes thessaliens, et donna vaillamment
« dedans les ennemis, de manière qu'il les esbranla dès
« la première charge, et finablement les rompit tout à
« fait ; ce que voyant, les gens de pied prindrent la
« fuite ; et ainsi les Chalcidiens gaignèrent la bataille
« entière ; mais il advint que Cléomachus y fut tué, et
« monstrent encore aujourd'hui les Chalcidiens la sépul-
« ture sur la place où il y a une haute colonne dessus ;
« et là où les Chalcidiens réputaient auparavant chose

« vitupérante et infâme que d'aymer les jeunes gens,
« depuis ils en aymèrent la façon et l'honnorèrent plus
« nuls autres des Grecs. » (*De l'Amour*, ch. xvii,
trad. Amyot.) — « Un autre (amant) estant par cas de
« fortune tombé sur le visage en combattant, comme
« l'ennemy haulsait l'épée pour lui donner le coup
« mortel, le pria d'attendre qu'il se fust retourné, de peur
« que son amy ne le vist blessé par derrière[1]. » — Enfin,
la bravoure des amants dégénère en bravade. « Bien
« souvent, sans qu'il en soit besoing, ils montrent leur
« hardiesse assurée, et qu'ils ne craignent point leur
« peau : comme fit Théron le Thessalien, lequel, mettant
« sa main gauche dessus une muraille et desguainant son
« épée avec la droite, s'en coupa le pouce devant son
« amy, provoquant son rival à en faire autant, s'il avait
« le cœur bon. » (*De l'Amour*, ch. xvii.) Traduit dans
le français d'Amyot, ce récit des prouesses des amants
antiques paraît être emprunté à nos romans de chevalerie : il en a la saveur, et aussi le parfum trop fort qui
grise les têtes romanesques.

L'amour grec soulève une intéressante question. Est-
ce par une convention romanesque ou par une loi de
la nature qu'un lien s'établit entre l'amour et la vertu?
Ce serait certes le triomphe de l'éducation et des lois
d'avoir attaché le sentiment de l'honneur à une passion
dont l'origine est inavouable, et dont le libre cours
mène aux pires désordres. La morale tire rarement du
vice un si heureux parti. Comment des hommes perdus
d'honneur sont-ils sensibles à l'honneur ? Comment ceux
qui ne rougissent pas d'un amour infâme rougiraient-ils
d'un acte de lâcheté? A cette question que pose Xénophon (*Banq.*, VIII), la psychologie artificialiste, qui fut
celle du xviiie siècle, eût trouvé une réponse. Le législa-

---

[1] Le même fait est rapporté, *Vie de Pélopidas.*

teur dupe les hommes pour leur bien, il sème d'utiles préjugés; sa sagesse se justifie par le succès, c'est un machiavélisme honnête. L'opinion est toute puissante : « une simple parole » (σμικρόν ῥῆμα), mais qui se répète de bouche en bouche, a une force « merveilleuse », « personne n'ose respirèr contre ses arrêts » (ἀναπνεῖν... παρὰ τὸν νόμον. Plat., *Lois*, 838 D.) — D'autre part, les législateurs sont maîtres absolus de l'opinion ; ils ploient⸴ à leur gré la foule ignorante; ils risquent auprès d'elle même le paradoxe. Ainsi l'amour grec, qui devait être une infamie, devient un principe d'honneur. Sous son nom se développent les plus hautes vertus. L'amour n'est plus l'amour, il est la force virile ou telle autre qualité morale qu'il plaît au législateur de répandre, et ceux qui pratiqueraient encore l'amour au sens vrai, primitif, seraient accablés sous le mépris public ; l'opinion a honte de son origine, elle repousse l'hyprocrite équivoque sur laquelle elle s'est établie. Cette équivoque toutefois existe pour nous et nous devons la dissiper pour comprendre qu'à Sparte, à Athènes, les relations entre les hommes d'un âge mûr et les jeunes gens aient été un moyen d'éducation. « Bien que le sentiment de la beauté physique fût
« sans doute une des raisons qui guidaient le choix de
« l'amant, le but de l'amour était de donner à l'aimé
« la beauté intérieure que ses dehors semblaient pro-
« mettre, et de l'aider à se rapprocher de ce qui était
« pour les Spartiates l'idéal de la vertu virile. Toutes
« les expressions qui avaient trait à ce commerce en
« font foi. L'amant s'appelait εἰσπνηλάς, c'est-à-dire l'*ins-*
« *pirateur,* parce qu'il cherchait à souffler dans l'âme du
« bien-aimé un amour dont lui-même était l'objet, il
« est vrai, mais à ce titre seulement qu'il s'offrait comme
« guide et comme modèle dans l'effort qu'il provoquait
« pour atteindre à la vertu. L'aimé s'appelait αἴτας,
« *celui qui écoute,* parce qu'il prêtait l'oreille à la voix
« de son conseiller. C'était une honte pour un jeune

« garçon, lorsque pas un homme ne le trouvait digne
« de son amour, et pour un homme lorsqu'il ne faisait
« pas choix d'un jeune garçon. Une fois le lien formé,
« l'amant s'engageait à conduire l'aimé dans la bonne
« vie et devenait responsable de ses écarts[1]. Celui qui
« altérait par des rapports sexuels la pureté d'un tel
« commerce était déshonoré et tellement accablé par le
« mépris public qu'il préférait s'y dérober par la mort ou
« par l'exil. (Schœmann, *Ant. gr.*, t. I, p. 295, de la
trad. franç.) A Athènes aussi existaient des « alliances
« intéressées entre la maturité et l'inexpérience : de
« semblables liens n'étaient pas, pour la morale athé-
« nienne, inconciliables avec la vertu; mais c'était
« précisément une preuve de vertu que cette confiance
« du jeune âge dans la sagesse de l'âge mûr, comme
« c'était l'indice d'une âme bien située que ce goût
« pour la beauté naïve qu'il s'agissait de diriger et d'ins-
« truire. » (Girard, *ouvr. cité.*) L'inscription suivante,
récemment trouvée sur l'Acropole, « Lysithéos déclare
chérir, entre tous ceux de la ville, Mikion à cause de sa
bravoure » (cit. par Girard, *ibid.*) atteste une fois de plus
la force du préjugé grec qui associe l'amour à la vertu.

Mais est-ce bien là un préjugé, c'est-à-dire une aveugle
croyance reçue du dehors, un mot d'ordre imposé par
la volonté arbitraire et l'autorité indiscutée d'un législateur? On répugne à l'admettre. La politique grecque est
d'ordinaire plus libérale ; suivant Platon, la loi doit
« exercer sa souveraineté surtout par la persuasion »,
elle doit « être précédée d'un prélude qui l'explique en
s'adressant à la conscience des citoyens ». (Denis,

---

[1] « Les jeunes gens participaient à la bonne et à la mauvaise réputation de ceux qu'ils aimaient. On dit même qu'un de ces enfants qui
se battait contre un autre, ayant laissé s'échapper un cri qui marquait
sa lâcheté et son peu de courage, les magistrats s'en prirent à celui
qui l'aimait et le condamnèrent à l'amende. » (Plut., *Vie de Pélopidas.*)

Théories morales, t. I, p. 131.) Où trouver ici cette jus-
tification de la loi, qui, si elle ne figure pas, comme le
demande la philosophie, en tête de la loi, devrait ressortir
au moins de son énoncé ? Toute convention repose sur une
base naturelle. Comment les législateurs ont-ils pu faire
fond sur l'amour pour produire la vertu, si l'amour en soi
est étranger et plutôt contraire à la moralité ? En outre, le
génie grec est empreint de naturalisme : ne se montre-
rait-il pas infidèle à lui-même par sa conception romanesque de l'amour ? Mais, souvent, on appelle préjugé
une opinion dont on ne démêle pas les raisons profondes, et on qualifie de romanesque tout ce qui dépasse non
l'humaine nature, mais l'humanité moyenne. L'amour
n'engendrerait-il pas naturellement la vertu ? Sans doute,
il serait paradoxal et choquant de transformer l'amour
grec en force morale. Mais l'amour se distingue des
autres passions comme le toucher des autres sens. Le
toucher est un sens à la fois général et spécial, qui
intéresse la vie tout entière, en modifie le *ton,* et qui
affecte un organe déterminé. L'amour de même est à la
fois une passion particulière et la source de toutes les
passions.

A l'origine, il n'est rien de plus que l'ardeur de la
jeunesse, la poussée vigoureuse et la verte floraison
des sentiments généreux dans les âmes enthousiastes et
naïves. Plus tard, il se différencie, il se particularise ;
entre autres formes, il peut prendre, comme en Grèce,
celle d'un vice très spécial. Mais le lien n'est jamais
rompu entre l'amour, passion étroite, égoïste, ou même
dévoyée et vicieuse, et le large et primitif amour, source
commune de toutes les noblesses. Quand donc les Grecs
représentent l'amour comme le principe de la valeur
morale, ils conçoivent, par-delà l'amour proprement dit,
lequel n'est qu'un penchant infâme, l'amour universel
d'où toute passion dérive, et d'où naissent particulièrement, si la moralité est, suivant le point de vue antique,

7

le plein épanouissement de la nature humaine, les aspirations vertueuses et les élans généreux.

Ainsi se justifient, en un sens, les théories romanesques ; la gravitation autour de l'amour des plus grands
sentiments de l'âme humaine est un fait moral, selon la
nature, et de tous les temps. Le culte de l'héroïsme se
traduit par la glorification de l'amour dans le monde
antique comme dans le monde chevaleresque et chrétien.
Il est faux de dire : « L'antiquité n'arrive pas à voir une
loi morale dans l'amour ; elle n'y voit qu'une fatalité, et
dans l'amant qu'un malade, diminué de sa qualité
d'homme et de son activité de citoyen, moins propre ou
impropre à ses devoirs. » (H. Martin, *Hist. de Fr.*, t. III,
p. 390.) Le héros de la Grèce a le même idéal que le
chevalier chrétien ; pour l'un comme pour l'autre « l'a-
mour est le principe de toute vertu, de tout mérite moral
et de toute gloire ». On ne peut comparer, il est vrai,
que des amours de même espèce ; l'amour grec est contre
nature, tandis que l'amour chevaleresque est légitime.
Mais, tous deux pourtant sont soumis à une loi commune ; ils doivent rester chastes. N'est-ce pas dire qu'ils
ne peuvent inspirer la vertu qu'à la condition de perdre
leur caractère spécifique, de se spiritualiser, c'est-à-dire
de s'universaliser ? N'est-ce pas dire encore que, si c'est
une illusion étrange, et, en un sens, monstrueuse, de
rattacher à la pédérastie l'héroïsme grec, ce n'est peut-
être pas une erreur logiquement moindre d'imputer à
l'amour, entendu au sens propre, les vertus chevaleresques ?

L'amour grec et l'amour chevaleresque, à certains
égards si différents, ne laissent pas d'être une même passion générale, revêtant les mêmes formes, produisant les
mêmes effets, se traduisant, tantôt par « la vaillance »
ou « la valeur », vieux mots qui désignent bien la noblesse
d'âme en même temps que le courage, tantôt par la délicatesse de sentiments ou la « galanterie ». Il élève les

cœurs et il affine les esprits. Il développe l'héroïsme
chez les âmes barbares, et la grâce et le charme chez les
natures cultivées. Il est une force morale et un sens
esthétique. Quand il ne se recommande pas par ses
vertus, il se défend par sa poésie, sa naïveté aimable et
ses dehors séduisants. La jeunesse n'est jamais entièrement corrompue ; il y a dans ses vices un reste de candeur. Elle n'a point d'hypocrisie. La jeunesse grecque
étale ses amours « dans les gymnases, les promenades,
sous le ciel libre, et au grand jour » (Plut., *De l'Am.,* VI) ;
on donne des banquets en l'honneur des amants et on
invite les camarades, les philosophes, les pères. Des
mœurs libres peuvent être innocentes. Socrate a raison
de dire à Callias : « J'augure bien de ton amour pour
Autolycos, quand je songe à l'honnêteté de ton ami,
quand je vois que tu ne t'entretiens avec lui qu'en présence de son père. » (Xén., *Banq.,* VIII.)

L'amour grec, cependant, n'a pas toujours cette innocence hardie ; il est parfois rougissant, timide ; il craint
les railleries ; il cache son trouble ; une question l'embarrasse, un mot le déconcerte, et, par de maladroits mensonges, il se couvre de confusion et de honte. Hippothalès
n'ose avouer à Socrate ses amours, alors qu'il en rebat
les oreilles à ses camarades de la palestre. Un autre adolescent, Ctésippe, ne comprend rien à cette timidité particulière. « Voilà qui est plaisant, Hippothalès, tu rougis
« devant Socrate et tu as honte de lui dire le nom qu'il te
« demande. Mais s'il restait seulement un peu de temps
« avec toi, il serait excédé de l'entendre répéter ce nom.
« Oui, Socrate, il nous remplit et nous assourdit les
« oreilles du nom de Lysis... Passe encore lorsqu'il n'en
« parle qu'en prose dans la conversation ; mais c'est
« qu'il vient nous inonder de ses pièces en vers. »
(Plat., *Lysis,* 204 C.) Hippothalès n'est rassuré qu'à
moitié par les paroles bienveillantes de Socrate, qui le
loue de son choix. Il se défend encore, sinon d'aimer, au

moins de donner dans les ridicules de l'amour. « Socrate,
« dit-il, est-ce que tu crois tout ce qu'il te raconte? —
« Veux-tu dire que tu n'aimes pas celui dont il parle?
« — Non, mais je n'ai ni fait des vers, ni rien écrit pour
« mes amours. » (*Ibid.*, 205 A.) Enfin Hippothalès
n'éprouve pas moins d'embarras auprès de celui qu'il
aime; Lysis s'étant joint aux jeunes gens qui faisaient
cercle autour de Socrate, Hippothalès « vient à son tour
« se cacher derrière les autres, tout debout, et placé de
« manière à ne point être vu de Lysis, par crainte de
« lui déplaire. C'est dans cette posture qu'il nous
« écouta. » (207 B, C.) Qu'il se déclare franchement ou
rougisse de lui-même, l'amour des jeunes gens a toujours le même charme de naïveté et de candeur.

Il se traduit encore par mille soins délicats. L'amant
n'a pas de plaisir qu'il ne veuille partager avec l'aimé.
Lysis, ravi d'un discours de Socrate, regrette que
Ménexène son ami n'ait point été là pour l'entendre; et
comme Ménexène reparaît, « avec la grâce d'un enfant,
et à l'insu de Ménexène », il se pencha à l'oreille de
Socrate et lui dit tout bas : « Socrate, répète mainte-
« nant à Ménexène tout ce que tu viens de me dire.
« — Tu le lui diras bien toi-même, Lysis, car tu m'as
« prêté toute ton attention. — Mais interroge au moins
« Ménexène sur quelque autre sujet, car je voudrais
« t'écouter jusqu'à ce qu'il soit l'heure de rentrer à la
maison. » (*Lysis*, 211 A. B.) Les amants, moins ingénieux
à faire plaisir, ont recours aux cadeaux. « On voit sur les
« vases peints des adolescents causant avec des hommes
« dans la force de l'âge ou avec des éphèbes qui ont à
« peine quelques années de plus qu'eux. Leur air en gé-
« néral est modeste et les amis qui les entourent parais-
« sent leur témoigner un tendre respect. Leur affection
« se traduit par des présents, ici une fleur, une couronne,
« un fruit, un sac plein d'osselets, là un coq ou un lièvre
« ou quelque chien de Malte au poil hérissé. » (Girard,

L'Éduc. ath., La Vie en commun.) Les enfantillages de
la passion sont partout les mèmes : l'amant grec a toujours à la bouche le nom de l'aimé; il écrit ce nom sur
les murs et sur les portes, il a le monde entier pour con-
fident, il raconte ses amours en prose, il les chante en
vers, et déclame ses vers « d'une voix admirable »
(Plat., *Lys.*, 204 D).

Enfin, l'amour cesse d'être une passion naïve, il
devient vite un art dont chacun s'applique à saisir les
finesses, un badinage, un jeu. Il s'appelle alors la galanterie. La jeunesse a autant de subtilité que de candeur,
elle est prompte à s'éprendre et à se reprendre, elle est
romanesque et raisonneuse. Elle aime à disserter et à
entendre disserter sur l'amour. Elle est peut-être moins
possédée par la passion que curieuse de la connaître,
et elle l'analyse plus qu'elle ne l'éprouve. L'intérèt
qu'elle prend aux propos d'amour témoigne de son ignorance en amour. Les sujets qui piquent notre curiosité
sont ceux sur lesquels nous avons beaucoup à apprendre.
Dans les Dialogues de Platon, on retrouve l'écho des
conversations de la palestre. Les jeunes gens de Platon
sont de grands discoureurs, et qui aiment les beaux
discours. L'un d'eux, Phèdre, ne se tient pas d'aise; il
vient d'entendre Lysias et il rencontre Socrate ; tout plein
du discours de l'orateur qui l'a ravi, il se promet de
le réciter au philosophe pour l'éblouir. Mais il dissimule
sa joie et fait mine de se taire pour qu'on l'oblige à parler.
Socrate lui dit : « Phèdre, si je ne connais pas Phèdre,
« je ne me connais pas moi-même. Mais je le connais.
« Je suis bien sûr qu'en entendant un discours de Lysias,
« il n'a pu se contenter d'une première lecture; mais,
« qu'y revenant plusieurs fois, il l'a prié de recommencer,
« et l'auteur s'empressait de lui obéir, et il ne s'est pas
« encore tenu pour satisfait; mais il a fini par s'emparer
« du cahier pour relire à son aise les passages qui lui
« semblaient les plus dignes d'attention. Et après avoir

« passé toute la matinée immobile et attentif à cette
« étude, épuisé de fatigue, il est sorti pour faire une
« promenade; mais, par le chien, je me trompe fort
« s'il ne savait pas déjà par cœur tout le discours, à
« moins qu'il ne fût d'une longueur démesurée. Il chemi-
« nait donc hors des murs pour le méditer à son aise; et,
« rencontrant un malheureux que tourmente la passion
« des discours, il r.e l'eût pas sitôt aperçu qu'il se réjouit
« d'avoir à qui faire partager son enthousiasme et lui
« ordonna de le suivre. Mais comme l'autre, tout à sa
« passion pour les discours, le priait de parler, il a fait le
« renchéri et s'est donné l'air de ne s'en point soucier;
« et à la fin, si on n'eût plus voulu l'entendre, il serait
« homme à se faire écouter de force. » (*Phèdre*, 228 A,
B, C.)

Faut-il le dire ? ce discours qui passionne Phèdre
et qui est aussi de nature à intéresser Socrate, roule sur
l'amour. Pour répondre encore à un vœu de Phèdre,
Eryximaque propose, dans le *Banquet*, que chacun des
convives fasse l'éloge de l'amour. Le même sujet est
repris dans le *Lysis* et revient par endroits dans maint
autre dialogue. L'amour délie les langues et donne de
l'esprit; il fait du lourdaud un habile homme, dit Amyot,
traduisant Plutarque (*De l'Amour*, XVII, XVIII). Au
moyen âge, les cours d'amour rivalisent de subtilité avec
les écoles théologiques. En Grèce, les entretiens des
jeunes gens sur l'amour sont aussi des controverses
philosophiques, frivoles et savantes, paradoxales et
sérieuses. On discute sur les moyens de plaire. La flatterie réussit-elle auprès des amants? Gagne-t-elle leur
affection ou excite-t-elle leur mépris? (*Lysis*.) On plaide
la cause de la froideur, Lysis soutient dans le *Phèdre* que
celui qui n'aime pas doit être préféré à celui qui aime. On
recherche si l'amitié naît de la ressemblance ou du
contraste (*Lysis*). On glorifie l'amour, on le divinise
(Discours d'Agathon dans le *Banquet* de Platon); sa

naissance, sa généalogie font l'objet de mythes poétiques (Discours d'Aristophane, de Socrate dans le *Banquet*), on célèbre ses vertus (Discours de Phèdre, de Pausanias, d'Eryximaque, de Socrate, *ibid.*), mais on dénonce aussi ses vices, son égoïsme (Discours de Lysias, premier discours de Socrate dans le *Phèdre*). La distinction de l'amour céleste et de l'amour vulgaire, classique de bonne heure (Xénophon, Platon, Plutarque), semble faite pour terminer les disputes. Mais son interprétation soulève des difficultés nouvelles. L'amour céleste est-il dégagé des sens? Mais, qu'est-ce que l'amour, le plaisir ôté? C'est l'ivresse sans le vin (Plut., *De l'Am.*, V). L'amour céleste est-il la vague aspiration au bien, ou le désir de contempler la Beauté absolue? Supposons qu'on arrive à le définir. Où dira-t-on qu'il se trouve? L'union sexuelle semble l'exclure comme entachée de concupiscence (Plut., *De l'Am.*, IV). Mais l'amour viril est-il jamais chaste? Et s'il l'est, en quoi diffère-t-il de l'amitié? On voit en quel dédale de subtils problèmes s'engagent les beaux esprits de la Grèce, et par quels détours ils s'acheminent vers la notion de la pure amitié.

On peut maintenant comprendre la diversité des jugements que les anciens et les modernes ont portés sur l'amour grec. Les modernes le condamnent déjà, faute de le bien connaître; les causes mal entendues risquent toujours d'être sévèrement jugées. Ils le condamnent aussi au nom d'un principe fort juste, mais que les Grecs sont excusables pourtant de n'avoir point admis; c'est que sa souillure originelle ne peut être lavée, que sa nature infâme persiste toujours sous les dehors séduisants et les vertus d'éclat. L'amour grec, souvent compté au nombre des vertus païennes, justifierait la désignation de *splendida vitia,* par laquelle on a flétri ces vertus. Si les anciens n'attachent pas à l'amour l'idée de faute irrémissible, de vice radical, c'est sans doute qu'ils lui témoignent, à leur insu, cette indulgence dont

bénéficie toujours le fait accompli ; mais c'est aussi qu'ils
considèrent, non ce qu'il est en soi, mais ce qu'il peut
devenir ; c'est qu'ils ne songent pas à lui demander
compte de sa nature, et qu'ils lui savent gré de son évolution. L'amour, en effet, se transforme sous leurs yeux :
il cesse d'être un vice, il devient une exaltation de l'âme,
ou une coquetterie aimable et une grâce de l'esprit.
Aussi d'abord les philosophes n'ont-ils pas cru que l'a-
mour pût disparaître des mœurs, et ensuite, peut-être,
ne l'auraient-ils pas souhaité ; il leur semblait que l'élan
qu'il communiquait aux âmes devait être seulement
dirigé et contenu. Ils ont cru qu'il suffisait d'épurer
l'amour, de le convertir en amitié. Toute la dialectique
de Platon ne repose-t-elle pas sur ce principe que les
sentiments, sans rien perdre de leur énergie, peuvent
gagner infiniment en qualité, et de bas et grossiers,
devenir nobles et sublimes? L'amitié grecque sera donc
la métamorphose de l'amour. Elle gardera par là même
quelques-uns des traits de sa nature première; elle sera
passionnée et troublante ; ce sera son originalité d'être
un amour éteint.

CHAPITRE IV.

THÉORIES SUR L'AMOUR.

I. Socrate.— Grande liberté de langage, grande sévérité de jugement.
— La pureté des mœurs n'est pas recommandée pour elle-même,
mais elle est la condition de la liberté intellectuelle (σωφροσύνη)
et une des formes de l'empire sur soi (ἐγκράτεια).
Distinction de l'*Amour céleste* et de l'*Amour vulgaire*. — Condamnation absolue de l'*Amour physique* : il n'est pas un véritable
amour, il ne tend pas au bien de la personne aimée. — Il recouvre
des sentiments d'indifférence et de haine. Rien de bon n'en peut
sortir.— Il n'est pas le principe du courage.— On dirait que Socrate
ne conçoit pas d'autre amour que la pédérastie.— Il oppose à
l'amour l'amitié.

II. Platon. — Il y a en lui un peintre et un réformateur des mœurs.
Platon est indulgent, comme artiste et poète, à l'amour grec qu'il
condamne comme moraliste.
La distinction de l'amour céleste et de l'amour vulgaire explique :
1° les jugements contraires ou équivoques des peuples sur l'amour ;
2° l'héroïsme des amants et leurs vices.— La dialectique admet que
l'amour vulgaire peut se convertir en amour céleste.
Concessions faites par Platon aux mœurs grecques. — Elles trouvent leur explication ou leur excuse dans les vues élevées du dialecticien et du poète.
Platon flétrit les mœurs grecques. Il entreprend de les réformer :
1° par l'éducation ; 2° par les lois. — L'éducation doit amener tous
les esprits à attacher l'idée de déshonneur à l'amour contre nature,
à regarder la décence des mœurs comme la plus belle victoire de
l'âme sur elle-même, et à regarder cette victoire comme aisée. — La
loi prive les pédérastes de leurs droits de citoyens.
Caractère de la réforme platonicienne de l'Amour : elle est politique autant que morale. Méconnaissance des lois naturelles de

l'amour. Platon fait appel à la générosité naturelle de l'amour. Il oppose à la pédérastie l'amitié plutôt que l'amour légitime.

III. ARISTOTE.— Aristote ne rattache pas l'amitié à l'amour. — Il assigne à l'amour une fin naturelle, non comme Platon, une fin transcendante et mystique. — Par là même, il comprend mieux que Platon sa fonction sociale ; il est plus sévère pour la pédérastie.

IV. — ÉPICURE.— Épicure réduit l'amour au besoin physique ; il méconnaît sa poésie, sa grandeur. — L'amour est produit par les émanations qui s'échappent du corps des femmes et des jeunes garçons. Il a pour fin l'union sexuelle. — Distinction du *besoin* et de la *passion* : l'un vient de la nature et peut être satisfait à bon compte, l'autre est produit par l'imagination et s'épuise à la recherche de voluptés insaisissables, folles. — Comment on combat la *passion* : en la prévenant, en opposant à ses images enchanteresses des images répugnantes. — Comment on satisfait le *besoin,* par les moyens les plus grossiers.

V. STOÏCIENS.— Les Stoïciens rattachent l'amour au culte de la beauté, et lui donnent pour fin, non le plaisir sensuel, mais l'amitié. — L'amour d'amitié est une affection épurée, qui n'appartient qu'au sage. — Critique de cet amour par Cicéron et Sénèque. — La théorie stoïcienne sur l'Amour est un retour au Platonisme.

VI. PLUTARQUE.— Plutarque résume les idées des anciens sur l'amour. — Distinction de Vénus et de l'Amour, c'est-à-dire de l'appétit sexuel et de la passion de l'âme. — L'appétit est grossier, l'amour est délicat, noble et élevé. L'amour a son principe dans l'appétit ; il n'y a pas d'amour détaché des sens. Transformation de l'âme sous l'influence de l'amour. Commentaire du *Phèdre,* de Platon. — Originalité de Plutarque. — L'amour posé comme base du mariage. — L'amour conjugal est le seul amour légitime et la forme la plus élevée de l'amour.

CONCLUSION.

On se propose d'étudier les théories des philosophes sur l'amour. Ce ne sera point sortir du problème de l'amitié, puisque l'amitié est le terme idéal où l'amour paraît tendre. Ces théories sont la critique des mœurs que nous avons décrites. Ont-elles réformé l'opinion et les lois? Ou n'ont-elles été que « des vœux, tels qu'on en forme dans les entretiens? » (Plat., *Lois*, VIII, 841 C.) Peu importe pour nous. Dans les deux cas, elles demeurent des faits historiques d'une grande portée. Si on ne leur reconnaît pas d'action sur les mœurs, on voit du moins qu'elles les expriment; car c'est les refléter encore que de les combattre. Enfin elles méritent d'être étudiées pour elles-même : à défaut de l'intérêt historique, elles offrent un intérêt de pensée.

I. — THÉORIES DE SOCRATE SUR L'AMOUR.

Socrate aborde souvent la question de l'amour. Tantôt il la traite incidemment, tantôt il l'examine en elle-même et à fond. Mais son langage, sinon ses opinions, varie. Il y a en lui le chef d'école aux doctrines arrêtées, rigoureusement déduités, et le causeur familier, aux propos libres et aux saillies imprévues. Il condamne l'amour grec au nom de principes austères, et il en parle avec une indulgente bonhomie; mais il faut distinguer les allusions qu'il fait en passant aux mœurs courantes et le jugement réfléchi qu'il porte sur ces mœurs, la

conversation où il laisse aller sa pensée et s'abandonne
à sa verve, et celle où il expose une doctrine suivie et
remonte aux principes.

Le langage habituel de Socrate, lorsqu'il parle de
l'amour, est équivoque. C'est qu'il expose en langue
vulgaire des idées personnelles : il a sa « pensée de derrière » ; mais il parle comme le peuple. Ainsi il emploiera
le mot d'amour quand il veut désigner l'amitié. En
outre, il ne lui déplaît pas de donner le change : il
mettra, par exemple, sur le compte de l'amour l'intérêt
philosophique que lui inspirent les natures élevées, et
quand il ne songe qu'à recruter des disciples, il dira
qu'il donne la chasse aux beaux jeunes gens. Il a des
subtilités de langage faites pour dérouter les auditeurs
naïfs, il veut être compris à demi-mot, deviné. « Il disait
souvent qu'il était amoureux de quelqu'un » ; il fallait
entendre et on voyait bien que « ce n'était pas de la
beauté des corps mais des dispositions de l'âme pour
la vertu qu'il était épris ». (Xén., *Mém.*, IV, I, 2.) Il
a encore des hardiesses d'expression qui scandalisent
les simples [1]. Il réhabilite les mots infâmes, comme
il relève les expressions vulgaires ; il y a un contraste
voulu entre la trivialité de son langage et l'originalité,
l'élévation de sa pensée. Son ironie n'est pas toute dans
les mots, elle est encore dans le ton et l'accent. Il raille
ce qui lui tient le plus à cœur, il parle légèrement de ses
amours comme de son démon. Il fait de l'amour pur
une peinture brûlante ; c'est un mystique à l'imagination
sensuelle.

Même contraste dans ses mœurs : « il est le plus
chaste des hommes » (ἀφροδισίων... πάντων ἀνθρώπων ἐγκρα-
τέστατος ἦν, Xén., *Mém.*, I, II, 29) et il se permet avec

---

[1] Il effarouche Antisthène en l'appelant προαγωγός (Xén., *Banq.*,
IV, 62) ; il s'intitule lui-même μαστρωπός (*ibid.*, 56).

ses amants d'étranges privautés (la scène de séduction
dans le *Banquet* de Platon, — le baiser donné à Charmide
dans le *Banquet* de Xénophon). Il ne loue pas moins
la beauté des jeunes gens que leur vertu ; dans ses rapports avec eux, il est difficile de « méconnaître un élé-
« ment sexuel, pathologique, au moins comme point de
« départ et comme base d'une inclination, innocente
« d'ailleurs et toute spirituelle ». (Zeller, tr. fr. t. III,
p. 153.) Comment dissiper ces équivoques et résoudre
ces contradictions ? Il n'y a pas de doute que Socrate
n'ait très nettement opposé l'amour et l'amitié ; c'est par
ironie qu'il se plaît à les confondre.

Il nous livre sa véritable pensée lorsqu'il traite des
règles de la tempérance appliquées à l'amour, et plus
exactement encore lorsqu'il établit un parallèle entre
l'amour céleste et l'amour vulgaire.

La chasteté est une des formes de la tempérance.
Socrate « recommande de s'interdire absolument l'amour
« des jeunes gens ; car il disait qu'il n'est pas facile à
« celui qui s'attache à eux d'être tempérant ». (Xén.,
Mém., I, III, 8.) Or, à ses yeux, la tempérance était « la
base de la vertu » (τὴν ἐγκράτειαν ἀρετῆς εἶναι κρηπῖδα) et
« la première qualité que l'âme dût acquérir » ⟨χρὴ...
ταύτην πρώτην ἐν τῇ ψυχῇ κατασκευάσασθαι. Xén., *Mém.*, I,
V, 4). Il était lui-même à tous égards d'une tempérance
remarquable ; la pureté de ses mœurs en particulier
nous est attestée déjà indirectement par le silence de
ses accusateurs et d'Aristophane, et Xénophon en fait
une mention spéciale. « On voyait, dit-il, qu'il était si
« bien formé à la tempérance qu'il lui en coûtait moins
« de s'interdire l'amour des enfants les plus beaux et les
« plus jeunes qu'aux autres de s'interdire l'amour des
« moins beaux et des moins jeunes. » (*Mém.*, I, III, 14.)
Sur quels principes se fonde la tempérance socratique ?
Remarquons qu'elle s'exprime par les mots de σωφροσύνη
et d'ἐγκράτεια. Σωφροσύνη (σῶς φρήν) veut dire : tête libre,

esprit sain, *mens sana.* La tempérance consistera à
« garder au milieu des jouissances la pensée claire et
« exempte de trouble ». (Zeller. *Phil. des Gr.* t. III, tr.
fr., p. 149.) Ἐγκράτεια signifie empire sur soi, liberté
ou affranchissement à l'égard des passions. De ces définitions découlent les règles relatives à la pureté des
mœurs.

La chasteté est une vertu dérivée, de second ordre ;
elle n'est pas prisée pour elle-même, mais pour ses effets.
Elle est la condition de la vie de la pensée : la sensualité
« entraverait l'exercice de l'intelligence » (τὴν τῆς ψυχῆς
ἐπιμέλειαν... ἐμποδίζειν, *Mém.*, I, II, 4). Socrate ignore proprement la pureté morale, il ne veut qu'assurer la liberté
de l'esprit. Pour acquérir cette liberté, il reconnaît même
tel cas où il faut satisfaire la passion de l'amour ; c'est
celui où cette passion ne laisse pas de repos, où elle trouble et obsède la pensée. On ne s'en délivre alors qu'en y
cédant. Tous les moyens sont bons pour recouvrer la
raison. Parfois, les plus grossiers sont les plus courts et
les meilleurs. « En amour, il était d'avis que ceux qui
« ne peuvent maîtriser leur fougue s'adressent à des
« êtres tels que l'âme les repousserait sans un impérieux
« besoin du corps, et auxquels elle ne ferait pas atten-
« tion, si ce besoin était ordinaire[1]. » Socrate n'a pas
précisément horreur de l'amour, non plus que de l'ivresse :
il ne condamne pas les plaisirs, mais l'abrutissement
qu'ils causent. D'où vient, par exemple, qu'un baiser est
coupable ? C'est qu'il a les mêmes effets que la morsure
de la phalange : « il fait perdre la raison » (τοῦ φρονεῖν
ἐξίστησι. Xén., *Mém.*, I, III, 2). La règle morale est qu'il

---

[1] « οὕτω δὴ καὶ ἀφροδισιάζειν τοὺς μὴ ἀσφαλῶς ἔχοντας πρὸς
ἀφροδίσια ᾤετο χρῆναι πρὸς τοιαῦτα, οἷα μὴ πάνυ μὲν δεομένου
τοῦ σώματος οὐκ ἄν προσδέξαιτο ἡ ψυχή, δεομένου δὲ οὐκ ἄν
πράγματα παρέχοι. » Xén., *Mém.*, I, III, 14.

faut rester sain et libre d'esprit, et à cet effet être d'ordinaire tempérant et chaste. La pureté des mœurs est donc assez mal gardée : car il peut se faire qu'elle soit indifférente ou même contraire à l'exercice calme et mesuré de la raison[1].

Toutefois elle se rattache encore à un autre principe. Elle n'intéresse pas seulement notre liberté intellectuelle (σωφροσύνη), mais notre dignité personnelle (ἐγκράτεια). En effet l'amant ne se possède plus : de libre qu'il était, il devient « esclave » (δοῦλος, *Mém.* I, iii, 11); il se livre, sous l'empire de la passion, à toutes les folies : il se ruine, il compromet son repos, son honneur ; « il faut « qu'il se donne du tourment pour des plaisirs dont un « insensé ne voudrait pas » (*ibid.*) et tandis qu'il poursuit des jouissances incertaines et grossières, il se prive de joies élevées et sûres. Il n'a plus la notion de son véritable intérêt; il est déraisonnable et aveugle. Le véritable esclavage consiste à être soumis à la passion; la véritable liberté, à se gouverner selon la raison. Mais il y a encore pour l'amant un autre esclavage : il est dans la dépendance de l'aimé, il a pour lui de basses complaisances, il s'attache à ses pas, comme un mendiant (πτωχός), implorant toujours un baiser ou quelque autre caresse (Xén., *Banq.*, VIII, 23 — *Mém.* I, ii, 29). L'amour est ainsi doublement contraire à l'ἐγκράτεια ; il nous asservit

---

[1] Cette doctrine de Socrate sera reprise et développée par les Cyrénaïques. Aristippe n'est point « un vulgaire homme de plaisir... Assurément il veut jouir, mais en même temps il veut dominer la jouissance... Il aime les satisfactions, mais il sait y renoncer aussi ; il veut rester maître de ses désirs, et ne consent pas à voir l'équilibre de ses facultés troublé par les exigences de la passion. » (Zeller.) On connaît sa maxime : ἔχω καὶ οὐκ ἔχομαι. '— Quelle différence y a-t-il donc entre Aristippe et son maître ? C'est que Socrate conçoit la liberté intellectuelle comme un bien, et la tempérance, comme la condition de cette liberté, tandis qu'Aristippe pose que le bien, c'est la volupté, et que la liberté d'esprit est la disposition dans laquelle on doit être pour goûter le plaisir. — Cf. Épicure, *ci-dessous.*

à nous-mêmes et aux autres. Il n'est pas en lui-même
un mal; le mal, c'est d'en porter la chaîne. Il est permis
à l'âme de goûter le plaisir, pourvu qu'elle en jouisse,
sans subir son ivresse et cesse d'en jouir, sans sentir
qu'il lui manque. Pour Socrate, encore une fois d'accord
avec les Cyrénaïques, la tempérance, loin d'être le
renoncement au plaisir, en est plutôt l'assaisonnement.
As-tu remarqué, dit-il à Euthydème, « que l'intempérance,
« qui paraît mener les hommes uniquement aux plaisirs,
« ne les y mène point, et que c'est la tempérance qui
« leur procure les plus grandes jouissances?— Comment
« cela?— L'intempérance ne permet pas qu'on se rende
« maître de la faim, de la soif, des désirs amoureux, du
« besoin de dormir, et pourtant sans cela on ne peut
« prendre plaisir à manger, à boire, à faire l'amour,
« non plus qu'à se reposer et à dormir : car il faut attendre
« sans impatience que, pour tous ces plaisirs, le moment
« soit venu de la plus grande jouissance. Dès lors
« l'intempérance nous empêche de jouir, comme on le
« devrait, des plaisirs les plus conformes à la nature et
« les plus continus. La tempérance seule, nous rendant
« maîtres des désirs qu'on vient de dire, nous fait trouver
« aussi les plaisirs qui y sont attachés, et fait encore
« qu'on s'en souvient[1]. » Ainsi Socrate se place d'abord

---

[1] Xén., *Mém.*, IV, v, 9. « Ἐκεῖνο δὲ, ὦ Εὐθύδημε, ἤδη πώποτε
ἐνεθυμήθης; — Ποῖον; ἔφη — Ὅτι καὶ ἐπὶ τὰ ἡδέα, ἐφ'ἅπερ
μόνα δοκεῖ ἡ ἀκρασία τοὺς ἀνθρώπους ἄγειν, αὐτὴ μὲν οὐ δύνα-
ται ἄγειν, ἡ δ'ἐγκράτεια πάντων μάλιστα ἥδεσθαι ποιεῖ — Πῶς;
ἔφη — Ὥσπερ ἡ μὲν ἀκρασία, οὐκ ἐῶσα καρτερεῖν οὔτε λιμόν,
οὔτε δίψαν, οὔτε ἀφροδισίων ἐπιθυμίαν, οὔτε ἀγρυπνίαν, δι'ὧν
μόνων ἔστιν ἡδέως μὲν φαγεῖν τε καὶ πιεῖν καὶ ἀφροδισιάσαι,
ἡδέως δ'ἀναπαύσασθαι καὶ κοιμηθῆναι καὶ περιμείναντας καὶ
ἀνασχομένους ἕως ἂν ταῦτα ὡς ἔνι ἥδιστα γένηται, κωλύει τοῖς
ἀναγκαιοτάτοις τε καὶ συνεχεστάτοις ἀξιολόγως ἥδεσθαι. ἡ δ'ἐγκράτεια μόνη ποιοῦσα καρτερεῖν τὰ εἰρημένα, μόνη καὶ ἥδεσθαι ποιεῖ
ἀξίως μνήμης ἐπὶ τοῖς εἰρημένοις. »

à un point de vue extérieur pour juger l'amour : il l'absout en lui-même, mais il le condamne pour le trouble qu'il apporte à l'intelligence, pour la violence de ses désirs qui font perdre à l'âme la liberté et la raison. L'amour fait tomber l'homme au-dessous de lui-même, le rend semblable aux animaux : Socrate compare Euthydème, s'approchant de Critias son amant, aux porcs qui se frottent contre les pierres (*Mém.*, I, II, 30).

Après avoir posé les règles de la tempérance en matière d'amour, Socrate considère l'amour en lui-même ; il s'efforce de montrer qu'il est chaste par nature et qu'il a pour forme parfaite l'amitié. C'est ce qu'exprime le mythe des deux Vénus. La Vénus vulgaire inspire « l'amour des corps », la Vénus céleste « l'amour de l'âme, de l'amitié et des belles actions. » (Xén., *Banq.*, VIII, 10.) L'amour des corps n'a de l'amour que le nom et l'apparence. Il est un joug fort pénible à porter, tandis que l'amour véritable est « une chaîne volontaire et légère » (ἀνάγκη ἡδεῖα καὶ ἐθελουσία, *ibid.*, 13). Il n'a ni fidélité ni constance : il s'attache à la beauté et ainsi il passe comme elle ; il a pour fin la jouissance et « la satiété est inhérente à la jouissance de la beauté » (ἐν μὲν τῇ τῆς μορφῆς χρήσει ἐνεστί τις κόρος, *ibid.*, 15). L'amour consiste essentiellement dans la réciprocité d'affection et la confiance mutuelle : (πιστεύειν δὲ καὶ πιστεύεσθαι, *ibid.*, 18). Ces sentiments sont étrangers à l'amour physique. « La plupart des amants selon la chair n'éprouvent que du mépris et de la haine pour le caractère de ceux qu'ils aiment (τῶν δὲ τοῦ σώματος ἐπιθυμούντων πολλοί μὲν τοὺς τρόπους μέμφονται καὶ μισοῦσι τῶν ἐρωμένων, *ibid.*, 13). Quant à l'aimé, il n'a que trop de sujets de haïr l'amant. Comment répondrait-il à sa passion ? L'amant ne lui fait-il pas subir le plus honteux des outrages ? « S'il ne lui « fait pas violence, mais le séduit, il n'en est que plus « haïssable ; car celui qui commet un viol ne montre que « sa propre méchanceté, tandis que le séducteur corrompt

« l'âme même de celui qu'il séduit » (20). Y a-t-il prostitution? Les rapports de l'aimé et de l'amant sont alors ceux du marchand et de l'acheteur ; ce ne sont plus des rapports d'affection. L'amant, n'ayant le plus souvent ni beauté ni jeunesse, répugne à l'aimé. Ils « ne trouvent pas tous les deux dans l'amour, comme l'homme et la femme, des jouissances communes, mais l'un assiste de sang-froid aux fureurs de l'autre, ivre d'amour » (ἀλλὰ νήφων μεθύοντα ὑπὸ τῆς ἀφροδίτης θεᾶται, 21). Ce qu'on appelle l'amour physique recouvre donc des sentiments d'indifférence, de haine ou de mépris, et il ne faut pas s'étonner que des crimes soient la conséquence de cette liaison honteuse (ἐκ τῆς ἀναιδοῦς ὁμιλίας πολλὰ ἤδη καὶ ἀνόσια πεπραγμένα, 22).

L'amour physique méconnaît encore la fin de l'amour. Tout amour doit tendre au bien de la personne aimée, c'est-à-dire à son perfectionnement moral. Or, l'amant est à l'ami ce que le fermier est au propriétaire. Le fermier ne vise qu'à tirer de la terre le plus fort revenu, le propriétaire s'efforce de la rendre meilleure. L'aimé, par le don de sa beauté, devient le maître de son amant ; l'ami, pour ne pas perdre l'affection de son ami, doit s'appliquer à devenir meilleur.

« Quant au subterfuge qui consiste à prétendre que
« l'aimé achète par ses complaisances l'aide de l'amant,
« pour travailler à son perfectionnement moral, il faut
« entièrement le rejeter. » (Zeller, *Phil. des Gr.*, t. fr.,
t. III, p. 153.) « En effet, il n'est pas possible que celui
« qui fait le mal rende bon celui qui le fréquente, ni que
« celui qui donne l'exemple de l'impudeur et de l'intem-
« pérance, rende tempérant et chaste celui qu'il aime. »
(Xén., *Banq.*, VIII, 27.) Dans le *Banquet* de Platon,
Alcibiade croit pouvoir tirer parti de sa beauté pour
séduire Socrate, et obtenir qu'il lui révèle « tout ce qu'il
sait ». (Plat., *Banq.*, 217 A.) Mais Socrate repousse
l'offre de son amour, appliquant la maxime qu'il avait

posée. « Jamais l'immoralité et l'impudeur ne pourront servir de moyens en vue d'une fin morale. » (Zeller, *ibid.*)

Si l'amour physique ne peut être un moyen d'arriver à la sagesse, il ne pourra pas davantage être la source du courage. « Pausanias, amant d'Agathon, disait à la « louange de ceux qui se vautrent dans la débauche, « que l'armée la plus forte serait une armée composée « d'aimés et d'amants » (Xén., *Banq.*, VIII, 32), car la désertion serait pour eux une honte, étant un manque d'amour. Mais comment ceux qui, en qualité d'amants, se sont perdus d'honneur, peuvent-ils être encore sensibles à l'honneur ? C'est en vain qu'on allègue l'exemple des Thébains et des Éléens, chez qui les amants vont au combat, réunis dans la même phalange ; car l'amour, chez ces peuples, est consacré par les lois, tandis qu'il est, pour les Athéniens, un déshonneur. Au reste, le seul fait de ranger les amants sur la même ligne de bataille témoigne qu'on se défie de leur courage. Les Lacédémoniens, qui ne croient pas qu'aucune grande chose s'inspire de l'amour des corps, s'appliquent à rendre leurs amis si absolument braves, qu'ils rougiraient de quitter leurs rangs en toute circonstance, et alors même qu'ils n'auraient que des étrangers pour témoins. Le vrai courage est celui qui n'a pas besoin d'être soutenu par la crainte du déshonneur.

Ainsi, l'amour physique ne se justifie ni en lui-même, ni par ses effets. Il est un vice d'où ne sort aucune vertu. L'attribuer aux héros et aux dieux, c'est leur faire injure. Si Ganymède a été aimé de Jupiter, ce n'est pas pour son corps, mais pour son âme, comme l'indique l'étymologie de son nom. Γανυμήδης (de γάνυμαι, je me réjouis, et μήδεα, pensées) veut dire *qui plaît par son intelligence* et non *par son corps :* (ἡδυγνώμων et non ἡδυσώματος.) Homère ne fait point d'Achille l'amant, mais l'ami de Patrocle. Oreste et Pylade, Thésée et

Pirithoüs et les autres demi-dieux sont célèbres, non
« pour avoir partagé le même lit, mais pour avoir conçu
« les uns pour les autres la plus grande affection, et
« pour avoir accompli ensemble les plus belles actions [1]. »

L'opposition de l'amitié et de l'amour est donc absolue. Socrate l'a même énoncée en termes si nets, il a si
bien mesuré dans sa profondeur l'immoralité de l'amour
grec, qu'il s'est ôté le droit de parler de cet amour légèrement, et comme d'un fait qui cesserait d'être odieux,
à force d'être admis. D'où vient que la liberté de son
langage dément parfois l'austérité de ses doctrines ?
Serait-ce que, pour défendre contre la calomnie la pureté
des mœurs de son maître, Xénophon aurait exagéré,
dans le *Banquet,* la rigueur de ses principes ? Ou bien,
dans le mythe des *Deux Vénus,* Socrate suit-il sa pensée
jusqu'au bout, avec une outrance de logique et une fermeté de conviction qui ne se rencontrent pas d'ordinaire
chez ce discoureur libre et familier ? En réalité, Socrate
distingue l'idéal et le fait, la règle morale et les mœurs.
Pour lui, l'amour pris en soi est infâme, mais les amants
d'Athènes méritent quelque indulgence. Le philosophe
n'est pas tenu de s'indigner contre les mœurs courantes ;
il ne s'abandonne pas à la satire ; il lui suffit de dénoncer
l'immoralité des croyances, au-dessous de laquelle, par
bonheur, reste souvent celle de la conduite.

S'il faut tenir pour authentique le récit du *Banquet*
de Xénophon, Socrate est un moraliste plus sévère que
Platon. Selon lui, l'amour des corps est toujours bas et
vulgaire. Il ne s'agit pas de l'épurer, mais de le détruire.
On choisit entre l'amour des corps et l'amour des âmes;
on ne fait pas sortir l'un de l'autre. La dialectique des
sentiments est encore à naître.

Socrate n'a pas compris l'importance et le rôle de

---

[1] Xén., *Banq.,* VIII, 31.

l'amour physique. Cet amour est, à ses yeux, un besoin inférieur, dont il y a avantage à être affranchi, et dont il faut s'affranchir à tout prix et par n'importe quel moyen. Il n'oppose pas à la pédérastie l'amour selon la nature ; il ne songe pas, comme le prétend M. Fouillée, à combattre l'un par l'autre. Il tient tout amour physique pour vulgaire et grossier : on a vu qu'il exclut l'amour du mariage. Il ne reconnaît que deux sortes d'amour : l'amour des corps et l'amour des âmes ou l'amitié, et il abaisse l'un autant qu'il exalte l'autre. Sa psychologie de l'amour est étroite : c'est pourquoi elle ne se soutient pas, elle est inégale. Prise dans son ensemble, considérée dans ses tendances, la doctrine de Socrate sur l'amour est austère, quoiqu'elle renferme, dans le détail, des maximes relâchées.

II. — PLATON.

De tous les philosophes grecs, Platon est celui qui aborde avec la prédilection la plus marquée la question de l'amour, et qui la traite avec le plus d'ampleur. Il décrit les mœurs, il rapporte et discute les opinions de son temps en matière d'amour, il propose sur ce point une réforme de l'éducation et des lois ; enfin, il érige l'Eros en principe dialectique, il attribue un sens profond à la modeste parole de Socrate : « Je ne sais qu'une science, l'amour » ; il établit que l'amour enveloppe la science la plus haute, étant l'aspiration à la Beauté absolue ou au Bien. Nous distinguerons en lui le législateur et le philosophe, sans oublier pourtant que l'un explique l'autre, que les réformes sont l'idéal accommodé aux exigences pratiques et réduit au minimum, et que les théories philosophiques qui inspirent les

réformes permettent seules d'en saisir le sens et la
portée.

Suivant Zeller, Platon, lorsqu'il traite au point de vue
moral de l'amour des jeunes gens, suit entièrement
Socrate (*Édit. all.*, p. 887). Comme Socrate, d'une part,
il fait les plus larges concessions aux mœurs régnantes,
il décrit l'amour en traits de flamme, il s'étend sur ses
pires désordres avec une indulgence qui serait inexplicable et choquante chez tout autre qu'un Grec ; d'autre
part, le vice avoué lui fait horreur, il édicte des peines
contre l'amour infâme ; il le flétrit comme « entièrement immoral et contre nature » (Zeller). On pourrait
lui appliquer ce qu'il dit des Athéniens. « C'est à Athènes
« qu'on a fait les plus belles lois au sujet de l'amour ;
« mais ces lois, il n'est pas facile de les entendre. »
(*Banq.*, 182 D.) Les Athéniens, en effet, donnent tour
à tour dans l'extrême indulgence et l'extrême rigueur.
Ainsi, il est beau à leurs yeux d'avoir un amant, et celui
qui aime peut prendre des libertés qu'on ne tolérerait
pas chez l'homme ambitieux ou cupide ; il peut oublier
sa dignité, s'abaisser aux supplications et aux prières,
stationner la nuit devant les portes et subir, s'il lui plaît,
le dernier des esclavages. Les dieux ne lui sont pas
moins indulgents que les hommes, ils lui pardonnent de
se rendre parjure et « l'on dit qu'il n'y a point de serment
en amour » (183 B). Néanmoins les Athéniens donnent
à leurs fils des pédagogues pour surveiller leurs amours,
pour les empêcher de communiquer avec leurs amants.
Leur système d'éducation va donc contre leurs maximes
courantes, et il semble qu'ils considèrent l'amour à la
fois comme le plus grand mal et comme le plus grand
bien.

Dans ses jugements sur l'amour, Platon s'est-il contredit ? Non, pas plus que Socrate, pas plus, on le
verra, que les Athéniens eux-mêmes. Mais il est à la fois
moraliste et poète ; il joint à la fermeté du sens moral la

largeur de vues, l'universelle sympathie du génie. Il
prend intérêt à ce qu'il condamne. Les vices qu'il réprouve
l'attirent par ce qu'ils ont d'humain. Les turpitudes de
l'amour lui font horreur, mais il n'en subit pas moins le
charme enivrant de la passion, et il est désarmé et conquis par son héroïque grandeur. C'est ainsi que lorsqu'il
combat les Sophistes il ne les rabaisse point ; il réfute
leurs doctrines, il n'en dissimule pas la force ; il raille
leur éloquence et il la fait valoir, il en reproduit le tour
et l'accent ; son Gorgias, son Calliclès ont une physionomie originale, un relief saisissant ; tous ses personnages
vivent. Il a la sympathie intelligente de l'artiste pour les
caractères qui lui inspirent, au point de vue moral,
l'aversion la plus forte. De même, les doctrines les plus
opposées à la sienne excitent sa curiosité et retiennent
son attention. Il faut admettre l'harmonie des dons contraires. Il n'en est pas de Platon comme de Tolstoï,
romancier puissant et moraliste étroit, qui désavoue son
œuvre artistique, mutile son génie, renonce à l'épopée
et rédige des catéchismes. Platon n'est pas un sectaire
farouche ; il ne fait pas à sa conscience le sacrifice de
ses dons esthétiques. Alors qu'il juge et prétend réformer les mœurs, il garde la faculté de les observer et de
les peindre.

Il n'est point en effet un idéaliste dédaigneux de l'expérience. Il interroge les faits et s'enquiert des opinions.
Il interprète la sagesse vulgaire selon les vues d'une philosophie profonde. Il met en lumière la vérité morale
dont les peuples ont l'intuition confuse. Ainsi les jugements contraires des Athéniens sur l'amour ne sont point
faux, mais expriment chacun une vérité partielle confusément entrevue. L'amour, en effet, est digne de réprobation ou d'éloge, suivant qu'il est l'amour des corps
« vulgaire » et grossier, ou l'union des âmes, réglée par
la raison, et ayant pour fin la vertu. Le peuple athénien
observe d'instinct la distinction socratique de l'amour

vulgaire et de l'amour céleste : il flétrit l'un et exalte
l'autre. Les autres Grecs sont moins judicieux; les
Béotiens par exemple glorifient l'amour « en général »
(ἁπλῶς, en bloc). Leur tort, pourtant, n'est peut-être que
de s'expliquer mal ; car, en honorant l'amour, il est clair
qu'ils ont surtout, sinon exclusivement, en vue l'amour
qui inspire le courage et les mâles vertus. Si des peuples
grossiers ont réellement tenu la pédérastie en honneur,
s'ils ont cru que les désordres du vice étaient la rançon
obligée de l'amour, leur erreur, pour être monstrueuse,
n'en est pas moins explicable. Tout culte a son idolâtrie :
on a pu égarer sur l'amour infâme les hommages qui
sont dus au pur et noble amour. Ainsi la philosophie
dégage des croyances populaires la raison qu'elles enve-
loppent; elle opère le passage de « l'opinion droite » ou
rectifiée, à « la science ».

Platon interprète de même la légende héroïque des
amants, leur courage à la guerre, leur culte de l'honneur,
leur amour de la liberté et de la patrie (V. plus haut). Il
rappelle les prodiges de valeur que l'amour accomplit
pour juger par là de sa puissance et de sa générosité
naturelles. Il tient les faits pour probants dans la mesure
où ils confirment l'idéal. Il ne désespère pas de l'amour,
parce qu'il détourne la vue de ses égarements et l'arrête
sur le dévoûment d'une Alceste, d'un Achille (Banq.,
179, 180 A), parce qu'il tient les vertus des amants pour
démonstratives, non leurs vices. Il semble qu'à ses yeux
l'amour implique naturellement la générosité et la grandeur d'âme et n'entraîne que par accident les désordres
honteux. Il maintient la définition établie par Socrate
entre l'amour céleste et l'amour vulgaire, mais il admet
que l'un peut sortir de l'autre. La dialectique pose en
effet que l'amour est une évolution des sentiments. Les
amours coupables sont des amours arrêtés en leur cours.
Platon a pu parler des mœurs grecques avec indulgence ;
dans la passion grossière, il entrevoit des aspirations

élevées. Il excuse ou il condamne l'amour des corps,
suivant qu'il le considère comme un degré de l'amour
intelligible, comme un moment de l'ascension dialectique
ou, au contraire, comme une liaison indigne où l'âme
s'attarde et se complaît. Est-ce le spectacle des plus
basses amours inspirant des dévoûments sublimes qui a
suggéré à Platon l'idée d'un élan ascensionnel et d'une
épuration progressive de l'amour? Ou bien est-ce la
théorie dialectique qui, posant en principe la générosité
foncière de l'amour, met en lumière les faits historiques
de nature à l'établir? Dans les deux cas, le point de vue
élevé du dialecticien incline Platon à l'indulgence, lorsqu'il juge les mœurs de son temps.

A vrai dire, ses concessions aux préjugés grecs vont
très loin. Il ne décrit pas seulement avec charme les
amours des jeunes gens, il ne rapporte pas seulement
avec complaisance leurs entretiens qui roulent d'ordinaire, « et sans qu'on sache comment sur l'amour »
(*Phèdre*, 227 C). Dans la *République*, entre autres récom-
penses accordées à celui des guerriers qui se sera signalé
par sa bravoure, il décrète celle-ci : « que chacun l'em-
« brasse et en soit embrassé....; que pendant toute la
« durée de l'expédition, qui que ce soit qu'il veuille
« embrasser, il ne soit permis à personne de s'y refuser,
« afin que le guerrier qui aimerait quelqu'un de l'un ou
« l'autre sexe soit plus ardent à remporter le prix de la
« victoire. » (*Rép.*, V, 468 B.) Ce texte a été incriminé.
Mais n'a-t-il pas un sens ironique? ne se sauve-t-il pas
par le tour littéraire? Traduisons, en effet, les lignes
qui précèdent. « Socrate. — Voici, j'imagine, ce que tu
auras peine à admettre. — Glaucon. — Quoi donc? —
S. — C'est que chacun *l'embrasse*[1] et en soit embrassé.
— G. — Je l'admets le mieux du monde, et, à cette

---

[1] Il s'agit du guerrier dont on a parlé plus haut.

loi, je voudrais même en ajouter une autre. » Suit celle qu'on vient de dire. C'est Glaucon et non Socrate qui parle ainsi ; mais ce langage n'étonnerait pas même chez Socrate, dont l'esprit, à tous moments, s'échappe en propos libres et saillies imprévues.

Au reste, si l'on se reporte à un autre passage de la *République*, on voit à quoi se réduisent les privautés de l'amour. « Dans l'État dont nous traçons le plan, est-il
« dit, tu ordonneras par une loi expresse que les marques
« de tendresse, d'union, d'attachement, que la personne
« aimée permettra à l'amant de lui donner soient de
« même nature que celles qu'un père donne à son fils,
« toujours pour une fin honnête, et qu'en général l'amant,
« dans le commerce qu'il aura avec l'objet de son amour,
« ne laisse jamais soupçonner qu'il ait été plus loin, s'il
« ne veut pas encourir le reproche d'un homme sans
« éducation » (III, 403 B).

On doit reconnaître que Platon est moins réservé dans le *Phèdre* ; il excuse les amants qui « dans un
« moment d'oubli et d'égarement..... choisissent le genre
« de vie le plus enviable aux yeux du vulgaire et se
« précipitent dans la jouissance ». De tels amants peuvent avoir « l'un pour l'autre une affection véritable, quoique
« moins forte que celle des purs amants ». S'ils restent fidèles dans leur attachement et s'ils goûtent rarement ces plaisirs qui ne sont pas approuvés de l'âme tout entière, « ils reçoivent après leur mort une grande récompense ». Ils passent « une vie bienheureuse dans une union éternelle » et leurs âmes « reçoivent ensemble des ailes à cause de l'amour qui les a unies sur la terre ». Est-ce là une poétique fiction qui ne revêt pas seulement la forme symbolique des croyances populaires, mais qui en reproduit encore le fond grossier? Ou bien Platon poussa-t-il à l'excès ce principe qui est au fond de la dialectique, que l'amour, en développant ses vertus, fait oublier son humble et basse origine? Fait-il grâce à la passion de

ses vices actuels en faveur de la noble destinée qui
l'attend ? « Car la loi divine ne permet pas que ceux qui
« ont commencé leur voyage céleste soient précipités
« dans les ténèbres souterraines » (*Phèdre*, 256, B).
Quoi qu'il en soit, Platon est un poète à l'imagination
optimiste ; le vice ne lui apparaît pas assez dans sa réalité
répugnante, et dans les mœurs infâmes, il voit briller la
promesse du pur amour.

Cependant, la netteté et la fermeté de son langage
deviennent remarquables toutes les fois qu'il parle en
législateur et en homme d'État. Dans les *Lois*, Platon
fait trêve à ses rêves de poète : il cesse de concevoir
l'amour comme une aspiration vers la beauté absolue, il
le voit tel qu'il est, vicieux et infâme, et pour le combattre, il propose de refondre l'éducation et les lois. Il
avoue qu'à défaut d'un dieu, il faudrait un homme énergique, bravant l'opinion, et décidé à suivre la seule raison pour aller à l'encontre des passions les plus fortes,
c'est-à-dire pour prescrire la décence et contraindre à
l'observer des cœurs corrompus (*Lois*, VIII, 835 C).
Cependant, il prétend réaliser cette entreprise hardie en
usant à la fois de l'éducation et de la contrainte. Il a
d'abord recours à la persuasion ; pour réformer les
mœurs, il croit qu'il faut commencer par élever les
âmes ; il combat la grossièreté des sentiments et des
croyances populaires ; il fait pénétrer dans les esprits de
nobles maximes ; il les habitue à ne pas séparer la
décence de la piété et de l'honneur. Mais, si une telle
éducation demeure sans effet, il se change alors en
législateur ; contre ceux qu'il ne peut convaincre, il use
de la force ; il voudrait n'avoir qu'à énoncer des principes ; mais il se résigne au besoin à édicter des mesures
de répression ou des lois.

En ce qui concerne l'amour, la loi à laquelle Platon
voudrait d'abord s'en tenir, serait de la nature des lois
non écrites, qui ne s'imposent point par la force, mais

entraînent l'opinion, qui s'appellent indifféremment
φῆμαι ou νόμοι, et qui n'ont d'autre sanction que le déshonneur. Telle est, par exemple, la loi « qui met entiè-
« rement à couvert le fils ou la fille de la passion de leur
« père, interdisant à celui-ci de coucher avec eux, soit
« publiquement, soit en cachette, soit de leur témoigner
« son amour d'une autre manière, avec une intention
« criminelle. » (*Lois,* VIII, 838 B.) Cette loi n'a pas
besoin d'être inscrite dans le Code ; chez les nations les
plus corrompues, elle n'est jamais enfreinte. Ce n'est
pourtant qu'une « simple parole » (σμικρὸν ῥῆμα), mais
qui se répète de bouche en bouche, en tous temps et en
tous pays. Pour détourner à jamais les hommes de certaines actions, il suffit de leur dire que « ces actions sont
impies, détestées des dieux, et de la dernière infamie »
(*Ibid.*). Platon croit à l'influence souveraine d'une opinion qu'on est habitué, dès l'enfance, à voir régner partout, dans la vie, au théâtre : cette influence, dit-il, est
« merveilleuse » ; elle fait que personne « n'ose respirer
contre la défense de la loi » (838 D.). En d'autres termes, l'éducation est toute puissante ; il ne s'agit, pour
rendre les hommes vertueux, que de développer en eux
une ferme croyance au bien.

C'est donc de l'éducation que Platon attend la réforme
des mœurs grecques. Il veut établir une loi ; plus exactement, il veut faire prévaloir une maxime, ou une règle
morale « qui oblige le citoyen à se conformer à la
« nature dans l'union des sexes destinée à la génération,
« qui interdit aux mâles tout commerce avec les mâles,
« qui leur défend de détruire, de dessein prémédité,
« l'espèce humaine, et de jeter parmi les pierres et les
« rochers une semence qui ne peut y prendre racine et
« recevoir son développement naturel, qui, pareillement,
« interdit aux femmes tout commerce qui ne remplirait
« pas la fin de la nature. » (*Lois,* VIII, 839 A.) Une telle
prescription semble moins législative que morale. Quand

Platon dit : « La seule chose que nous examinions en
« toute loi, c'est si elle conduit ou non à la vertu »
(*Lois,* VIII, 836), il est visible qu'il ne distingue pas les
lois, dictées par la conscience ou l'honneur, de celles
que consacre le Code, et dont la force publique assure
l'exécution. Ce sont les premières qu'il a surtout en vue.
Mais les lois de l'opinion sont, sous un rapport, inférieures aux autres : elles se laissent contester. Platon
prévoit que sa loi sur l'amour en particulier soulèvera
les clameurs de quelque jeune homme au tempérament
ardent, qui dira qu'elle ordonne « des choses dépourvues
de raison et impossibles » (ἀνόητα καὶ ἀδύνατα... νόμιμα).
Une loi qui a contre elle les préjugés et les mœurs a
besoin de se faire agréer, accepter de la raison. Les hommes sont trop portés à croire que ce qui n'est pas ne
saurait être. Ainsi, il paraît impossible d'établir dans un
État des repas publics ; l'exemple de la Crète et de
Lacédémone atteste néanmoins le contraire. On croit, de
même, que la continence est au-dessus des forces humaines. Mais on oublie que des hommes grossiers, des
athlètes, Crison, Diopompos, Astylos et tant d'autres,
en vue de garder pour la lutte leurs forces intactes, se
sont astreints, pendant toute la durée de leurs exercices,
à ne toucher à aucune femme ni à aucun garçon. Comment des jeunes gens, ayant une éducation bien supérieure à celle des athlètes, ne sauraient-ils pas mieux
qu'eux vaincre les plaisirs, si cette victoire était, comme
il doit, réputée plus glorieuse que celle des Jeux olympi-
ques ? Quand on prescrit aux hommes d'avoir des mœurs
pures, on ne leur commande donc rien d'impossible ; on
ne leur demande même rien de difficile. En effet, il ne
s'agit pour eux que de ne pas tomber au-dessous de la
brute. Les oiseaux et beaucoup d'autres animaux « ne
« connaissent pas le plaisir de l'amour jusqu'au terme
« marqué par la nature pour engendrer ; ce temps venu,
« le mâle choisit la femelle qui lui plaît, et la femelle,

« son mâle, et étant ainsi accouplés, ils vivent désor-
« mais conformément aux lois de la sainteté et de la
« justice, demeurant fermes dans leurs premiers enga-
« gements. Nous dirons donc à nos concitoyens qu'il
« faut l'emporter à cet égard sur les animaux.» (*Lois,*VIII,
840 E.) L'opposition que feront à ces lois les mœurs
courantes se présente si fortement à l'esprit de Platon,
qu'il s'applique avant tout à rassurer l'opinion ; tous ses
arguments tendent à établir que la réforme qu'il propose
est réalisable et dans quelle mesure. Il ne prescrit rien
que le retour à la nature ; toutefois, il n'espère pas que
ce retour s'opère de lui-même ; il sait qu'on ne rompt
pas d'emblée avec les habitudes vicieuses. Il propose
donc encore d' « affaiblir autant que possible la force
« de la volupté, en détournant ailleurs par la fatigue du
« corps, ce qui la nourrit et l'entretient. » (*Lois* VIII,
841 A.) Enfin, il a si bien en vue le succès que, pour
l'obtenir, il fera des concessions aux mœurs établies. Il
consentira à ce qu'on ne s'abstienne pas entièrement de
goûter les plaisirs de l'amour, pourvu qu'on y mette de
la réserve et de la pudeur, pourvu qu'on regarde ces
plaisirs comme honteux et qu'on ne s'y livre pas au grand
jour (841 B).

Cependant, même avec les réserves et les correctifs
qui l'accompagnent, la loi platonicienne sur l'amour est-
elle sûre d'être observée, dans l'état actuel des mœurs
de la Grèce? On n'en peut répondre. « Tout ce que nous
« venons de dire n'est peut-être qu'un souhait, tel qu'on
« en forme dans les entretiens, et pourtant les choses
« iraient bien mieux, s'il en était ainsi dans tous les
« États. » (841 C.) La réforme des mœurs est ainsi d'un
succès toujours douteux, tant qu'elle ne s'appuie que sur
l'éducation. Aussi Platon, en dernier lieu, fait-il appel à
l'autorité du législateur. S'il ne peut obtenir que la cité
ait des mœurs chastes, voici du moins ce qu'il se flatte
de réaliser. « Si Dieu seconde nos efforts, nous obtien-

« drons de deux choses l'une : ou que personne n'ose
« toucher à qui que ce soit de condition libre, si ce n'est
« à sa femme; qu'on ne contracte point avec les concu-
« bines une union qui ne serait précédée d'aucune céré-
« monie, et dont les fruits seraient illégitimes, et qu'on
« n'ait point avec les personnes d'un même sexe un
« commerce stérile, interdit par la nature ; ou du moins
« nous réussirons à bannir entièrement l'amour des
« jeunes gens. » (841 O, C.) Suit la peine édictée contre
les adultères, à savoir la privation des droits des citoyens.

Cette dernière loi, d'un caractère tout empirique et positif, exprime le minimum de réformes que Platon se
flatte de réaliser dans les mœurs de la Grèce : il réduit
ses prescriptions, pour mieux les faire suivre; il abaisse
son idéal, le rend accessible pour mieux l'imposer.

Dans les *Lois*, Platon exprime au sujet de l'amour
son opinion moyenne. Il parle en éducateur qui tient
compte des mœurs courantes au moment où il songe à
les réformer, ou bien en législateur, qui montre plus de
réserve encore, ne prescrivant rien qu'il ne soit non
seulement en droit, mais encore en état de faire exécuter.
Il sera plus hardi et plus libre, sinon plus catégorique et
plus net, lorsqu'il traitera de l'amour en pur philosophe.
Cependant, c'est dans les *Lois*, qu'il a le plus énergique-
ment flétri les turpitudes de l'amour grec ; dans le *Phèdre*
et le *Banquet,* il est plus enclin à excuser cet amour,
comme s'il le croyait capable de s'épurer et de devenir
le pur attachement à la Beauté absolue.

Il reste à dégager le caractère original de la théorie
platonicienne de l'amour. Platon s'est-il proposé de ramener l'amour à sa destination naturelle et de supprimer la
pédérastie ? Oui sans doute, mais ce n'est pas là le but
qu'il poursuit d'abord. Il tente d'accomplir une double
réforme : politique et morale. Il importe à l'État que
l'amour tende à perpétuer l'espèce humaine et ne soit
pas « entre personnes de même sexe un commerce sté-

« rile interdit par la nature ». Les vues de Platon sur la réforme des mœurs sont avant tout politiques : c'est pourquoi on les trouve exposées dans les *Lois*. En demandant que l'amour ne soit pas une dérogation aux lois naturelles, Platon témoigne sans doute de son respect pour ces lois, mais il est peut-être plus pénétré encore de l'intérêt politique qu'il y a pour un peuple à s'y conformer. C'est ainsi que de nos jours le malthusianisme paraît à certains esprits un péril national plutôt qu'une monstruosité. Platon au reste ne donne pas une satisfaction entière aux vœux de la nature. « Il ne peut concevoir le rapport des sexes qu'au point de vue physiologique » ; pour lui, comme pour tous les Grecs, le mariage a seulement pour fin de donner des enfants à l'État, « si bien que son caractère moral s'efface tout à fait ». Il n'imagine rien de mieux, pour relever la femme, que de supprimer « sa sphère d'activité propre » [1], de la faire participer au genre de vie, à l'éducation et aux occupations de l'homme. En décrétant la communauté des femmes dans la classe des guerriers, il fait injure à l'amour même, dont la nature est d'être, plus encore que l'amitié, une affection exclusive.

Si donc le but de Platon a été de supprimer la pédérastie, ce n'est pas pour établir à sa place l'union naturelle de l'homme et de la femme ; cette union, il en méconnaît le caractère moral, les conditions d'existence ; il s'en tient à la conception orientale de l'amour, il fait l'éloge de la polygamie. Il n'a vu dans le mariage qu'une institution politique, dans l'union des sexes qu'une fonction naturelle. De là vient qu'il tolère des manquements si graves à la pureté des mœurs. L'immoralité en effet n'est pas toujours un danger public ; il suffit qu'elle ne se produise pas au grand jour (*Lois,* VIII, 841 B) et ne dé-

---

[1] Zeller, *édit. all.,* pp. 887 et suiv.

génère. pas en vice habituel; ceux qui ont rempli leur devoir envers l'État en lui donnant des enfants, et qui ont passé l'âge fixé par le législateur pour engendrer, peuvent goûter encore les plaisirs de l'amour et s'unir à qui ils veulent (V, 461 B). Platon ne reconnaît que la morale publique. Il n'a pas les délicatesses du sentiment chrétien de la pudeur. Même il ne suit pas sûrement et jusqu'au bout les indications de la nature sur le caractère et la fin de l'amour.

Cependant il a tenté une grande réforme morale. Pour combattre l'amour des jeunes gens, il fait appel à cet amour même ; il lui fait honte de sa grossièreté et de ses vices, il le tient pour capable de générosité et de noblesse, il lui parle le langage de l'honneur. Il ne lui demande pas de se changer en un autre amour, mais d'atteindre plutôt son plein développement, de se surpasser lui-même, de se purifier et de s'ennoblir. Il demande à l'amour des corps de devenir l'amour des âmes, à l'amour de devenir l'amitié, et à l'amitié elle-même de devenir l'union des âmes dans la contemplation de la Beauté absolue. Lorsqu'il traite de l'amour, non plus en politique, mais en philosophe, Platon est donc plus près de l'amitié que de l'amour proprement dit. Son but est bien plutôt de convertir la pédérastie en amitié que de substituer à la pédérastie l'amour selon la nature, c'est-à-dire l'amour de l'homme et de la femme.

III. — ARISTOTE.

Platon traite principalement de l'amour et accessoirement de l'amitié : la φιλία n'est pour lui qu'une espèce du genre ἔρως. Pour Aristote, au contraire, l'amitié est la première de nos affections, et l'amour est une amitié

9

inférieure. L'amitié s'attache à la vertu, c'est-à-dire à ce
qu'il y a dans l'homme de plus essentiel, à son caractère
et à ses habitudes ; l'amour s'attache à la beauté, c'est-
à-dire à une qualité accidentelle et passagère. L'une est
un sentiment profond et durable, l'autre est une passion
capricieuse et légère. L'amour se fonde sur le plaisir,
et les plaisirs changent avec les années. « Les jeunes
« gens sont portés à l'amour; et l'amour le plus souvent
« ne se produit que sous l'empire de la passion et en vue
« du plaisir. Voilà pourquoi ils aiment si vite et cessent
« si vite d'aimer ; ils changent vingt fois de goûts dans
« un même jour. » (*Eth. Nic.*, VIII, III.) L'amour est
donc moralement inférieur à l'amitié : il est aussi moins
fort, si la force d'un sentiment se mesure à sa constance
plus qu'à son ardeur.

Tandis que Platon, lorsqu'il analyse les sentiments,
a en vue l'essor qu'ils peuvent prendre, Aristote s'efforce
de découvrir quelle est leur base naturelle. Platon
s'égare à la poursuite d'un idéal chimérique, comme
lorsqu'il veut établir, par la suppression de la famille, la
concorde entre les citoyens, et il méconnaît les affections
les plus légitimes, comme l'amour des mères et la pudeur
des femmes. Aristote a des aspirations moins hautes,
mais des vues plus justes. Il tient compte des liens que
la nature a formés. La famille, pour lui, vient avant
l'État. « L'affection entre mari et femme est évidemment,
« dit-il, un effet direct de la nature. L'homme est par
« sa nature plus porté encore à s'unir à la femme qu'à
« former une association politique. La famille est anté-
« rieure à l'État et plus nécessaire que lui, et la
« procréation est un fait plus commun que l'association
« chez les animaux. » (*Eth. Nic.*, VIII, XII.) Aristote a
donc mieux compris que Platon le vrai rôle de l'amour;
l'amour n'est pas pour lui un principe métaphysique,
l'aspiration vers le Beau absolu; il est un lien naturel
entre l'homme et la femme, et il fonde la famille.

Du point de vue où il s'est placé, Aristote doit se montrer plus sévère que Platon pour la pédérastie. Il la range parmi ces goûts dépravés dont il dit qu'ils sont « tantôt instinctifs, tantôt le résultat d'habitudes contrac- « tées dès l'enfance ». Il n'ose décider si elle est une maladie ou un vice, si elle est une forme de la « bestia- lité » ou de « l'intempérance ». « Parfois on peut avoir « des goûts effroyables sans en être dominé, et par « exemple il eût été très possible que Phalaris domptât « en lui ces affreux désirs qui le poussaient à dévorer des « enfants ou à satisfaire contre nature les besoins de « l'amour. Parfois aussi l'on a ces goûts détestables et « on y succombe. » (*Eth. Nic.*, VII, v.) En général, la pédérastie paraît à Aristote un fait pathologique. Il s'en détourne avec horreur. Il ne s'arrête pas, comme Platon, à la décrire. Il n'en parle qu'en passant et comme d'un vice qui serait propre aux Barbares. « Les Celtes et quel- ques autres nations, dit-il, honorent ouvertement l'amour viril. » (*Polit.*, II, vi.) Il blâme le législateur de la Crète d'avoir établi « le commerce des hommes entre eux » (*Polit.*, II, vii). « Quant à l'infidélité, de quelque part « qu'elle vienne, à quelque degré qu'elle soit poussée « (allusion à la pédérastie), il faut, dit-il, en faire un « objet de déshonneur, tant qu'on est époux de fait et de « nom; si la faute est constatée durant la fécondité, « qu'elle soit punie d'une peine infamante, avec toute la « sévérité qu'elle mérite. » (*Polit.,* IV, xiv.) Aristote veut encore qu'on préserve la pudeur des enfants. « Le « législateur devra sévèrement bannir de la cité l'indé- « cence des propos, comme il en bannit tout autre vice. « Quand on se permet de dire des choses déshonnêtes, on « est bien près de se permettre d'en faire, et l'on doit pros- « crire dès l'enfance toute parole et toute action de ce « genre..... Puisque nous proscrivons les paroles indé- « centes, nous proscrirons également les peintures et « les représentations obscènes. Que le magistrat veille

« donc à ce qu'aucune statue, aucun dessin ne rappelle
« des scènes de ce genre, si ce n'est dans les temples
« de ces dieux à qui la loi elle-même permet l'obscénité.
« Mais la loi prescrit dans un âge plus avancé de ne pas
« prier ces dieux-là ni pour soi, ni pour sa femme, ni
« pour ses enfants. » (*Polit.*, IV, xv.)

En résumé, l'opinion d'Aristote sur l'amour est ferme
et précise : elle ne porte plus trace du préjugé antique.
Aristote distingue l'amitié de l'amour, et l'amour, de la
pédérastie. Sa peinture de l'amitié est chaste ; elle ne
suggère jamais, comme celle de Socrate et de Platon,
l'idée, même vague, d'un amour malsain.

IV. — EPICURE.

L'Épicurisme marque la réaction la plus forte contre
le Platonisme. Il est la secte la plus prosaïque de l'antiquité. Il fait la guerre à l'imagination et au romanesque.
Il bannit de l'amour le surnaturel : il ne faut pas croire,
dit Épicure, « que l'amour soit envoyé par les dieux »
(οὐδὲ θεόπεμπτον εἶναι τὸν ἔρωτα. Diog., Laert., X, 118).
Il rejette même le surnaturel humain, je veux dire les
sublimités de la passion ; il n'admet pas que l'amour
puisse être porté jusqu'au dévoûment comme l'amitié,
qu'il se traduise par des vertus héroïques et des élans
généreux. Il ne voit dans l'amour qu'un besoin physique.
Il est tenté de le proscrire d'une manière absolue. Il
aboutit donc à l'ascétisme, mais à un ascétisme sans
grandeur. Tandis que le Christianisme a tout ensemble
l'effroi et le mépris de la chair, et conçoit pour l'amour
une horreur sacrée, l'Épicurisme tend à inspirer pour
l'amour un dégoût vulgaire, celui du débauché revenu
des plaisirs et jaloux de son repos.

Épicure ne condamne pas seulement, au nom de la morale, les formes criminelles de l'amour, l'adultère [1] et l'amour des esclaves [2]; il combat encore l'amour, en général, et le mariage. « L'amour, dit-il, n'a jamais « profité à personne, et c'est bien heureux quand il ne « nuit pas [3].» Ainsi « le sage ne se mariera pas et n'aura « pas d'enfants», dit Épicure dans les *Doutes* et le *Traité de la Nature.* Il est cependant des cas où quelques « hommes pourront s'écarter de cette règle et se marier [4]».

Épicure a trop de modération dans l'esprit pour ne pas distinguer, comme les théologiens, le précepte et le conseil : il ne voudrait pas rendre le célibat obligatoire, mais il le recommande à titre d'édification. Au reste, l'Épicurisme ne fait point violence à la nature, et l'amour est un désir *naturel.* Il est vrai que ce désir n'est point *nécessaire;* aussi peut-il être satisfait, il vaudrait mieux pourtant qu'il ne le fût pas ; la liberté du sage en serait plus grande, son ataraxie ou affranchissement à l'égard des passions, plus complète.

C'est chez Lucrèce que se trouve exposée dans tout son développement la doctrine d'Épicure sur l'amour. Mais, par la violence de son langage, le poète n'a-t-il pas dénaturé et trahi la calme et sereine pensée du maître? Tandis qu'Épicure parle de l'amour en sage, détaché des passions dont il blâme les excès, Lucrèce le

---

[1] γυναικί τ'οὐ μιγήσεσθαι τὸν σοφὸν ᾗ οἱ νόμοι ἀπαγορεύουσι. Diog. L., X, 118.

[2] ἐρασθήσεσθαι τὸν σοφὸν οὐ δοκεῖ αὐτοῖς (τοῖς οἰκέταις), *Ibid.*

[3] συνουσία δέ, φασιν, ὤνησε μὲν οὐδέποτε, ἀγαπητὸν δὲ εἰ μὴ καὶ ἔβλαψεν. Diog. L., X, 118.

[4] καὶ μηδὲ γαμήσειν μηδὲ τεκνοποιήσειν τὸν σοφόν, ὡς Ἐπίκουρος ἐν ταῖς Διαπορίαις καὶ ἐν ταῖς Περὶ φύσεως. Κατὰ περίστασιν δέ ποτε βίου, γαμήσειν καὶ διατραπήσεσθαί τινας. *Ibid.,* 119. — Cf. Saint-Jérôme, *Contre Jovinien,* I, 191. *Epicurus raro dicit sapienti ineunda conjugia.*

dépeint, dit Sainte-Beuve « en effrayants caractères,
tout comme il décrit ailleurs la peste et d'autres fléaux ».
(Cité par Martha, *Poème de Lucrèce*, ch. VI, p. 201.)
Peut-être n'a-t-il voué à cette passion tragique une haine
si forte que parce qu'il en a souffert et n'en est point
guéri. Encore peut-on aussi bien supposer qu'il suffisait
au poète de son imagination pour peindre, sans qu'il les
eût éprouvés, tous les tourments de l'amour. Mais si
dans les vers de Lucrèce on a cru sentir l'amertume
d'un cœur en révolte contre ses propres faiblesses, on y
sent aussi, et mieux encore, l'indignation voulue, l'esprit
de système qui s'exalte et s'échauffe. Lucrèce s'excite à
l'horreur et au dégoût de l'amour, comme les chrétiens
au mépris de la chair et de la concupiscence. Il y a en
lui un Épicurien sectaire qui ne pardonne pas aux passions de troubler la paix de l'âme ; il s'applique à les
haïr en raison de la violence qu'elles font à son cœur. Il
s'arme contre elles de toute sa sagesse. En reproduisant
les paroles d'Épicure, Lucrèce les anime, les colore, il
en force le son ; en poursuivant l'amour, on dirait qu'il
satisfait sa vengeance ou sa haine. Mais l'Épicurisme
pourtant ne peut pas plus le renier qu'une religion ses
fanatiques.

L'amour, tel que Lucrèce le conçoit d'après Épicure,
n'est ni un dieu, ni une folie envoyée par les dieux.
Il est un fait ou une loi de la nature, il se rencontre
chez les animaux et chez l'homme. Le rapprochement
des sexes, « voilà, dit Lucrèce, ce qu'est pour nous
Vénus, *hæc Venus est nobis*[1] ». En retirant à l'amour
son caractère merveilleux et divin, les Épicuriens veulent le placer sous la dépendance de la volonté et le soumettre à l'action des règles morales. Il est vrai que,

---

[1] *De Nat. rer.*, IV, 1051.

soustrait à l'influence des dieux, l'amour demeure une fatalité physique. Mais la nature est secourable et bonne ; elle n'excite jamais en nous un désir qui ne soit pas raisonnable, borné (ὡρίσμενος) et aisé à satisfaire (εὐπόριστος). S'en tenir strictement à ce que la nature exige, ce serait le moyen d'être toujours modéré et sage.

L'amour est un désir naturel ; son universalité même le prouve [1]. Comme il a pour fin la génération, il sera légitime dans la mesure où il tend à cette fin. Ce qui le produit en nous, c'est l'ardeur de l'âge [2], c'est l'épanouissement de la force virile [3], c'est la formation et l'accumulation de la semence dans nos corps. L'amour prend conscience de lui-même à la vue de la beauté : du corps des femmes et des jeunes garçons se détachent des « images » (simulacra) qui ravissent nos sens et les enflamment de désir [4].

L'amour aspire à l'union sexuelle [5] ; il y a en lui le pressentiment de la volupté attachée à cette union [6]. Il se satisfait aisément, il peut même à la rigueur n'être point satisfait.

Mais l'amour ne reste pas un désir naturel ; l'imagination s'en empare, le pervertit, l'exalte. Il se change alors en besoin factice et d'opinion, il devient insatiable et vain. Lucrèce distingue l'appétit sensuel et la passion

---

[1] De Nat. rer., IV, 1190 et sq. — I, Invocation à Vénus.
[2] Œtatis freta, 1024. — Adulta ætas, 1032.
[3] Hominis vis, 1034.
[4]   Conveniunt simulacra foris e corpore quoque
        Nuntia præclari vultus pulcrique coloris... 1027.
        Sive puer membris muliebribus...
        Seu mulier toto jactans e corpore amorem, 1049.
« Les images qui pénètrent au-dedans des amoureux, les remémorations de la divine beauté qui naissent dans l'âme à la vue de la beauté sensible, selon les Épicuriens, peuvent également provenir des jeunes garçons ou des femmes ». (Plut., De l'Amour.)
[5] Lucr., De Nat. rer., IV, 1039-40. — 1048-49.
[6] Namque voluptatem præsagit multa cupido. Ibid., 1050.

amoureuse. L'un produit un plaisir pur, sans mélange de peine [1], celui que la nature attache à l'acte de la génération. L'autre se tourmente et s'épuise à la recherche de voluptés insaisissables, folles. C'est ainsi que les amants croient que l'objet qui a allumé leur flamme peut aussi l'éteindre [2]. Mais ils sont comme l'homme altéré, rêvant qu'il boit, ils n'apaisent pas leur soif d'amour. On ne s'assimile pas en effet les atomes qui se détachent d'un beau visage comme on s'assimile les aliments, la boisson ; on n'apaise pas l'amour comme la faim et la soif. C'est donc en vain que les amants égarent leurs yeux et leurs mains sur le corps de leurs maîtresses, qu'ils y laissent la trace de leurs morsures, qu'ils s'efforcent d'en arracher quelque chose pour repaître leurs désirs, qu'ils veulent s'y plonger et s'y perdre tout entiers. Quand leurs membres enlacés tressaillent, puis s'affaissent, brisés par la secousse du plaisir, l'ardeur de leurs désirs fait trêve un moment, mais renaît aussi forte, sans qu'ils sachent le moyen de l'apaiser désormais.

Tous nos malheurs viennent d'avoir transformé le besoin en passion. La passion impuissante s'exaspère, a des explosions terribles, des effets funestes. L'amour entraîne l'épuisement des forces, la perte des biens et de l'honneur, l'oubli des devoirs, les ennuis d'une vie inutile, faite de festins et de jeux. L'amertume se mêle à tous ses plaisirs : on ne s'y livre pas sans remords, on ne les goûte pas sans trouble ; le feu de la jalousie brûle le cœur de l'amant pour un mot, pour un regard, pour « la trace d'un sourire ». (*vestigia risus.*)

Mais si l'amour est une passion funeste, il n'est point

---

[1] *Certa et pura voluptas,* 1068. — *Quæ sunt sine pœna, commoda sumit,* 1068.
[2] 1078-1081.

irrésistible et fatal. On peut d'abord et on doit s'en préserver : il est plus facile de ne pas tomber en ses filets que d'en rompre les mailles aux nœuds puissants. L'amour nous tient-il enlacés ? Nous pouvons y échapper encore par un effort de volonté et de raison. En effet, il ne se soutient que par l'imagination, la raison en rompt le charme et nous en délivre. Fuyons, dit le poète, l'image de la personne aimée : de son obsession enchanteresse se nourrissent nos désirs. Surtout, ne l'embellissons pas ; ne soyons pas prévenus et aveugles. Ne laissons pas passer les défauts de celle à qui vont nos vœux, ne lui attribuons pas des agréments qui lui manquent, transformons encore moins ses défauts en qualités. Ici se place un morceau célèbre, d'une grâce enlevée et d'une ironie piquante, sur les volontaires duperies des amoureux (1150-1163). Molière l'a reproduit dans le *Misanthrope*. Pour combattre l'amour, ce n'est point assez de chasser l'image de la femme qu'on aime, il faut évoquer d'autres images faisant diversion (*alio convertere mentem*).

Dans son zèle outré de moraliste, Lucrèce prétend nous inspirer du dégoût pour « la femme la plus belle » (*quantovis oris honore*, IV, 1159). Il nous représente « qu'il y a d'autres femmes qu'elle, que nous avons su « vivre sans elle » et que, pour remplir la fin de l'amour, une laide la vaut bien. Il salit notre imagination de tableaux répugnants. Il dévoile ce qu'il appelle les coulisses de la vie (*postcenia vitæ*, v. 1179), entendez : les secrets d'alcôve, ridicules et grossiers. Si l'amant qui se morfond à la porte de sa maîtresse pouvait, dit-il, en franchir le seuil, il fuirait, le cœur soulevé de dégoût. Qu'on veuille bien imaginer ce que nos « déesses » (*veneres nostras*) nous cachent : leurs infirmités humaines, et nous serons détachés d'elles, nous vaquerons en paix à nos affaires, nous mènerons la vie qui convient à des hommes.

Mais, si nous pouvons ôter de notre cœur la *passion*
de l'amour, il nous faut bien satisfaire l'amour qui est
un *désir naturel*. Même, on cèdera d'autant plus volontiers au besoin qu'on se préserve ainsi de la passion.
La passion nous attache pour toujours à une femme ; le
besoin nous livre à toutes, mais pour un moment.
L'assujettissement aux sens est moins grave que la servitude du cœur. Aux délicatesses de la passion, on
opposera donc la grossièreté de l'amour physique qui se
satisfait au hasard (*volgivaga Venus*) et ne répugne
point aux promiscuités. Lucrèce érige l'inconstance[1] en
règle morale, il ne sait rien de plus propre à arrêter
l'essor de l'imagination, à rendre impossible ce que
Stendhal appelle la cristallisation.

Ainsi, aux yeux des Épicuriens, l'amour est toujours
un mal ; on ne peut radicalement le guérir, mais on en
limite, on en atténue les effets. Contre lui, tous les
moyens sont bons, valent d'être essayés. Les moyens
préventifs sont les meilleurs ; mais on peut user aussi
des remèdes énergiques, violents, des diversions brutales. L'amour est légitime, à titre d'instinct, et en tant
qu'il sert les fins de la génération ; il est immoral et
funeste, s'il prétend s'élever à la hauteur d'un sentiment.
Bossuet aussi, de son point de vue de théologien, jette
l'excommunication sur ces passions de l'amour, « qu'on
appelle si délicates, dit-il, et dont le fond est si grossier ».
Sa pensée est la contre-partie exacte de celle de Lucrèce.
C'est à ce que Bossuet appelle le fond grossier de
l'amour que Lucrèce fait grâce, ce sont ses délicatesses
qu'il condamne.

L'impuissance de Lucrèce à comprendre l'amour, qui
n'est pas un besoin physique, est remarquable et étrange.
A vrai dire, le côté moral de la passion n'a point échappé

---

[1] *Jacere humorem collectum in corpora quæque.* IV, 1057.

entièrement à ce poète, d'une inspiration sincère et largement humaine. Il lui arrive de s'attendrir au plus fort de ses tirades indignées. C'est ainsi qu'ayant dénoncé les ruses et les mensonges auxquels la femme a recours pour nous séduire, il ne s'effraie pas de la contradiction et ajoute que « son amour, à elle, n'est pas non plus « toujours joué », qu'elle vient à nous « de tout son cœur » (*ex animo*) et partage notre enivrement et nos plaisirs (IV, 1185 et sq.). C'est ainsi encore qu'après avoir prêché l'amour libre, il s'oublie à célébrer le mariage.

Castaque privatæ veneris connubia læta (IV, 1011).

Il s'applique à montrer, en vers charmants, qu'on peut aimer une femme sans beauté, pour sa bonne grâce et sa douceur (IV, 1273 et sq.). Mais ce sont là des échappées de sentiment, qui trahissent seulement chez le philosophe une nature délicate de poète. Lucrèce n'en a pas moins accepté sans révolte, et défendu avec suite, une théorie qui réduit l'amour à un fait de la vie animale. Dans la grossièreté des mœurs antiques, la passion de l'amour n'apparaît que comme le déchaînement de la sensualité ; la théorie épicurienne réagit contre ces mœurs et prêche la continence. En revanche, elle méconnaît les nobles élans et la générosité de l'amour entrevus par Platon. Elle épure les mœurs, mais elle dessèche les cœurs.

V. — STOÏCIENS.

La théorie stoïcienne sur l'amour paraît être un retour au Platonisme. Tandis que, pour Épicure, l'amour dérive de l'appétit et tend à la jouissance physique, selon les Stoïciens, il se rattache au culte de la beauté et a pour

fin, non l'union sexuelle, mais l'amitié[1]. La beauté
physique est l'emblème de la beauté morale : « les charmes
de la jeunesse sont une fleur de la vertu[2] ». De même que
le feu divin anime toute matière, la flamme du sentiment
moral resplendit en toute passion. Le Stoïcisme, qui ne
sépare pas l'âme du corps, ne devait pas non plus séparer
la passion de l'âme de l'attrait physique. La beauté
corporelle est à la vertu ce que la matière est à la force :
elle est l'incarnation, et non pas seulement le reflet,
des qualités morales. Selon Platon, l'amour des corps est
un moyen pour s'élever à l'amour des âmes ; selon les
Stoïciens, on goûte ces amours ensemble ; on s'attache à
l'âme, en s'attachant à la beauté. Toutefois il faut distinguer deux amours : l'amour de l'homme et de la femme,
qui tend à la génération, et l'amour des jeunes gens, qui
tend à l'amitié. L'un est l'amour proprement dit, l'autre
est « l'amour d'amitié[3] ». L'amour d'amitié ne rentre ni
dans l'amitié ni dans l'amour : c'est un sentiment à part.
Il participe de l'amour, car il s'attache exclusivement
à la jeunesse et à la beauté : on ne voit pas, dit Cicéron,

---

[1] Cic., *Tusc.*, IV, 33. *Amorem negant stupri esse, et in eo litigant cum
Epicuro... Stoici vero et sapientem amaturum esse dicunt, et amorem
ipsum, conatum amicitiæ faciendæ ex pulchritudinis specie definiunt.*
— Cf. Diog. Laert, VII, 130. Εἶναι δὲ τὸν ἔρωτα ἐπιβολὴν φιλοποιίας
διὰ κάλλος ἐμφαινόμενον καὶ μὴ εἶναι συνουσίας, ἀλλὰ φιλίας.
— *Athénée*, XIII, 561. Ποντιανὸς δὲ Ζήνωνα ἔφη τὸν Κιτιέα ὑπο-
λαμβάνειν τὸν Ἔρωτα θεὸν εἶναι, φιλίας καὶ ἐλευθερίας ἔτι δὲ
καὶ ὁμονοίας παρασκευαστικόν, ἄλλου δὲ οὐδενός.
— Andronicus de Rhodes: Περὶ παθῶν, p. 525. Ἔρως δὲ ἐπιθυμία
φιλίας · ἡ ἐπιθυμία ἀνθρώπου εἰς νέον κατὰ κόσμησιν καλόν, ἣν
ἐπιβολὴν καλοῦσι φιλοποιίας διὰ κάλλος ἐμφαινόμενον.
[2] Diog. Laert., VII, 130. Εἶναι τὴν ὥραν ἄνθος ἀρετῆς.
Cf. Plut., *De l'Amour*, ch. XXI. Τήν γε ὥραν ἄνθος ἀρετῆς εἶναι
λέγουσι.
[3] Cic., *Tusc.*, IV, 33, *amor amicitiœ*. — Cf. Diog. Laert., VII, 130.
Τὸν ἔρωτα φιλίας.

qu'on aime de la sorte un jeune homme laid ou un beau vieillard[1]. Cet amour est aussi de la nature de l'amitié, car il est chaste, exempt de désirs ; c'est un « amour saint » ; il ne se rencontre que chez les sages et ne doit être permis qu'aux sages[2].

L'amour d'amitié est un intermédiaire entre l'amitié et l'amour. Au jugement de Cicéron et de Sénèque, cet intermédiaire est inutile et mal défini. Cicéron doute qu'il existe un amour chaste. « A supposer que les amants « soient honnêtes, dit-il (ce qui peut arriver, à ce que « je vois), ils sont pourtant inquiets et troublés, et le « sont d'autant plus qu'ils répriment et surveillent « leurs désirs ». (*Tusc.*, IV, 33.) Les Stoïciens eux-mêmes reconnaissent le danger de l'amour, puisqu'ils réservent au sage le droit d'aimer. « A un jeune « homme qui lui demandait si le sage doit aimer, Pané- « tius répondit finement : « Nous verrons une autre fois « ce qui regarde le sage, mais pour toi et moi, qui « sommes encore bien loin de la sagesse, nous ne devons « pas nous laisser aller à une passion troublante et « tyrannique. » (Sén., *Ép.*, 116.) Les Stoïciens ne font donc grâce à l'amour qu'en théorie. S'ils le permettent au sage, c'est en vertu du principe : *omnia munda mundis.* Mais réserver l'amour au sage revient presque à supprimer l'amour.

Cependant, on avait si longtemps par amour entendu l'amour des jeunes gens, que les plus sévères moralistes ne pouvaient prendre tout d'abord leur parti de réduire à la simple amitié les liaisons de la jeunesse. De ce qu'on dissocie l'amour et le vice, il ne s'ensuit pas d'ailleurs qu'on réduise l'amour à l'amitié. L'amour chaste

---

[1] Cic., *Ibid. Cur neque deformem adolescentem quisquam amet, neque formosum senem ?*

[2] *Ne amores quidem sanctos a sapiente alienos esse arbitrantur.* Cic., *De fin.*, III, x, 68. — Cf., Sén., *Ép.*, 116.

est encore l'amour, quoiqu'il ait tous les caractères de
l'amitié. Les Stoïciens ont épuré l'amour plus sévèrement
que Platon ; mais en voulant montrer ce qu'il a de
permis, ils ont surtout fait voir ce qu'il a de romanesque
ou d'inaccessible à l'homme. De plus, un amour qui tend
à l'amitié est bien près, quoi qu'on fasse, de se convertir
simplement en amitié. La théorie stoïcienne sur l'amour
n'est qu'un système de transition.

VI. — PLUTARQUE.

Plutarque est un érudit qui recueille et coordonne les
théories des philosophes anciens sur l'amour ; son originalité consiste à ne laisser perdre aucun des progrès
réalisés par la pensée morale, à s'inspirer heureusement
des leçons de l'histoire, de la sagesse des Égyptiens et
de la philosophie de Platon, à rencontrer d'instinct les
idées saines et élevées, et à découvrir que l'amour
conjugal est la forme supérieure de l'amour.

Il fait profession d'estimer l'amour autant que les
Épicuriens de le mépriser. Il en a même une plus haute
idée que Platon ; car il ne démêle pas dans l'amour un
élément d'imperfection, à savoir une privation, un besoin ;
il ne l'appelle pas un démon, mais un dieu.

La plupart des philosophes réduisaient l'amour au
besoin physique ; ils se donnaient ainsi le droit de le
mépriser ; ils s'appliquaient à le restreindre, ils ne per-
mettaient pas qu'il dégénérât en passion ; tous les moyens
sont bons, disaient-ils, pour satisfaire l'appétit ; les plus
brutaux, les plus grossiers sont en un sens les meilleurs, car ils offrent moins de prise à l'imagination
(*Socrate, Les Épicuriens*). Les Cyniques admettaient
même des pratiques honteuses, comme diversion à l'instinct sexuel (*Vie de Diogène*).

Plutarque s'élève contre cette idée que l'amour serait un besoin du corps et aurait pour fin la volupté. Il distingue Vénus de l'Amour (ch. xvi). Vénus, c'est l'appétit sexuel ; l'Amour, c'est l'appétit transformé en passion noble et généreuse. Vénus engendre l'Amour ; l'union des sexes entraîne l'union des âmes, mais elle ne l'entraîne pas nécessairement. Parfois, l'appétit poursuit la jouissance et reste en deçà de l'amour ; Aristippe n'est point aimé de Laïs, il ne l'aime pas non plus. L'appétit est grossier, l'amour est délicat : l'un s'accommode des promiscuités, l'autre est jaloux. L'appétit se satisfait à bon compte ; pour la volupté qu'il cherche, on dépense une drachme, on n'exposerait pas sa vie. « Tant il est vrai que, s'ils ne s'inspirent pas de l'Amour, les plaisirs de Vénus sont faibles, et bientôt suivis de dégoût » (ch. xvi).

Mais l'amour relève ces plaisirs, il les épure, il les ennoblit ; s'il touche le cœur d'une courtisane, il lui enseigne la pudeur : Laïs, s'étant éprise d'amour pour Hippolochus, s'enfuit en Thessalie pour échapper à ses amants. L'amour s'empare de l'âme tout entière : comme la dictature à Rome supprime toutes les autres dignités, il remplace dans le cœur toutes les autres passions. En particulier, il exclut la débauche ou la recherche du plaisir. La femme qui aime son mari subirait plutôt les embrassements des ours et des dragons que les baisers d'un autre homme. L'amour est attaché à son objet et le fait respecter, tandis que le débauché prostitue sa femme (v. l'Histoire de Cobbas, de Phayllus ; *De l'Am.*, ch. xvi) ; l'amant se révolte contre la puissance des tyrans dès qu'ils touchent à l'aimé. (Allusion à Aristogiton, d'Athènes ; à Antiléon, de Métaponte ; à Mélanippos, d'Agrigente.) L'amant sait lui-même respecter l'amour : Alexandre convoitait les maîtresses de Théodore et d'Antipatridas ; il renonça à les posséder quand il sut qu'elles en étaient aimées.

Suivant Plutarque, l'amour est distinct de l'appétit ; toutefois, il ne s'en affranchit pas entièrement. L'amour-type, celui de l'homme et de la femme, a une base physique ; c'est « un désir » (ἐπιθυμία) et « la fin du désir est le plaisir de la jouissance (τέλος γὰρ ἐπιθυμίας ἡδονὴ καὶ ἀπόλαυσις, *De l'Am.*, ch. IV). Il n'y a pas plus de spiritualité dans les autres amours. Tandis que Vénus ou le plaisir sexuel peut exister sans l'amour, l'Amour ne se rencontre point sans Vénus. Il n'en faut pas croire l'amour des jeunes gens, quand il se donne pour amitié pure. « Cestuy-ci nie qu'il tende à volupté, parce qu'il a
« honte de le confesser et craint de l'advouer : aussi faut-
« il bien qu'il cerche quelque belle apparence pour tou-
« cher et manier les beaux jeunes enfants. Sa couleur
« doncques et la couverture qu'il prend est l'amitié et la
« vertu ; il se saulpoudre de poussière pour luicter, il
« se lave en eau froide, il fronce ses sourcis, et dit qu'il
« philosophe et qu'il est chaste et continent ; mais c'est
« au dehors, pour la crainte des lois… » (Chap. V., Trad. Amyot.) L'amour n'est pas un lien mystique : s'il réside dans l'âme, il a son point de départ dans le corps, il dérive d'un besoin et tend au plaisir. C'est parce qu'il ne croit pas au pur amour que Plutarque relève l'amour conjugal et le tient pour seul légitime : ses plaisirs seuls, en effet, sont avouables.

Mais si l'amour a son principe dans l'organisme, s'il est d'abord une fonction , il est aussi et plus encore un transport de l'âme, « un enthousiasme » (ἐνθουσιασμός), « un délire saint et sanctifiant, envoyé par Dieu même, pour s'emparer du cœur de homme, dont il chasse tous les sentiments mortels et qu'il remplit de sa propre vertu. » (Denis, *Théories morales dans l'antiquité*, t. II, p. 142) Plutarque reprend la théorie du *Phèdre,* la développe, la précise, l'illustre d'exemples. L'amour vient de Dieu, comme l'inspiration prophétique et poétique, comme l'enthousiasme guerrier. De tous les délires sacrés (μανία) il est le plus fort et le plus durable. C'est une *possession ;* l'âme de l'amant habite dans l'âme de de celui qu'il aime : en elle s'impriment les perfections de l'aimé, non comme une image fugitive tracée sur l'eau, mais comme les empreintes ineffaçables gravées par le feu. Ces images, qui se meuvent, qui vivent et qui parlent, façonnent l'âme sur le modèle qu'elle admire et la mènent à la vertu par la voie la plus courte (ch. xvi). L'amour élève les âmes au-dessus d'elles-mêmes ; il inspire le courage des héros (V. plus haut), il échauffe les cœurs et éveille les esprits. Il transforme en poète l'homme étranger aux muses ; il donne de l'esprit aux sots, du courage aux lâches, il rend l'avare généreux, il lui fait trouver plus de plaisir à donner qu'à recevoir, il rend aimable à vivre l'homme d'humeur triste et morose. Ses miracles attestent sa divinité. « Les « hommes se trompent étrangement : voient-ils quelque « feu du ciel se poser la nuit sur une maison? Ils « s'étonnent et se récrient comme si c'était une chose « divine; et lorsqu'ils voient une âme qui paraissait « petite, basse et vile, se remplir incontinent de courage, « de franchise, de passion pour l'honneur, de grâce et « de libéralité, ils ne sentent pas qu'ils devraient se dire, « comme Télémaque dans Homère : « Certes, un Dieu « habite là-dedans. » (Ch. xviii.)

L'amour n'est pas seulement la source divine des plus hautes vertus humaines : il a encore un sens religieux et profond : il est l'initiation à la vie intelligible et divine. On a reconnu la doctrine du *Banquet.* L'amour s'attache à la beauté, mais par delà la beauté sensible, premier objet de son adoration, il entrevoit la beauté pure et divine. C'est ainsi que le mathématicien se sert de sphères, de cubes et autres figures visibles pour éveiller dans l'esprit l'idée des figures géométriques abstraites, exactes et rigoureuses. Parfois les amants ne retirent aucun fruit de l'amour; ils n'élèvent pas leur regard au-dessus de la beauté sensible et se complaisent dans des plaisirs infâmes. Mais ceux qui ne se brûlent pas au feu de l'amour, et lui empruntent seulement sa lumière et sa chaleur, après s'être attachés d'abord au corps de l'aimé, s'éprennent de la beauté de son âme, ou bien ils vont cherchant partout dans les âmes ces traces de la divinité qu'on appelle les vertus, jusqu'à ce qu'enfin, de degré en degré, ils découvrent la Beauté sublime, autrefois contemplée dans une vie divine. Plutarque dit encore : L'amour, c'est Isis ou la lumière du soleil, réfractée par un nuage léger, humide de rosée. Les amants vulgaires sont ceux qui croient que la lumière est dans le nuage, ou la beauté dans les corps; les véritables amants sont ceux qui devinent le soleil à travers le nuage, qui aperçoivent la Beauté intelligible à travers le reflet des images sensibles (ch. XIX, XX).

Plutarque n'est-il que l'écho de Platon ? Il abonde en citations, il fait étalage de ses emprunts, mais il ne laisse pas d'avoir une originalité réelle, dont il ne tire point vanité. Les théories de Platon sont sublimes et vagues : elles ne font pas intervenir le sexe dans la notion de l'amour. Plutarque rend à l'amour son sexe. Platon s'en tenait à la distinction vague de l'amour noble et de l'amour grossier (ἔρως οὐράνιος — πάνδημος). Plutarque pose la distinction plus nette de l'amour conforme, et contraire à la nature, ou, comme il dit, légitime et bâtard (ἔρως γνήσιος — νόθος). Il y a danger à trop spiritualiser l'amour. Platon avait fourni aux pédérastes un prétexte honnête pour couvrir leurs désordres : la hauteur de l'idéal platonicien ne les décourageait point, ils ne le jugeaient pas inaccessible, ils pouvaient du moins se vanter d'y tendre. Même, on en était venu quelquefois à prétendre que l'amour était le privilège du sexe mâle qui a en partage, en même temps que la force, la raison et les vertus. Plutarque revendique pour les femmes le droit à l'amour.

Ce droit était réellement contesté. « Il n'est pas con-
« venable, dit un des interlocuteurs de l'Amour, pour
« les femmes honnêtes, d'aimer ou d'être aimées » (ἐπεὶ
ταῖς γε σώφροσιν οὔτε ἐρᾶν, οὔτε ἐρᾶσθαι δή που προσῆκον ἐστι,
ch. vi). Selon Plutarque, l'amour n'est pas incompatible
avec la sainteté du mariage, étant lui-même grave et
saint. Au lieu de compromettre et de détruire l'union
conjugale, il doit la fortifier et la soutenir. Sans doute,
les lois, l'opinion, tous les freins et les mors de la
crainte et de la honte peuvent maintenir au dehors
l'honnêteté des mœurs; mais c'est de l'amour que s'inspirent la foi conjugale, la modestie, la pudeur. Le premier effet de l'amour n'est-il pas de rendre chastes les
débauchés et les courtisanes? Les sentiments sont plus
forts que les lois : le mariage doit avoir pour base et
pour appui l'amour (ch. xxi). Les femmes mériteraient-
elles moins que les hommes d'êtres aimées? En elles
resplendit la beauté qui est, disent les Stoïciens, la fleur
de la vertu (τὴν γε ὥραν ἄνθος ἀρετῆς εἶναι λέγουσι, ch. xxi).
Leur vue peut aussi bien que celle des jeunes gens
éveiller en nous les réminiscences de la beauté divine.
Le visage de la femme reflète les sentiments de son âme :
on lit en ses traits la modestie comme on y lit d'autres
fois l'impudeur. Il serait absurde de lui refuser les
vertus, la sagesse, la justice, la fidélité, la grâce, la
douceur et l'amour. Il faut même lui reconnaître la grandeur d'âme et le courage. L'héroïsme des amants est
égalé par celui des amantes. La gloire d'Éponine et de
Camma, ces héroïnes de l'amour conjugal, est aussi
noble et plus pure que celle d'Aristogiton. La femme est
donc digne d'être aimée et capable d'aimer. L'amour de
l'homme et de la femme réalise l'union parfaite, celle
où il n'y a plus ni *mien* ni *tien,* celle où les corps étant
séparés, les âmes ne font qu'une. Il est légitime et selon
la nature; il est puissant et fort; il est généreux, fidèle
et héroïque. Il est la plus haute forme de l'amour.

Il en est aussi la seule : l'amour qu'on lui oppose d'ordinaire, celui des jeunes gens, est illégitime et bâtard (νόθος). Il était inconnu avant l'institution des gymnases. Il est une diversion honteuse à l'amour naturel. Qu'on ne dise pas qu'il est chaste, que « s'attachant à une âme jeune et bien douée, il tend à la vertu par le moyen de l'amitié » (ἔρως γὰρ εὐφυοῦς καὶ νέας ψυχῆς ἀψάμενος εἰς ἀρετὴν διὰ φιλίας τελευτᾷ, ch. ιν). Tout amour a le plaisir pour fin : il n'y a pas d'Amour sans Vénus. L'amour des jeunes gens cherche d'infâmes plaisirs. Il déshonore l'aimé soit que celui-ci cède à l'amour, soit qu'il subisse ses violences. Aussi l'*érôn* n'a-t-il pas de pire ennemi que l'*éromène,* témoin Cratéas tuant Archélaos, son amant, Pytholaos tuant Alexandre de Phèdre, etc. (ch. xxiii). L'amour des jeunes gens est sensualité pure, il cache un fonds de haine ; il n'offre aucune sûreté, il n'est point fidèle. Les amoureux des beaux garçons, dit Amyot en son style pittoresque, « ressemblent les « Scythes nomades qui campent toujours où il y a pri- « mevère, et où le pays est vert et fleury, mais sitôt « qu'il blanchit, ils en décampent... Le sophiste Bion « appelait (encore) les poils de barbe des beaux jeunes « fils Armodiens et Aristogitons, parce que les amou- « reux étaient délivrés de tyrannie, incontinent qu'ils « commençaient à poindre ». (Ch. xxiv.)

Plutarque n'est pas le premier à faire le procès de la pédérastie ; mais il est le premier qui trouve pour combattre ce vice l'argument décisif, et pour le guérir, le remède efficace. Il montre que la pédérastie (au sens propre du mot, *amour des jeunes gens*) ne relève ni de l'amitié ni de l'amour, mais qu'elle est une perversion des deux. Il conclut qu'épurer l'amitié, c'est la dégager de l'amour, et qu'épurer l'amour, c'est le rendre à sa destina-tion naturelle, le ramener des gymnases au foyer domes-tique. Il fait d'ailleurs bénéficier l'amour des conquêtes morales du Platonisme : il lui assigne une fin lointaine, mystique et profonde ; il le conçoit comme inséparable de l'honneur, il maintient la tradition qui en fait sortir les vertus chevaleresques. Sa théorie est élevée en même temps que saine et honnête. Elle résume les idées de l'antiquité sur l'amour et elle les complète. Elle est antique elle-même par le ton, l'accent, les souvenirs, les retours involontaires aux préjugés qu'elle remplace ; elle est moderne déjà par la position du problème et le fond des idées.

CONCLUSION.

Il n'est pas de question où se marque mieux que dans la question de l'amour, la divergence des idées antiques et modernes. A proprement parler, le sentiment de la pureté des mœurs est étranger aux anciens. La chasteté n'est pas posée par eux comme un devoir, mais comme la conséquence ou l'effet de certains devoirs. Mais si la pudeur n'est pas une vertu antique, elle a de nombreux équivalents dans la morale antique. Ainsi, selon Socrate, le sage est préservé contre les dangers ou les excès de la passion par le sentiment de sa dignité personnelle, par le soin qu'il prend de garder l'esprit libre au sein de la jouissance, et enfin par l'idée élevée, ou simplement raisonnable et logique, qu'il s'est faite de l'amour. L'amour, en effet, lui répugne, en tant qu'il est contraire à l'amant et à l'aimé, c'est-à-dire, en tant qu'il s'accompagne de désordres honteux. Selon Platon, l'amour est préservé contre l'immoralité par ses aspirations mêmes. Il n'a qu'à suivre sa pente pour aller au bien. Il est lié au sentiment de l'honneur, il produit l'héroïsme. Platon en appelle des égarements de l'amour à l'amour même. S'il y a un romanesque dangereux, qui déguise la laideur du vice, il y en a un autre qui détourne la pensée

de tout ce qui est répugnant et bas. Tel est le romanesque de Platon. Les moralistes anciens combattent les
désordres de l'amour de deux points de vue opposés :
les uns considèrent la fin, les autres, la nature de
l'amour ; les uns demandent que l'amour arrive au
terme de son évolution et se dépasse lui-même, les
autres veulent que l'amour reste fidèle à lui-même et se
renferme dans les limites étroites que la nature a posées.
Les idéalistes sont Platon et les Stoïciens ; les réalistes,
Aristote et Épicure. L'idée de la pureté morale dérive,
chez Aristote, de la claire notion des affections saines et
normales de la nature humaine. Selon Épicure, l'homme
est défendu contre l'amour moins par l'horreur du vice
que par la crainte de la passion ; pour assurer son bonheur, il réduit ses appétits, limite ses désirs. L'amour
est un besoin assez simple et grossier ; il ne faut pas
que, sous prétexte de l'ennoblir, l'imagination le traves-
tisse et l'exalte. En dépit de Platon et des poètes, l'amour
est toujours lié aux sens et a la volupté pour fin.

On remarquera que les moralistes, qu'ils veuillent
développer l'amour ou le réduire, ont toujours en vue
de le rendre chaste. C'est que la chasteté leur apparaît
à tous comme une obligation sociale, ou un devoir politique. Peut-être n'ont-ils pas assez vu qu'elle est une
vertu personnelle. De là vient qu'ils se contentent, parfois, d'une pureté de mœurs relative, la seule que
réclame la morale publique.

Plutarque concilie les opinions des réalistes et des
idéalistes. Il ne conçoit pas l'amour en dehors de l'appétit
sexuel, et condamne d'une façon absolue l'amour des
jeunes gens. Mais il ne laisse pas d'attribuer à l'amour
légitime, celui de l'homme et de la femme, les vertus
héroïques dont l'antiquité avait fait exclusivement honneur à l'amour des jeunes gens. C'était poser le principe,
d'où sortira l'amour chevaleresque.

LIVRE II

———

LES THÉORIES

CHAPITRE Ier.

THÉORIES PSYCHOLOGIQUES DE L'AMITIÉ.

I. SOCRATE. — L'amitié n'est possible qu'entre les bons, mais la vertu par elle-même n'engendre pas l'amitié. La haine et l'amitié sont également naturelles à l'homme. Il est naturel « de faire du bien à ses amis, du mal à ses ennemis ». Cependant il faut « ne faire de mal à personne. » L'amitié doit remplacer la haine. Mais alors la raison se substitue à l'instinct, et l'amitié se fonde sur l'intérêt bien entendu.

II. PLATON. — Platon étudie moins l'amitié que la faculté d'aimer.

Analyse du *Lysis*. — Différents sens du mot ami (φίλος). L'*ami* est-il celui qui aime (τὸ φιλοῦν) ou celui qui est aimé (τὸ φιλού-μενον) ou celui qui aime et est aimé tout ensemble (τὸ φιλοῦν τε καί φιλούμενον)? Cette question revient à cette autre : L'amitié consiste-t-elle à aimer ou à être aimé ?

L'amitié ne dérive ni de la *ressemblance* ni du *contraste*. Par suite, elle n'existe ni entre les bons, ni entre les méchants — ni entre les bons et les méchants. — Reste qu'elle existe entre les bons et ceux qui ne sont ni bons ni méchants ; en d'autres termes, entre les bons et ceux qui, sans être bons, aspirent à le devenir.

Théorie analogue dans le *Banquet*. Mythe d'Eros, fils de Poros et de Pénia. L'amour est une imperfection, en tant qu'il est un *désir* ou besoin, et que le besoin implique une privation. L'amour est une perfection, en tant qu'il est l'aspiration au bien et au bien absolu. En un mot, l'amour a pour origine le *besoin*, et pour fin le bonheur, ou la possession du Bien.

L'ami (ou celui qui aime) n'est pas bon ou heureux, mais c'est une qualité d'aimer, et l'amour est une aspiration au bonheur.

De l'amour du Bien en soi sortent les autres amours : l'amour de soi, l'amitié. L'amitié est l'union des âmes dans la poursuite d'un idéal commun. Amitié est synonyme d'amour.

Dialectique de l'amour.

Trois espèces d'amour : *concupiscible, irascible, intelligible.*

A. L'amour *concupiscible* n'a de l'amour que le nom. C'est une passion sensuelle, égoïste et brutale.

B. L'amour *irascible,* ou amour des âmes, a pour fin la vertu, particulièrement la sagesse. C'est une amité intellectuelle. L'amour *irascible* dérive de la μανία. La μανία est une inspiration divine. C'est un élan de cœur analogue à l'intuition rationnelle (νόησις) et qui s'oppose au raisonnement ou au calcul des intérêts (διάνοια).

C. L'amour *intelligible* a pour objet la beauté absolue ; il implique le détachement à l'égard des personnes.

Place de l'amitié dans la dialectique des sentiments.

A. L'amour *concupiscible* se ramène au désir d'*engendrer,* enveloppe le désir de l'*immortalité.* L'éternel est donc l'objet dernier de l'amour. — L'amour *concupiscible* s'attache à la beauté corporelle, mais la beauté corporelle est le reflet de la beauté éternelle.

B. L'amour *irascible* a pour fin la *génération spirituelle,* c'est-à-dire l'éducation.

C. L'amour *intelligible* n'implique pas l'amitié. Mais l'amitié est un acheminement à l'amour *intelligible.* L'amitié est un amour relatif ; elle a son explication dernière dans l'amour *intelligible* ou absolu.

III. ARISTOTE. — Point de vue opposé à celui de Platon. La forme la plus parfaite de l'amour, qui est, selon Platon, l'amour impersonnel, ayant pour objet l'absolu, est, selon Aristote, l'amitié *personnelle.*

A. De l'amitié considérée dans son évolution.

L'amitié évolue du simple au complexe. Au plus bas degré, elle est la φίλησις ou amour pour les choses ; on n'aime pas vraiment les choses, car on ne les aime pas pour elles-mêmes, mais pour leur usage. — L'amitié proprement dite, φιλία, est l'amour pour les personnes. L'amitié se distingue de la bienveillance (εὔνοια) qui consiste à *vouloir* du bien aux autres, et qui n'est pas *réciproque.* — L'amitié a elle-même deux degrés : l'amitié en *puissance* et l'amitié en *acte.* L'acte de l'amitié, c'est la vie en commun, τὸ συζῆν. L'amitié est une affection réciproque, ἀντιφίλησις. Conditions de l'ἀντιφίλησις : le sentiment éprouvé par les amis est des deux côtés le même en nature et en degré.

Le principe de l'amitié n'est pas l'appétit aveugle, mais la volonté ou appétit *réglé par la raison.*

L'amitié consiste à aimer et à être aimé tout ensemble. *Être aimé* est un bien en soi, mais un moindre bien qu'*aimer, car l'action* en général vaut mieux que la *passion.* L'amitié est un *acte.* Nature de cet acte : il rentre à la fois dans l'activité *immanente* et l'activité transitive. Caractère essentiel de l'amitié : *le désintéressement.*

B. Les différentes espèces d'amitié.

L'objet de l'amitié, ou l'aimable, revêt deux formes principales : le *plaisir* et le *bien.*

Les mots *bien* et *plaisir* doivent être pris ici au double sens absolu et relatif.

L'amitié revêt deux formes essentielles : l'amitié fondée sur la *vertu* — l'amitié fondée sur le *plaisir.* (L'amitié intéressée rentre dans l'amitié fondée sur le plaisir.) Distinction analogue de l'amitié dans laquelle les personnes sont aimées pour elles-mêmes ou pour leurs qualités *essentielles,* et de l'amitié dans laquelle les personnes sont aimées pour des qualités *accidentelles ;* en d'autres termes, distinction de l'amitié parfaite et des amitiés imparfaites. — L'amitié réduite à l'attachement *personnel.*

C. L'amitié et l'amour-propre.

L'amour de soi fait comprendre l'amitié. Il lui est antérieur. — L'amour de soi renferme les mêmes éléments que l'amitié : l'εὔνοια, le συζῆν.— L'amour de soi comprend autant d'espèces que l'amitié ; la philautie vulgaire et la philautie élevée répondent à l'amitié commune et à l'amitié idéale. — Conciliation de l'amour-propre et de l'amitié. En quel sens l'héroïsme ou le dévoûment est le plus haut degré de l'amour de soi. La philautie élevée et l'amitié parfaite ont le même objet : elles s'attachent à ce qu'il y a de supérieur dans l'homme, à la raison. La vie sociale est pour l'individu une condition de bonheur et de vertu. Le bonheur gagne à être partagé, et on goûte plus le bonheur des autres que le sien propre.

Comparaison d'Aristote et de Platon. Résumé. L'amitié consiste à aimer. Elle est l'attachement aux personnes, particulièrement à la raison, qui est le caractère essentiel de la personne. La conciliation de l'amitié et de l'amour-propre rentre dans la conciliation de l'individuel et de l'universel, à laquelle tend toute la philosophie d'Aristote.

IV. ÉPICURE. — Épicure le premier prend l'amitié au sens *étroit.* L'amitié s'élève sur la ruine des autres affections sociales : elle est conçue par opposition avec elles ; ainsi elle est l'antithèse de l'amour. Elle est raisonnable, calme, tandis que l'amour est passionné, violent ; elle est contractée librement, tandis que l'amour est fatal.

L'amitié dérive de l'amour-propre.

Les Cyrénaïques. — Trois thèses différentes. — L'amitié est subordonnée à l'intérêt (Hégésias). — L'intérêt est subordonné à l'amitié (Annicéris). — L'intérêt et l'amitié étant incompatibles, l'amitié ne saurait être (Théodore).

Épicure. — L'amitié se fonde sur l'intérêt et le plaisir. Elle a pour cause les services réciproques ou les jouissances de la vie en commun. Caractères de l'amitié épicurienne.

Les successeurs d'Épicure se divisent en *orthodoxes* et *indépendants*. — Deux classes d'indépendants : 1° l'intérêt explique l'origine de l'amitié, non son développement. Les lois de l'association et de l'habitude expliquent comment l'amitié en vient à être recherchée pour elle-même ; — 2° l'amitié est issue d'un contrat. Clause de ce contrat : le désintéressement.

Ces deux théories ne sont point infidèles à l'Épicurisme. Elles sont des points de vue grossis, exclusifs du système. L'une montre les subtiles transformations de l'égoïsme, l'autre fait ressortir le caractère *volontaire* de l'amitié.

V. LES STOÏCIENS. — L'amitié ne dérive point de l'intérêt. Le sage n'est point dans la dépendance des autres hommes. Il peut se passer d'amis. Il est indifférent à la haine et à l'amour.

Le principe de l'amitié est l'instinct (*natura*) ou penchant social. A toute société naturelle $(\sigma\chi\acute{\epsilon}\sigma\iota\varsigma)$ répond un penchant ou affection naturelle. — Une double loi régit les penchants, à savoir une loi *idéale* ou *morale* et une loi *psychologique*. — Loi idéale : le penchant, d'abord instinctif et aveugle, doit devenir réfléchi et voulu. — Loi psychologique : le penchant, en se développant, peut devenir *conforme* ou *contraire* à la raison.

L'amitié se distingue des autres affections. — Les autres affections peuvent être *naturelles* $(\sigma\chi\acute{\epsilon}\sigma\epsilon\iota\varsigma)$ non *volontaires*. L'amitié est toujours *volontaire*. L'amitié est le type idéal de toute affection. En effet, les affections *naturelles* doivent se transformer en affections *électives ;* il faut faire par *raison* ce qu'on faisait d'abord par *instinct*.

L'amitié ne laisse pas d'avoir une *base naturelle,* d'être elle-même une $\sigma\chi\acute{\epsilon}\sigma\iota\varsigma$. Elle est une forme particulière de l'instinct de sociabilité. Elle est *un amour de prédilection* pour les bons. — Les bons sont doublement dignes d'être aimés, en tant qu'hommes et en tant que bons.

CONCLUSION.

Dans les doctrines antiques sur l'amitié, le point de vue psychologique est subordonné au point de vue moral. On recherche avant tout ce que l'amitié doit être. Mais l'idéal réclame une confirmation empirique ; il faut prouver qu'il est réalisable en fait : pour assurer le succès des règles morales, on doit établir qu'il y a entre elles et nos penchants une harmonie profonde. Toute doctrine morale implique donc un postulat psychologique. Quand on donne, par exemple, à l'amitié l'intérêt pour règle, on pose ou l'on suppose cette thèse psychologique que l'amour se réduit naturellement à l'égoïsme, ou que l'égoïsme se convertit naturellement en amour. Avant d'étudier les théories morales de l'amitié, essayons de dégager les hypothèses psychologiques qu'elles renferment.

I. — SOCRATE.

Socrate a bien senti toutes les difficultés que soulève le problème psychologique de l'amitié. Parfois même, il aurait, si l'on en croit le *Lysis*, désespéré de les résoudre. A la fin de ce dialogue, il dit en effet à Lysis et à Ménexène : « Nous allons prêter à rire de nous, car nous avons la prétention d'être amis, et nous sommes incapables de découvrir ce que c'est que l'ami. » Dans les *Mémorables* de Xénophon (II, IV), il remarque aussi qu'on ne voit pas bien entre quels hommes peuvent s'établir des relations d'amitié. Les méchants se nuisent et se haïssent entre eux; ils ne peuvent être davantage les amis des bons. Reste donc que les bons deviennent amis : on voit en effet qu'ils peuvent l'être; mais non pas qu'ils le soient nécessairement et toujours. Sans doute, ils réunissent toutes les qualités sans lesquelles il n'y a point d'amitié : ils sont serviables, empressés à faire le bien; ils sont aussi aisés à contenter, reconnaissants à bon compte ; « les méchants exigent qu'on leur rende bien plus de services que les bons ». (*Mém.*, II, vi, 17.) Mais toutes ces qualités, que l'amitié suppose, ne font pas l'amitié. Les bons sont capables de devenir amis; ils ne sont pas amis, par cela seul qu'ils sont bons [1].

En fait, « souvent ceux qui font le bien et s'abstiennent du mal, au lieu d'être amis, entrent en lutte les uns contre les autres, et se traitent plus mal entre eux que ne font les méchants ». (*Mém.*, II, vi, 17.) Un point est acquis : c'est qu'il est impossible aux méchants de gagner l'amitié des bons; mais une autre question se pose : « le bon devient-il d'emblée l'ami du bon ? » (*Ibid.*, 16.)

Cette question, dit Socrate, n'est pas simple. En effet « par leur nature même, les hommes ont en eux d'abord les principes d'amitié, mais ils ont aussi en eux les germes de la discorde » (φύσει γὰρ ἔχουσιν οἱ ἄνθρωποι τὰ μὲν φιλικά,... τὰ δὲ πολεμικά. *Mém.*, II, vi, 21). Il leur est naturel de s'aimer, parce qu'ils ont « besoin les uns « des autres, parce qu'ils sont sensibles à la pitié, « parce que, s'entr'aidant, ils se rendent service et, com- « prenant cela, ils ont de la reconnaissance les uns « pour les autres. » Mais il leur est naturel aussi de

---

[1] Cf. Platon, *Lysis,* 215, A. « Le bon, en tant que tel, se suffit à lui-même, et n'a pas besoin d'amis ». — Socrate aurait soutenu, selon Xénophon, que les bons *peuvent ne pas être amis,* et selon Platon, qu'ils ne *peuvent pas être amis.*

se haïr, soit qu'ils tiennent ou ne tiennent pas les
mêmes choses pour des biens : dans le premier cas, il y
a entre eux rivalité et jalousie ; dans le second, dissentiment et division.

Si la haine peut sortir, aussi bien que l'amour, de la
spontanéité des penchants, nous donnerons satisfaction
à notre nature, nous goûterons le bonheur, quand « nous
ferons du bien à nos amis, du mal à nos ennemis »
(*Mém.*, II, IV, 35). Jusqu'ici, on voit bien à la rigueur
comment l'amitié se produit; elle est un élan de reconnaissance ou de pitié, mais on ne voit pas comment elle
s'établit à l'exclusion de la haine. C'est qu'on n'a fait
encore intervenir que l'instinct; or l'amitié est avant tout
un acte de sagesse et de raison. Il faut qu'elle « se
glisse » à travers les obstacles de la rivalité, de la colère,
de l'ambition et de l'envie. Elle est une victoire rem-
portée sur les passions égoïstes, elle a pour condition la
tempérance ou l'empire sur soi. Les hommes deviennent
amis par une sorte de contrat aux termes duquel chacun, suivant à la fois son intérêt et la justice, fait aux
autres toutes les concessions nécessaires pour obtenir de
vivre en paix avec eux. Ce contrat ne peut être consenti
que par les gens de bien, seuls assez sages pour comprendre les conditions de la vie en société et assez justes
pour accepter et remplir les obligations qu'elle impose.
« Par l'effet de la vertu, ils préfèrent acquérir en paix
« des choses modérées que de s'emparer de tout par la
« guerre. » (*Mém.*, II, VI, 22.) Ainsi l'amitié est le chef-
d'œuvre de la raison; non comme le dit Fouillée, de la
raison qui a pour objet l'universel et s'oppose aux sens,
mais de celle qui inspire la sagesse pratique, et à laquelle Aristote donnera le nom de φρόνησις. En effet,
l'amitié repose sur le calcul de l'intérêt : on en goûte le
charme, mais on en escompte les avantages. Elle est un
penchant qu'on suit; mais elle est aussi et plus encore
une vertu qu'on se donne. Ce qui frappe le plus en elle,

c'est qu'elle est acquise et se fonde sur un raisonnement. Nous mettons en regard les sacrifices que nous faisons aux autres, et le bien qui nous revient de leur société; et l'égoïsme nous inspire alors le désir de l'amitié. Comme d'ailleurs il y a en nous une disposition naturelle à la bienveillance et à la reconnaissance, cette disposition croît et se développe, n'étant point contrariée, mais plutôt fortifiée et soutenue par notre intérêt; la haine, au contraire, convaincue d'être une erreur, s'évanouit. Après avoir d'abord dit que le bonheur consiste à faire du bien à ses amis, du mal à ses ennemis, Socrate soutient qu'il ne faut faire de mal à personne, même à ses ennemis.

La présente théorie concorde avec ce que nous avons rapporté plus haut de la μαστροπεία. Si, pour sentir l'amitié, nous avons besoin d'en connaître le prix, l'amitié pourra être enseignée : en nous faisant comprendre le besoin que nous avons des autres, on nous portera à les aimer ; en nous éclairant sur notre intérêt, on éveillera en nous la sympathie. C'est en s'adressant à notre raison qu'on touche notre cœur. « Le point de vue intellectuel et rationnel, dit Fouillée, domine toujours en Grèce, surtout dans la philosophie grecque, surtout dans la philosophie de Socrate. »

C'est encore du même point de vue que Socrate oppose l'amitié à l'amour. L'amour est un penchant aveugle, qui va contre nos intérêts, qui ruine et compromet notre bonheur : il a besoin d'être refoulé ou réglé et contenu. L'amitié est un mouvement de l'âme, où la raison a plus de part que l'inclination; elle a besoin d'être éveillée et se maintient par un effort de volonté.

II. — PLATON.

Socrate, se proposant avant tout d'inspirer l'amitié, est amené à la concevoir comme dérivant de l'éducation plus que de la nature ; dans ses théories psychologiques, on retrouve le parti-pris ou les illusions du μαστροπός.

Platon se place à un point de vue plus désintéressé et plus philosophique : il suppose que l'amitié est née et s'efforce de la comprendre, de pénétrer sa nature ; il n'a donc pas à mettre d'accord la psychologie de l'amitié et l'art de négocier des amitiés ou μαστροπεία. En même temps qu'elle est plus objective, sa conception de l'amitié est plus pénétrante, plus profonde, plus mêlée aussi d'éléments métaphysiques. Mais, ce n'est pas tant l'amitié proprement dite que la faculté générale d'aimer qui est analysée par Platon. Dès lors, le problème psychologique de la φιλία, étroitement posé par Socrate, est élargi par son disciple jusqu'à l'excès.

Platon signale l'équivoque des mots *ami, amitié*. Les adjectifs et les noms ont, comme les verbes, un double sens : actif et passif. *Ami* (φίλος) veut dire : celui qui *aime* (τὸ φιλοῦν), et celui qui *est aimé* (τὸ φιλούμενον). *Amour* (ἔρως) se dit de même du sujet et de l'objet (*Banq.*, 204 C). Exemple : *une chose digne d'amour —* sens passif — ; *un cœur plein d'amour* — sens actif. Quand un mot a ainsi deux sens, il est clair qu'il faut choisir entre eux, à moins qu'on ne donne à ce mot les deux sens à la fois. Cependant Platon, dans le *Lysis*, paraît repousser ces deux alternatives. 1° Dirons-nous que « sans amour réciproque, il n'y a point d'amis, » (ἂν μὴ ἀμφότεροι φιλῶσιν, οὐδέτερος φίλος, *Lysis*, 212 D);

11

que les amis sont « ceux qui aiment et ceux qui sont
aimés tout ensemble » (οἱ φιλοῦντές τε καὶ φιλούμενοι,
ibid., 213 C)? A ce compte, on ne pourra donc aimer
les chevaux, les cailles, les chiens, le vin, la gymnastique, la philosophie, puisqu'aucune de ces choses ne
nous rend notre affection. 2º Posons-nous au contraire
que l'ami, c'est *celui qui est aimé* (ὁ φιλούμενος), que
lui-même aime ou n'aime pas, voire même qu'il haïsse
celui qui l'aime, et que l'ennemi, c'est *celui qui est haï*
(ὁ μισούμενος) sans que lui-même haïsse qui le hait, et
alors même qu'il l'aime. Alors l'*ami,* ce sera, par exemple, l'enfant, qui ne répond pas encore à l'amour de son
père et de sa mère, et qui les prend en haine quand ils le
châtient ; et l'*ennemi* ce sera celui qui éprouve de bons
sentiments, dont on lui sait mauvais gré, à savoir ici le
père ou la mère. « Ainsi, à ce compte, bien des gens
seront aimés de leurs ennemis et haïs de leurs amis, et
seront les amis de leurs ennemis et les ennemis de leurs
amis ; si l'ami, c'est celui qui est aimé et non celui qui
aime. » (*Lysis,* 213 A). 3º Posons-nous au contraire
que l'*ami,* c'est *celui qui aime* (τὸ φιλοῦν) sans qu'il soit
aimé et fût-il même haï, et que l'ennemi, c'est *celui qui
hait* (τὸ μισοῦν) sans qu'on le haïsse lui-même et alors
même qu'on l'aime? Nous retombons dans la même
absurdité que tout à l'heure, c'est-à-dire que « bien des
gens seront alors amis de ceux qui ne sont pas leurs
amis et souvent de leurs ennemis, quand ils aimeront
quiconque ne les aime pas ou quiconque les hait ».
(213 A.)

Rejetterons-nous enfin comme absurde chacune des
définitions proposées ? Mais, dire que l'ami ne peut être
ni celui qui aime, ni celui qui est aimé, ni celui qui aime
et qui est aimé tout ensemble, c'est dire qu'il ne peut
pas être du tout, ce qui est une absurdité nouvelle et
encore plus forte. Il en serait donc de l'amitié, pour
Platon, comme du mouvement pour les Éléates : on ne

peut nier qu'elle existe et on ne voit pas comment elle
est possible. Toutefois, l'opinion soutenue dans le *Lysis*
est provisoire ; c'est un paradoxe, ce n'est pas un
sophisme. De plus, les absurdités qui découlent des définitions de l'amitié résident dans les mots plus que dans
les choses : ainsi, par exemple, il est contraire à l'usage,
non à la logique, de dire qu'on n'est point l'ami des
êtres qui ne peuvent nous aimer. Peut-être, pour parler
philosophiquement de l'amitié, faut-il renoncer à la langue vulgaire qui est vague, flottante et équivoque. Tel
est l'avis d'Aristote qui crée la langue philosophique de
l'amitié : il appelle, par exemple, φιλία, l'affection réciproque, et φίλησις, l'affection non payée de retour.

Les discussions subtiles du *Lysis* paraissent rouler
sur des mots ; en réalité, elles portent sur les points
essentiels de la psychologie de l'amitié. Ainsi, la distinction du sens actif et du sens passif des mots φίλος et
ἔρως conduit à cette importante question. L'amitié réside-
t-elle dans le fait d'aimer ou dans celui d'être aimé? Sur
cette question encore, Platon devance Aristote. On se
trompe sur l'amour et ses attributs, dit Diotime dans le
Banquet, lorsqu'on croit qu'il consiste à être aimé et
non à aimer (τὸ ἐρώμενον Ἔρωτα εἶναι, οὐ τὸ ἐρῶν, 204 C).
On dit par exemple que l'amour est beau, parfait et
bienheureux : en réalité il aspire à la beauté, à la perfection et au bonheur, il n'est point en possession de ces
choses. Aimer est une chose plus divine qu'être aimé,
est-il dit encore dans le *Banquet*[1].

Platon, dans le *Lysis,* recherche quels sont les amis,
et, dans le *Banquet,* quelle est la nature de l'amitié.
Mais, dire ce que sont les amis revient à analyser le
sentiment de l'amitié, car les amis sont tels par le

---

[1] Θειότερον γὰρ ἐραστής παιδικῶν. ἔνθεος γάρ ἐστι. *Banq.*, 180 B.

sentiment qu'ils éprouvent. Platon raille ceux qui carac-
térisent les amis par ce qui paraît d'eux au dehors,
comme la *ressemblance* ou le *contraste*. A supposer
que tous les semblables fussent amis, ce qui n'est pas,
puisque les méchants se haïssent d'autant plus qu'ils se
ressemblent davantage, la ressemblance pourrait bien
nous faire reconnaître les amis, mais ne nous les ferait
pas connaître. Il faudrait savoir, non pas que les amis
se ressemblent, mais en quoi ils se ressemblent. Déjà,
l'amitié n'est point la ressemblance dans le mal, puisque
les méchants se haïssent. Est-elle donc la ressemblance
dans le bien? On a vu que, pour Socrate, cette ressemblance ne suffit pas à produire l'amitié, et que les bons,
comme les méchants, peuvent être ennemis les uns des
autres. Platon va plus loin et soutient que, lorsque les
bons sont amis, ce n'est ni en tant que *semblables,* parce
que les semblables ne peuvent être utiles l'un à l'autre,
ni en tant que *bons,* parce que les bons, se suffisant
à eux-mêmes, n'ont besoin de personne et ainsi n'aiment
personne. Ainsi, parce que la ressemblance dans le bien
se rencontre chez les amis, elle ne doit pas être prise
pour le principe de l'amitié. La coïncidence, même constante, de l'amitié et de la bonté n'indique point que
l'une dérive de l'autre. On dira que l'amitié naît des
contrastes, que le pauvre aime le riche; que le faible
aime le fort; le malade, le médecin; l'ignorant, le savant;
d'une manière générale, que tout homme aime et recherche son contraire, parce qu'il trouve en lui ce qui lui
manque. Mais, pour se rendre compte que le contraste
n'est point la vraie raison des amitiés, qu'on le pousse à
l'extrême; on verra que l'amitié ne peut être l'amie de
la haine; la justice, de l'injustice; la tempérance, de
l'intempérance; le bien, du mal.

Si donc, ni la ressemblance ni le contraste ne fondent
l'amitié, d'une part, les bons ne seront pas les amis des
bons, les méchants, des méchants; de l'autre, les bons

et les méchants ne seront pas amis. Mais il y a une troisième classe d'hommes, ceux qui tiennent le milieu entre les bons et les méchants, sans être l'un ni l'autre. Si l'amitié existe, c'est parmi eux qu'elle devra se rencontrer. Les amis se divisent en ἐρῶντες et ἐρώμενοι : ceux qui aiment et ceux qui sont aimés. Les ἐρώμενοι sont bons, car on ne peut aimer que les bons ; mais les ἐρῶντες ne sont ni bons ni méchants (τῷ ἀγαθῷ ἄρα τὸ μήτε ἀγαθὸν μήτε κακὸν μόνῳ μόνον συμβαίνει γίγνεσθαι φίλον, *Lysis*, 216 E). Platon explique à l'aide d'exemples ce qu'il entend par *ni bon, ni méchant,* τὸ μήτε ἀγαθὸν μήτε κακόν. Le corps, en tant que tel, n'est ni sain ni malade, ce qui peut se traduire par *ni bon ni mauvais,* le bien et le mal s'appelant, par rapport au corps, santé et maladie. Or, le corps est *ami* de la médecine, laquelle représente pour lui un *bien.* De même, les philosophes ou *amis* de la sagesse ne sont ni sages ni ignorants, car ceux qui possèdent la sagesse ne la désirent pas et ceux qui l'ignorent ne la désirent pas non plus (*Lys.,* 218 A, *Banq.,* 203 E, 204 A). L'amour, dit encore Platon (entendant par là le fait d'aimer τὸ ἐρῶν) n'est ni riche ni pauvre, ni mortel ni immortel. Il tient le milieu entre la possession et la privation du bien, comme l'opinion droite tient le milieu entre la science et l'ignorance (*Banq.,* 202 A). Dans le mythe célèbre du *Banquet,* il est représenté comme un *démon,* divinité intermédiaire entre Dieu et l'homme, étant le fils d'un dieu et d'une mortelle, de Poros (l'Abondance) et de Pénia (la Pauvreté).

Voyons d'abord ce que l'amour tient de sa mère Pénia. Il est en lui-même une imperfection. « Ce qui n'est ni bon ni mauvais devient ami du bon, à cause du mal qui est en lui » (τὸ μήτε κακὸν ἄρα μήτ'ἀγαθὸν φίλον γίγνεται τοῦ ἀγαθοῦ διὰ κακοῦ παρουσίαν, *Lys.,* 217 B).

On n'aimerait pas la médecine, si on était sain; on n'aimerait pas la sagesse, si on était sage. C'est à cause de la maladie qu'on recherche la médecine et à cause de l'ignorance qu'on recherche la sagesse. L'amour trahit donc l'infirmité de notre nature; il dérive d'un besoin; aimer, c'est désirer être délivré d'un mal. Mais ce mal, dont on veut par l'amour être délivré, ne doit pas avoir dans l'âme des racines profondes : il ne faut pas que nous en soyons imprégnés, mais seulement atteints. C'est ainsi que des cheveux blanchis peuvent reprendre leur couleur naturelle, mais non des cheveux blancs. Le malade qui se sent perdu n'appelle plus le médecin. Celui qui est dans une ignorance absolue ne cherche pas à s'instruire. L'ami, par définition, n'est ni bon ni mauvais. Le mal qui est en lui (κακοῦ παρουσία) ne peut donc être que relatif. Si ce mal est, par exemple, l'ignorance, ce sera l'ignorance consciente, laquelle n'est pas ignorance au sens propre et absolu, puisqu'elle enveloppe la connaissance d'elle-même.

L'analyse qui précède est incomplète. Il nous reste à montrer dans l'Amour le fils de Poros. L'amour est éveillé en nous par la conscience d'un mal, c'est-à-dire d'une imperfection, d'un besoin; mais il est, par nature, une aspiration au bien. Le malade aime la médecine, *à cause* de la maladie (διὰ νόσον), mais il n'aime pas la médecine pour elle-même; il l'aime *en vue* du bien qu'elle procure, c'est-à-dire de la santé (ἕνεκα ὑγιείας). On complétera donc ainsi la définition de l'amitié : « Ce qui n'est ni bon ni mauvais est ami du bien, *à cause* du mal et *en vue* du bien » (τὸ οὔτε κακὸν οὔτε ἀγαθὸν ἄρα διὰ τὸ κακὸν καὶ τὸ ἐχθρὸν τοῦ ἀγαθοῦ φίλον ἐστίν ἕνεκα τοῦ ἀγαθοῦ καὶ τοῦ φίλου, *Lys.*, 219 C). Mais, si on aime la médecine en vue de la santé, on aimera la santé elle-même en vue d'un autre bien, cet autre bien en vue d'un troisième, etc. On ne peut remonter ainsi à l'infini, il faut admettre un bien premier (πρῶτον φίλον, 219 C) qu'on aime pour lui-même, et en vue duquel on aime tous les autres. Peut-on dire qu'on aime une chose, quand on ne l'aime pas pour elle-même, mais en vue d'une autre? Non, c'est

cette autre chose, et elle seule qu'on aime. Un père
qui aime son fils d'un amour absolu met-il en comparaison avec cet amour l'intérêt qu'il prend à ses biens, à
son vin, à l'amphore qui le contient? Non, il n'aime
ces biens que dans la mesure où il en fait jouir son fils,
ou plutôt, il ne les aime pas, c'est son fils seul qu'il
aime. « Ainsi donc, la chose qui est vraiment aimée est
celle qu'on n'aime point en vue d'une autre » (οὐκοῦν
τό γε τῷ ὄντι φίλον οὐ φίλου τινὸς ἕνεκα φίλον ἐστίν; —
Ἀληθές. 220 B).

En d'autres termes, il y a un amour relatif et un amour
absolu, et l'un se réduit à l'autre. Mais, si l'absolu explique le relatif, le relatif à son tour fait connaître l'absolu.
Si le mal disparaissait, le bien perdrait du même coup son
utilité, car il ne vaut que comme remède du mal (ὡς φάρ-
μακον ὂν τοῦ κακοῦ τὸ ἀγαθόν, *Lys.*, 220 D) et, en un sens,
il ne mérite pas d'être recherché pour lui-même (αὐτὸ δὲ
ἑαυτοῦ ἕνεκα οὐδεμίαν χρείαν ἔχει, *Ibid.*). L'amour absolu
n'est donc plus l'amour, et l'amour relatif n'est pas encore
l'amour.

Ainsi l'amour fuit devant la pensée qui cherche à le
saisir. Mais les difficultés qui nous arrètent sont d'ordre
métaphysique. La vérité psychologique est plus large et
concilie les contraires. Écartons d'abord la pensée que
le mal est la cause de l'amour; quand même il n'y aurait
plus aucun mal, il y aurait encore des désirs, comme la
faim et la soif, et l'on aimerait la chose qu'on désire. Le
vrai principe de l'amitié, c'est donc le désir (τῷ ὄντι... ἡ
ἐπιθυμία τῆς φιλίας αἰτία, *Lys.*, 221 D, *Phèdre*, 237 D,
Banq., 200 A). Le désir est comme le mouvement, il
ne peut être défini. On définit en effet une *chose*, non
un *progrès*, ce qui *est*, non ce qui *devient*. On indiquera
les points entre lesquels le mouvement se produit, à
savoir le point de départ et le point d'arrivée. De même,
on dira quelle est l'*origine* et la *fin* de l'amour. Mais on
ne dira pas ce qu'est l'amour même, car le langage est

impuissant à traduire tout ce que la conscience saisit.
Par exemple, l'amour de la sagesse tire son *origine* de
l'ignorance et a pour *fin* la science ; il est donc le milieu
entre l'ignorance et la science ; ou plutôt, il est la tendance à passer de l'une à l'autre. Ainsi s'expliquent
les attributs en apparence contradictoires de l'amour.
L'amour est une imperfection, car c'est une imperfection
de manquer de quelque chose, et le désir suppose que
l'on manque de la chose que l'on désire (ἀνάγκη... τὸ ἐπιθυ-
μοῦν ἐπιθυμεῖν οὗ ἐνδεές ἐστι. *Banq.*, 200 A). C'est pourquoi
Agathon avait tort de lui attribuer toutes les perfections
et d'en faire un dieu. L'amour n'est pas beau ; mais il
désire la beauté (φιλόκαλος), il n'est pas sage, mais il
désire la sagesse (φιλόσοφος, *Banq.*, 203 E, *Lys.*, 218 A).
Il n'est pas non plus dieu ; car, outre qu'un dieu est
beau et sage, il est bienheureux, et l'amour ne fait
qu'aspirer au bonheur.

Qu'est-ce donc que l'amour ? C'est un démon, c'est-
à-dire un être qui tient de l'homme et du dieu et qui
relie l'un à l'autre. En langage psychologique, cela veut
dire que l'amour témoigne de notre misère et de notre
grandeur ; de notre misère : car mieux vaudrait,
comme les dieux, posséder le bien et le beau que les
désirer ; et de notre grandeur : car mieux vaut avoir
le désir des biens qui nous manquent que de ne point
sentir, comme la brute, la privation de ces biens. Telle
est l'idée morale que développe le mythe célèbre sur
l'origine de l'amour. L'Amour ou Éros, est fils de
Poros (l'Abondance) et de Pénia (la Pauvreté). Il tient de
son père et de sa mère : il est à la fois riche et pauvre,
il ne possède aucun bien ; mais il peut les acquérir tous,
il a l'audace, le courage, l'artifice, la ruse : c'est « un
enchanteur, un magicien, un sophiste ». Sortons de
l'allégorie. L'amour, en tant que désir, trahit notre
impuissance et notre faiblesse ; mais, que l'on considère
les œuvres qu'il réalise (τὰ ἔργα αὐτοῦ, *Banq.*, 199 C) et

la fin où il tend, il nous donne les biens qui nous manquent, il nous élève au-dessus de nous-mêmes ; il travaille
à notre relèvement et à notre grandeur morale, il est
l'agent de notre destinée. Il n'est qu'une faiblesse humaine, mais il a des aspirations divines. Car si le désir
en soi est une imperfection, le désir du bien, du beau
et de la sagesse ne laisse pas d'être une perfection relative, la perfection absolue étant en pareil cas, non le
désir, mais la possession de ces choses. Ainsi l'*origine*
de l'amour est aussi humble que la *fin* en est glorieuse :
il part du besoin et tend au bonheur.

Il est remarquable, en effet, que l'amour, dans son
principe, est toujours impersonnel, et la difficulté est de
comprendre comment, du culte abstrait du bien, peut
sortir l'attachement d'une personne pour une autre. On
a déjà dit qu'on n'aime pas le bien sans vouloir le posséder ; on peut ajouter qu'on ne l'aime pas sans vouloir
le communiquer à autrui. L'amour du bien est donc la
source commune de l'amour-propre et de la sympathie.
En outre, les autres nous aident à conquérir le bien ou
à le développer en nous, et cela encore redouble notre
amour pour eux. Nous les aimons à la fois pour le bien
dont nous leur sommes redevables et pour celui qu'ils
nous doivent. Selon le mythe du *Phèdre,* les âmes, dans
une vie antérieure, étaient mêlées au chœur des bienheureux : les âmes guerrières suivaient le char de Mars ;
les âmes qui recherchent la sagesse et le commandement suivaient le char de Jupiter ; les âmes royales, le
char de Junon. « Aujourd'hui, chacun honore le dieu
« dont il suivait le cortège, et l'imite dans sa vie autant
« qu'il est en lui..... Il se choisit un amour selon son
« caractère ; il en fait son dieu, lui élève une statue dans
« son cœur et se plaît à la parer, comme pour l'adorer
« et célébrer ses mystères. Les serviteurs de Jupiter
« cherchent une âme de Jupiter dans celui qu'ils aiment ;
« ils examinent donc s'il a le goût de la sagesse et du

« commandement, et, quand ils l'ont trouvé tel qu'ils le
« désirent et qu'ils lui ont voué leur amour, ils font tout
« pour développer en lui ces nobles penchants. » Ils
s'appliquent eux-mêmes, les yeux toujours fixés sur leur
divin modèle, à en reproduire les traits, « et, quand ils
« l'ont ressaisi par le souvenir, l'enthousiasme les trans-
« porte ; ils lui empruntent ses mœurs et ses habitudes,
« autant du moins qu'il est possible à l'homme de parti-
« ciper à la nature divine. Comme ils attribuent cet heu-
« reux changement à l'influence de leur bien-aimé, ils
« l'en aiment encore davantage ; et, si Jupiter est la source
« divine où ils puisent leur inspiration, pareils à des
« bacchantes, ils la répandent sur l'objet de leur amour,
« et autant qu'ils le peuvent, le rendent semblable à leur
« dieu. Ceux qui ont voyagé à la suite de Junon recher-
« chent une âme royale et, dès qu'ils l'ont trouvée, ils
« agissent envers elle de la même manière. Enfin, tous
« ceux qui ont suivi Apollon ou les autres dieux, réglant
« toutes leurs démarches sur la divinité qu'ils ont choi-
« sie, cherchent un jeune homme du même naturel, et,
« quand ils le possèdent, en imitant eux-mêmes leur
« divin modèle, ils s'efforcent de persuader à leur bien-
« aimé d'en faire autant ; ils le façonnent aux mœurs de
« leur dieu, et l'amènent à reproduire ce type de per-
« fection autant qu'il est en eux. Bien loin de concevoir
« contre lui des sentiments d'envie ou de basse malveil-
« lance, tous leurs désirs et tous leurs efforts ne ten-
« dent qu'à le rendre semblables à eux-mêmes et au
« dieu qu'ils honorent. Tel est le zèle dont sont animés
« les véritables amants. » (*Phèdre*, 252 C, D, E ; 253
A, B, C.)

Ainsi donc, l'amitié ne se suffit pas à elle-même.
Être amis, c'est pratiquer le même culte, adorer le
même dieu ; en d'autres termes, poursuivre le même
idéal, la même forme du bien. A vrai dire, les amis ne
se choisissent pas ; ils se rencontrent, parcourant la

même voie. Ils ne vont pas directement les uns aux
autres, ils vont ensemble à un but commun. Ils s'aiment
à la façon des coreligionnaires et au même degré. Ils ne
mettent pas dans l'amitié toutes leurs complaisances, ils
en goûtent les joies, mais ils ne se laissent pas détourner
par elle d'une fin plus haute, ils s'en font un auxiliaire,
un appui ; elle est pour eux un moyen de perfectionnement moral ou un acheminement au bien.

Il suit de là que Platon n'étudie pas l'amitié dans ce
qu'elle a de distinctif et d'original, et ne la conçoit pas
comme une affection à part. Le problème qu'il se pose,
dans le *Lysis*, au sujet de l'amitié, est le même qui se
pose dans le *Banquet* et le *Phèdre* au sujet de l'amour ;
il a un énoncé général : Qu'est-ce que le bien, objet
commun de la φιλία et de l'ἔρως? Les mots amitié et
amour, pris absolument, n'ont pas de sens : il faut dire
de quoi il y a amitié, *de quoi* il y a amour ; en effet,
comme on l'a vu, l'amitié et l'amour se ramènent au
désir (ἐπιθυμία), et le désir ne se conçoit pas en dehors
d'un objet. Deux personnes sont amies lorsqu'elles
s'unissent dans la recherche du bien. La nuance particulière de leur sentiment dépend de la nature du bien
commun qu'elles poursuivent. Il y a autant d'espèces
d'amitiés que de biens différents. Platon distingue trois
sortes de biens : les *plaisirs,* les *vertus* et le *bien absolu.*
Suivant qu'il s'adresse à l'un ou l'autre de ces biens,
l'amour est dit *concupiscible, irascible* ou *intelligible.*
Ces trois amours se distinguent d'ailleurs aussi par leurs
caractères psychologiques.

L'amitié est-elle l'un d'eux? On serait tenté de le
croire. La peinture que trace Platon de l'amour irascible répond à peu près dans l'ensemble à l'idée que
nous nous faisons aujourd'hui de l'amitié. Mais la
vérité est que, pour Platon, et, en général, pour les
Grecs, l'amitié est aussi étendue et aussi multiforme
que l'amour. Ils se représentaient aussi bien une amitié

érotique qu'une amitié intellectuelle : ce qu'ils ne conce-
vaient pas, c'était l'amitié sans épithète. *A priori,* rien
n'empêche donc d'admettre une triple amitié, concupiscible, irascible et intelligible. On sait, d'ailleurs, que
Platon insiste, plus qu'aucun autre philosophe, sur la
parenté des affections. Suivant lui, il n'y a pas, à vrai
dire, différents biens, mais différentes formes ou degrés
du Bien. Par suite, il n'y a pas non plus d'amours différentes, mais un seul et même amour qui parcourt tous
les degrés de l'ascension dialectique. Comme tous les
biens découlent du bien en soi, tous les amours se rattachent à l'amour intelligible. Dès lors, l'amitié n'est pas
un amour particulier et inférieur ? Les mots amitié et
amour étant presque synonymes dans la langue grecque,
comme il y a une dialectique de l'amour, il y a une dialectique de l'amitié.

Dialectique de l'Amour.

L'amitié est un désir (ἐπιθυμία). Or, Platon distingue
tantôt deux, tantôt trois classes de désirs (τριτταὶ ἐπιθυμίαι,
Rép., IX, 580); les deux premières comprenant l'appétit
concupiscible et l'appétit *irascible* (θυμός-ἐπιθυμία); la troisième, les *élans de l'intelligence* (νοῦς). Tout désir a pour
objet le beau ou le bien : l'amour *concupiscible* se rapporte à la beauté *physique ;* l'amour *irascible,* à la beauté
morale ; l'amour *dialectique* ou *intelligible,* à la *beauté
absolue.*

A. — *De l'amour concupiscible.*

L'amour concupiscible tend au plaisir (ἐπιθυμία ἡδονῶν,
Phèdre, 237 D) et il a tous les caractères de la passion

emportée ou furieuse (ὕβρις, *ibid.*, 238 A). Il s'appelle
encore l'amour vulgaire ou terrestre (ἔρως πάνδημος,
Banq., 181 B).

Il est « l'amour des corps » (*Banq.*, 281 B, *Lois,*
837 C). Ceux qui l'éprouvent « n'ont en vue que de satisfaire un désir brutal » (πρὸς τὸ διαπράξασθαι μόνον βλέποντες,
Banq., 181 B). (*Istud* διαπράξασθαι *de re venerea intelli-
gendum est, ut Phœd.*, 234 A, 256 C. *Note de Stallbaum*). Ils n'ont point de pudeur (ἀμελοῦντες δὲ τοῦ καλῶς
ἢ μή, *Banq.*, 181 B, *Phèdr.*, 250 E). Ils s'adressent, pour
assouvir leur passion, aux hommes aussi bien qu'aux
femmes (*Banq.*, 181 B), « ils ne craignent pas, ne rougissent pas de chercher un plaisir contre nature » (οὐ δέδοικεν
οὐδ'αἰσχύνεται παρὰ φύσιν ἡδονήν διώκων, *Phèdr.*, 251 A).
Leur amour n'est que bestialité.

Platon le rattache à l'ὕβρις, c'est-à-dire à ce principe
d'aveuglement d'où naissent les passions coupables : (sur
l'ὕβρις, voir Girard : *Du sentiment religieux en Grèce,*
p. 113). Il l'appelle une « maladie » (νοσεῖν, *Phèdr.*, 231 D),
une « folie » (κακῶς φρονεῖν, *ibid.*). L'amour concupiscible
tire son nom de sa violence : ἔρως de ἐρρωμένος (*Phèdr.*,
238 C). Il est représenté, dans l'allégorie célèbre du
Phèdre, sous les traits du cheval noir, aux membres
tortus, épais, ramassés, à la tête grosse, à l'encolure
courte, aux naseaux aplatis, aux yeux verts et veinés de
sang, qui ne respire que fureur et vanité, dont les
oreilles velues sont sourdes à la voix du cocher, et qui
n'obéit qu'avec peine au fouet et à l'aiguillon.

L'amour concupiscible n'a de l'amour que le nom : il
est aveugle, inconstant, il peut faire place à la haine ; tant
qu'il dure, il est ombrageux, jaloux ; il déshonore ceux
qui en sont l'objet ; il faut le fuir comme un danger, non
l'envier comme une faveur. Ainsi s'exprime Lysias dans
le *Phèdre.* Socrate dit plus nettement encore qu'il est
par nature égoïste. L'amant, qu'un désir furieux porte à
rechercher le plaisir, poursuit ce plaisir au détriment de

l'aimé. Comme il ne demande à l'aimé qu'une complaisance servile, il le veut inférieur à lui (ὑποδεέστερον, *Phèdr.*, 239 A), c'est-à-dire ignorant dans son âme, efféminé dans son corps; il se réjouit de le voir sans fortune, sans famille, sans amis; ainsi dans l'intérêt de son propre bonheur, il souhaite le malheur de celui qu'il aime et son amour produit les effets de la haine. Mais l'amant n'est pas seulement funeste à l'aimé, il lui est encore déplaisant et odieux (παιδικοῖς δὲ ἐραστὴς πρὸς τῷ βλαϐερῷ... πάντων ἀηδέστατον, 240 C). Dans le cas des amours entre adolescents et vieillards, l'amant répugne à l'aimé par la vue et le contact de son corps flétri. Enfin quand l'amant lui-même a connu la satiété et le dégoût, quand il ne se souvient plus que pour en rougir de la passion honteuse qui l'a possédé, il devient déloyal (ἄπιστος), il oublie les promesses qu'il a faites à l'aimé. L'amour concupiscible est donc toujours une duperie : « L'amant aime l'aimé comme le loup aime l'agneau » (241 D).

Cet amour ne peut être appelé amitié, par la raison qu'il ne peut pas être appelé amour, c'est-à-dire parce qu'il est un égoïsme farouche, parce qu'il recouvre un fond de déloyauté, de malveillance et de haine. Si l'amour concupiscible n'est point de l'amitié, ce n'est pas, comme on pourrait le croire, que l'amitié ne puisse être qu'une affection chaste, mais bien qu'elle répugne aux calculs égoïstes et n'enveloppe que sympathie et tendresse. La distinction entre l'amitié et l'amour n'a pas pour Platon le même sens que pour nous. En effet, qu'on se reporte au seul dialogue où il traite expressément de l'amitié. Il est impossible de se méprendre sur la nature de l'affection d'Hippothalès pour Lysis. Cette affection a beau être empreinte d'une pudeur charmante, elle n'en est pas moins de l'amour : c'est de l'amour ingénu. Hippothalès a toujours à la bouche le nom de Lysis; il chante ses louanges à toute heure, en vers et en prose, et il rougit, se dérobe quand on lui demande le nom de celui qu'il aime; si Lysis se mêle à un groupe d'amis, Hippothalès se tient à l'écart, et, sans être vu, le contemple d'un regard avide. L'amour seul a ces allures inquiètes et ces façons étranges, et à la passion troublante dont Hippothalès est ému, nous refuserions aujourd'hui le nom d'amitié. Si Platon appelle amitié l'amour d'Hippothalès, c'est qu'il tient pour amitié, non seulement l'amour naissant et de forme indécise, mais tout amour vrai, sans mélange d'intérêt, de jalousie ou de tout autre sentiment voisin de la haine. Ainsi donc, l'amour concupiscible est une forme de l'amitié, à vrai dire, inférieure. Il perd le caractère d'amitié, non pas en prenant la forme érotique, mais en donnant des preuves d'égoïsme. Platon montrera que, rendu à sa fin, à sa destination naturelle, il a sa place dans la dialectique du cœur.

B. — *De l'amour irascible.*

L'amour irascible s'oppose à l'amour concupiscible en ce qu'il a pour objet le bien (ἐφιεμένη τοῦ ἀρίστου, *Phèdr.*, 237 D) et pour caractère d'être tempérant (σωφροσύνη, *ibid.*). Tantôt Platon le fait dériver de la réflexion et de la volonté (ἐπίκτητος), tantôt il le présente comme une sorte de vertige, comme un délire sacré (μανία).

L'amour irascible est l'amour des âmes et non des corps. Il est si bien détaché de l'attrait sensible qu'il ne se rencontre qu'entre jeunes gens de même sexe (ἔστιν οὗτος ὁ τῶν παίδων ἔρως, *Banq.*, 181 C); bien plus, qu'entre jeunes gens du sexe mâle, lequel a proprement la raison en partage, et qu'il n'apparaît en eux qu'à partir de l'âge où la raison est formée (ἐπειδὰν ἤδη ἄρχωνται νοῦν ἴσχειν, *ibid.*). Cet amour où les sens n'ont point de part, n'est-ce pas proprement l'amitié? Platon l'entend ainsi;

car celui qui éprouve cet amour ne pense pas, dit-il, que son affection soit de l'amour ; « il l'appelle, il la croit de l'amitié, (καλεῖ δὲ αὐτὸν καὶ οἴεται οὐκ ἔρωτα, ἀλλὰ φιλίαν εἶναι, *Phèdr.*, 255 E). L'amour irascible comporte la réflexion, le choix. La loi athénienne, la plus sage en matière d'amour, « veut qu'on s'examine bien avant de s'engager » (βούλεται ὁ ἡμέτερος λόγος εὖ καὶ καλῶς βασανίζειν, *Banq.*, 184 A), qu'on soumette son amour à l'épreuve du temps (ἵνα χρόνος ἐγγένηται, *ibid.*). Le choix des amants doit se fonder encore sur des motifs que la raison approuve, et ces motifs ne sauraient être l'intérêt ou l'ambition. Il n'y a qu'un cas où « la servitude volontaire des amants ne peut jamais être blâmée, c'est celui où ils ont en vue la vertu » (*Banq.*, 184, C). Encore, la vertu qu'ils doivent se proposer d'acquérir n'est-elle pas la vertu en général, mais la sagesse. « L'amant doit
« être véritablement capable d'inspirer la vertu et la
« sagesse, l'aimé doit avoir un véritable désir de se faire
« instruire. Si toutes ces conditions se rencontrent, c'est
« alors uniquement qu'il est honnête de se donner à qui
« nous aime. L'amour ne peut pas être permis pour
« quelque autre raison que ce soit. » (*Banq.*, 184 E.)
Ainsi, l'amour irascible a tous les caractères de l'amitié. Il naît dans l'âme à l'aspect de la beauté ; mais il n'éprouve pour la beauté qu'un sentiment de respect (σέβας). Tandis que l'amour concupiscible est « inconstant » (ἄπιστος), parce qu'il s'adresse à la beauté physique qui ne dure pas (οὐδὲ μόνιμός ἐστιν, ἅτε οὐ μονίμου ἐρῶν πράγματος, *Banq.*, 183 E), l'amour irascible « reste fidèle
« toute la vie, car ce qu'il aime (à savoir, le bien) ne
« change pas » (διὰ βίου μένει, ἅτε μονίμῳ συντακείς). Tandis que l'amour concupiscible est une duperie, qu'il est ou devient odieux et funeste à ceux qu'il lie, l'amour irascible fait la joie des amants et leur est utile parce qu'il marque pour eux un progrès dans la sagesse.

L'amour irascible paraît donc réaliser pleinement le

type de l'amitié, voire même de l'amitié intellectuelle
qui est l'œuvre de la raison et qui a pour fin l'acquisition de la sagesse. Toutefois cet amour, par d'autres
traits, s'éloigne de la pure amitié. Le θυμός qui en est
le principe, est l'esclave de la raison (δοῦλος), mais n'est
pas la raison elle-même (νοῦς). Dans le char qui figure
l'âme, le θυμός est représenté, non par le cocher, mais
par le cheval blanc qui « obéit, sans avoir besoin qu'on le
« frappe, aux seules exhortations et à la voix du cocher ».
En d'autres termes, l'amour irascible est un élan du
cœur, non de l'intelligence. Il a beau être réglé par la
raison ; il n'en est pas moins une passion, et toute passion est déraison ou folie (μανία).

Mais, Platon prête à Socrate un tout autre langage
que celui que Xénophon lui fait tenir dans les *Mémorables;* il met dans sa bouche l'éloge de la folie. La
sagesse vulgaire, dont Lysias se fait l'interprète dans
le *Phèdre,* s'offense de la passion comme d'une folie
(κακῶς φρονεῖν-νοσεῖν) et s'en inquiète comme d'un danger. Suivant Socrate, l'amour mérite sans doute le
nom de folie (μανία) ; mais, pourquoi attacher au mot
folie un sens injurieux? L'inspiration, que quelques
mortels privilégiés ont reçue par un bienfait des dieux,
est aussi une *folie :* son vrai nom est μανική, de μανία,
d'où l'on a fait μαντική. Combien le délire sacré de l'inspiration qui révèle au prophète la science de l'avenir
n'est-il pas supérieur au raisonnement fondé sur l'observation des signes (vol des oiseaux, etc.) par lequel
l'augure établit ses prédictions. C'est que l'art augural
n'émane que de la sagesse humaine : il a nom οἰονοϊσ-
τική, c'est-à-dire science issue du raisonnement, qui est
devenu, par corruption, οἰωνιστική (*Phèdre,* 244 C, D).
On reconnaît ici l'opposition de la νόησις et de la διάνοια.
Il y a donc telle folie qui vaut mieux que la sagesse.
C'est le cas encore de la folie poétique : l'art ne saurait remplacer chez le poète l'inspiration; pourtant l'art

est une forme de la sagesse, et l'inspiration tient de la folie, μανία (V. l'*Ion*).

De même, l'amour n'est point, comme le prétend Lysias, réglé par la froide raison; il ne se fonde pas sur un calcul des intérêts. Aimer, s'est suivre l'inspiration de son cœur, céder à la folie de la passion. L'amour n'a point les allures de la sagesse (j'entends de la sagesse vulgaire), car la sagesse véritable admet que « le cœur a ses raisons que la raison ne connaît pas. » Il est le frémissement de l'âme à la vue de la beauté. « L'homme, « en apercevant la beauté ici-bas, se ressouvient de « la beauté véritable, prend des ailes, et brûle de s'en- « voler vers elle; mais, dans son impuissance, il lève « comme l'oiseau ses yeux vers le ciel, et, négligeant « les affaires d'ici-bas, *il passe pour un insensé*[1]. » L'amant « en présence d'un visage presque céleste ou « d'un corps dont les formes lui rappellent l'essence de « la beauté, frémit d'abord; puis il contemple cet objet « aimable et le révère à l'image d'un dieu; et, *s'il ne* « *craignait de voir traiter son enthousiasme de folie* « (καὶ εἰ μὴ δεδιείη τὴν τῆς σφόδρα μανίας δόξαν, *Phèdre,* « 251 A), il sacrifierait à son bien-aimé comme à l'image « d'un dieu, comme à un dieu même. L'aperçoit-il? « Semblable à l'homme que saisit la fièvre, il change tout « à coup; il se couvre de sueur; un feu ardent l'échauffe « et le pénètre »... L'amour irascible reste chaste; mais il connaît les violences du désir. Le cheval blanc, symbole de cet amour, recule saisi de respect, à la vue de l'objet aimé; mais « en reculant, encore tout confus et « tout ravi, il inonde l'âme tout entière de sueur et « d'écume ». (*Phèdre,* 254 C.)

Ainsi, l'amour irascible est à la fois rationnel et passionné. Il paraît être l'amitié, quand on l'envisage dans

---

[1] ὡς μανικῶς διακείμενος, *Phèdr.*, 249 E.

sa raison d'être ou sa fin, qui est l'acquisition de la sagesse ; mais, si on considère ses transports, son ardeur enthousiaste, on dira qu'il est proprement l'amour. Au reste, il ne faut pas opposer les termes *amour, amitié,* Dans la théorie socratique, l'amitié paraît n'être que le triomphe de la raison. Dans la théorie platonicienne, elle est aussi un élan du cœur. Pour Platon, la raison n'exclut pas la passion, ni la sagesse, la folie. Nulle affection ne répond mieux à l'amitié que l'amour irascible ; pourtant, il n'exprime pas l'amitié tout entière, mais seulement une de ses formes, la plus élevée de toutes, à savoir l'amitié philosophique.

C. — *De l'Amour intelligible.*

Au terme des autres amours se trouve l'amour *intelligible,* qui a pour objet la *Beauté absolue.* Celui qui a pénétré les mystères de l'amour et est arrivé au dernier degré de l'initiation, verra tout à coup apparaître à ses regards une beauté merveilleuse : « beauté éternelle, « non engendrée et non périssable, exempte de déca- « dence comme d'accroissement, qui n'est point belle « dans telle partie et laide dans une autre, belle seule- « ment en tel temps, en tel lieu, dans tel rapport, belle « pour ceux-ci, laide pour ceux-là ; beauté qui n'a point « de forme sensible, un visage, des mains, rien de cor- « porel ; qui n'est pas non plus telle pensée ni telle « science particulière ; qui ne réside dans aucun être « différent d'avec lui-même, comme un animal, ou la « terre, ou le ciel, ou toute autre chose, qui est absolu- « ment identique ou invariable par elle-même ; de laquelle « toutes les autres beautés participent, de manière « cependant que leur naissance ou leur destruction ne « lui apporte ni diminution, ni accroissement, ni le « moindre changement. » (*Banq.*, 211 A, B.)

L'amour qui s'empare de l'âme à la vue de la Beauté
en soi, est absolu comme son objet. C'est la plénitude du
cœur, le ravissement ou l'extase. Un tel sentiment n'a
rien à voir avec l'amitié. L'union avec la Beauté intelligible suppose le détachement à l'égard des choses et des
êtres sensibles. Celui-là ferme son cœur à l'amitié et à
toutes les affections purement humaines, qui s'est élevé
jusqu'à l'amour divin. Diotime le donne clairement à entendre lorsqu'elle dit : « O mon cher Socrate, ce qui peut
« donner du prix à cette vie, c'est le spectacle de la
« beauté éternelle. Auprès d'un tel spectacle, que se-
« raient l'or et la parure, les beaux enfants et les beaux
« jeunes gens dont la vue aujourd'hui te trouble, et dont
« la contemplation et le commerce ont tant de charme
« pour toi et pour beaucoup d'autres, que vous consen-
« tiriez à perdre, s'il se pouvait, le manger et le
« boire, pour ne faire que les voir et être avec eux !
« Je le demande, quelle ne serait pas la destinée d'un
« mortel à qui il serait donné de contempler le beau
« sans mélange, dans sa pureté et sa simplicité, non
« plus revêtu de chair et de couleurs humaines, et de
« tous ces vains agréments condamnés à périr, à qui
« il serait donné de voir face à face, dans sa forme uni-
« que, la beauté divine ! Penses-tu qu'il eût à se plaindre
« de son partage, celui qui, dirigeant ses regards sur
« un tel objet, s'attacherait à sa contemplation et à son
« commerce ?[1] »
Ici apparaît le vice de la conception platonicienne
de l'amitié. L'amitié prépare les voies à l'amour absolu.
Elle unit les âmes dans la recherche du beau ; mais, au
terme de cette recherche, les âmes se détachent les
unes des autres, et on ne voit pas qu'elles goûtent en
commun la joie de contempler la Beauté en soi. L'ami-

---

[1] Plat., *Banq.*, 212 D, 212 A.

tié travaille donc à se détruire ; elle hâte l'accroissement de l'amour absolu, et cet amour l'exclut. On ne
la trouve réalisée ni dans l'amour concupiscible, trop
mêlé d'égoïsme, ni dans l'amour intelligible, qui est impersonnel.

De la place de l'amitié dans la dialectique de l'amour.

Si l'amitié n'a ainsi qu'une valeur relative, il faut
rechercher, non quelle est sa nature, mais quel est son
rôle. Il faut déterminer sa place dans la dialectique des
sentiments. On a distingué trois amours : ces amours se
rejoignent et sortent les uns des autres.

L'amour irascible et l'amour concupiscible relèvent de
la passion dont ils représentent, l'un, le côté généreux,
l'autre, le côté furieux et emporté. La passion est
aveugle : c'est pourquoi Platon l'appelle une folie, μανία.
Elle n'est qu'un instinct ; mais, pour le philosophe qui
l'analyse, cet instinct se résout en raison. L'amour qui
s'égare à la recherche de la beauté corporelle, pressent
déjà la beauté divine que cette beauté reflète ; l'amour
inférieur, irascible ou concupiscible, est donc une aspiration à l'amour intelligible.

A vrai dire, il n'y a pas trois amours, mais un seul
qui prend des noms divers suivant les degrés que franchit son élan : l'amour est dit concupiscible , quand
il s'arrête à la beauté corporelle ; irascible, quand il
s'élève à la beauté morale ; dialectique enfin , quand,
dépassant les degrés inférieurs de la Beauté, il atteint
le sommet de l'Idée et a pour objet le Beau en soi.
L'amour dialectique ou amour qui part de la raison,
s'appuie, remarquons-le, sur les autres amours ; il les
enveloppe, les résume, en même temps qu'il les dépasse ;
il en est la synthèse et l'épanouissement. Au fond de la
dialectique platonicienne des sentiments se retrouve

l'idée d'harmonie : l'amour intelligible se dégage des amours inférieures et renferme en lui ces amours épurées; la passion est l'ébauche que la raison achève, la folie est la matière d'où se tire la sagesse.

Comment les amours inférieures, qui ont leur principe dans la sensibilité, rentrent-elles dans l'amour que la raison inspire? Comment, en particulier, l'amour terrestre se relie-t-il à l'amour intelligible? C'est ce qu'on ne saurait comprendre, si l'on s'en tenait à l'idée que nous avons présentée de l'amour concupiscible, si l'on ne donnait pas à cet amour un sens nouveau et conforme à la raison. Au sens vulgaire, l'amour concupiscible est une passion aveugle qui n'aperçoit rien par delà le plaisir, sa fin immédiate; au sens philosophique, il est la généra-tion corporelle, excitée par le désir de la beauté (τόκος ἐν τῷ καλῷ κατὰ τὸ σῶμα, *Banq.*, 206 B). Ramener ainsi l'amour terrestre à sa fin, la génération, l'interpréter au sens métaphysique, c'est par contre-coup le soumettre à une règle morale, l'épurer, l'assainir. La théorie méta-physique dont Socrate fait honneur à Diotime dans le *Banquet,* concorde avec la théorie morale exposée dans les *Lois,* laquelle exclut tout amour se rencontrant en dehors de l'union des sexes.

Ainsi entendu, l'amour des corps rejoint l'amour intelligible qui a la beauté éternelle pour objet. En effet, le désir d'engendrer enveloppe le désir de l'immortalité : la nature corporelle, mortelle par essence, aspire pourtant à se rendre immortelle; mais, pour un être vivant, la seule façon de s'immortaliser, c'est de donner la vie : l'amour ou le désir d'engendrer équivaut donc au désir de l'immortalité (καὶ τῆς ἀθανασίας τὸν ἔρωτα εἶναι, *Banq.*, 207 A). Dès lors, l'amour concupiscible se rapproche de l'amour intelligible : il aspire comme lui à l'éternité, quoiqu'il ne réalise que l'éternité précaire de l'espèce vivante.

S'il a pu être défini plus haut l'amour de la beauté

corporelle, c'est que la beauté est une circonstance favorable à la génération. « Notre amour ne peut engendrer « dans la laideur, mais dans la beauté... la Beauté est « comme la déesse de la Conception (Μοῖρα) et comme « celle de l'Enfantement » (Εἰλείθυια), *Banq.*, 206 D). C'est définir l'amour concupiscible par l'*accident* que l'appeler le désir de la beauté corporelle; c'est le définir par l'*essence* que l'appeler le désir de l'éternité.

Au lieu de considérer la fin de l'amour terrestre, suivons ses progrès, son ascension morale, nous verrons qu'au terme de cette ascension, il est de nature intelligible et s'attache à une Idée. En effet, si le premier degré de l'amour terrestre consiste à « aimer un beau corps et un seul » (ἑνὸς... σώματος ἐρᾶν, *Banq.*, 210 A), le second consiste « à reconnaître que la beauté qui réside dans un corps est sœur de la beauté qui réside dans les autres » et à aimer dès lors « la beauté essentielle » (τὸ ἐπ'εἴδει καλόν, 210 B) qui se communique sans se perdre à tous les corps (τὸ ἐπὶ πᾶσι τοῖς σώμασι κάλλος, *ibid.*) et se retrouve une et identique (ἕν τε καὶ αὐτό) en chacun. Un tel amour se rapportant à une idée éternelle est déjà intelligible ou divin.

L'amour irascible le sera plus encore. Cet amour, qui lie les âmes, a pour fin, comme l'amour des corps, la *génération* (τόκος ἐν καλῷ κατὰ τὴν ψυχήν, *Banq.*, 206 B). Quand on parle des âmes, le mot génération ne peut avoir d'autre sens que celui d'éducation. Engendrer les âmes, c'est les instruire et leur faire produire les vertus. La maïeutique n'est pas toute l'éducation, elle n'en est qu'une partie et peut-être la moindre. L'enseignement est l'œuvre commune du maître et du disciple. Si l'on a seulement en vue la part active que le disciple y prend, on réduira le maître au rôle d'accoucheur. Mais, en réalité, celui qui accouche une âme, c'est-à-dire qui assiste à l'éclosion des beaux sentiments renfermés en elle, ne fait que recueillir le fruit d'un travail antérieur :

il a d'abord fait naître et germer ces sentiments, il a jeté dans cette âme la semence « des beaux discours ». Ainsi l'accouchement n'est pas l'éducation, mais son résultat final, il en est le triomphe et la gloire, il n'en est pas la peine. L'enseignement a une vertu efficace, puisque le maître ajoute à ce que le disciple apporte : il est donc plus que l'accouchement, il est l'acte d'engendrer.

Mais la génération ne va pas sans l'amour. Cela revient à dire que l'enseignement est la sympathie des cœurs, en même temps que l'accord des esprits. Il suppose entre le maître et le disciple un mutuel attrait. Le maître ne peut instruire que les belles âmes ; ou, comme dit Platon, la fécondité morale ne s'exerce que dans la beauté.

L'amour irascible, comme l'amour terrestre, enveloppe le désir de l'immortalité. Si on se rend immortel en laissant des enfants, on s'acquiert par la vertu une immortalité plus haute, comme Alceste, Achille et Codrus. Enfin, si les philosophes, les législateurs et en général ceux qui sont doués de fécondité morale (κατὰ τὴν ψυχὴν ἐγκύμονες — γεννήτορες) laissent après eux des hommes qui s'inspirent de leur enseignement et de leurs vertus, ils s'assurent la postérité la plus lointaine et l'immortalité la plus glorieuse.

Enfin, considéré dans son ascension morale, l'amour irascible d'une part confine à l'amour concupiscible, de l'autre, rejoint l'amour intelligible. En effet, il évolue des beaux corps aux beaux sentiments, des beaux sentiments aux belles connaissances, des belles connaissances à la connaissance par excellence, à celle du beau lui-même, tel qu'il est en soi.

A tous ses degrés, l'amour est le désir de l'immortalité, ou mieux de l'éternité (τῆς ἀθανασίας ἔρως). Au terme de son évolution, il entre en possession de la vie éternelle, il est le retour de l'âme à cette vie anté-terrestre

où il lui était donné de contempler les essences (*Phèdre,*
247). L'amour intelligible est une *réminiscence.* Il relève
de l'intelligence et de la passion. Il est la contemplation du Beau et il est le ravissement que l'âme goûte
dans la contemplation. « L'amour est philosophe », dit
Diotime (*Banq.,* 204 B). En effet, dans l'amour, le cœur
s'accorde avec la raison; les élans de la passion tradui-
sent le mouvement dialectique des pensées. Le sentiment conduit à l'Idée, aussi bien que l'intelligence; ou
mieux, le sentiment et l'intelligence ne font qu'un :
aimer, c'est comprendre, et comprendre, c'est aimer.
La vie de l'âme est une et harmonieuse.

L'amour a encore un sens religieux. L'âme n'a pas
toujours été enfermée dans la *prison* du corps (jeu de
mots intraduisible : σῶμα, corps; σῆμα, tombeau); son
entrée dans la vie sensible représente la Chute, du
dogme chrétien; mais, par l'amour, elle retourne à la
vie intelligible, elle se réconcilie avec Dieu. L'amour est
donc une rédemption, ou, pour parler la langue des
mystères, une purification (κάθαρσις) ; en effet, en obéis-
sant à sa loi, en se développant dans l'ordre dialectique, il détache l'âme des sens et de leurs passions
grossières; il la fait sortir du tombeau, c'est-à-dire du
corps dans lequel elle est ensevelie, il la fait mourir à
la vie sensible et purement humaine pour renaître à
la vie divine (Phédon).

Dans la théorie platonicienne de l'amour, il est difficile
de déterminer la place de l'amitié. Elle n'est point,
semble-t-il, un degré de l'amour, une des formes particulières qu'il revêt dans son évolution dialectique. On
peut même, à la rigueur, concevoir l'amour en dehors
de l'amitié. En effet, il a une fin impersonnelle qui est
la beauté en soi. S'il nous était donné d'atteindre cette
fin, de nous reposer dans la contemplation des essences
éternelles, notre bonheur serait parfait, nous nous suffi-
rions à nous-mêmes, nous n'aurions plus besoin d'amis.

Arrivé au terme de son ascension dialectique, l'amour exclut donc l'amitié, ou du moins ne l'implique pas. Mais l'amitié est la condition du développement de l'amour. Sans doute, l'amour a un caractère personnel ; aimer, c'est développer les puissances de son âme, c'est réaliser la plénitude de son être propre. Mais l'évolution de nos sentiments n'est jamais exclusivement notre œuvre. Nos maîtres déposent en notre âme le germe des vertus que nous développons. Notre perfection intérieure est un legs. L'amitié de nos semblables est donc pour nous un besoin. C'est aussi en les aimant que nous nous formons à l'amour absolu ayant le Bien pour objet. L'amitié en effet est un intermédiaire entre l'amour-propre et l'amour intelligible. Elle nous détache de nous-mêmes, elle nous enseigne le désintéressement ; elle prépare en nous l'avènement de l'amour qui s'attache à une réalité impersonnelle et idéale. L'amitié est à l'amour intelligible ce que l'étude mathématique est à la dialectique, une initiation. Nous ne nous élèverions pas de nous-mêmes à l'amour du Bien : il nous faut faire par l'amitié l'apprentissage de cet amour ; il nous faut aussi, pour soutenir l'élan de notre cœur, l'appui de nos semblables et leur exemple. Ainsi donc, l'amitié fait déjà pressentir l'amour absolu ; elle l'évoque, elle l'annonce, puis s'efface devant lui.

Essayons de dégager l'idée dominante des théories de Platon. Ces théories ont éminemment le caractère philosophique, c'est-à-dire qu'elles sont des vues d'ensemble, des considérations générales. Elles ne s'enferment pas et ne se laissent pas enfermer dans le cadre étroit d'une monographie de l'amitié. Platon étudie le rapport de l'amitié avec les autres affections ; il ne note pas ses caractères individuels ; il ne la distingue pas nettement de l'amour. C'est qu'il se place d'abord au point de vue de l'idéal, de l'absolu.

Avant de rechercher à quelle forme particulière

d'amour on donne le nom d'amitié, il se demande quel est le véritable amour. Aime-t-on les personnes ou les choses qu'on ne recherche pas pour elles-mêmes, et par exemple, aime-t-on la médecine qu'on recherche uniquement en vue de la santé? Non, le véritable amour est par exemple celui du père pour son fils. Le père, en effet, ne considère pas son fils comme un bien qui lui en procure d'autres plus grands, mais comme le bien auquel il sacrifie tous les autres incomparablement moindres. Ainsi tout amour relatif ou subordonné à un autre amour est vain; il n'y a qu'un amour véritable, c'est l'amour absolu. Mais, quoiqu'il arrive à Platon de citer comme exemple d'amour absolu l'affection paternelle, il est clair que l'amitié (et par là, j'entends l'amour qui s'attache aux personnes) est toujours à ses yeux relative. En effet, on n'aime pas une personne pour elle-même, mais pour le bien qui est en elle ; et en l'aimant, on se propose encore une fin étrangère à l'amour même, qui est de contribuer à son perfectionnement moral, ou au contraire de s'appuyer sur elle pour devenir meilleur.

Ainsi donc le Bien seul est aimé pour lui-même et les personnes ne sont aimées qu'en vue du Bien. Aussi l'amitié est-elle un amour imparfait. L'idée d'imperfection est d'ailleurs enveloppée dans le mot même d'amitié. En effet, amitié veut dire désir, privation, besoin. Aimer, c'est aspirer au bien, ce n'est pas le posséder. L'amitié est donc deux fois relative : elle l'est en tant qu'amour ; car tout amour enveloppe la relation de deux termes, un sujet et un objet. Elle l'est encore en tant qu'amour particulier : l'objet immédiat de l'amitié n'est pas le Bien en soi, mais un bien relatif et subordonné.

Platon dans le *Lysis* déclare l'amitié inconcevable. Elle l'est en effet, si on la considère en elle-même, si on ne la rapporte pas à sa fin ; bien plus, si on ne rattache pas sa fin immédiate à une fin absolue. Puisqu'il n'y a qu'un amour, l'amour absolu, l'amitié ou toute autre affection doit être une participation ou un acheminement à cet amour. L'objet de l'amour, c'est le Bien. A vrai dire, il y a plusieurs espèces de biens ou plusieurs degrés dans le Bien : de là, les espèces ou degrés de l'amour. Mais les biens inférieurs ne donnent point à l'âme satisfaction : le bonheur n'est que dans la contemplation du Bien en soi. Dès lors, tout amour qui s'attache à une forme relative du bien, lorsqu'il a atteint son objet, aspire à un bien plus élevé et tend à se transformer en un autre amour. L'âme s'élève ainsi de degrés en degrés jusqu'à l'absolu. Platon dira tantôt que l'amour a pour objet la beauté, et s'élève de la beauté physique à la beauté morale, de la beauté morale à la Beauté en soi, tantôt qu'il a pour objet l'éternité et réalise par la génération la perpétuité de l'espèce, par l'enseignement, la perpétuité de la science, jusqu'à ce qu'enfin il mette l'âme en communication avec les essences éternelles. Ainsi se trouve ramenée à l'unité la diversité des amours. Voilà pourquoi encore un amour ne peut être détaché des autres, et l'amitié ne peut pas être étudiée à part.

III. — ARISTOTE.

Platon avait signalé les équivoques du mot φιλία dans la langue courante (*Lysis*) ; Aristote évite ces équivoques en créant une terminologie spéciale pour exprimer les formes de l'amitié, ses degrés, ses nuances. Ce n'est pas que les deux philosophes ne prennent d'abord le mot Amitié au sens large. On a vu que, pour Platon, l'amitié ne se distingue pas de l'amour en général. Aristote réserve, il est vrai, le nom d'amitié à l'amour partagé

(ἀντιφίλησις — Cf., Plat., *Lysis*, 212 D. Ἂν μὴ ἀμφότεροι
φιλῶσιν, οὐδέτερος φίλος), ce qui exclut de la φιλία l'amour
pour les choses ; mais, par amitié, il entend tout sentiment affectueux, si faible qu'il soit, d'un homme pour un
autre, et, par exemple, l'attrait qu'on éprouve pour des
compagnons de voyage (*Eth. Nic.*, 1155 A). Il dira
même que l'amitié est un penchant que la nature a mis
dans tous les êtres animés, et qui se retrouve chez les
oiseaux et, en général, chez les animaux de même espèce.

Toutefois, Aristote et Platon s'efforcent aussi de donner
au mot amitié un sens précis. Ils recherchent moins ce
qu'elle est que ce qu'elle doit être. Dès lors, ils ramènent toutes ses formes à une seule, qui est « la pure
amitié, c'est-à-dire un idéal, pris dans la réalité d'ailleurs,
et destiné à la régler». (Ollé-Laprune.) Chez eux, le point
de vue psychologique est toujours subordonné au point
de vue moral; ou plutôt, ils ne doutent pas que l'amitié
la plus parfaite ne soit en même temps celle qui répond
le mieux aux aspirations de l'âme humaine, et ils postu-
lent l'accord de la vérité psychologique et de l'idéal
moral. Pour Platon, l'amour s'élève en perfection à
mesure qu'il s'étend à un plus grand nombre d'êtres ;
ainsi, il vaut mieux aimer la beauté qui réside dans tous
les corps qu'aimer un beau corps ; il vaut mieux aimer
la Beauté en soi que telle ou telle forme particulière du
beau, fût-ce la beauté morale. La dialectique de l'amour,
c'est le passage du particulier à l'universel, c'est-à-dire
le détachement à l'égard des personnes et l'attachement
à l'Idée. Le plus haut amour est impersonnel.

Pour Aristote, au contraire, l'amitié est d'autant plus
parfaite qu'elle est plus particulière, plus intime. Les
moindres affections sont les affections banales, comme
celles qui s'étendent à nos semblables, à nos concitoyens
(φιλία πολιτική). La forme supérieure de l'amitié, c'est la
φιλία ἑταιρική ou intimité. Elle n'est possible qu'entre un
petit nombre de personnes; et même, l'amitié absolument

parfaite, celle qu'Aristote appelle un excès d'amour
(ὑπερβολή), ne saurait exister qu'entre deux êtres. Ainsi,
contrairement à ce que dit Platon, l'évolution des sentiments va de l'universel au particulier. L'amitié n'est
point un sentiment vague et impersonnel; elle est, au
contraire, l'attachement qui lie une personne à une
autre. Ce que Platon appelle l'amour le plus élevé et le
plus fort, à savoir l'amour qui a pour objet l'universel,
Aristote l'appelle le moindre amour; et il est le moindre
en effet, psychologiquement, je veux dire en intensité.
Or la vérité psychologique emporte, comme on sait, la
vérité morale ; il doit donc être aussi moralement inférieur. Il semble qu'Aristote se place d'abord au point de
vue psychologique et conclue de la faible intensité de
l'amour impersonnel à son infériorité morale, tandis que
Platon se place d'abord au point de vue moral et conclut
de la supériorité morale de l'amour du Bien en soi qu'il
est aussi l'amour le plus fort.

La psychologie péripatéticienne de l'amitié présente à
la fois plus d'ampleur et plus de précision que celle de
Platon. Elle traite : 1° *de l'amitié considérée dans son
évolution et à tous ses degrés ;* 2° *des espèces de l'amitié ;* 3° *de ses rapports avec l'amour-propre.*

A. — **Évolution de la** φιλία.

La méthode d'Aristote est la dialectique retournée.
Tandis que, pour Platon, l'amitié ou toute autre affection
doit perdre ses caractères distinctifs, s'universaliser et se
simplifier, pour Aristote, en se développant, elle devient
plus définie et plus complexe. A son plus bas degré,
l'amour s'adresse indistinctement aux personnes et aux
choses; il s'exprime par le mot φιλεῖν. L'amour pour les
choses est la φίλησις ; l'amour pour les personnes est la

φιλία. La distinction de la φίλησις et de la φιλία ne repose pas seulement sur la différence de leur objet ; ces deux affections diffèrent aussi en nature et en degré. Pour Aristote comme pour Platon, il n'y a qu'un amour vraiment digne de ce nom, c'est l'amour absolu. Or, on ne peut aimer les choses d'une manière absolue, c'est-à-dire pour elles-mêmes, ou comme fins. L'intérêt qu'elles inspirent est toujours indirect ; le soin qu'on en prend vise seulement leur emploi. Le sentiment qu'on éprouve pour les êtres inanimés (ἡ τῶν ἀψύχων φίλησις) est donc à peine de l'amour, il est au-dessous de l'amitié. En effet, l'amitié n'existe qu'à deux conditions : c'est qu'on veuille du bien à celui qu'on aime (βούλησις ἀγαθοῦ), et qu'on soit aimé de lui en retour (ἀντιφίλησις). Dans la φίλησις ou amour pour les choses, aucune de ces conditions n'est remplie[1].

Ainsi, le φιλεῖν comporte deux degrés : la φίλησις et la φιλία. La φιλία, à son tour, a bien des nuances. Suivons-la dans son évolution ; étudions-la à tous ses degrés.

---

[1] Pour qu'on pût éprouver de l'amitié pour les choses, il faudrait qu'on s'intéressât directement à elles, ce qu'Aristote déclare impossible. Un ingénieux écrivain soutient au contraire qu'on éprouve pour les choses de la sympathie. « Si vous avez jamais voyagé à pied, « n'avez-vous point senti naître en vous et croître avec les journées et « les services, cette affection pour le sac qui préserve vos hardes, pour « le bâton, si simple soit-il, qui a aidé votre marche et soutenu vos « pas? Au milieu des étrangers, ce bâton n'est-il pas un peu votre « ami, au sein des solitudes votre compagnie ? N'êtes-vous pas sen- « sible aux preuves de force ou d'utilité qu'il vous donne, aux dom- « mages successifs qui vous font prévoir sa fin prochaine, et ne vous « est-il point arrivé, au moment de vous en séparer, de le jeter sous « l'ombrage caché de quelque fouillis, plutôt que de l'abandonner aux « outrages de la grande route. Si vous disiez : « non... non, jamais ! » à « grand regret, cher lecteur, je verrais se perdre un petit grain de cette « sympathie qui m'attire vers vous. » (Töpffer, *Réflexions et menus propos,* p. 37.) Aristote dirait qu'aimer ainsi les choses, c'est les animer, les personnifier ; dans un tel sentiment il entre de la fiction, fiction poétique ou naïve ; on cède ou on se prête à une illusion.

L'amitié commence par la bienveillance ou sympathie (εὔνοια)[1]. A ne la considérer que du point de vue de la qualité, l'εὔνοια serait la plus haute de nos affections : en effet, elle consiste à « vouloir du bien » aux autres, à les aimer pour eux-mêmes ; il n'entre point en elle de calcul égoïste ; elle s'inspire de motifs élevés : c'est en raison de leurs vertus et, par exemple, de leur courage, qu'on éprouve pour les hommes de la sympathie. Par les dispositions bienveillantes, il faut donc entendre les sentiments de la pure amitié. Moralement l'εὔνοια ne se distingue pas de la φιλία. Mais psychologiquement elle est d'une autre nature : elle est vaine et sans effet ; on l'appellerait bien « une amitié qui n'agit pas » (ἀργὴ φιλία, *Eth. Nic.*, IX, v). Elle consiste à vouloir du bien aux autres sans rien faire pour eux et, par exemple, à former des vœux pour des combattants sans leur venir en aide. Elle est si peu résolue à agir qu'elle consent à rester ignorée. On pourra éprouver de la bienveillance pour des personnes qu'on n'a jamais vues, dont on a seulement entendu dire du bien, comme le Grand Roi (*Grande Mor.*, II, xii) ; on leur voudra alors du bien, mais on ne voudra ni vivre avec elles, ni leur faire du bien, on ne leur fera même pas connaître les sentiments qu'on a pour elles (γίγνεται γὰρ εὔνοια καὶ πρὸς ἀγνῶτας καὶ λανθάνουσα, *Eth. Nic.*, IX, v). La bienveillance n'a donc « ni ardeur ni élan » (οὐ γὰρ ἔχει διάτασιν, οὐδ'ὄρεξιν). Elle s'éveille tout d'un coup et elle est superficielle (προσπαίως εὐνοῖ γίγνονται καὶ ἐπιπολαίως στέργουσιν). C'est un sentiment de belle qualité, mais faible, voisin de l'indifférence et de nulle portée.

Elle a ceci de commun avec la φίλησις, qu'elle est ignorée de ceux qui en sont l'objet. Elle lui est incomparablement supérieure au point de vue moral, puisque la

[1] Sur l'εὔνοια, voir : *Eth. Nic.*, VIII, ii. — IX, v ; *G^{de} Mor.*, II, xii ; *Eth. Eud.*, VII, vii.

φίλησις est toujours intéressée, puisqu'on n'aime les
choses que par rapport à soi et pour l'usage qu'on en
retire. Mais, psychologiquement, il y a de l'εὔνοια à la
φίλησις la distance de la velléité à l'effort (διάτασις), des
vœux stériles à l'action énergique, des aspirations vagues
aux désirs (ὄρεξις). La φίλησις est aussi plus réfléchie que
l'εὔνοια; c'est à première vue qu'on éprouve pour autrui
la *bienveillance,* tandis qu'il entre de l'habitude dans
l'amour pour les choses.

Enfin, la bienveillance n'est pas l'amitié (φιλία), mais
le commencement de l'amitié. On ne peut être ami sans
être bienveillant, mais on peut être bienveillant sans être
ami. Le passage de la bienveillance à l'amitié est celui
de l'intention à l'acte : il se produit avec le temps et
sous l'influence de l'habitude (χρονιζομένην δὲ καὶ εἰς
συνήθειαν ἀφικνουμένην γίνεσθαι φιλίαν. *Eth. Nic.,* IX, v). Il
y a seulement amitié, quand on prend la résolution de
faire à celui pour qui on éprouve de la bienveillance
tout le bien qu'on peut lui faire.

Enfin, le caractère essentiel de la φιλία c'est d'être
« une réciprocité d'affection » (ἀντιφίλησις). Or, l'εὔνοια
n'est point partagée par celui qui en est l'objet, n'est
pas même connue ou soupçonnée de lui. L'amitié
se définira donc, non la bienveillance tout court, mais
une « bienveillance mutuelle » (εὔνοιαν... ἐν ἀντιπεπονθόσι
φιλίαν, *Eth. Nic.,* VIII, ii) et qui n'est pas ignorée de
celui qui l'inspire (μὴ λανθάνουσαν).

B. — De l'amitié proprement dite.

L'amitié proprement dite comporte deux degrés : elle
est une *puissance* (ἕξις)[1] avant d'être un *acte* (ἐνέργεια).

---

[1] Sur la distinction de la φιλία καθ'ἕξιν et de la φιλία κατ'ἐνέργειαν, V. *Eth. Nic.,* VIII, v.

En d'autres termes, il faut distinguer la disposition à aimer de l'amour même. La disposition à l'amitié (φιλία καθ'ἕξιν) est quelque chose de plus que la sympathie ou bienveillance : elle est l'appel d'une âme à une autre âme; elle est un sentiment partagé (ἀντιφίλησις) ou qui aspire à l'être. Mais on n'est pas plus ami par le fait qu'on veut l'être, qu'on n'est bien portant parce qu'on désire, la santé (*Eth. Eud.*, VII, ii). Il en est de l'amitié comme des autres vertus morales : elle dépend des circonstances extérieures : pour exercer la libéralité, il faut être riche; de même, pour pratiquer l'amitié, il faut vivre avec celui dont on est l'ami, lui rendre des services effectifs, lui donner des preuves réelles d'attachement. La simple disposition à l'amitié est donc vaine : elle ressemble plus à la bienveillance qu'à l'amitié (οἱ δ'ἀποδεχόμενοι ἀλλήλους, μὴ συζῶντες δὲ, εὔνοις ἐοίκασι μᾶλλον ἢ φίλοις, *Eth. Nic.*, VIII, v).

L'amitié en acte, φιλία κατ'ἐνέργειαν, consiste dans la vie en commun. « Rien ne convient à l'amité comme de vivre ensemble » (οὐδὲν γὰρ οὕτως ἐστὶ φίλων ὡς τὸ συζῆν, *Eth. Nic.*, VIII, v). L'éloignement détruit l'amitié en fait, quoiqu'il laisse subsister la disposition à aimer. Inversement, il suffit que des hommes partagent la même vie, pour que l'amitié s'établisse entre eux à quelque degré. Le συζῆν n'est pas seulement l'occasion de l'amitié ou sa cause, il constitue encore son essence, il est, comme dit Aristote, son *acte* (ἡ δὲ ἐνέργεια γίνεται αὐτοῖς ἐν τῷ συζῆν, *Eth. Nic.*, IX, xii). Il n'y a pas pour les amants de plus grand plaisir que de se voir, et pour les amis que de vivre ensemble. Le συζῆν est donc, en même temps que la condition de l'amitié, sa raison d'être ou sa fin. Il n'y a rien à quoi nous soyons plus attachés qu'à la vie (τὸ ζῆν) et, ce qui ajoute au prix de la vie, c'est que nous en partageons les joies avec nos amis. Nous recherchons tous ceux qui ont nos goûts et notre genre de vie. Si nous aimons le jeu, la chasse, nous

voulons avoir des compagnons de jeu, de chasse. Si nous
aimons la philosophie, nous voulons avoir pour amis
ceux qui se livrent à son étude. La vie commune qui
pourrait être recherchée pour les avantages qu'elle procure, ne laisse pas de l'être uniquement pour elle-même.
Ainsi, ceux qui sont liés par l'intérêt, n'éprouvant pas
le besoin d'une fréquentation habituelle, ne sont pas
des amis. L'amitié est d'autant plus forte que les amis
consentent moins à se quitter. C'est une liaison imparfaite que celle qui se fonde sur le plaisir, parce que le
plaisir ne nous rapproche que pour un moment. Les
meilleurs amis sont les gens de bien qui n'épuisent
jamais le plaisir d'être ensemble. Plus notre vie est
pleine, débordante, ce qui revient à dire noble et vraiment humaine, plus nous goûtons l'amitié. En effet, si
la vie se réduisait aux fonctions animales, au boire et au
manger, elle aurait à peine un caractère social. Qu'importe en effet, semble-t-il, qu'on soit près ou loin les
uns des autres, pour manger ou pour boire, surtout si
l'on ne parle pas? Et pourtant il est vrai qu'on aime
déjà à partager les plaisirs vulgaires de la table. Mais,
si l'on s'élève à la vie divine, combien plus n'en goûtera-
t-on pas en commun les joies? Si donc l'amitié est le
συζῆν ou la vie commune, elle revêtira autant de formes
que la vie (ζῆν) a de développements variés. Ainsi, à la
vie de plaisir répondent les amitiés de jeunesse, à la vie
de la pensée, les amitiés philosophiques.

S'il est aisé de voir que le συζῆν est la fin de l'amitié, on
a peine à comprendre comment il peut l'être. En effet,
« vivre », c'est sentir et penser; en d'autres termes, la
vie c'est la conscience (τὸ ζῆν... δεῖ τιθέναι γνῶσίν τινα,
Eth. Eud., VII, xii, C, éd. Didot). Mais la conscience
est fermée, impénétrable : chacun vit pour soi et ne peut
vivre en autrui. Le συζῆν irait donc contre les lois
mêmes du ζῆν. L'amitié, en demandant qu'une conscience
entre dans une autre conscience, se heurte à l'impossible.

Toutefois, ce n'est là qu'une difficulté de raisonnement, et les faits sont plus simples. En réalité, notre ami est un autre nous-même; dès lors, « sentir son ami, c'est nécessairement en quelque sorte se sentir soi-même, et se connaître soi-même » (τὸ οὖν τοῦ φίλου αἰσθάνεσθαι τὸ αὑτοῦ πως ἀνάγκη αἰσθάνεσθαι εἶναι, καὶ τὸ αὑτόν πως γνωρίζειν, *Eth. Eud.*, VII, xii, 13, éd. Didot). L'amitié étend la conscience en dehors des bornes étroites du moi, elle est la mutuelle pénétration des âmes; et comme la conscience, c'est la vie (τὸ ζῆν), l'amitié, c'est l'élargissement de la vie (τὸ συζῆν). Le mot συζῆν a un sens psychologique; la vie commune aboutit à la communion des âmes. Vivre ensemble, c'est la condition matérielle de l'amitié, vivre moralement de la même vie, être unis de sentiments et de pensées, c'est l'amitié proprement dite. « En effet, le συζῆν ne se dit pas des hommes comme des troupeaux et ne signifie pas : être parqués dans le même lieu » (οὕτω γὰρ ἂν δόξειε τὸ συζῆν ἐπὶ τῶν ἀνθρώπων λέγεσθαι καὶ οὐχ ὥστε ἐπὶ τῶν βοσκημάτων, τὸ ἐν τῷ αὐτῷ νέμεσθαι, *Eth. Nic.*, IX, ix, 10).

Ainsi entendu, le συζῆν rentre dans l'ἀντιφίλησις[1]. L'ἀντιφίλησις, c'est l'amitié répondant à l'amitié, c'est un même sentiment ressenti par deux personnes l'une pour l'autre. C'est encore, si l'on veut, le plus haut degré de l'ὁμόνοια[2] ou accord parfait des cœurs et des volontés. Pour qu'il y ait ἀντιφίλησις, il ne suffit pas qu'on réponde à l'amour par l'amour; il faut qu'à tel amour on réponde par un amour qui soit le même en nature et en degré. Dès lors, l'amour proprement dit est une amitié imparfaite, parce que l'amant aime la vue de l'aimé, et l'aimé, les hommages de l'amant : il y a bien entre eux échange

---

[1] Sur l'ἀντιφίλησις, voir *Eth. Nic.*, VIII, viii.
[2] Sur l'ὁμόνοια, *Eth. Nic.*, IX, vi.

d'affection, mais l'affection échangée n'est pas de même espèce. Au contraire, deux personnes d'humeur enjouée éprouvent à se trouver ensemble un égal plaisir et la même espèce de plaisir. L'ἀντιφίλησις est donc imparfaite dans un cas, parfaite dans l'autre. Non seulement il faut qu'à tel amour réponde un amour de même espèce, mais il faut qu'à tant d'amour réponde le même degré d'amour. Il est juste qu'on soit aimé dans la mesure où l'on aime soi-même, et qu'on aime dans la mesure où l'on est aimé. Ainsi s'établit en amitié une égalité rigoureuse : φιλότης ἰσότης. Les sentiments éprouvés de part et d'autre sont les mêmes et ont la même force.

Les amis qui s'aiment ainsi du même amour et avec la même ardeur ne se distinguent plus l'un de l'autre. Ayant les mêmes sentiments, ils font une même personne. Leur affection n'est point de la passion, car elle est constante, identique à elle-même; de plus elle se fonde sur un *choix* (ἀντιφιλοῦσι μετὰ προαιρέσεως) et le choix est un acte réfléchi, qui n'exprime point l'impression du moment, mais l'état permanent (ἡ δὲ προαίρεσις ἀφ'ἕξεως) ou le caractère de celui qui choisit. En d'autres termes, l'amitié ne dérive pas de l'appétit aveugle (ὄρεξις), mais de la volonté, c'est-à-dire de l'appétit éclairé et réglé par la raison. La volonté seule en effet peut réaliser et maintenir cette exacte concordance de sentiments qu'on appelle l'ἀντιφίλησις.

Encore est-il vrai de dire qu'elle y tend, non qu'elle y réussit toujours. L'ἀντιφίλησις est un idéal : elle ne se trouve réalisée que dans l'amitié parfaite. On peut même se demander si elle est autre chose qu'une règle posée par la raison. En disant que l'amitié consiste à aimer et à être aimé, et à aimer autant qu'on est aimé et de la même manière, Aristote paraît moins constater un fait qu'énoncer un devoir. Aussi lui arrive-t-il de se contredire. Après avoir défini l'amitié une ἀντιφίλησις, il reconnaît une amitié non payée de retour. C'est que la vérité psychologique n'est pas d'accord avec les théories morales. Ne trouvant pas à s'établir dans les conditions les meilleures ou à l'état parfait, l'amitié triomphe des circonstances ; ne recevant rien du dehors, elle tire tout d'elle-même ; on aime encore, quand on n'est point aimé, quand on ne l'est pas du moins autant qu'on aime, et l'on dit alors que l'amitié consiste avant tout à aimer.

L'ἀντιφίλησις, c'est le double fait d'aimer et d'être aimé[1]. Quel est le rapport de ces deux faits? Sont-ils d'égale importance ou l'un est-il subordonné à l'autre? Suivant Aristote, il n'y aurait point d'amitié sans réciprocité, et pourtant l'amitié parfaite, c'est celle des mères pour leurs enfants, lesquels sont incapables de les connaître et de leur rendre leur amour (*Eth. Nic.*, VIII, viii). De même, l'amitié exigerait qu'on fût aimé autant qu'on aime, et cependant « les bienfaiteurs parais« sent aimer leurs obligés, plus que les obligés n'aiment « leurs bienfaiteurs » (*Eth. Nic.*, IX, vii). La réciprocité en affection est une règle qu'on n'observe pas toujours. Il y a même du mérite à s'en affranchir. C'est donc, contrairement à ce qui semble résulter de la théorie de l'ἀντιφίλησις, qu'il n'importe pas également d'aimer et d'être aimé.

D'après l'opinion vulgaire, ce qui est le plus désirable, c'est d'être aimé (τὸ φιλεῖσθαι). Même, la plupart des hommes ne rechercheraient pas tant le plaisir que l'*honneur* d'être aimés (τὸ τιμᾶσθαι). « Être aimé semble bien « voisin d'être honoré, ce qui est précisément l'objet des « vœux de beaucoup de gens. » (*Eth. Nic.*, VIII, viii.) Pourtant, c'est une illusion de prendre l'honneur pour fin ; l'honneur procure des avantages : par exemple il est un moyen d'arriver au pouvoir ; mais il n'est pas lui-

---

[1] Sur les rapports du φιλεῖν et du φιλεῖσθαι, voir *Eth. Nic.*, VIII, viii; *Eth. Eud.*, VII, ii; G^de *Mor.*, II, xi.

même un avantage. Au contraire, il est naturel qu'on
veuille être aimé. « Être aimé cause de la joie par soi-
même ; aussi y a-t-il lieu de penser que cela vaut mieux
que *d'être honoré* et que l'amitié est recherchée pour
elle-même » (τῷ φιλεῖσθαι δὲ καθ'αὑτὸ χαίρουσι, διὸ δόξειεν ἂν
κρεῖττον εἶναι τοῦ τιμᾶσθαι καὶ ἡ φιλία καθ'αὑτήν αἱρετὴ εἶναι,
Eth. Nic., VIII, viii). En d'autres termes, le φιλεῖσθαι
ayant une valeur absolue, étant un bien ou une fin, ne
peut être subordonné au τιμᾶσθαι, lequel a seulement
une valeur relative et n'est qu'un moyen d'obtenir d'autres biens.

Si le fait d'être aimé, considéré en lui-même et en
dehors de l'honneur qui s'y attache, est un bien, ce bien
est pourtant inférieur. Il est au pouvoir des choses d'être
aimées comme d'être connues, tandis que c'est le privilège des personnes d'aimer et de connaître ; or, l'action
en général vaut mieux que la passion. « L'amitié consiste
donc à aimer plutôt qu'à être aimé » (δοκεῖ δὲ ἐν τῷ φιλεῖν
μᾶλλον ἢ ἐν τῷ φιλεῖσθαι εἶναι, *ibid.*). « Le propre des amis,
c'est d'aimer » (φίλων ἀρετὴ τὸ φιλεῖν ἔοικεν, *ibid.*). On le
prouve par l'exemple des mères. « C'est à aimer qu'elles
« mettent leur joie ; il en est qui donnent leurs enfants
« à nourrir, et qui les aiment, elles qui les connaissent,
« sans chercher à être aimées en retour, si la réciprocité
« est impossible ; on dirait que c'est assez pour elles de
« les voir heureux et qu'elles les aiment, bien qu'elles
« ne puissent recevoir d'eux, dont elles sont inconnues,
« rien de ce qui est dû à une mère. » (*Ibid.*) Si l'amitié
peut ainsi se réduire au φιλεῖν, c'est que le φιλεῖν en est
l'élément essentiel. L'amitié est aussi d'autant plus forte
qu'elle est plus active. « On s'attache davantage à ce qui
a coûté de la peine... ; or, recevoir du bien (c'est-à-dire
se laisser aimer) ne coûte aucune peine, tandis que faire
du bien (ou aimer), c'est prendre de la peine. C'est
pourquoi les mères aiment leurs enfants davantage, car
elles ont eu plus de peine à les mettre au monde. »

(*Eth. Nic.*, IX, vii.) La même remarque s'applique aux bienfaiteurs, aux artistes, aux poètes. « Tout artiste aime son œuvre plus qu'il n'en serait aimé, si l'œuvre devenait capable d'aimer. C'est peut-être ce qu'on voit le mieux chez les poètes. Ils aiment en effet leurs poèmes à l'excès, ils les chérissent comme leurs enfants. » (*Ibid.*) De même, les bienfaiteurs aiment leurs obligés plus qu'ils n'en sont aimés. C'est que la reconnaissance agit moins que l'amour.

« L'amitié est donc un acte » (ἐστὶν ἡ φιλία ἐνέργειά τις, *G*[de] *Mor.*, II, xii) ; c'est « l'acte d'aimer », τὸ φιλεῖν. Cet acte est-il intérieur et immanent à l'âme, ou se traduit-il au dehors par des effets sensibles ? A première vue, il semble que l'acte d'aimer soit une « production » (ποιεῖν)[1] et veuille dire faire du bien, se répandre en bienfaits (εὖ ποιεῖν, εὐεργετεῖν). Aristote assimile l'amitié à l'action bienfaisante, à la création artistique, qui rentrent toutes deux dans l'activité transitive. En effet, la charité et la vertu se reconnaissent à leurs œuvres ; « ce que le poète ou le bienfaiteur est en puissance, son œuvre (le poème ou le bienfait) l'atteste et le montre réalisé en acte » (ὁ γάρ ἐστι δυνάμει, τοῦτο ἐνεργείᾳ τὸ ἔργον μηνύει, *Eth. Nic.*, IX, vii, 4). C'est pourquoi le bienfaiteur s'attache à l'obligé et le poète à ses vers ; chacun d'eux, à l'occasion de l'œuvre qu'il réalise, prend conscience de ses facultés, c'est-à-dire de son génie et de son cœur. Mais, prenons garde à l'originalité de l'action morale ou esthétique : elle se manifeste au dehors d'une manière sensible, mais elle est supérieure à ses effets ; elle vaut en elle-même, non par les œuvres qu'elle produit. Il en est donc de l'amitié comme de certains arts, dans lesquels l'acte et la fin se confondent.

---

[1] ἡ μὲν φίλησις ποιήσει ἔοικεν, *Eth. Nic.*, IX, vii, 6.

« En effet, jouer de la flûte, c'est à la fois la *fin* que
l'artiste poursuit et l'*acte* qu'il réalise » (τὸ γὰρ αὐλεῖν καὶ
τέλος αὐτῷ [τῷ αὐλήτῃ] καὶ ἐνέργεια, *Gr. Mor.*, II, xii).

De même, « l'amitié est un acte ; on ne se propose pas
en amitié d'autre fin que d'aimer ; mais aimer est la fin
même qu'on poursuit » (ἐστὶν οὖν ἡ φιλία ἐνέργειά τις, οὐδὲν
δ'ἐστὶν ἄλλο τέλος παρὰ τὴν ἐνέργειαν τοῦ φιλεῖν, ἀλλὰ τοῦτο
αὐτό, *ibid*.....) L'amitié est un acte tout intérieur qui ne
sort pas de celui qui aime (οὐκ ἔξω, ἀλλ' ἐν αὐτῷ τῷ
φιλοῦντι, *Mor. Eud.*, VII, ii). Le φιλεῖν a donc beau se
manifester au dehors par les bienfaits, il ne rentre pas
dans l'activité transitive, il est de nature psychologique
ou interne. Aimer, c'est agir, et la perfection de l'amour
se mesure à l'intensité de l'action, considérée en elle-
même, non aux manifestations ou aux effets extérieurs
de cette action.

Aristote suit Platon quand il dit que l'amitié consiste
à aimer, non à être aimé. Mais, tandis que Platon définit
l'amitié un *désir*, partant une imperfection (car désirer,
c'est aspirer à un état meilleur), Aristote la définit un
acte, ou une *fin*, c'est-à-dire un état de perfection dans
lequel l'être atteint sa plénitude, se complaît en lui-
même et n'a plus de désirs. L'amitié, dit-il, est un acte.
Mais agir, c'est proprement être. « C'est par l'acte que
nous sommes » (ἐσμὲν δ'ἐνεργείᾳ, *Eth. Nic.*, IX, vii). Dès
lors, l'amour étant la vie pleine, l'action intense, l'expansion de notre être et le développement de nos facultés,
est aussi le bonheur, et non point le désir ou la poursuite
du bonheur.

Mais en poussant jusqu'au bout l'analyse de l'amitié,
Aristote n'est-il pas conduit à rejeter la définition qu'il
en avait d'abord donnée ? Peut-il maintenir que l'amitié
consiste à aimer et à être aimé tout ensemble, alors qu'il
reconnaît que l'acte d'aimer l'emporte si fort sur le fait
d'être aimé, lui est si supérieur au point de vue moral,
est par lui-même si plein, si fécond en plaisirs, que celui

qui aime n'exige pas et ne songe pas à exiger qu'on lui rende son amour, se trouvant, si j'ose dire, satisfait d'aimer? On a même vu que l'amitié éclate d'autant mieux qu'elle est plus désintéressée, et moins payée, comme on dit, de retour. Rien ne manque à l'amitié des bienfaiteurs et des mères : la φιλία se rencontre donc en dehors de l'ἀντιφίλησις; elle se présente même alors sous sa forme éminente. Dès lors, Aristote ne s'est-il pas contredit en posant, d'une part, que le φιλεῖν ne saurait être séparé du φιλεῖσθαι, de l'autre, que le φιλεῖν fait le fond de l'amitié et la constitue tout entière? On n'a pas le droit de lui attribuer une contradiction si forte. Il est plus naturel de supposer qu'il considère tour à tour l'amitié à deux points de vue : au point de vue sociologique et au point de vue psychologique, et qu'il voit en elle, tantôt une association, κοινωνία, tantôt un sentiment de l'âme humaine. L'association est antérieure à l'affection ; elle l'autorise et la fonde ; mais l'affection une fois née se développe suivant ses lois propres et se maintient en dehors des règles étroites de l'association. L'association devrait s'établir selon la loi d'une réciprocité absolue ; elle postule l'ἀντιφίλησις. Il serait juste de compter en amitié. C'est un fait, pourtant, que les amis ne comptent pas. Ainsi l'amitié, d'abord entendue comme un amour qui reçoit autant qu'il donne, se trouve ensuite exclusivement ramenée à l'amour généreux, qui donne sans compter et même sans recevoir. Sa plus haute expression est le désintéressement.

C. — **Objet de l'amitié.** — **Les différentes espèces d'amitié.**

La psychologie antique est toujours objective ; ainsi, elle analyse moins l'amitié qu'elle ne détermine sa fin :

elle la considère sans doute comme un sentiment original et indique ses traits distinctifs, mais elle la rapporte
avant tout à un objet déterminé. Aristote, comme Platon,
définit l'amitié par la fin ou le bien qu'elle poursuit.
Mais, de même qu'il saisit mieux que son maître les
caractères distinctifs de l'amitié, il lui assigne aussi une
fin plus précise. Suivant lui, l'amitié a son objet propre,
qui n'est pas le bien en général, mais une forme particulière du bien, qui n'est pas non plus le bien en soi, mais
le bien relatif à chacun. En outre, Aristote distingue
plusieurs espèces de bien, à chacune desquelles répond
une amitié différente.

L'objet de l'amitié, ou l'*aimable* (τὸ φιλητόν)[1] se rapproche à la fois du *désirable* (τὸ ὀρεκτόν), objet de l'inclination naturelle, et du *préférable* (τὸ αἱρετόν), objet de la
volonté réfléchie et libre. « Il meut l'âme par un attrait
naturel et réclame de la volonté un libre choix. » (Ollé-
Laprune, édit. de la *Mor. à Nic.*, VIII, p. 40, note 1.)
Ses formes essentielles sont : le *plaisir* (τὸ ἡδύ) qui
s'adresse à l'ὄρεξις, et le *bien* (τὸ ἀγαθόν) qui s'adresse à
la fois à l'ὄρεξις et à la volonté. On range encore l'*intérêt*
(τὸ χρήσιμον) dans la catégorie de l'aimable, mais l'intérêt
n'est pas par lui-même aimable, il ne l'est qu'en tant
qu'il procure le plaisir ou le bien.

Aristote pose, au sujet de l'aimable, une double question : 1° celle de savoir s'il est le bien en général, le
bien en soi (τὸ ἀγαθὸν ἁπλῶς), le plaisir en général, le
plaisir en soi (τὸ ἡδὺ ἁπλῶς), ou au contraire, le bien et
le plaisir propres, relatifs à chacun (τὸ ἑκάστῳ ἀγαθὸν ἢ
ἡδύ) ; 2° celle de savoir si l'aimable est ce qui est simplement bon ou agréable à chacun (τὸ ἑκάστῳ ἀγαθὸν ἢ ἡδύ),
ou ce qui non seulement lui est bon ou agréable, mais

---

[1] Sur le φιλητόν, voir *Eth. Nic.*, VIII, ii; *Eth. Eud.*, VII, ii;
Gde Mor., II, xi.

encore lui *paraît* tel à lui-même (οὐ τὸ [ἑκάστῳ] ἀγαθόν, ἀλλὰ τὸ φαινόμενον). Ces questions se complètent ou plutôt n'en font qu'une. A la première, Aristote répond que l'aimable doit être à la fois le bien en général et le bien pour chacun. En effet, ce qui est un bien au sens absolu ne peut manquer d'être un bien relativement à chacun, pourvu toutefois que par *chacun* on entende ici non le premier venu, mais l'homme vertueux (ὁ σπουδαῖος), seul juge en fait de bien, comme en fait de qualités sensibles, de doux, d'amer, de chaud, de froid, sont seuls compétents ceux qui ont des organes sains. Inversement, ce qui est le bien pour l'homme vertueux ne peut manquer d'être le bien au sens absolu ; car l'homme de bien est « en toutes choses comme la règle et la mesure » (ὥσπερ κανὼν καὶ μέτρον, *Eth. Nic.*, III, IV). La seconde question offre encore moins de difficultés. Il importe peu de distinguer ce qui est le bien pour chacun et ce qui paraît à chacun le bien. Il ne manquera pas en effet d'arriver que ce qui est le bien pour chacun lui paraîtra tel à lui-même, surtout si par chacun on continue d'entendre ὁ σπουδαῖος, qui peut se traduire encore l'homme intelligent et de sens droit. Ainsi, en résumé, l'*aimable* sera le bien ou le plaisir au *sens absolu* (τὸ ἁπλῶς ἀγαθὸν ἢ ἡδύ), qui est en même temps le bien et le plaisir *pour chacun* (τὸ ἑκάστῳ ἀγαθὸν ἢ ἡδύ) et qui *paraît* tel à chacun (φαινόμενον).

Il y a autant d'espèces d'amitié que l'aimable revêt de formes différentes. Or, ce que les hommes ont d'aimable, c'est : ou le bien qui est en eux, ou les avantages et le plaisir qu'ils procurent aux autres. De là, trois sortes d'amitiés : l'amitié fondée sur la vertu, sur l'intérêt et sur le plaisir (*Eth. Nic.*, VIII, III).

Ces trois amitiés forment elles-mêmes deux groupes. Le caractère qui rend une personne *aimable* peut lui être *essentiel* ou *accidentel.* Il lui est *essentiel,* dans le cas de l'*amitié vertueuse :* aimer un personne pour le

bien qui est en elle, c'est l'aimer pour elle-même, car
la vertu ne se distingue pas de l'homme vertueux ; elle
est son être même, sa nature ; « c'est *essentiellement*
qu'on est bon » (ἀγαθοὶ δέ εἰσι καθ'αὑτούς). Au contraire,
quand l'amitié se fonde sur l'*intérêt* ou le *plaisir,* le
motif d'aimer n'est point dans la nature ou l'essence de
ceux qu'on aime, mais dans la *particularité accidentelle* qu'ils ont de plaire ou d'être utiles. « De telles
amitiés s'arrêtent donc aux circonstances accidentelles
(κατὰ συμβεβηκός τε δὴ αἱ φιλίαι αὗταί εἰσιν). La personne
n'est point aimée, *en tant qu'elle est ce qu'elle est,*
« mais en tant qu'elle procure ici quelque bien et là du
« plaisir. » (Trad. Ollé-Laprune, 1156 A.) Ainsi se
trouve précisé le sens du mot φιλία. La φιλία n'est pas
seulement l'*amour des personnes,* opposé à la φίλησις
ou amour pour les choses, elle est encore l'amour qui
s'attache à ce qu'il y a, si j'ose dire, dans les personnes,
de vraiment *personnel.* Au sens philosophique ou idéal,
il n'y a d'autre amitié que celle dans laquelle l'ami est
aimé pour lui-même ; mais en un sens dérivé et vulgaire, l'amitié est encore l'attachement aux personnes,
non pour elles-mêmes, mais pour le plaisir ou le profit
qu'on retire d'elles. En d'autres termes, il y a une
amitié parfaite (τέλεια) et des amitiés imparfaites, une
amitié véritable et des semblants d'amitié. L'amitié parfaite, c'est celle des bons en tant que bons. Les amitiés
imparfaites sont celles qui se fondent sur le plaisir
et l'intérêt : elles ne sont amitiés que par analogie
(καθ'ὁμοιότητα) avec la première et dans la mesure où
elles s'en rapprochent. Ce qui distingue celle-ci des
autres, c'est qu'elle est un attachement personnel, l'ami
y étant aimé pour ce qu'il est par nature et en lui-même,
et que les autres sont des *liaisons de rencontre* (κατὰ
συμβεβηκός), l'ami étant aimé pour ce qu'il est accidentellement et par rapport à nous.

On peut voir, en comparant les différentes espèces

d'amitié, les conséquences qui sortent de cette importante distinction. L'amitié vertueuse est celle qui a le plus de chances de durée et qui réalise l'entente la plus parfaite. Tandis que l'amitié intéressée et l'amitié selon le plaisir se rompent aisément (εὐδιάλυτοι), l'amitié des bons est durable (μόνιμος). Les premières ne survivent pas à la circonstance accidentelle qui les a formées; on se détache de ceux à qui on n'est lié que par l'intérêt ou le plaisir, le jour où on ne les trouve plus agréables ou utiles. Au contraire, l'amitié des bons dure autant qu'eux-mêmes, puisque la vertu c'est l'homme même. Les bons sont d'ailleurs au-dessus de la calomnie : observant entre eux la justice, ils n'ont pas de sujet de brouilles; en outre, ils ne se lient qu'après s'être éprouvés longtemps. Enfin, c'est chez eux seuls que se rencontre l'entière conformité de sentiments (ὁμόνοια). Ils se ressemblent, tandis que ceux qui sont liés par l'intérêt ou le plaisir peuvent être, indifféremment, tous deux bons ou méchants, ou l'un bon, l'autre méchant (*Eth. Nic.*, VIII, IV) et que même les amis par intérêt diffèrent toujours l'un de l'autre étant, par exemple, l'un riche, l'autre pauvre; l'un faible, l'autre puissant. Pour que l'entente soit parfaite entre les amis, il faut, si c'est le plaisir qui les rapproche, qu'il vienne de la même source, et, si c'est l'intérêt, que ce soit le même intérêt. Or, c'est seulement dans l'amitié vertueuse que le motif d'aimer est des deux côtés le même. C'est donc dans cette amitié exclusivement que l'entente est parfaite, et, pour cette raison, durable.

Si l'amitié vertueuse est l'amitié parfaite, on doit trouver en elle, en dehors des caractères qui lui sont propres, tous les caractères des autres amitiés. « En elle « se trouve réuni tout ce qui est requis pour faire des « amis » (συνάπτει γὰρ ἐν αὐτῇ πάνθ᾽ ὅσα τοῖς φίλοις δεῖ ὑπάρχειν). Elle est la plénitude en même temps que la perfection de l'amitié (ἡ φιλία ἐν τούτοις μάλιστα καὶ ἀρίστη); elle est un sentiment fort, profond autant qu'élevé. Les bons sont ceux qui, pour s'aimer, ont le plus de raisons et les raisons les plus fortes. Ils sont liés en effet par l'intérêt et le plaisir autant que par le bien. De plus, tandis que le charme des amitiés ordinaires s'épuise bientôt, celui de l'amitié vertueuse ne fait que durer ou croître, les bons ne pouvant que rester les mêmes ou devenir meilleurs. Ils ne peuvent non plus cesser d'être utiles les uns aux autres, car ils s'encouragent au bien. Ainsi, les bons s'aiment plus entre eux que ne le font les amis par intérêt ou par plaisir, car ils ont pour se lier, eux aussi, sans préjudice des autres motifs, des motifs d'intérêt et de plaisir, voire de plaisir plus grand, d'intérêt plus sérieux et surtout plus durable.

L'amitié vertueuse a encore un autre caractère : elle est rare. Quant « aux amis qu'on aime pour eux-mêmes ou pour leur vertu, il n'est pas possible d'en avoir un grand nombre ; c'est déjà beaucoup d'en trouver quelques-uns » (*Eth. Nic.*, IX, x). Par là même que de tels amis sont toujours peu nombreux, ils sont plus ardemment aimés (καὶ τὸ σφόδρα [φιλεῖν] δὴ πρὸς τοὺς ὀλίγους, *Eth. Nic.*, IX, x).

En résumé, suivant que la qualité pour laquelle on aime une personne est en elle par *nature* (comme la vertu) ou par *accident* (comme l'agrément ou l'utilité), l'amour qu'on ressentira pour cette personne sera fort ou faible, exclusif ou banal. L'amitié est, par définition, l'attachement à une personne. C'est toujours la personne qu'on aime ou qu'on doit aimer ; à vrai dire, on s'attache parfois à ce qui se rencontre en elle plutôt qu'à elle-même ; l'amour alors dévie, et il perd de sa force en même temps qu'il s'éloigne de sa fin. A proprement parler, il n'y a pas d'amitiés d'espèces différentes ; il n'y a qu'une amitié à des degrés divers. La personne aimée l'est avec plus ou moins de force, selon qu'elle l'est plus ou moins pour elle-même. L'originalité de la théorie d'Aristote consiste à soutenir que l'amitié est un attachement d'autant plus *personnel* qu'il a plus exclusivement le bien pour objet. La personnalité, en effet, réside, selon lui, dans la vertu ; le bien n'est pas une qualité abstraite ; la vertu, c'est l'homme vertueux.

D. — L'amitié et l'amour de soi. Le φίλος et le φίλαυτος.

Suivant Aristote, l'amitié est désintéressée ; elle consiste à aimer bien plus qu'à être aimé, et à aimer les autres pour eux-mèmes. Comment donc se concilie-t-elle avec l'amour-propre ? Ce problème ne se pose pas pour Socrate qui fonde l'amitié sur l'intérêt ; il se pose à peine pour Platon qui croit l'amour du bien antérieur à tout autre amour et en fait sortir également l'amour-propre et l'amitié. Aristote, qui regarde l'amour de soi comme le premier et le plus fort de nos penchants, s'attache à établir qu'il n'exclut point l'amitié, mais plutôt qu'il l'explique.

En effet, on ne comprendrait pas cet attachement à une personne qui constitue l'amitié, si on ne le trouvait réalisé ailleurs : dans l'amour de soi. « On est pour son ami ce qu'on est pour soi-même : car l'ami, c'est un autre soi-même » (πρὸς δὲ τὸν φίλον ἔχειν, ὥσπερ πρὸς ἑαυτὸν · ἐστὶ γὰρ ὁ φίλος ἄλλος αὐτός, *Eth. Nic.*, IX, IV). L'amour-propre éclaire donc l'amitié ; il sert à la définir. Ce n'est pas qu'il en soit le principe. L'amitié ne se ramène pas à l'amour de soi, mais elle lui ressemble. Aristote n'a garde de les confondre, mais il les rapproche. « La définition de l'amitié se tire de la définition de l'amour-propre » (τὰ φιλικὰ δὲ πρὸς τοὺς φίλους καὶ οἷς αἱ φιλίαι ὁρίζονται ἔοικεν ἐκ τῶν πρὸς ἑαυτὸν ἐληλυθέναι, *Eth. Nic.*,

---

[1] Sur cette question, voir *Eth. Nic.*, IX, IV, — IX, VIII ; *G*^{de} *Mor.*, II, XIII ; *Eth. Eud.*, VII, VI.

IX, ɪᴠ). « Quelques-uns croient que chacun s'aime avant
tout lui-même, et ils prennent ce sentiment pour type
de l'amour qu'on éprouve pour les autres, ou de l'amitié » (δοκεῖ γὰρ ἐνίοις μάλιστα ἕκαστος αὐτὸς αὐτῷ φίλος εἶναι,
καὶ τούτῳ χρώμενοι κανόνι κρίνουσι τὴν πρὸς τοὺς ἄλλους φίλους
φιλίαν, *Eth. Eud.*, VII, ᴠɪ).

L'amour de soi est antérieur à l'amitié ; il est plus
naturel et plus fort. Les proverbes qui s'appliquent à
l'amitié (μία ψυχή — κοινὰ τὰ τῶν φίλων — ἰσότης φιλότης
— γόνυ κνήμης ἔγγιον, *Eth. Nic.*, IX, ᴠɪɪɪ) s'appliquent
encore mieux à l'amour-propre : « car la plus forte amitié,
c'est celle qu'on éprouve pour soi-même » (μάλιστα γὰρ
φίλος ἑαυτῷ, *ibid.*). D'ailleurs, l'amour qu'on se porte à
soi-même ressemble de tous points à celui qu'on éprouve
pour autrui. Qu'on passe en revue tous les traits caractéristiques de l'amitié, il n'en est pas un qui ne s'applique à l'amour-propre. L'amitié est une εὔνοια, c'est-à-
dire qu'elle consiste à vouloir du bien aux autres, par
amour pour eux. « Or chacun se veut aussi du bien à
lui-même, et n'accepterait pas de devenir un autre, quand
il devrait posséder tous les biens » (*Eth. Nic.*, IX, ɪᴠ).

L'amitié est une ὁμόνοια, c'est-à-dire que l'ami partage
tous les sentiments de son ami, s'afflige et se réjouit avec
lui ; «or, chacun sympathise aussi avec lui-même» (ὁμογνω-
μονεῖ ἑαυτῷ, *ibid.*). L'accord des facultés de l'âme ou l'unité
du caractère répond à l'accord des amis : c'est ainsi que,
chez Platon, une même vertu, la justice (δικαιοσύνη), règle
les rapports des facultés entre elles et des hommes entre
eux. Chacun trouve à vivre en lui-même le même plaisir
que l'ami à vivre en compagnie de son ami : il se complaît en ses souvenirs, il s'enchante de ses espérances.
Enfin, comme l'ami fait des vœux pour conserver son
ami, chacun s'attache à sa propre vie. En somme, l'amour
change d'objet sans changer de nature ; il n'y a qu'une
façon d'aimer ; les sentiments du φίλος et du φίλαυτος sont
les mêmes.

Il y a aussi autant d'espèces d'amour-propre que d'espèces d'amitié. L'amitié et l'amour de soi se fondent exactement sur les mêmes motifs : ce qui nous fait aimer des autres, c'est précisément aussi ce que nous aimons en eux. Il y a, comme on sait, deux façons d'aimer son ami : à savoir pour lui-même et pour ce qu'il y a en lui d'*essentiel,* c'est-à-dire la vertu, ou bien pour ce qui ne lui est pas vraiment personnel et ne se rencontre qu'*accidentellement* en lui, comme l'utilité ou l'agrément. Il y aura donc également deux façons de s'aimer soi-même. En effet, on distingue dans l'âme une partie essentielle (τὸ κυριώτατον) la *raison* (τὸ νοεῖν — τὸ διανοητικόν, — τοῦτο ᾧ φρονεῖ) et une partie inférieure et irrationnelle (τὸ ἄλο-γον), faite de passions en lutte. Aime-t-on en soi la raison ? La *philautie* prend alors un sens honorable : elle est l'amour de soi, non seulement légitime, mais noble et élevé. S'aime-t-on au contraire dans ses facultés inférieures : la *philautie* s'entendra au sens injurieux et vulgaire, celui d'amour-propre ou d'égoïsme.

Le φίλαυτος au sens vulgaire, ou l'égoïste, est celui « qui s'attribue la meilleure part dans l'ordre des honneurs, des richesses, des plaisirs matériels » (*Eth. Nic.,* IX, viii). Les biens qu'il convoite sont de ceux « dont les hommes se disputent la possession » (περιμάχητα) ; il aura donc des rivaux, il n'aura point d'amis. Mais celui qui ne se fait pas aimer ne s'aime pas non plus lui-même ; l'égoïste, qui s'aliène les autres, se prend aussi en haine. Égoïste est synonyme de méchant ; « le méchant, en toutes ses actions, n'a en vue que lui-même, et plus il est méchant, plus il est égoïste » (*Eth. Nic.,* IX, iv). Or, le méchant est odieux à lui-même, sa volonté ne s'accorde pas avec ses désirs ; il préfère le plaisir qui doit lui nuire au bien ; par lâcheté et par paresse, il s'abstient de prendre le parti qu'il juge le meilleur ; il arrive, quand il s'est souillé de crimes, qu'il fuit la vie et se tue. Il ne recherche la société des autres que pour échapper à lui-même et à ses pensées : il n'y a rien dans sa vie qu'il ne regrette ; le passé lui fait horreur, et l'avenir l'épouvante. « Comme il n'a en lui rien d'aimable, il ne sent pas non plus pour lui-même d'amour » (*Eth. Nic.*, IX, IV. οὐθέν τε φιλητὸν ἔχοντες, οὐθὲν φιλικὸν πάσχουσι πρὸς ἑαυτούς). Il semble paradoxal, mais il est exact de dire que l'égoïste ne s'aime point. Il voudrait s'aimer, mais il n'en sait pas le moyen. La philautie vulgaire ou l'égoïsme donne seulement l'illusion de l'amour de soi, comme les liaisons d'intérêt et de plaisir donnent l'illusion de l'amitié. Cependant, le méchant peut s'aimer lui-même, en tant qu'il n'est pas entièrement méchant, comme l'ami par intérêt est encore un ami, en tant qu'il reste accessible à d'autres sentiments que l'intérêt.

Le véritable amour de soi est celui qui se rencontre chez l'homme de bien, comme la véritable amitié est l'amitié vertueuse. L'homme de bien (ὁ ἐπιεικής) s'aime lui-même. Il est fidèle à son caractère ; il goûte en son âme la sérénité et la paix : il sait fixer ses désirs. Il tient l'existence pour un bien et la veut conserver. Il se reporte avec plaisir vers le passé et ne conçoit rien que d'heureux dans l'avenir. Il n'a point en son cœur de sentiment que sa raison n'approuve, et il « ignore le repentir » (ἀμεταμέλητος), étant ce qu'il veut être (*Eth. Nic.*, IX, IV).

L'homme de bien n'ayant rien en lui que d'aimable est donc porté à s'aimer. Il s'aime autrement que l'égoïste ; il ne suit pas sa passion ; ce n'est pas l'utile, mais le bien qu'il poursuit. Ce ne sont pas les richesses et les honneurs qu'il convoite, mais la justice, la tempérance et toutes les vertus. « Il s'aime donc plus que ne fait « l'égoïste, car il choisit pour sa part les meilleurs et les « plus grands des biens, et ce qu'il aime en lui, c'est en- « core la partie excellente et maîtresse de son âme, la raison.» (Δόξειε δ' ἂν ὁ τοιοῦτος εἶναι μᾶλλον φίλαυτος· ἀπονέμει γὰρ ἑαυτῷ τὰ κάλλιστα καὶ μάλιστα ἀγαθὰ, καὶ χαρίζεται ἑαυτοῦ τῷ κυριωτάτῳ, *Eth. Nic.*, IX, VIII.) Dans le temps qu'il

s'aime, il se fait aimer. L'émulation des hommes dans le
bien est profitable à tous et à chacun. Tandis que le
méchant ne se nuit pas moins à lui-même qu'aux autres,
celui qui fait le bien y trouve son avantage, en même
temps qu'il se rend utile aux autres. On se fait donc
aimer alors qu'on s'aime soi-même; on est à la fois et
aux mêmes conditions φίλαυτος et φίλος.

Il est vrai que l'homme de bien est dévoué à ses amis,
à sa patrie, jusqu'à mourir pour eux, qu'il leur abandonne les richesses, les honneurs, tous les biens qu'on
envie, et ne garde pour lui que la vertu. Car il préfère
une joie intense et courte à des plaisirs médiocres et qui
durent, une année de vie pleine et généreuse à des
années de vie quelconque, une seule action d'éclat à une
série d'actes sans valeur. Mais son compte est bon : « il
cède à son ami les richesses, il se réserve la vertu; c'est
lui qui a la meilleure part » (γίγνεται γὰρ τῷ μὲν φίλῳ
χρήματα, αὐτῷ δὲ τὸ καλόν· τὸ δὲ μεῖζον ἀγαθὸν ἑαυτῷ ἀπονέμει.
Eth. Nic., IX, viii). Il n'envie pas non plus à son ami
les honneurs; il ne lui envie pas même le mérite de bien
faire. Est-ce donc qu'il consent à le céder en vertu? Non,
mais il trouve plus beau d'inspirer des actes de vertu
que d'être lui-même l'auteur de ces actes. Ainsi donc,
il ne s'oublie jamais : il aime son ami, mais il s'aime
lui-même et plus encore. Il pratique le dévoûment; il
n'est point égoïste; il ne paraît donc pas s'aimer, et en
effet il ne s'aime pas au sens vulgaire du mot. Mais ce
qu'on appelle le dévoûment, c'est en réalité le plus haut
degré de l'amour de soi. Ce qui passe pour l'oubli de
soi, c'est le plus profond attachement à soi; le dévoûment, c'est la poursuite des biens les plus grands et le
renoncement aux moindres. L'homme généreux s'aime
vraiment lui-même, c'est plutôt l'égoïste qui ne s'aime
pas ou s'aime mal.

Aristote se tient à égale distance des Épicuriens et
des Mystiques : les uns trop grossiers pour reconnaître

le désintéressement dans l'amitié, les autres trop raffinés pour concevoir l'amitié en dehors d'un désintéressement pur et absolu. Il s'efforce d'établir avec les premiers que l'amitié n'est pas exclusive de l'amour de soi; mais il ajoute qu'elle n'est pas réductible à cet amour. Il ne fait pas non plus sortir l'amitié de l'amour-propre; il montre qu'elle y aboutit, sans y tendre. Mais comment explique-t-il que le plus fort amour de soi coïncide avec l'amitié la plus intéressée ? Il faut qu'un même principe produise ces deux affections, que ce qui nous fait aimer des autres soit aussi ce qui fait qu'on s'aime soi-même ; ce principe, c'est la vertu. De plus, l'ami est un autre nous-même, sa personne ne diffère pas de la nôtre; elle est constituée essentiellement par la raison, et la raison est identique en chacun de nous. Aimer son ami ou s'aimer soi-même, en tant que raisonnable et bon, c'est donc aimer en deux personnes la même chose. Le noble amour de soi et l'amitié vertueuse ont le même objet, tendent à la même fin, sont une même affection.

Aristote redoute les excès du désintéressement; il fait de l'amour-propre le correctif de l'amitié, comme d'autres (les Épicuriens) feront de l'amitié le correctif de l'amour-propre. Il remarque que l'oubli de soi a des limites ; ainsi on souhaite à ses amis les plus grands des biens, on n'irait pas jusqu'à souhaiter qu'ils fussent dieux. Il a recours à l'argument favori des utilitaires ; il justifie l'amitié par ses bienfaits, il prouve qu'elle nous est nécessaire. Le malheureux a besoin de secours, de consolation, de sympathie : la présence d'un ami est un soulagement à ses peines. Mais l'homme heureux, le sage ne se suffit-il pas à lui-même? — Non, car « nul ne voudrait posséder tous les biens, à la condition d'en jouir seul ». Il faudrait, pour se plaire dans la solitude, être plus ou moins qu'un homme, être une brute ou un dieu. Le sage voudra vivre en la compagnie d'autres hommes, et non pas de premiers venus et d'étrangers, mais d'amis.

Le bonheur n'est point l'indépendance ou αὐτάρκεια. Il est « un acte » (ἡ εὐδαιμονία ἐνέργειά τίς ἐστιν. *Eth. Nic.*, IX, ix). Mais l'action la plus intense ou la vie la plus pleine est celle qui se répand au dehors. « Il n'est pas « facile d'agir d'une façon continue, quand on se ren- « ferme en soi-même ; cela est plus facile quand on s'unit « à d'autres, ou qu'on agit pour d'autres » (οὐ ῥάδιον γὰρ καθ'αὑτὸν ἐνεργεῖν συνέχως· μεθ'ἑτέρων δὲ καὶ πρὸς ἄλλους ῥᾷον, *ibid.*). L'intensité de la vie est liée à son extension. Il y a moins d'éléments de bonheur dans la vie per- sonnelle que dans la vie sociale.

En outre, le bonheur croît quand on le partage. C'est pourquoi « si les malheureux ont besoin d'être secourus, les heureux ont besoin de communiquer leurs joies » (οἱ τ'ἀτυχοῦντες δέονται ἐπικουρίας, οἱ τ'εὐτυχοῦντες συμβίων, *Eth. Nic.*, IX, x). Bien plus, on sent mieux le bonheur de ses amis que le sien propre. « Nous pouvons mieux voir ceux qui sont près de nous que nous-mêmes, et leurs actions que les nôtres » (*Eth. Nic.*, IX, ix). Nos amis étant d'autres nous-mêmes, nous jouissons de leur bonheur, comme du nôtre, et nous en jouissons plus que du nôtre, parce qu'il nous est extérieur, parce que nous le voyons de nos yeux, tandis que notre bonheur à nous, enfermé dans notre conscience, est confusément senti.

En résumé, l'expansion de la vie, son rayonnement au dehors se traduit pour nous par un accroissement de bonheur. Enfin, selon le mot de Théognis, la vie en commun avec les bons est un apprentissage de vertu. La perfection individuelle se développe donc dans la vie sociale, et le bonheur individuel dans l'amitié. Nous ne pouvons jamais nous passer d'amis.

CONCLUSION.

Dégageons les traits essentiels ou originaux des théories d'Aristote. L'*Éthique à Nicomaque* est d'abord l'œuvre d'un moraliste délicat. On y trouve une analyse fine et pénétrante de l'amitié. Toutes les formes et les nuances de ce sentiment complexe sont notées et décrites. Mais des vues d'ensemble dominent les observations de détail, les distinctions ingénieuses et les remarques profondes ; Aristote joint à la finesse du moraliste l'esprit systématique du philosophe. Il passe en revue tous les caractères de l'amitié ; mais il distingue les caractères accidentels et essentiels, et subordonne les uns aux autres. L'essence de l'amitié, dit-il, c'est d'aimer. Cette proposition se trouve déjà chez Platon. Mais, rien de plus trompeur qu'une formule : des doctrines diverses peuvent avoir un énoncé identique. L'amitié, en effet, est pour Platon un *désir*, pour Aristote, un *acte ;* or l'acte, ce n'est point le désir, mais le terme du désir, son accomplissement. En outre, la définition péripatéticienne de l'amitié se rattache à une théorie psychologique. Agir, c'est être, c'est vivre, c'est prendre conscience de sa vie ou de son être. L'action est supérieure à la passion ; aimer vaut donc mieux qu'être aimé. L'acte engendre le plaisir, le plaisir de l'amitié est tout dans l'acte d'aimer. L'activité de l'homme se répand au dehors : nous vivons dans les autres autant qu'en nous-mêmes ; or, sortir de soi, vivre avec d'autres en communion de sentiments et de pensées, c'est justement aimer. Des exemples heureux, des analyses profondes servent d'illustration et de commentaire à cette théorie abstraite.

Aristote entend encore par amitié l'attachement à une personne. Par là, il se distingue de Platon, pour qui toute affection est, ou tend à devenir impersonnelle, ayant pour objet l'absolu. L'amitié, suivant lui, est d'autant plus parfaite qu'elle est plus intime, c'est-à-dire qu'elle s'étend à un cercle de personnes plus restreint, qu'elle est plus exclusive dans ses choix, plus jalouse. La philanthropie est une vertu médiocre, « il est plus beau de faire du bien à des amis qu'à des étrangers[1]. » C'est que l'amour qui s'adresse à tous les hommes est faible, étant déjà à demi impersonnel, abstrait ; l'amitié la plus forte est celle qui lie deux personnes l'une à l'autre, parce qu'alors leurs âmes se pénètrent et se fondent en une. A d'autres points de vue pourtant, l'amitié paraît impersonnelle. Ainsi, elle se fonde sur la vertu ; mais la vertu, pour Aristote, c'est l'homme vertueux. Aimer un homme pour sa vertu, c'est l'aimer pour lui-même, pour ce qu'il y a en lui de personnel et d'intime. La personnalité réside dans la raison. Tout composé, et, par exemple, une ville, doit être définie par sa partie essentielle et maîtresse ; dans l'homme, cette partie essentielle est la raison ; l'homme, c'est l'être raisonnable. L'amitié, c'est donc l'attachement à une personne et spécialement à la raison qui est en elle, qui est son être même.

C'est parce que le fond de la personne est la raison, que l'amitié se concilie avec l'amour-propre. En effet, la raison, qui est le principe de l'individualité, ne laisse pas d'être identique en tous les hommes. Que ce soit mon ami ou moi-même que j'aime, c'est toujours la raison et la même raison que j'aime. L'amitié n'a pas d'autre objet que l'amour-propre. Il suit de là qu'elle a aussi les mêmes caractères et qu'elle se divise en un

---

[1] Κάλλιον δ'εὖ ποιεῖν φίλους ὀθνείων.

même nombre d'espèces. « Mon ami, c'est un autre moi-même. » Cette proposition a un sens métaphysique qui éclaire et qui fonde sa vérité psychologique et morale.

De toutes les théories psychologiques de l'amitié, la théorie péripatéticienne est la plus précise en ses détails, et, dans son ensemble, la plus harmonieuse. Ses exactes analyses sont d'accord avec les vues morales les plus hautes, si bien qu'elles paraissent tour à tour les impliquer ou s'en déduire. Aristote assigne à l'amitié un fondement rationnel, la vertu, sans lui ôter, comme Platon et les Stoïciens, son caractère d'attachement personnel. Il montre comment se concilient en elle l'universel et l'individuel. Il concilie encore le désintéressement de l'amitié et les exigences de l'amour-propre : il établit leur analogie sans conclure, comme Épicure, à leur identité. Il étudie donc sous toutes ses faces le problème de l'amitié et résout les difficultés métaphysiques, morales et psychologiques qu'il soulève.

IV. — ÉPICURE.

Platon confond l'amitié et l'amour ; Aristote distingue avec précision l'amitié proprement dite, les affections de famille et celles qui existent entre concitoyens (φιλία ἑται-ρική — συγγενική — πολιτική), mais il maintient leurs rapports et voit en elles les formes diverses d'un même sentiment. Épicure, au contraire, entend l'amitié au sens étroit et moderne du mot ; il l'oppose à l'amour, aux affections domestiques ; il la tient pour exclusive et non pas seulement pour distincte de tous autres sentiments. Au point de vue logique, la conception épicurienne de la φιλία est en progrès sur celles d'Aristote et de Platon ; elle est plus claire, plus précise. Il était aussi important,

et, à ce qu'il paraît, aussi malaisé de distinguer, comme
Épicure, l'amitié des autres affections humaines, que de
la distinguer, comme Aristote, de l'affinité des éléments.
Épicure est à Aristote ce qu'Aristote est à Empédocle.

Mais, tel est le rapport de nos affections que, s'il nous
arrive de méconnaître l'une d'elles, nous devenons incapables de comprendre les autres. Ainsi, il a manqué à
Épicure pour admettre le désintéressement en amitié de
rendre justice, comme Aristote, à l'amour des mères. On
peut soutenir que sa conception particulière de l'amitié,
que la place qu'il lui accorde dans la vie humaine, dérivent indirectement de ses théories sur l'amour et la
famille.

Tout d'abord la particulière estime en laquelle les Épicuriens tiennent l'amitié est un paradoxe psychologique
qui s'explique aisément. En se retranchant l'ambition et
l'amour, les Épicuriens se sont rendu l'amitié nécessaire.
Ils se désintéressent de la cité comme de la famille, ils
se tiennent systématiquement à l'écart des affaires publiques, ils ont pour devise le mot de Néoclès, frère d'Épicure : « Cache ta vie, λάθε βιώσας. » L'amitié est donc leur
unique refuge contre l'isolement individuel. L'égoïsme
ne supprime nullement le besoin d'affection ; l'Épicurien
veut être aimé, il veut goûter même la joie d'aimer. La
vie sans l'amitié n'est pas tenable, elle manque à la fois
de sécurité et de joie. L'αὐτάρκεια n'est pas un dogme
épicurien. Épicure blâme Stilpon d'avoir dit que « le sage
se suffit à lui-même et ainsi n'a pas besoin d'amis »
(Sén., Ép., IX). « Lorsqu'on prend simplement pour but
de conduite le bonheur, dit très bien Guyau, on sent
mieux son insuffisance personnelle, on a plus besoin de
s'appuyer sur autrui. » En fait, les égoïstes sont souvent
d'humeur sociable, témoin Atticus. Cet Épicurien raffiné, ce maître dans l'art de bien vivre savait que « la vie
n'est plus la vie, si l'on ne peut se reposer dans l'affection d'un ami ». Il avait renoncé aux émotions des luttes

politiques, aux triomphes de la parole, aux joies de l'ambition satisfaite ; mais, en revanche, il prétendait jouir de tous les charmes de la vie intérieure. Plus il s'était retranché et renfermé en elle, plus il était difficile et délicat sur les plaisirs qu'elle peut donner ; comme il ne s'était laissé que ceux-là, il voulait les goûter pleinement, les savourer, en vivre. Il lui fallait des amis, et parmi eux les plus grands esprits, les plus nobles âmes de son temps. Son activité, qu'il n'employait pas ailleurs, il la mettait toute à se procurer les douceurs de la société que Bossuet appelle le plus grand bien de la vie humaine. » (Boissier.)

Non seulement l'amitié répond seule, chez les Épicuriens, au besoin d'affection, mais la façon même dont ils la conçoivent trahit leur aversion pour toute autre affection. Ainsi, l'amitié épicurienne est l'antithèse de l'amour. Elle n'est point un élan aveugle et passionné, un entraînement ; l'imagination et les sens n'y ont aucune part ; elle naît de la réflexion et du calcul ; on ne dirait point d'elle qu'elle est un « excès » (ὑπερβολή). Il ne faut pas, en effet, que l'amitié d'Épicure pour Métrodore nous fasse illusion. En suivant son cœur, le philosophe a pu dépasser ses principes. L'amitié épicurienne est délicate, raffinée et exquise ; mais elle est toujours calme, froide ; bien plus, superficielle et légère : elle ne comporte pas l'oubli du soi ; si l'ami se dévoue à son ami, c'est qu'il y trouve son intérêt ou son plaisir. Aux yeux de l'Épicurien, le scandale de l'amour, sa folie, c'est cet absolu renoncement à soi, à son intérêt, dont l'amitié, au contraire, serait toujours exempte.

La supériorité de l'amitié sur toutes nos affections tient donc à ce qu'elle est toujours inspirée de notre intérêt. Épicure a encore une autre raison de la préférer à tous les engagements qui nous lient envers nos semblables : c'est qu'elle est contractée librement. L'Épicurien se réserve le droit de choisir ses affections. Il s'affranchit de toute obligation imposée par la nature et les lois; ainsi, par exemple, il ne se croit pas lié envers la famille, la patrie. Il a en quelque sorte une si haute idée de l'amour, il y fait entrer tant de délicatesse, de fierté ombrageuse et jalouse, qu'il ne la conçoit pas en dehors du don entièrement libre de soi-même et de l'affection élective. De tous les sentiments, l'amitié est donc le seul auquel il s'abandonne, parce qu'il est le seul qui n'implique la contrainte d'aucun devoir et qui soit toujours dans le sens de ses goûts, de son intérêt et de son plaisir.

L'amitié, sans doute, crée des devoirs. « S'il le faut, dit Épicure, le sage mourra pour son ami. » Mais ces devoirs, nous nous les imposons à nous-mêmes; il nous plaît de les reconnaître et de les suivre. A la théorie épicurienne du libre arbitre, ou indépendance de la volonté, répond naturellement celle de l'égoïsme, ou indépendance du cœur. Être égoïste en affection, c'est en effet revendiquer sa liberté, se défendre de toute passion envahissante comme l'amour, se refuser à porter la chaîne du mariage, c'est réserver son cœur pour les affections libres, c'est le donner et le reprendre à volonté; c'est, dans l'amitié même, rester maître de soi, garder le souci de son intérêt, ne pas perdre de vue son plaisir; c'est enfin consentir à aimer, s'y complaire, sans se livrer jamais. L'ami épicurien a conscience qu'il a été libre d'aimer, qu'il est libre en aimant, qu'il est libre encore de cesser d'aimer. C'est cette faculté de se reprendre, ou, pour mieux dire, cette constante possession de soi qui est le caractère essentiel de l'amitié égoïste.

En résumé, l'amitié épicurienne peut être définie *l'affection qui survit à la disparition de l'esprit de famille et de cité, et qui doit remplacer tous les penchants sociaux.* De là se déduisent tous ses caractères : elle sera d'abord forte et développée, n'ayant point de rivales. Elle sera ensuite le contre-pied des autres affec-

tions. Ainsi, tandis que nous nous faisons un devoir
d'aimer notre famille, notre patrie, nous trouvons notre
plaisir à aimer nos amis. Toutes nos affections nous sont
imposées par la nature, la tradition, les lois; elles sont un
assujettissement, une contrainte; l'amitié seule relève
de la volonté, elle est maîtresse de son choix, elle règle
sa destinée, elle est indépendante et libre. L'amour, et,
en général, toute passion, nous ôte la possession de
nous-mêmes, l'amitié nous la laisse entière. L'amour est
aveugle, emporté; l'amitié est calme, réfléchie. L'un
est contraire à notre intérêt, l'autre s'y conforme toujours. Ainsi, c'est l'éloignement d'Épicure pour la famille,
la cité, et aussi pour les passions troublantes, comme
l'ambition et l'amour, qui l'attire vers l'amitié, et sa
conception particulière de l'amitié est l'antithèse des
sentiments qu'il désapprouve et des passions qu'il condamne. Ses répugnances expliquent ses goûts.

Mais, cessons de considérer du dehors l'amitié épicurienne et de la définir par ses contraires. Étudions-là en
elle-même. Elle se fonde sur l'intérêt et dérive de l'amour-
propre. Socrate et Aristote soutenaient la conformité de
l'amitié et de l'amour de soi; Aristippe et Épicure soutiennent leur identité. Il faut l'entendre ainsi : ou l'amitié
se ramène à l'amour-propre, ou l'amour-propre se convertit en amitié.

Mais, la difficulté est grande de réduire l'un à l'autre
deux sentiments aussi contraires que la sympathie et
l'égoïsme. Cette difficulté, les Cyrénaïques l'ont jugée
insoluble. Aristippe avait dit : « On a un ami pour l'utilité; c'est ainsi qu'on aime un de ses membres, tant
qu'on jouit de son usage » (τὸν φίλον τῆς χρείας ἕνεκα· καί
γὰρ μέρος σώματος, μέχρις ἂν παρῇ, ἀσπάζεσθαι. Diog. Laert.,
II, 8, 91).

Ses disciples s'accordent à dire que l'amitié et l'intérêt
sont incompatibles; ils se divisent sur la question de
savoir s'il faut donner le pas à l'intérêt sur l'amitié ou à

l'amitié sur l'intérêt. Hégésias et ses partisans prétendent que « l'amitié n'est rien, non plus que la bonté et la
bienfaisance, attendu que nous ne la recherchons pas
pour elle-même, mais pour son utilité, et que, si cette
utilité vient à disparaître, elle-même s'évanouit » (μήτε
δὲ χάριν τι εἶναι, μήτε φιλίαν, μήτε εὐεργεσίαν, διὰ τὸ μὴ δι'αὐτὰ
ταῦτα αἱρεῖσθαι ἡμᾶς αὐτά, ἀλλὰ διὰ τὰς χρείας αὐτάς, ὧν ἀπόν-
των μηδ'ἐκεῖνα ὑπάρχειν. Diog. Laert., II, 8, 93, édit.
Didot).

Annicéris, au contraire, croit que celui qui possède un
ami est heureux, fût-il éprouvé par ailleurs et eût-il personnellement peu de joies en partage. « On n'admet pas
« un homme en son amitié seulement par intérêt, dit-il,
« en sorte que si cet homme n'est plus utile, on se
« détourne de lui; mais on l'aime aussi, en vertu d'une
« bienveillance innée, qui fait supporter pour lui les
« tourments. Quoique le plaisir soit posé comme fin, et
« qu'on en considère la privation comme un mal, on
« acceptera pourtant volontiers de souffrir, par amour
« pour son ami. » (Τόν τε φίλον μὴ διὰ τὰς χρείας μόνον
ἀποδέχεσθαι, ὧν ὑπολειπουσῶν μὴ ἐπιστρέφεσθαι· ἀλλὰ καὶ διὰ
τὴν γεγονυῖαν εὔνοιαν, ἧς ἕνεκα καὶ πόνους ὑπομενεῖν· καίτοι
τιθέμενον ἡδονὴν τέλος καὶ ἀχθόμενον ἐπὶ τῷ στέρεσθαι αὐτῆς,
ὁμῶς ἑκουσίως ὑπομενεῖν διὰ τὴν πρὸς τὸν φίλον στοργήν.
Diog. Laert., II, 8, 97, édit. Didot.)

Enfin, Théodore donne à entendre que les sages pen-
seront comme Annicéris, et les insensés, c'est-à-dire la
foule, comme Hégésias. Pour lui, il est d'avis que l'amitié
ne convient à personne : les insensés n'en voudront pas
si on en retire l'utilité, et les sages, se suffisant à eux-
mêmes, n'auront pas besoin d'amis (ἀνήρει δὲ καὶ φιλίαν,
διὰ τὸ μήτ'ἐν ἄφροσιν αὐτὴν εἶναι, μητ'ἐν σοφοῖς· τοῖς μὲν γὰρ
τῆς χρείας ἀναιρεθείσης καὶ τὴν φιλίαν ἐκποδὼν εἶναι· τοὺς δὲ
σοφοὺς αὐταρκεῖς ὑπάρχοντας μὴ δεῖσθαι φίλων. Diog. Laert.,
II, 8, 98).

La division des Cyrénaïques sur la question de l'amitié

n'est-elle pas l'illustration et la preuve de l'infranchissable abîme qui sépare le dévoûment et l'intérêt? L'opinion qui conclut contre l'amitié et soutient qu'elle doit être subordonnée à l'égoïsme, n'a pas seulement pour elle la majorité des suffrages (Hégésiaques, Théodoriens); elle paraît être encore la plus conséquente et la plus logique. En effet, Annicéris invoque un instinct de bienveillance (γεγονυῖαν εὔνοιαν) qui fait échec à l'égoïsme : il admet donc la dualité psychologique de la sympathie et de l'intérêt. Épicure sent que pour être fidèle à l'utilitarisme, il faut ramener l'une à l'autre, et faire voir dans l'amitié la plus dévouée la transformation et le triomphe d'un égoïsme délicat. Il s'applique à démontrer que l'amitié, comme les vertus, est inséparable du plaisir. (*Ut enim virtutes, sic amicitiam negant posse a voluptate discedere*. Cic., *De Fin.*, I, xx, 66. — *Quæque de virtutibus dicta sunt, quemadmodum eæ semper voluptatibus inhærerent, eadem de amicitia dicenda sunt.* Ibid., 68.) Il établit que ses principes ne lui retirent pas le droit d'aimer ses amis comme lui-même.

Suivant lui, nous avons lieu d'abord d'être reconnaissants envers nos amis. Nous ne pouvons en effet nous passer d'eux et de leurs services. Mais il ne nous suffit pas, pour aimer nos amis, de sentir à quel point leurs services nous sont nécessaires. Il y a loin encore de la reconnaissance à l'amitié. Épicure le reconnaît et distingue deux formes ou degrés de l'amitié, à savoir *l'amitié qui se fonde sur l'intérêt* et *celle qui repose sur l'attrait ou le charme*. « L'amitié commence par le *besoin*; mais elle se soutient par les *jouissances* de la *vie en commun* » (καὶ τὴν φιλίαν διὰ τὰς χρείας· δεῖν μέντοι προκατάρχεσθαι, συνίστασθαι δ'αὐτὴν κατὰ κοινωνίαν ἐν ταῖς ἡδοναῖς. Diog. L., X, 120).

L'amitié non seulement *garantit* très fidèlement, mais encore *produit* le plaisir autant pour nos amis que pour nous. » *Amicitiæ non modo* fautrices *fidelissimæ, sed*

etiam effectrices *sunt voluptatum, tam amicis quam sibi.*
Cic., *de Fin,* I, xx, 67. — « Ceux qui ont été assez heureux
« pour vivre avec des hommes de même tempérament
« et de même opinion ont trouvé de la *sûreté* dans leur
« société ; cette disposition réciproque d'humeur et des
« esprits a été le gage solide de leur union, elle a fait la
« *félicité* de leur vie. » (Épic., *Ap.,* Diog. Laerte,
Max. xliv, traduction anonyme, Amsterdam., 1758.)

Nous avons de la reconnaissance pour nos amis, en
tant qu'ils sont notre soutien, notre recours ; nous avons
pour eux de l'affection, en tant qu'ils sont notre réconfort,
notre joie. Nous passons de l'un à l'autre de ces sentiments ; ou plutôt, nous les éprouvons toujours ensemble.
« Sans l'amitié, dit Cicéron, exposant la thèse épicu-
« rienne, nous ne pouvons en aucune manière posséder
« un bonheur solide et durable ; mais nous ne pouvons
« conserver l'amitié si nous n'aimons nos amis comme
« nous-mêmes. » (*De Fin,* I, xx, 67). En d'autres termes,
il est de notre intérêt d'avoir des amis ; mais nous n'en
pouvons avoir que si nous renonçons à la poursuite
exclusive de notre intérêt.

Il y a là, semble-t-il, une contradiction manifeste.
Toutefois, si l'intérêt « triomphe dans sa propre défaite »
(La Rochefoucauld), s'il jouit de se sacrifier, s'il trouve
dans l'amitié des plaisirs plus vifs, plus délicats que ceux
qu'il éprouve à se satisfaire lui-même, il reste alors
paradoxal ; mais il devient exact de dire que l'égoïsme
peut conduire à aimer ses amis comme soi-même et plus
que soi-même. Telle est justement la pensée d'Épicure.
L'amitié par elle-même, utilité à part, est une source de
jouissances, un élément de bonheur. Elle « se lie étroite-
« ment avec le plaisir. Nous jouissons de la joie de nos
« amis comme de la nôtre, et semblablement, nous
« souffrons de leurs douleurs [1]. »

---

[1] *Amicitia cum voluptate connectitur etiam et lætamur amicorum
lætitiâ, æque atque nostrâ, et pariter dolemus angoribus.* (De Fin., ibid.)

Dans ses plus belles maximes sur l'amitié, Épicure n'outrepasse point ses principes. Il a le droit de dire : « Le sage aura toujours pour ses amis les mêmes senti- « ments que pour lui-même ; et toutes les peines qu'il « prendrait pour se procurer à lui-même du plaisir, il les « prendra pour en procurer à son ami. » (*Quocirca eodem modo sapiens erit affectus erga amicum, quo in seipsum, quosque labores propter suam voluptatem susciperet, eosdem suscipiet propter amici voluptatem.* Cic., *de Fin*, I, xx, 68). — Ou encore : « Le sage, s'il le faut, mourra pour son ami ». Cela, en effet, signifie simplement que les joies de l'amitié sont d'espèce assez délicate et rare pour qu'un égoïste raffiné veuille les acheter au prix de souffrances personnelles, qu'il juge moindres en comparaison.

L'Épicurisme n'exclut pas non plus la tendresse. Épicure reproche aux Stoïciens leur durete : « Ils nous ôtent, dit-il, les regrets, les larmes et les gémissements sur la mort de nos amis ; cette impassibilité qu'ils recom- mandent a pour principe un plus grand mal que l'afflic- tion. Elle vient d'un fonds de cruauté, d'une fureur sauvage et d'une vanité déréglée et sans mesure. Il vaut mieux souffrir, il vaut mieux s'affliger ; oui, par Jupiter ! il vaut mieux se perdre les yeux de larmes et sécher de regret. » (Plutarque, *Qu'on ne peut vivre, etc.*, XX, cité par Denis. *Théories morales,* I, p. 283.) Les larmes en effet ont leur douceur secrète ; les Épicuriens ont connu jusqu'aux *sombres plaisirs d'un cœur mélancolique.* De plus, le bonheur passé leur laisse, non point des regrets, mais un souvenir heureux. Ils savent ressaisir par la pensée les plaisirs disparus et en jouir à nouveau. Ils mettent ainsi leurs affections à l'abri du temps. Ils ont le culte des amis absents ou morts. « Seul le sage gardera envers ses amis absents ou présents une égale bienveillance. » (Μόνον χάριν ἕξειν τὸν σοφὸν φίλοις καὶ παροῦσι καὶ ἀποῦσιν ὁμοίως. Diog. L., X, 118.)

15

Sans doute, comme le remarque Plutarque, il se refuse l'espérance de retrouver ses amis après la mort et « de « converser jamais en vrai » avec eux ; mais il n'en juge pas moins que « la récordation d'un ami trépassé est fort douce en toute manière », et il lui arrive quelquefois de croire, « en songeant, recevoir les ombres et images de « ses amis trespassés, et aller en avant pour les embras- « ser, encore que ce soient choses vaines qui n'ont ni « sentiment ni entendement. » (*Que l'on ne saurait vivre joyeusement selon la doctrine d'Épicure,* trad. Amyot).

En résumé, l'Épicurien est un ami dévoué, tendre et fidèle. Comment donc reste-t-il égoïste? C'est qu'il songe uniquement à jouir de l'amitié, c'est qu'il l'envisage comme une condition de bonheur et non point comme un devoir. S'il est dévoué à son ami, c'est qu'il sent la joie qu'il y a à faire le bonheur d'autrui. S'il prend part aux joies et aux peines de son ami, c'est qu'il a les nerfs assez délicats pour qu'elles lui soient une souffrance personnelle. La position d'Épicure est très forte : aux égoïstes de tempérament grossier qui prétendent que l'amitié ne vaut pas ce qu'elle coûte, il répond qu'il y a seulement chez eux impuissance à sentir toute la joie d'aimer. Il entre dans les vues d'un égoïsme supérieur de se sacrifier, quand la chose sacrifiée n'est rien auprès de la joie qu'il y a à en faire le sacrifice.

Par malheur, cette forme d'égoïsme est rare et semble réservée aùx âmes d'élite. Les autres seront toujours plus touchées de l'argument qui présente l'amitié comme avantageuse. Aussi Épicure ne se fait-il pas faute d'en user. Toutefois sa pensée dernière est que l'amitié, n'eût-elle pas à faire valoir ses services, serait encore estimable et bonne, car elle est en elle-même une joie.

Théories des successeurs d'Épicure.

Cicéron prétend que les Épicuriens ont varié dans leurs théories de l'amitié. Il distingue parmi les Épicuriens de son temps des orthodoxes et des indépendants. Il divise même les indépendants en deux groupes : les uns, professant cette théorie « pleine d'humanité et étrangère à Épicure » (*aliud humanius... nunquam dictum ab illo ipso* (*Epicuro*), *De Fin,* II, xxvi, 82), qu'on commence par aimer ses amis par intérêt et qu'on finit par les aimer pour eux-mêmes ; les autres, définissant l'amitié un mutuel engagement que prennent les Sages de n'aimer pas moins leurs amis qu'eux-mêmes (*ibid.,* 83).

On aurait lieu de s'étonner que, sur une question aussi grave que celle du fondement de l'amitié, une scission se fût produite dans la secte épicurienne, si jalouse de son orthodoxie. Mais peut-être les doctrines sont-elles sujettes à se renouveler précisément sur les points auxquels leurs adhérents prennent un intérêt toujours actuel et vivant. Au reste, il arrive qu'elles se développent suivant un progrès logique, alors que leurs adversaires s'indignent de leurs contradictions. Voyons si la conception épicurienne de l'amitié ne se serait pas rajeunie en restant fidèle à son principe.

Épicure soutient que l'amitié fait à la fois la sécurité et le charme de notre vie ; il est de notre intérêt d'avoir des amis, et il nous plaît d'en avoir, de nous dévouer à eux. N'est-ce pas là professer tour à tour l'hédonisme pur et l'utilitarisme? N'est-ce pas même appeler l'un au secours de l'autre? Ce que nous ne pourrions faire par intérêt, comme d'accepter les charges de l'amitié, nous le ferons par plaisir. Mais l'Épicurisme ne peut, sans revenir au Cyrénaïsme, poser que le plaisir est une fin, au même titre que l'intérêt.

C'est pourquoi les derniers Épicuriens, au lieu de juxtaposer deux principes : l'intérêt et le plaisir, établissent que l'un engendre l'autre, puis s'efface devant lui. L'amitié est une surprise : on ne songeait qu'à soi, et on en vient à se passionner pour les autres; on part de l'égoïsme et on arrive à l'abnégation, au sacrifice. Comment s'opère un si grand changement? Épicure ne l'a point dit, mais on peut le comprendre. La transformation de l'égoïsme en amitié relève de ce que Stuart Mill appelle la « chimie mentale ». Les Épicuriens sont subtils (*satis acuti*) et démêlent les effets de l'habitude sur nos sentiments. « Les premières démarches, les premiers rappro-
« chements et le désir de lier amitié ont leurs raisons,
« disent-ils, dans le plaisir personnel, mais lorsque le
« progrès de l'habitude a fini par produire l'intimité,
« alors l'amour s'épanouit, à ce point qu'on chérit ses
« amis uniquement pour eux-mêmes, sans retirer aucun
« profit de l'amitié. »

« En effet, si nous avons coutume de nous attacher
« aux lieux, aux temples, aux villes, aux gymnases,
« à notre champ, à nos chiens, à nos chevaux, à nos jeux
« par l'habitude de l'exercice ou de la chasse, combien
« plus facilement et plus justement cet effet pourra-t-il
« se produire en la société habituelle des hommes? »
(trad. Guyau). *Primos congressus, copulationesque, et consuetudinum instituendarum voluntates fieri propter voluptatem; quum autem usus progrediens familiaritatem effecerit, tum amorem efflorescere tantum, ut, etiamsi nulla sit utilitas ex amicitiâ, tamen ipsi amici propter seipsos amentur. Etenim si loca, si fana, si urbes, si gymnasia, si campum, si canes, si equos, si ludicra, exercendi ant venandi consuetudine, adamare solemus, quanto id in hominum consuetudine facilius*

fieri potuerit et justius? (*De Fin*, I, xx, 69, Cf., II, xxvi, 82).

Ainsi l'amitié dérive de l'intérêt, mais elle s'éloigne de son principe; elle sort de l'égoïsme comme la plante sort du sol; elle y plonge encore par ses racines, mais elle porte plus haut sa tige et ses fleurs (*amorem efflorescere*). Son entier développement cache son humble origine. Il y a aussi loin de l'égoïsme à l'amitié que du germe à la plante. En d'autres termes, il semble qu'on ait visé un but, l'intérêt, et qu'on en ait atteint un autre, l'amour. L'égoïsme disparaît, son œuvre accomplie : l'amitié le remplace.

Dans cette théorie ingénieuse de l'égoïsme transformé, on ne peut méconnaître l'inspiration épicurienne. Du jour où l'empirisme a accepté le fait, ou du moins l'apparence du désintéressement en amour, il a été conduit par une logique naturelle à en chercher l'explication dans les lois de l'association et de l'habitude. On s'attache à un ami comme on s'attache aux lieux où l'on vit, et pour les mêmes raisons : les personnes et les choses nous deviennent chères par un long usage (*usus, consuetudo*); nous ne leur demandons même plus d'être présentement utiles, nous sommes liés à elles par le charme attendrissant du souvenir. L'Épicurisme contient en germe les doctrines de Stuart Mill. L'ami est d'abord un *moyen* : il est recherché par intérêt (*primo utilitatis causâ amicum expeti*) et comme appui; puis il devient une *fin*; il est aimé pour lui-même (*tum ipsum amari per se. De Fin,* II, xxvi, 82). C'est ainsi que l'avare aime l'or pour l'or, après l'avoir aimé pour son usage, et que l'honnête homme pratique le juste pour le juste, après avoir dû le pratiquer en vue du bonheur.

Toutefois, s'il est conforme à la logique épicurienne d'expliquer l'amour d'autrui pour autrui par les lois empiriques de l'association, il eût certainement répugné à Épicure d'admettre la fatalité psychologique de cet

amour. Aussi les Épicuriens qui soutiennent qu'on n'est
point porté à aimer par la pente de l'habitude, mais
qu'on prend de soi-même et librement le parti d'aimer,
entrent-ils dans l'esprit et la pensée du maître. Ils disent
que les sages se lient par un contrat (*fœdus*), qu'ils
s'engagent à avoir pour leurs amis les mêmes sentiments qu'ils ont pour eux-mêmes (*De Fin.*, I, xx, 70 —
II, xxvi, 82). Les sages en effet sont libres et jaloux de
leur liberté; ils commandent à leurs sentiments; ils ne
subissent aucun joug, pas même celui de l'affection qui
semblerait si léger et si doux à porter. C'est ainsi qu'ils
s'affranchissent de l'amour, et l'amitié ne trouve grâce
devant eux que parce qu'elle est volontaire.

Mais si la théorie du contrat fait ressortir le caractère
libre des amitiés, par contre, la base qu'elle leur assigne
est ruineuse. Un contrat en effet est toujours révocable;
on est libre de le rompre comme on a été libre de le
former. Quelle sûreté, quelles garanties peut offrir une
amitié capable de se reprendre après qu'elle s'est donnée?
Sans doute, on pense que l'attrait qui l'a fait naître doit
durer, et la bonne volonté des contractants se maintenir : n'a-t-on pas spécifié que les contractants sont des
« sages » ? Mais alors l'amitié s'adresse à une élite, elle
est exceptionnelle et rare.

D'autre part, le contrat amical imaginé par les Épicuriens ne va-t-il pas contre leur but, qui est de maintenir
l'indépendance du libre arbitre ? Tout contrat est, par
essence, obligatoire ; c'est un acte par lequel la liberté à
la fois s'affirme et s'enchaîne. De plus, il est inutile que
les Sages conviennent d'être amis, si c'est leur intérêt ou
leur plaisir, et il est illogique qu'ils prennent l'engagement de s'aimer, si cet engagement est contraire à leur
intérêt. Quoi qu'en pense Guyau, Cicéron n'a pas tort
de leur dire : « S'ils ont pu contracter ce pacte amical,
« qu'ils contractent donc aussi l'engagement d'aimer pour
« elles-mêmes et sans salaire, la justice, la modération et

toutes les vertus ? » (*Hoc fœdus facere si potuerunt,*
faciant etiam illud, ut æquitatem, modestiam, virtutes
omnes per se gratis diligant. De Fin., II, xxvi, 83.)

Dans la *théorie du contrat,* si l'amitié perd son caractère indissoluble, elle retrouve son caractère moral : elle
cesse d'être présentée comme une habitude passive et
machinale, comme un jeu et une surprise de l'imagination ; elle est rapportée à une décision libre de la volonté,
à un choix ; elle est le don que la personne fait d'elle-
même. Dans la *théorie associationniste,* au contraire,
l'amitié ne répond point à l'appel direct, ou *fiat,* de la
volonté ; elle s'insinue peu à peu dans l'âme, elle suit le
cours naturel de son développement ; mais la lenteur
même de son évolution diminue les chances et retarde le
moment de sa dissolution.

Ces deux théories sont à la fois conformes et contraires
à l'Épicurisme ; conformes en ce qu'elles affirment,
contraires en ce qu'elles nient. Chacune d'elles est un
point de vue grossi et exclusif du système. Épicure, en
effet, eût sans doute admis que l'amitié est à la fois un
fait *moral* ou de volonté, et un fait *naturel,* ayant dans
l'âme ses racines profondes ; il eût été d'accord avec les
partisans du contrat pour nous attribuer l'initiative et
le choix de nos amitiés, et avec les associationnistes,
pour dire que l'intérêt suggère, inspire le choix de nos
amis et nos sentiments pour eux. Les Épicuriens posté-
rieurs, loin d'être, comme le croit Cicéron, infidèles à la
pensée du maître, l'ont approfondie, développée, dans
le sens, il est vrai, de leurs aspirations personnelles ;
mais, pourtant aussi, selon la logique du système ; leurs
théories sont des rajeunissements, des « enluminures »,
non des travestissements de l'Épicurisme primitif. Tout
au plus peut-on dire qu'elles montrent les côtés vulnéra-
bles de la doctrine, qu'elles en dévoilent, sans le vouloir,
l'insuffisance et la faiblesse ; en se précisant sur tous les
points, en prenant un contour net, arrêté, définitif, en

accusant ses angles, l'Épicurisme s'est trahi lui-même;
il a laissé voir ses contradictions internes, il a permis
de mesurer l'étroitesse et les bornes de son point de vue.

V. — LES STOÏCIENS.

On peut étudier à part, dans le système d'Épicure, la
théorie de l'amitié : elle se suffit à elle-même et forme
un tout ; l'amitié n'entre pas en conflit avec les affections
domestiques et philanthropiques ; elle les supprime et
les remplace. Le stoïcisme, au contraire, fait rentrer
l'amitié dans l'amour qui lie tous les hommes entre eux ;
il voit dans la φιλία un cas de la φιλανθρωπία ; il l'y rattache comme l'espèce au genre. Même ses fondateurs ne
traitent pas expressément de l'amitié ; ils laissent aux
casuistes, comme Sénèque, aux purs moralistes, comme
Épictète et Marc-Aurèle, le soin d'en trouver la définition et d'en tracer les devoirs.

De plus, Épicure se borne à analyser l'amitié. Il ne
prétend pas la réglementer, mais seulement la décrire ;
il ne dit point qu'elle ait à se conformer à l'intérêt, il
prétend qu'elle s'y conforme naturellement et toujours.
Il se place donc au point de vue strictement psychologique. Les Stoïciens tracent d'abord l'idéal de l'amitié,
et ne cherchent qu'ensuite à en expliquer l'origine. Leurs
théories morales dominent leurs vues psychologiques.

Épicure fait sortir l'amitié de l'intérêt ou du besoin
(*inopia, imbecillitas, indigentia,* Cic.) ; le sage, dit-il,
ne peut se passer d'amis. Les Stoïciens soutiennent que
l'amitié est recherchée pour elle-même[1], que l'utilité

---

[1] *Non tam utilitas parta per amicum quam amici amor ipse delectat.*
Cic., *De Amic.*, XIV.

peut en être la conséquence ou l'effet[1], qu'elle n'en est
point le principe : le sage, suivant eux, se suffit à lui-
même. Épicure et Zénon veulent affranchir l'homme des
circonstances extérieures. Épicure réduit ses désirs en
vue de rendre son bonheur toujours assuré, il le place
néanmoins dans la dépendance des autres hommes, puisqu'il fait de l'amitié une condition du bonheur. Zénon
affranchit plus complètement le sage. Il le rend indifférent à l'estime des autres hommes et à leur amour.

Le sage dédaigne l'opinion, et il ne lui déplaît pas
d'être méconnu. Épictète (*Entr.*, liv. IV, ch. vi) et
Marc-Aurèle (VII, 36) répètent le mot d'Antisthène :
« C'est chose royale, quand on a fait le bien, d'entendre
dire du mal de soi. » Même, les Stoïciens sont bien plus
complètement détachés de l'opinion que les Cyniques.
Ces derniers, en effet, sont frondeurs, amis du scandale.
Or, braver l'opinion, c'est en tenir compte ; la prendre
à rebours, c'est encore la subir. Les Stoïciens ne donnent pas, à leur suite, dans ce préjugé que tout est préjugé ; ils n'ont pas la naïveté de croire que la contre-
partie de l'opinion est toujours la raison. Ils blâment
telles actions qui blessent le sentiment commun et n'en
sont pas plus sages, comme de « marcher sur la corde,
« de dresser un mât (pour y monter) ou d'embrasser des
« statues. » (Épictète, *Entr.*, III, xii. — Cf. *Manuel*,
XLVII.)

Pour eux, ils n'agissent point par ostentation, mais
par vertu ; ils ne recherchent pas plus la réprobation
que l'approbation de la foule ; ils ont pour juge leur
conscience. Sans doute, il y a de l'orgueil dans leur attitude en face du vulgaire ; ils prétendent être, dans la
société, ce qu'est la bande de pourpre dans la tunique de

---

[1] *Non igitur utilitatem amicitia, sed utilitas amicitiam consecuta est.*
Ibid. — *Quamquam utilitates multæ et magnæ consecutæ sunt, non sunt
tamen ab earum spe causæ diligendi profectæ.* Cic., *De Amic.*, IX.

laine. Ils sont jaloux de leur supériorité morale. Leur
vertu est intraitable, farouche ; elle ne se laisse pas
entamer : « quoi qu'on fasse ou qu'on dise, il faut que
« je sois homme de bien ; comme l'or, l'émeraude
« pourraient toujours dire : quoi qu'on dise, quoi qu'on
« fasse, il faut bien que je sois émeraude et que je garde
« ma couleur. » (Marc-Aurèle, VII, 15.)

Pour maintenir sa dignité et sauver sa vertu, le sage
se retire en lui-même, il fuit la contagion du vice. Puis,
peu à peu, il prend goût à la vie intérieure ; il se retranche dans sa liberté, il ne veut relever que de lui-même. Il
n'attend rien des autres hommes, pas même qu'ils rendent hommage à sa vertu. Il s'exhorte au mépris de la
gloire. « A quelles gens veut-on plaire, dit Marc-Aurèle,
« et pour quoi gagner ? et par quelles actions ? Bientôt
« le temps engloutira toutes ces choses, et combien déjà
« il en a englouti. » (M.-A., VI, 59.) « Pénètre au fond
« de leurs âmes et tu verras quels juges tu crains, et
« quels juges ils sont pour eux-mêmes. » (M.-A., IX,
18.) « Voilà donc les pensées qui les guident ! voilà
« l'objet de leurs souhaits ! voilà pourquoi ils nous
« aiment, ils nous honorent ! Habitue-toi à considérer
« leurs âmes dépouillées de tout vêtement. Ils s'imagi-
« nent nuire par leur blâme, servir par leur louange,
« quelle vanité ! »

Quand on dit que le sage se suffit à lui-même, on
n'entend pas seulement qu'il se place au-dessus de
l'opinion, mais encore qu'il peut se passer d'amis. L'affection des hommes ne lui est pas plus nécessaire que leur
estime. « Ce n'est pas qu'il choisisse d'être sans amis,
« mais il s'y résigne, et quand je dis qu'il s'y résigne,
« je veux dire qu'il supporte sans trouble la perte de ses
« amis[1]. » Supposons le sage privé d'affections. Sa vie sera

[1] *Ita sapiens se contentus est, non ut velit esse sine amico, sed ut*

« celle de Jupiter, lorsque, le monde détruit, la nature
« cessant de produire, il se repose livré à ses pensées. »
(*Qualis tamen futura est vita sapientis, si sine amicis
relinquatur?... Qualis et Jovis, cum resoluto mundo,
et dis in unum confusis, paulisper cessante naturâ,
acquiescit sibi cogitationibus suis traditus.* Sén., *ibid*.).
Le sage tient toutes les affections humaines pour pré-
cieuses ; il n'en regarde aucune comme nécessaire au
bonheur. Il se mariera, il aura des enfants ; mais s'il
perd ses enfants et sa femme, il n'en sera point troublé.
Il prend son parti d'être méconnu et haï, comme il le
prend de n'être point aimé. Il se persuade que la haine,
non plus que le blâme, ne peut l'atteindre. Il a pour
devise le mot de Socrate : « Anytus et Mélitus peuvent
me faire mourir, ils ne peuvent point me nuire » (Épictète,
Entr., I, 29. — Marc-Aurèle, VII, 13).

Le sage est une volonté qui ne relève que d'elle-même
et sur laquelle n'ont de prise ni les mauvais traitements
ni les injures. Il n'a pas besoin d'amis qui le protègent
ou qui l'aiment ; il n'est pas même nécessaire qu'il en ait
à protéger et à aimer, ou plutôt il ne manquera jamais
d'amis ; il trouvera toujours à remplacer ceux qui lui
sont enlevés (*sine amico quidem nunquam erit ; in suâ
protestate habet quam cito reparet... substituet alium
in locum amissi.* Sén., *Ép.*, IX). « Le monde, dit Épictète,
« est plein d'amis, d'abord plein de dieux, et ensuite
« d'hommes attachés les uns aux autres par les liens de
« la nature ; les uns doivent vivre ensemble, et les
« autres s'éloigner ; il faut se réjouir de la présence des
« uns et ne pas s'affliger de l'absence des autres. »
(*Entr.*, III, 24.)

En résumé, l'amitié ne peut, comme le prétend Épi-

---

possit ; et hoc, quod dico, « possit », tale est : amissum æquo animo fert.
Sén. *Ép.*, IX.

cure, dériver de l'intérêt. L'intérêt en effet se ramène
au besoin; « le besoin implique nécessité, et aucune néces-
« sité ne pèse sur le sage » (*Egere enim necessitatis est,
nihil necesse sapienti est.* Sén., *Ép.,* IX). Si l'amitié
était, comme le prétendent les Épicuriens, un appui et
un refuge contre l'infortune, elle serait elle-même une
dépendance; recourir à des amis dans le besoin, c'est
implorer contre les circonstances extérieures un secours
qui vient lui-même du dehors; or le sage ne doit compter
que sur lui-même. Quand nous serions, grâce à nos
amis, affranchis du besoin, nous aurions toujours besoin
d'amis. L'amitié intéressée est donc incompatible avec
l'indépendance du sage.

En réalité, ce n'est pas l'intérêt, mais l'instinct (*natura,*
Cic.) qui crée entre les hommes des liens d'affection. On
pratique l'amitié sans en escompter les avantages et
avant même de les pressentir et de les connaître. L'amitié
ne peut être recherchée pour les joies qu'elle donne,
puisque ces joies sont consécutives à l'amitié : à l'origine tout au moins, l'amitié part d'un élan spontané du
cœur, non d'un calcul égoïste. Pourquoi voir en elle par
la suite un chef-d'œuvre de réflexion et de prudence, et
non pas simplement encore un acte de sympathie instinctive? L'Épicurisme s'en tient aux effets de l'amitié et
croit en découvrir le principe; il ne remonte pas jusqu'aux
penchants qui découlent des rapports sociaux.

L'homme est sociable par nature (κοινωνικὸς φύσει,
Diog. L., VII). « Le même rapport d'union qu'ont entre
« eux les membres du corps, les êtres raisonnables, bien
« que séparés les uns des autres, l'ont aussi entre eux
« parce qu'ils sont faits pour coopérer ensemble à une
« même œuvre. » (M.-A.,VII,13.) — «Tous les autres êtres
« ont été organisés en vue des êtres raisonnables, comme
« dans tout ordre de choses, l'inférieur est fait pour
« le supérieur; mais les êtres raisonnables existent les
« uns pour les autres. Le premier attribut de la nature

« humaine, c'est donc la sociabilité » (M.-A., VII, 55[1]).
Les rapports qui existent entre les hommes sont à la
fois des rapports de société (σχέσεις) et des rapports
d'affection. Il n'y a pas de société sans amour, et il n'y
a pas d'amour qui n'ait son fondement dans une société
naturelle. Ainsi tous les hommes, en tant qu'issus de
Jupiter ou participant à la raison divine, forment une
même cité (*genus humanum, civitas Jovis*), et comme
tels, ils sont enclins à s'aimer les uns les autres (cette
inclination est la *caritas generis humani*, φιλανθρωπία).
En même temps qu'elle unit l'homme à l'homme, la
nature met entre tous les hommes un instinct qui
les porte à rechercher l'amitié. (*Quomodo hominem
homini natura conciliat, sic inest stimulus qui nos
appetentes amicitiarum faciat.* Sén., *Ép.,* IX.) Tandis
que, pour Épicure, l'homme est dégagé des liens naturels et de tout devoir, pour les Stoïciens, il est voué par
nature, c'est-à-dire par inclination et par devoir, à telle
et telle affection.

Le penchant qui nous porte à aimer nos semblables
est d'abord aveugle, mais il devient réfléchi et libre. La
sociabilité instinctive se change en sociabilité raisonnable. Le principe de nos affections est toujours la
nature (*natura*) ; mais, le mot nature désigne tantôt le
penchant ou l'instinct, tantôt la volonté ou la raison. La
vertu consiste, selon le Stoïcisme, à faire « de la vie
humaine, au lieu d'un produit de la spontanéité naturelle, un ouvrage d'art » (Ravaisson). Il y aura donc lieu
de distinguer une affection conforme à l'instinct et une
affection conforme à la raison, comme on distingue une
conduite naturellement bonne et moralement bonne
(καθῆκον — κατόρθωμα).

---

[1] Cf. Cic., *de Fin.*, III, xx. *Præclare.., Chrysippus cetera nata esse
hominum causa et deorum, eos autem communitatis et societatis suæ.*

Le Stoïcisme admet la conformité de la raison et de l'instinct : l'instinct serait la raison ébauchée, et la raison, l'instinct développé. Toutefois, l'instinct ne garde pas nécessairement sa pureté primitive : au lieu de se transformer en raison, quelquefois il s'égare et devient la passion. En réalité, une inclination (ὁρμή, *appetitio*) peut tourner au mal comme au bien ; elle peut devenir une « passion » (πάθος, *perturbatio animi*) ou un « sentiment calme » (εὐπάθεια, *constantia*) ; elle peut déterminer dans l'âme un état de « maladie » ou de « santé ». Par exemple, une même inclination (ὁρμή) engendre, suivant les cas, le *plaisir* (ἡδονή, *lœtitia gestiens, voluptas*) ou la *joie* (χαρά, *gaudium*), le *plaisir,* qui est une exultation vaine et déréglée, la *joie* qui est un mouvement de l'âme, calme et continu[1]. De même, de l'instinct de sociabilité peut sortir une amitié conforme ou contraire à la raison, une vertu ou un vice.

La distinction stoïcienne de l'affection instinctive et raisonnable est analogue à celle que les Épicuriens établissent entre la poursuite aveugle du plaisir et le choix éclairé de l'intérêt. Si, suivant les uns, il faut souvent par intérêt renoncer au plaisir, suivant les autres, il ne faut pas moins, par raison, refouler ses instincts. La nature nous porte à aimer ; la raison nous apprend comment on doit aimer, et l'amour raisonnable paraît faire violence à tous nos penchants.

Mais c'est là une illusion ; nous prenons pour des suggestions de l'instinct les exigences de la passion. L'amitié déréglée est lâche, compatissante et faible ; c'est pourquoi l'amitié raisonnable paraît impitoyable et dure. L'une, pour des maux imaginaires, comme la perte

---

[1] *Nam cum ratione animus movetur placide atque constanter,* tum *illud* gaudium *dicitur; cum autem et inaniter et effusè animus exsultat, tum illa* lœtitia gestiens. Tusc., IV, VI. — Cf., Diog. Laert., VII, 114, 116.

des biens, la maladie et la mort, se répand en plaintes et en gémissements ; l'autre s'interdit les marques de tendresse, les larmes et les regrets superflus. L'une est compatissante et émue, mais d'ailleurs incapable de supporter la vue des maux qu'elle devrait soulager ; l'autre est forte et virile, inaccessible à la pitié, mais secourable. (Cf. Épict., *Entr.*, I, xi.) Il semble que les Stoïciens opposent la bonté qui part du cœur à celle qui vient de la raison. Plus exactement, ils définissent l'amitié un élan du cœur, approuvé par la raison.

La raison est le vrai principe de l'amour ; c'est qu'elle est à la fois intelligence et volonté. Elle est l'intelligence qui conçoit l'ordre, et la volonté qui le réalise. Elle connaît les vrais rapports des êtres (σχέσεις), la société qu'ils forment, et elle organise cette société ; elle est l'amour qui rapproche les êtres. La raison est une ; elle n'est point tour à tour l'intelligence et la volonté, elle est la volonté intelligente ou l'intelligence active. La raison pose les lois ou les relations sociales qui découlent de la nature des hommes, et la volonté se conforme nécessairement à ces lois. Ainsi, les relations naturelles de père à fils ou d'homme à homme subsistent toujours ; par suite, les affections qui en découlent ne peuvent non plus cesser d'être. Un fils, quoi qu'il arrive, ne perd jamais la qualité de fils : il garde donc ou doit garder toujours intacts les sentiments du respect et de la piété filiale. Si son père est méchant, il n'est pas dispensé pour cela « de « prendre soin de lui, de lui obéir en toutes choses et « de le supporter, encore qu'il l'injurie ou le frappe. » (Épict., *Man.*, 30.) De même un frère, un parent, un citoyen, un homme forment avec nous, en tant que tels, une société naturelle, dont nous sommes tenus de respecter les lois. Les liens naturels, qu'il s'agisse des liens de société ou des liens du sang, sont donc antérieurs à l'affection et la fondent.

Toutefois, la société n'existe à son tour que par l'affection, et les rapports naturels (σχέσεις), pris en eux-mêmes, sont extérieurs et vains. Une société n'est rien, si elle n'est une volontaire union des cœurs. Est-ce donc la nature ou la volonté qui fonde les sociétés humaines? En réalité, c'est l'une et l'autre. Épictète semble opposer l'amitié aux σχέσεις. Envers nos amis, nous ne serions liés que par notre volonté ; nous créerions le lien qui nous attache à eux, et ce lien, librement formé, pourrait être aussi librement rompu ; nous aurions toujours le droit de retirer notre amitié à un indigne. L'amitié n'est point constituée par les liens du sang, par l'éducation et la vie commune ; car ces conditions se rencontrent sans qu'elle se produise, et elle se produit quand ces conditions manquent. « Examine, non comme font les « autres, si (deux hommes) sont nés de mêmes parents, « s'ils ont été élevés ensemble, s'ils ont eu le même « instituteur, mais seulement en quoi ils font consister « leur utilité, s'ils la placent dans les choses extérieures « ou dans la volonté..... Si tu apprends qu'il y a des « hommes qui font réellement consister le bien dans la « volonté et le bon usage de nos pensées, ne te donne « pas la peine de t'informer s'ils sont père et fils, s'ils « sont frères, s'ils se connaissent et vivent depuis long- « temps ensemble ; d'après cette seule connaissance, « prononce hardiment qu'ils sont *amis.* » (Épict., *Entr.*, II, xxii.)

En d'autres termes, les hommes sont amis, parce qu'ils ont les sentiments de la pure amitié, et non pas parce qu'ils ont des raisons de s'aimer. Mais ne doit-on pas dire aussi qu'être père, ce n'est pas porter le titre de père, mais en avoir les sentiments? Au point de vue moral, on ne peut séparer la société qui repose sur des bases naturelles et l'accord des volontés ; ainsi, par exemple, la qualité de père entraîne l'obligation d'aimer ses enfants. Mais au point de vue psychologique, si l'affection ne se conçoit pas en dehors de la σχὲσις, la σχέσις se conçoit très bien en dehors de l'affection : par exemple, si on ne peut, sans être père, avoir les sentiments d'un père, on peut être père de nom et de fait, sans l'être de cœur.

Déduisons de ce qui précède les caractères de l'amitié proprement dite. L'amitié a-t-elle une base naturelle ? ou dérive-t-elle uniquement de la volonté ? Faut-il distinguer deux ordres d'affection : les affections naturelles et les affections électives, les premières pouvant n'exister que de nom ; les secondes étant toujours effectives et réelles ? Cicéron oppose à ce point de vue la parenté et l'amitié. « L'amitié l'emporte sur la parenté, en ce que « la bienveillance peut être retranchée de la parenté et « ne peut l'être de l'amitié. En effet, si on supprime la « bienveillance, il n'y a plus d'amitié, même de nom, « mais le titre de parenté demeure. » (*Hoc præstat amicitia propinquitati quod ex propinquitate benivolentia tolli potest, ex amicitia non potest. Sublata enim benivolentia, amicitiæ nomen tollitur, propinquitatis manet. De amic.*, V.) Les Stoïciens auraient donc, comme les Épicuriens, mis l'amitié à part, lui reconnaissant le caractère privilégié d'être toujours volontaire et morale, et regardant la volonté ou l'amour comme le principe essentiel de toute liaison ou de toute société humaine. Montaigne a dit de même, s'inspirant, à ce qu'il semble, de la pensée antique, dans ses pages sur l'amitié d'un accent si personnel : « A mesure que ce sont « amitiés que la loi et l'obligation naturelle nous com- « mande, il y a d'autant moins de notre choix et liberté « volontaire ; et notre liberté volontaire n'a point de « production qui soit plus proprement sienne que celle « de l'affection et amitié. » (*Essais*, I, XXVII.)

Les Stoïciens ont élevé les affections volontaires si fort au-dessus des affections naturelles qu'il leur est arrivé de dire que les secondes ne sont rien. Ainsi doit s'entendre une bizarre accusation portée par Cassius

contre Zénon. Zénon aurait dit « qu'à part les gens de
« bien, tous les hommes sont les uns pour les autres
« des ennemis privés et publics, des esclaves, des
« étrangers, fussent-ils pères et fils, frères et parents ;
« et dans la *République,* il aurait dit encore que les
« gens de bien sont seuls citoyens, amis, parents et
« hommes libres, en sorte que pour les Stoïciens, les
« parents et les enfants sont ennemis, car ils ne sont
« point sages [1] ». Qu'est-ce à dire, sinon qu'entre ceux
que la nature a destinés à s'aimer les uns les autres, le
vrai lien est celui de la volonté et de l'amour?

L'amitié est donc le type de toute affection ; car tandis
qu'on peut être frères seulement par le sang ou la
chair, on est toujours amis par le cœur ou la volonté.
Aussi toute σχέσις doit se transformer en φιλία, tout lien
naturel doit être agréé, consacré par l'amour. Les rapports naturels d'homme à homme, de père à fils, etc.,
n'existent vraiment que par notre volonté. Platon appelait déjà l'amour une servitude volontaire (ἐθελοδουλεία)
et les Épicuriens ne reconnaissaient d'autres affections
que celle qui est contractée librement, ou l'amitié. Les
Stoïciens accusent plus nettement encore le caractère
volontaire de l'amour. En effet, nos affections ne seraient
pas vraiment libres, si nous les choisissions toujours
selon nos goûts ; nous disposons bien mieux de notre
cœur si nous en disposons contre notre intérêt et notre
plaisir, si nous nous obligeons à aimer ceux que nous
devons aimer, à savoir nos parents, nos frères, nos
enfants, et en général tous les hommes, voire même
les méchants, si nous ne subissons en amour aucune
violence, pas même celle de la passion ou de l'attrait.

Les Stoïciens, comme les Épicuriens, entendent par
amitié l'amour volontaire ; mais ils font aussi rentrer

---

[1] Diog. Laert., VII, i, 32, 33.

dans l'amitié les affections naturelles, en tant qu'elles reçoivent l'adhésion du cœur (συγκατάθεσις). Enfin l'amitié proprement dite est en un sens plus volontaire que l'amitié en général. En effet, la volonté n'intervient dans les affections naturelles que pour y consentir, elle ne les règle point, elle les trouve établies, elle les respecte ; au contraire, elle crée de toutes pièces l'amitié, et après l'avoir établie, elle peut la rompre; elle pose les termes du traité amical, et au besoin elle le dénonce. Il y a deux sortes de rapports, dit Simplicius (*Commentaire sur le Ch.* xxx *du Manuel d'Épictète*) : des rapports naturels et *volontaires* (ἡ σχέσις... φυσικὴ ἢ προαιρετική). « Pour ce « qui est des *rapports volontaires,* l'un de nous peut les « rompre, par une libre décision, bonne ou mauvaise, « car c'est la volonté qui les a établis. Mais pour ce qui « est des *rapports naturels,* ils ne relèvent pas de la « volonté, mais de la nature. C'est pourquoi, si notre ami « par méchanceté veut devenir notre ennemi, il rompt « le lien qui nous attache à lui, et nous ne devons plus « remplir envers lui les devoirs de l'amitié, car il ne « peut plus être notre ami, mais notre ennemi. Mais « toute la mauvaise volonté d'un père ne peut rompre « le lien de père à fils, car ce lien est naturel et non « volontaire; et c'est à *un père* qu'on est lié, non à *un* « *bon père.* Qu'on tombe sur un père méchant, on n'en « doit pas moins s'acquitter envers lui de ce qu'on doit à « un père. »

De ce que la volonté est le principe de l'amitié, il ne s'ensuit pas que l'amitié soit libre et arbitraire dans ses choix. La volonté en effet se confond avec la raison, elle n'est point la liberté d'indifférence. A cette question : qui devons-nous aimer? les Stoïciens répondent : d'abord nos semblables, nos parents, nos concitoyens et en général tous ceux avec qui nous avons des rapports de société naturels (φυσικὴ σχέσις). Cependant les affections naturelles, si nombreuses qu'elles soient, ne peuvent nous suffire. C'est notre privilège de pouvoir aimer ceux que nous ne sommes pas dans une obligation naturelle d'aimer, et quand nous avons des parents, des frères, etc., de nous donner encore et par surcroît des amis.

L'amitié paraît inexplicable, n'ayant pas de base naturelle. Ne dériverait-elle pas d'une affection naturelle, et par exemple de l'instinct général de sociabilité, ou φιλανθρωπία? Mais l'inclination qui nous porte à aimer tous les hommes ne saurait nous porter spécialement à aimer tel homme de préférence aux autres. L'amitié est encore moins réductible à l'amour de soi, comme le prétendent les Épicuriens. Dérive-t-elle donc de l'amour, selon la théorie de Platon? « Le sage aura de l'amour pour les « jeunes gens dont la beauté révèle d'heureuses dispo- « sitions pour la vertu, » disent Zénon et Chrysippe. « L'amour est un désir de contracter amitié, inspiré par « la vue de la beauté, et il n'a pas pour fin l'union « sexuelle, mais l'amitié. » (Diog. Laert., VII, 130.)

Dans ces « amours saints qui ne sont pas, selon les « Stoïciens, étrangers au sage[1] », on peut voir une forme particulière de l'amitié, mais l'amitié n'en est pas moins un sentiment original, distinct de l'amour, quoique l'amour puisse en être accidentellement le point de départ, l'occasion. L'amour est fatal, il subit l'impression de la beauté, et l'amitié est caractérisée par le choix volontaire. Si l'amitié ne se ramène ni à l'amour, ni à l'intérêt, ni à l'instinct de sociabilité en général, il reste qu'elle soit un sentiment purement rationnel.

En effet, si la raison nous commande d'aimer tous les hommes, elle ne nous commande pas de les aimer tous d'un amour égal. Il est permis au sage d'avoir un amour de prédilection pour ceux qui sont vertueux et

---

[1] Cic., de Fin., III, xx, 68. *Ne amores quidem sanctos a sapiente alienos esse arbitrantur.*

qui lui ressemblent : cet amour de prédilection, c'est l'amitié. Nous devons sans doute aimer tous les hommes ; les méchants mêmes ne sont pas indignes de notre amour ; nous devons les aimer, non sans doute comme méchants, mais comme hommes. Cependant il faut peut-être se contraindre pour aimer les méchants, tandis qu'il n'y a qu'à suivre son cœur pour aimer les bons. Les bons sont aimés deux fois, en tant qu'hommes et en tant que bons. Nous sommes portés vers eux à la fois par la φιλαν-θρωπία et la φιλία. Une comparaison, familière aux Stoïciens, est celle de la société humaine avec un théâtre, où les places sont communes et où chacun ne laisse pas d'avoir en propre celle qu'il occupe [1]. De même, en principe, toutes les richesses appartiennent à la cité ou au roi ; en fait, elles sont réparties entre les citoyens ou les sujets [2]. « Dans la communauté de la cité ou du « monde, rien ne s'oppose à ce qu'il y ait des droits « propres à chacun [3]. »

La même comparaison s'applique à l'amitié. En principe, nous devons aimer tous les hommes ; mais nous ne pouvons pratiquement témoigner notre amour qu'aux hommes avec qui nous vivons. Nous avons envers tous des devoirs, mais non les mêmes devoirs ; nous sommes liés à tous nos semblables ; mais nous sommes plus particulièrement liés à quelques-uns, à nos parents, à nos concitoyens par exemple. Et, si nous sommes unis par les liens du sang, comment ne le serions-nous pas aussi

---

[1] Sén., de Benef., VII, 12. Equestria omnium equitum romanorum sunt; in illis tamen locus meus fit proprius, quem occupavi.

[2] Sén., de Benef., VII, 4. Jure civili omnia regis sunt; et tamen illa, quorum ad regem pertinet universa possessio, in singulos dominos descripta sunt, et unaquæque res habet possessorem suum.

[3] Cic., de Fin., III, xx, 68. Quemadmodum, theatrum ut commune sit, recte tamen dici potest ejus esse eum locum, quem quisque occuparit; sic in urbe mundove communi non adversatur jus, quominus suum quidque cujusque sit.

par la vertu? L'attachement particulier que nous avons
pour un frère, comment ne l'aurions-nous pas pour un
sage? Est-il entre les hommes un lien plus fort que la
vertu? « Il n'y a pas, dit Épictète, de parenté plus étroite
« que celle qui vient du bien. » (*Entr.*, Liv. IV, ch. v.)
L'amour en général, ou φιλανθρωπία admet donc ces
spécialisations qu'on appelle la συγγένεια, la φιλία, comme
le communisme théorique de la cité comporte le fait de
la propriété individuelle. Le Stoïcien est membre de la
Cité universelle, ce qui ne l'empêche pas d'être citoyen
d'Athènes ou de Rome. Au point de vue moral, il a aussi
deux patries : celle des hommes et celle des sages. Il
a avec la première des rapports de société (*societas*),
avec la seconde, des rapports d'amitié (*amicitia*). Aristote
appelait l'amitié des gens de bien, l'amitié parfaite; il
reconnaissait par là même des amitiés inférieures. Les
Stoïciens « disent que l'amitié se rencontre *seulement*
« chez les hommes vertueux, et qu'elle se fonde sur la
« ressemblance » (λέγουσι δὲ καὶ τὴν φιλίαν ἐν μόνοις τοῖς
σπουδαίοις εἶναι διὰ τὴν ὁμοιότητα. Diog., Laert., VII, 124).

L'amitié n'est pas seulement rationnelle, en tant qu'elle
implique un choix conforme à la raison; elle l'est
encore, en tant qu'elle est maîtresse d'elle-même, en
tant qu'elle exclut les mouvements aveugles de la
passion, qu'elle se met délibérément au-dessus de l'espérance, de la crainte, de la commisération et de la pitié,
qu'elle est aussi exempte de complaisance que fidèle et
sûre. La forme noble et austère que revêt l'amitié
stoïcienne atteste son caractère impérieusement volontaire.

En résumé, l'amitié part de la volonté ou de la raison.
Elle ne répond pas à un penchant, à un besoin du cœur.
Le sage pourrait se passer d'amis; les hommes, comme
dit Marc-Aurèle, « sont en un sens pour lui une chose
indifférente » (V, 20). Mais il regarde comme « préférable » d'avoir des amis, il veut en avoir. Toutes ses affec-

tions sont volontaires, en ce sens qu'il accepte les liens qui l'unissent aux autres hommes et veut en tenir compte. Mais l'amitié est l'affection volontaire par excellence. Il dépend de nous d'avoir ou de n'avoir pas d'amis, de les garder ou non, de choisir tels ou tels pour amis, de gouverner enfin notre amitié, de la rendre raisonnable.

CONCLUSION.

L'histoire des théories de l'amitié est un chaos. Il semble qu'au lieu de se développer logiquement, de se compléter et de se préciser, la notion de l'amitié se renouvelle entièrement d'une école à l'autre. Il faut voir si cette indépendance des doctrines est réelle, et comment elle s'explique.

Tout d'abord l'amitié n'est pas une affection naturelle, comme l'amour ou l'amour-propre. On discute pour savoir si elle dérive de l'amour, ou de l'amour-propre, ou de la sympathie, ou de la sympathie et de l'intérêt tout ensemble. C'est donc qu'elle n'est pas, dans l'ordre de l'affection, ce que Descartes appelle « une nature simple, un absolu ». De là vient qu'on conteste son originalité, qu'on démêle mal sa nature.

De plus, l'amitié ne dérive pas uniquement des penchants. Elle est proprement notre œuvre. Nous subissons l'amour, nous créons l'amitié. L'amitié n'est pas une « passion », c'est-à-dire un instinct tout formé ou qui se développe en nous; elle est un « acte » ou une « habitude », elle émane de la volonté. Elle n'est pas un penchant dont on subit la loi, mais une liaison que la volonté forme d'après un idéal conçu par la raison. Nous ne créons pas seulement nos amitiés, mais le type ou la forme de nos amitiés. C'est pourquoi il y a une amitié épicurienne, une amitié stoïcienne.

Les théories sur l'amitié diffèrent suivant l'origine qu'on lui attribue et la fin qu'on lui assigne, suivant les penchants auxquels on la rattache et la direction morale qu'on imprime à ces penchants.

Si différentes qu'elles soient, ces théories ne laissent pas de présenter une suite, un progrès. Ainsi le caractère volontaire de l'amitié est mis de plus en plus en relief. Déjà Socrate distingue deux sortes d'amitié : l'une, toute instinctive, qui dérive, comme la haine, de la spontanéité des penchants ; l'autre réfléchie, volontaire, qui s'établit par un acte de générosité et de raison.

La dialectique de Platon a pour but d'élever l'âme des amours inférieures à l'amour du bien absolu, c'est-à-dire d'opérer le passage de l'instinct à la raison, des appétits à la volonté.

Aristote fait dériver l'amitié d'un choix, il la définit un acte : l'amitié consiste à aimer bien plus qu'à être aimé. D'ailleurs la raison ne s'oppose pas à l'instinct. La volonté s'empare des penchants et les gouverne ; elle est l'appétit réglé par la raison. L'amitié dérive à la fois de l'inclination et de la volonté.

Épicure fait dépendre l'amitié de la volonté seule. L'amitié est une liaison qu'il nous plaît de former et que nous formons parce qu'il nous plaît. Elle doit s'accorder avec notre intérêt parce qu'en agissant par intérêt nous ne subissons aucune contrainte. Elle peut aller en apparence contre notre intérêt et se montrer dévouée, parce qu'à nous oublier nous-mêmes nous trouvons notre plaisir. Mais toujours elle consiste à agir de bon gré ou par attrait. Épicure veut que l'amitié soit un acte de la volonté libre, mais son tort est de croire que la volonté ne peut être libre, si elle n'agit en vue du plaisir.

Les Stoïciens entendent autrement l'accord du volontaire et du sensible. Suivant eux, l'amitié consiste à

aimer par choix les personnes qu'on aimait déjà par
inclination. Toute affection peut prendre la forme de
l'inclination, c'est-à-dire peut être réfléchie et voulue,
mais l'amitié seule est toujours et nécessairement volontaire.

Si l'amitié est volontaire, si c'est là son caractère distinctif, original, il s'ensuit qu'elle ne sera pas une et
simple. Elle revêtira autant de formes que la volonté
peut poursuivre de buts différents.

Suivant Platon, l'amour a pour fin tantôt la volupté,
tantôt la vertu, tantôt le Bien en soi. De là trois sortes
d'amour. Encore peut-on dire qu'à la rigueur, suivant
Platon, l'amour est unique, mais comporte des degrés.
Tout amour se ramène à l'amour intelligible : l'amour
concupiscible et l'amour irascible ne sont que des étapes
dans la dialectique de l'amour. Suivant Aristote au contraire, les espèces de l'amitié se classent dans un ordre
hiérarchique, mais restent distinctes, irréductibles : ce
sont l'amitié intéressée, l'amitié de plaisir et l'amitié
vertueuse.

Les Épicuriens et les Stoïciens s'efforcent de ramener
toutes les formes de l'amitié à une seule qui est pour
les uns l'amitié intéressée, pour les autres, l'amitié vertueuse. Mais c'est seulement au point de vue idéal que
l'amitié est une : encore le type idéal de l'amitié diffère-
t-il d'une École à l'autre. En fait, l'amitié revêt les formes
les plus variées : ainsi il y a une amitié érotique et une
amitié intellectuelle. La psychologie décrit ces formes,
les classe, mais peut-elle les réduire à l'unité ?

Il faut distinguer les théories psychologiques des
théories morales. Les philosophes anciens ne recherchent
pas ce qu'est l'amitié, mais quelle est l'amitié parfaite.
Cette question : qu'est-ce que l'amitié ? pour eux n'a pas
de sens. En effet, il n'y a pas une amitié, mais des amitiés.
Toutefois on peut comparer les différentes amitiés au
point de vue psychologique, et chercher quelle est

l'amitié la plus pleine, la plus aimante, ce qui ne veut pas dire, au moins nécessairement, la plus morale. Socrate et Platon disent que l'amitié vulgaire ou amitié concupiscible ressemble à l'amour du loup pour l'agneau : en effet ce n'est pas s'attacher à une personne que de la faire servir à son plaisir. Il en est de même, selon Aristote, de l'amitié intéressée.

Il y a donc des amitiés faussement appelées telles : ce sont celles qui se fondent sur le plaisir et l'intérêt. Épicure lui-même le reconnaît ; car s'il fait produire à l'égoïsme l'amitié, il ne dit point que l'égoïsme soit l'amitié. Toute amitié est donc désintéressée, mais tout amour désintéressé n'est pas l'amitié. Il faut distinguer encore l'attachement à un objet impersonnel, comme le Bien en soi ou la vertu, et l'attachement à une personne.

Platon et surtout les Stoïciens semblent méconnaître le caractère personnel de l'amitié. Aristote, tout en donnant pour base à l'amitié la vertu, comprend que l'amitié s'adresse à la personne, c'est-à-dire à l'homme vertueux, non à la vertu. L'amitié est même doublement personnelle : je sens mon amour pour mon ami, je jouis de cet amour, et en ce sens l'Épicurisme a raison ; mais c'est à mon ami pourtant que je suis attaché, c'est lui que j'aime et que j'aime pour lui-même. L'amitié concilie l'égoïsme et l'altruisme ; elle est la plus grande joie personnelle dans le plus complet oubli de soi. Les éléments de vérité que renferme l'Épicurisme et le Stoïcisme trouvent place dans la doctrine compréhensive d'Aristote.

Ainsi, une vérité d'ensemble se dégage des théories psychologiques de l'amitié. Mais faisons abstraction de cette vérité qui, aussi bien, a toujours contre elle le parti-pris des systèmes. Chaque système ne laisse pas d'être lui-même une contribution à la psychologie de l'amitié : il s'enrichit de vérités partielles, il fait des découvertes dans son domaine propre. Ainsi, le Platonisme éclaire le romanesque, et l'Épicurisme, l'égoïsme de l'amour. L'amitié nous serait connue d'une manière moins précise, s'il ne s'était trouvé des philosophes qui ont concentré leur attention sur un des côtés de l'amitié, en négligeant les autres. Les modestes conquêtes de cette psychologie, que Spinoza appelle *historiola animæ,* ont été faites le plus souvent par les philosophes en apparence, les plus dédaigneux de l'expérience, l'esprit de système s'alliant très bien avec l'esprit d'observation, ou plutôt tout système n'étant qu'une observation particularisée.

Si l'histoire des théories de l'amitié manque de suite, si ces théories se contredisent plus qu'elles ne se continuent, c'est qu'aucune d'elles n'est *indépendante,* c'est qu'elles sont toutes engagées dans un système de philosophie ou de morale. Cependant, les théories contraires se complètent et s'éclairent; chacune d'elles a sa moisson de faits, et la richesse des observations s'accroît en raison de la diversité des doctrines.

CHAPITRE II.

THÉORIES MORALES.

————————

L'amitié qui, à l'origine, s'oppose à la justice, ne laisse pas de préparer l'avènement de la justice.

I. DE L'AMITIÉ CONSIDÉRÉE COMME S'OPPOSANT A LA JUSTICE. La faculté d'aimer implique celle de haïr. D'après la loi du talion, il est aussi légitime de haïr ses ennemis que d'aimer ses amis. — Mais on ne s'en tient pas à la justice du talion : on reconnaît que l'amitié est partiale et la haine déloyale.

L'antique maxime : *Fais du bien à tes amis, du mal à tes ennemis.* — Socrate l'aurait adoptée d'abord, puis rejetée. — Platon prétend qu'il ne faut faire de mal à personne, même à son ennemi. L'injustice à ses yeux est le seul mal; ce mal, on ne doit jamais le commettre, mais on peut souhaiter et faire en sorte que son ennemi le commette. — Les Stoïciens divisent les hommes en bons et en méchants. Nous ne devons pas nous emporter contre les méchants : 1° parce qu'ils ne peuvent nous nuire ; 2° parce qu'ils se trompent. De plus les méchants ont leur raison d'être dans le monde. Le vice rehausse l'éclat de la vertu. Il sert à exercer la patience du sage ; il lui est une occasion de développer son mérite. En définitive, les méchants sont immolés à la gloire des bons. — Selon Plutarque, la haine n'est pas un mal : — 1° il est avantageux d'être haï; les reproches des méchants sont un avertissement salutaire ; 2° il est avantageux de haïr. On pratiquera la vertu pour humilier ses ennemis. On s'exercera, en pratiquant la bonté envers ses ennemis, à devenir meilleur envers ses amis. On épuisera sur ses ennemis ses sentiments de malveillance.

Conclusion : la morale antique ignore la charité, elle reconnaît le droit de haïr ses ennemis.

II. L'AMITIÉ est : 1º la CONDITION ; 2º le PRINCIPE ET LA FIN DE LA VERTU.

Socrate. — L'amitié se fonde sur l'utilité. L'utile et l'honnête se confondent. — L'amitié suppose la vertu, sinon la vertu parfaite, du moins certaines qualités morales. Distinction de la générosité et de la justice. L'amitié a pour condition la générosité.

Platon. — L'amitié ne suppose pas la vertu, mais elle a pour fin de réaliser la vertu.

Aristote. — Du rôle de l'amitié en morale. — La vie morale se confond avec la vie sociale, et la forme parfaite de la vie sociale est l'amitié. — La morale est la science du bonheur ; or l'amitié est un élément de bonheur. Enfin, sous sa forme parfaite, l'amitié est une vertu.

L'amitié fait partie des biens extérieurs.

Elle a pour condition la vertu.

L'amitié idéale ou vertueuse est la seule réelle ; ou du moins elle est la plus réelle.

L'amitié est une vertu particulière : 1º voisine ; 2º distincte de la justice.

Partout où il y a justice, il y a amitié, et les variations ou degrés de l'amitié répondent aux variations ou degrés de la justice.

L'amitié et la justice tendent à établir toutes deux l'égalité, mais non la même : l'une a pour règle l'égalité arithmétique ; l'autre, l'égalité proportionnelle.

De l'égalité des amis. — C'est une égalité de condition. Mais l'égalité de condition est réductible à l'égalité dans l'amour ou ὁμόνοια. — L'ὁμόνοια est un sentiment de même *qualité* éprouvé par deux personnes l'une pour l'autre. L'ὁμόνοια est pleinement réalisée dans l'amitié entre égaux et dans l'amitié vertueuse ; elle est imparfaite dans l'amitié de supérieur à inférieur, et les amitiés de plaisir et d'intérêt. — L'ὁμόνοια est un sentiment de même *intensité* éprouvé par deux personnes l'une pour l'autre. Les amis doivent s'aimer également, s'ils sont égaux, proportionnellement à leur mérite, si l'un des amis est supérieur à l'autre. L'égalité est toujours et dans tous les cas la règle de l'amitié.

Résumé et conclusion. — L'amitié suppose : 1º la justice ou vertu sociale ; 2º la vertu personnelle. — L'amitié est une vertu et a pour règle la justice. Insuffisance de cette doctrine. L'amitié est un sentiment, elle dépasse la justice et paraît d'une autre nature que la justice.

Épicure étudie l'amitié surtout au point de vue psychologique.

Les Stoïciens. — L'amitié est une vertu. — Elle est cultivée pour elle-même ; ou du moins, elle est recherchée, non pour le plaisir qu'elle donne, mais pour le bien qu'elle produit. En d'autres termes, elle est un bien, mais un bien appelé ποιητικόν et non τελικόν.

L'amitié a pour condition la vertu. Elle suppose la connaissance du bien, c'est-à-dire la distinction du bien et des choses indifférentes, des choses qui dépendent de nous et de celles qui n'en dépendent pas. — Elle est l'attachement au bien et le détachement à l'égard des choses indifférentes. — Elle se fonde sur l'ὁμόνοια, elle est l'union des volontés dans la poursuite du bien.

L'amitié stoïcienne implique une sorte de détachement à l'égard des personnes. En un sens, les autres hommes sont pour le sage une *chose indifférente.* Il est insensible à leurs injures, à leur haine, à leur mépris. Il s'applique à les aimer, parce que cela dépend de lui et que c'est un bien ; non à en être aimé, parce que cela ne dépend pas de lui et est indifférent.

Par là même que le sage renonce à être aimé, il aime ses amis comme ils doivent, non comme ils veulent être aimés, c'est-à-dire sans émotion, sans trouble. Il n'a pas de pitié pour leur malheur, mais seulement pour leurs vices. L'amitié stoïcienne est toute raisonnable.

En un sens, les autres hommes ne sont pas pour le sage une chose indifférente, mais un bien. L'amitié consiste, non à rendre des services, mais à aimer ses amis et à les aimer pour eux-mêmes.

CONCLUSION.

L'amitié a une grande place dans l'histoire des idées
morales. Elle est antérieure à la justice. Les peuples,
comme les individus, pratiquent l'amour longtemps avant
de connaître le droit. A l'origine des sociétés, l'amitié
existe sans la justice : elle l'empêche de naître, et, quand
elle est née, elle entre en lutte avec elle. Cependant, elle
prépare aussi d'une façon indirecte, à son insu et contre
son gré, l'avènement de la justice. La justice, en effet,
c'est l'amitié universalisée. Être juste, c'est se conduire
envers tous les hommes comme on se conduit envers
ses amis. Il faut donc distinguer deux phases dans l'évolution de l'amitié : 1º elle s'oppose à la justice, elle se
développe en dehors de la justice, et contrairement à ses
lois; 2º elle donne naissance à la justice et s'y conforme.

I. — L'AMITIÉ, NÉGATION DE LA JUSTICE.

Dans les sociétés primitives, les hommes se divisent,
non seulement en familles et tribus, mais encore en
amis et ennemis. De même que l'étranger est traité en
ennemi public (*hostis*) et mis hors la loi (F. de Coulanges :
Cité antique, pp. 228-232) à l'intérieur de la cité,
l'ennemi privé (*inimicus*) est en dehors du droit naturel.
Il n'y a pour lui ni pitié, ni humanité, ni justice. En

Grèce, tous les représentants de la morale populaire, les Gnomiques[1], les Sophistes[2] et Socrate lui-même répètent à l'envi que « la valeur d'un homme » (ἀνδρὸς ἀρέτη) se mesure « au bien qu'il fait à ses amis, et au mal qu'il fait à ses ennemis » (Xén., *Mém.*, II, 6, 35). Tous les devoirs sociaux découlent donc de l'amitié : on n'est pas tenu de faire du bien à tous les hommes, mais seulement à ceux dont on est l'ami. Ainsi entendue, l'amitié est la négation de la justice : l'une, en effet, implique, et l'autre exclut l'idée de privilège. La seule division des hommes en amis et en ennemis rompt le lien moral que la justice tend à établir entre eux.

Chez les Grecs, le culte de l'amitié entraîne le mépris de la justice. La haine des ennemis est trop naturelle pour paraître immorale. La haine n'est-elle pas, d'ailleurs, l'envers obligé de l'amitié, comme le plaisir de la douleur, dans le mythe de Platon ? A quelqu'un qui se vantait de n'avoir point d'ennemis, Chilon dit : « Tu n'as donc point d'amis ? » (Plutarque : *De l'utilité des ennemis*, ch. I, — *Du grand nombre des amis*, ch. VI.)

En effet, si l'on a des amis, on épousera leurs haines, ou encore si l'on a la faculté d'aimer, on aura celle de haïr. On hait en même temps et par là même qu'on aime, et avec la même ardeur. Les Grecs, reconnaissant la solidarité de la haine et de l'amour, doivent donc accepter l'une comme conséquence de l'autre. On ne voit pas, d'ailleurs, qu'il leur paraisse moins juste de se montrer dur et impitoyable aux ennemis, que bon et secourable aux amis.

Sous le régime de l'amitié, il n'y a qu'une justice, c'est celle qui s'exprime par la loi du talion. Les Pytha-

---

[1] Thalès, Solon, Théognis, Simonide. Les textes seront rapportés plus loin.

[2] Calliclès, dans le *Gorgias* de Platon.

goriciens définissent le droit une réciprocité absolue [1] :
Il suit de là qu'on doit rendre haine pour haine, amour
pour amour, que la vengeance est aussi légitime que la
reconnaissance. La joie de faire souffrir ou de voir
souffrir son ennemi n'est pas tout animale ou instinctive. Il s'y mêle une idée de réparation ou de justice ;
c'est pourquoi on l'avoue hautement, on la goûte sans
remords. « Le cœur de l'homme se resserre, dit Théognis,
quand il souffre un grand mal, mais il se dilate de nouveau quand il se venge. » (*Élégies,* v. 631, cité par
Girard. *Sent. rel. en Grèce,* p. 194.) La vengeance peut
se justifier quand elle est une compensation ou une
indemnité (ποινή), mais d'où vient que le malheur d'un
ennemi nous venge, nous console du nôtre, quand même
il ne le diminue pas ? Comme dit Thalès, « le moyen de
supporter le mieux l'infortune, c'est de voir ses ennemis
encore plus malheureux que soi » (Diog. Laert., I, 36).

C'est que sans doute, suivant l'antique notion de justice, la destinée doit répartir également entre les hommes les biens et les maux. Toutefois, on essaierait vaine-
ment de faire rentrer dans la justice, fût-ce dans la
justice du talion, les sentiments des anciens à l'égard
des ennemis. Théognis, qui voulait que la haine fût
franche comme l'amitié, ajoutait qu'elle est et ne doit
pas rougir d'être déloyale. « Cajole bien ton ennemi,
« mais lorsqu'il est sous ta main, venge-toi sans cher-
« cher de prétexte [2]. » La haine s'affranchit donc de
l'honneur et des lois ; elle s'ignore elle-même, lorsqu'elle
prétend user seulement de représailles et se tenir dans
les limites d'une juste vengeance ; elle outre toujours
son droit, et sa seule loyauté, c'est d'avouer sa déloyauté :

---

[1] Τὸ ἀντιπεπονθός.
[2] *Élégies,* v. 363.

le mieux qui puisse arriver entre des ennemis, c'est de
se faire une guerre déclarée, ouverte.

La façon dont les anciens règlent les rapports des
ennemis dérive de leur conception de l'amitié. A défaut
de lien logique, il y a une association inséparable entre
ces deux jugements : *Fais du bien à tes amis, maltraite
tes ennemis.* Peut-être aussi, par une sorte de fatalité
psychologique, la haine est-elle la réaction de l'amour.
Mais, à n'en pas douter, dans l'esprit des anciens, la tendresse en affection et la férocité dans la haine se tiennent et se répondent, et la dure condition faite aux
ennemis relève le prix des faveurs de l'amitié. N'est-ce
pas encore une même sorte de plaisir que l'homme trouve
à semer les bienfaits et à exercer la vengeance? Il a,
dans les deux cas, le sentiment de sa force, il étend son
pouvoir sur autrui. Enfin, la partialité pour les amis
cadre bien avec la déloyauté à l'égard des ennemis, et
elle n'est pas une moindre violation de la justice. On se
retient encore moins de suivre ses amitiés que ses haines. On aperçoit mieux les raisons de modérer sa colère
que celle de comprimer ses élans affectueux.

L'amitié est donc volontiers plus injuste que la haine
elle-même. C. Blossius de Cumes déclarait qu'il eût fait
aveuglément tout ce que lui aurait commandé Tibérius
Gracchus, son ami. « S'il t'avait commandé, lui disait-on,
de mettre le feu au Capitole. — Jamais il ne me l'aurait
commandé. — Si pourtant il l'avait fait. — Je lui aurais
obéi. » (Cic., *de Amic.,* ch. XI.) De même, dans l'*Andro-
maque* de Racine, Pylade ne pouvant détourner Oreste
d'un projet criminel, se fait son complice :

Allons, Seigneur, enlevons Hermione!

En fait, l'amitié a donc toutes les complaisances. On
ne la tient pas pour justiciable des lois morales; non
seulement on excuse, mais on absout et on exalte les
crimes qui se commettent en son nom. Tous les mora-

listes (Aristote, les Stoïciens, etc.) s'appliqueront sans
doute à la concilier avec la justice et à la fonder sur la
vertu ; mais elle s'est développée d'abord en dehors de
la justice, et elle en a été regardée longtemps comme
indépendante. Plus tard, les casuistes défendront les privilèges de l'amitié. Selon Théophraste, on pouvait se
départir de ses devoirs en faveur d'un ami ; c'est un petit
mal pour un grand bien et une petite pièce d'or vaut
bien un grand monceau de cuivre (Zeller, *Phil. der
Griechen*, III, II, pp. 692-693). Lucien fera aussi honneur
à l'amitié des dévoûments qu'elle inspire, alors que ces
dévoûments prennent la forme de trahisons, d'enlève-
ments, de meurtres.

La maxime : *Fais du bien à tes amis, du mal à tes
ennemis,* est une de celles qui expriment le mieux
l'esprit antique ou païen. Elle est si populaire qu'on ne
pourrait énumérer tous les textes qui la citent, la com-
mentent ou y font allusion. Un poète dira :

> Il faut tout tenter et faire
> Pour son ennemi défaire.
>
> (Pindare, ode IV des *Isthmiques,*
> *ap. Plutarch.* Comment il faut
> lire les poètes, trad. Amyot).

Le législateur Solon adresse aux muses cette prière :
« Faites que je sois doux à mes amis et amer à mes
ennemis, que ma vue inspire aux premiers le respect,
et la crainte aux seconds » (*Fragment* V). Le sophiste
Calliclès justifie ses attaques contre la justice et la tempérance par cette raison qu'elles rendraient les hommes
malheureux « en ne leur permettant point de donner à
leurs amis plus qu'à leurs ennemis » (*Gorgias,* 480 E,
481 A).

Cependant, la réflexion philosophique s'efforça bientôt
de dissocier les sentiments d'amitié et de haine et préten-
dit maintenir l'un à l'exclusion de l'autre. Mais les
philosophes mêmes qui rejettent la devise antique et qui

la combattent ne laissent pas d'être à leur insu pénétrés
de son esprit ; leur cerveau la recèle en ses couches
profondes. Ainsi, jusque dans les théories philanthropiques de Platon et des Stoïciens se retrouve une certaine
dureté à l'égard des ennemis ou des méchants, et l'exemple de Plutarque nous apprend quelle malveillance
raffinée et raisonneuse se cache parfois dans l'âme
débonnaire d'un lettré.

Socrate, le premier, aurait dit qu'il ne faut nuire à
personne, pas même à ses ennemis (Plat., *Crit.*, 49 A,
199 — *Rép.*, I, 334 B, 199). Cependant on ne peut
récuser le témoignage de Xénophon, qui lui prête ces
paroles : « Tu sais que la vertu d'un homme consiste
à être meilleur que ses amis, plus impitoyable que ses
ennemis. » (*Mém.* II, 6, 35.) De l'aveu de Platon lui-
même, telle aurait été en effet d'abord l'opinion de
Socrate, mais il en aurait à la fin compris la fausseté.
« Socrate, je me suis adressé à toi-même et tu m'as dit
« que la justice consiste à servir ses amis et à nuire à ses
« ennemis ; mais plus tard tu as reconnu que le juste
« ne devait jamais nuire à personne, mais qu'il devait
« plutôt servir tout le monde. » (Plat., *Clitophon,*
410 B.)

Si, sur ce point, la pensée de Socrate a varié ou demeure
incertaine, celle de Platon est ferme, catégorique et
précise. La justice ne consiste point, comme le dit Simonide, à faire du bien à ses amis, du mal à ses ennemis.
Car sa plus haute expression serait alors la volonté d'un
tyran. « Sais-tu bien à qui j'attribue cette maxime qu'il
est juste de faire du bien à ses amis et du mal à ses
ennemis ? — A qui ? — Je crois qu'elle est de Périandre, de
Perdiccas, de Xerxès, d'Isménias le Thébain ou de quelque
autre riche personnage enivré de sa puissance. » (*Rép.*, I,
trad. Cousin, p. 23.) La véritable justice est de ne jamais
faire le mal. Il faut s'abstenir du mal d'une manière
absolue : il ne faut donc pas faire le mal, même par voie

de représailles (Criton, 55). On se doit à soi-même et on doit aux autres d'être toujours bon. Faire du mal aux autres, c'est se rendre injuste et souiller son âme ; c'est aussi nécessairement rendre pires ceux à qui on fait du mal, et aggraver l'injustice en voulant la punir (*Rép.*, II, 360).

Platon prescrit l'oubli des offenses ; s'il n'enjoint pas d'aimer les méchants, il défend du moins de les haïr. Il semble avoir fermé son cœur à tout sentiment de colère et de vengeance. Cependant, il revient par un détour à l'antique maxime : n'épargne pas ton ennemi. En effet, il reconnaît un seul mal, l'injustice, mais trois degrés dans le mal : *souffrir l'injustice, — la commettre, puis l'expier, — la commettre sans l'expier.* Souffrir l'injustice est un moindre mal que la commettre ; ne point l'expier, quand on l'a commise est le plus grand des maux. Si donc on a un ami qui s'est rendu coupable d'une injustice, on le traînera devant les tribunaux, on demandera comme une grâce qu'il expie sa faute. Au contraire si on a un ennemi qui s'est souillé de crimes, « il faut par tous les moyens, par les actes, par les « paroles, faire en sorte qu'il ne soit pas puni, qu'il « n'aille pas devant le juge ; s'il y va, il faut s'employer « pour qu'il prenne la fuite et ne soit pas puni ; et s'il « a volé beaucoup d'or, pour qu'il ne le restitue pas, mais « le garde et le dépense à son profit et au profit des siens « d'une manière injuste et impie ; s'il a mérité la mort, il « faut avoir soin qu'il ne meure pas, et reste éternellement « méchant, ou du moins qu'il vive tel qu'il est, le plus « longtemps possible » (*Gorgias,* 480 E, 481 A). Ainsi donc pardonner à son ennemi, c'est le perdre ; laisser ses crimes impunis, c'est le maintenir dans l'injustice. Platon a l'air de proscrire la vengeance ; en réalité, il substitue à la vengeance brutale qui torture le corps la vengeance raffinée qui veut la mort du pécheur, sa damnation. Il veut qu'on épargne ses ennemis pour

mieux leur nuire, qu'on leur fasse du mal, mais sans
qu'ils s'en doutent. Il n'a pas répudié vraiment la maxime
de Simonide, et ses théories les plus généreuses recou-
vrent un fonds d'inhumanité.

Le Stoïcisme a supprimé la division des hommes en
amis et ennemis, mais pour y substituer celle des bons et
des méchants. Tous les hommes sont naturellement amis,
mais les bons sont particulièrement les amis des bons.
Le sage n'a point d'ennemis. Il ne hait pas les méchants,
parce qu'il est à l'abri de leurs coups. Il dit avec Socrate :
« Anytus et Mélitus peuvent me faire mourir, ils ne
peuvent pas me nuire.» (Épict., *Entr.*, I, xxix, *Man.*, 43.)
Il ne s'indigne pas contre eux, parce qu'ils sont nécessairement ce qu'ils sont. « Tel est l'ordre de la nature :
« des gens de cette sorte doivent de toute nécessité agir
« ainsi. Vouloir qu'il en soit autrement, c'est vouloir que
« la figue n'ait pas de suc. » (M.-A., IV, 6.) Enfin il
pardonne aux méchants, parce qu'ils se trompent : « Il
« n'y a point d'hommes volontairement méchants : c'est
« toujours malgré elle qu'une âme est privée de la
« vérité. » (Épict., *Entr.*, I, xxviii; II, xxii, — Marc-Aur.,
VII, 43.) Le sage est donc exempt de haine : il oppose
aux méchants la patience, la bonté, la douceur.

Mais l'absence de haine n'est pas l'amour, et quoique
les Stoïciens posent en principe qu'il faut aimer tous les
hommes, sans en excepter les méchants, on peut soutenir
qu'ils n'accordent pas même aux méchants la justice.
Qu'on en juge à la façon dont ils expliquent leur rôle
et leur raison d'être dans le monde. Ils justifient le vice
par des raisons providentielles. De ce que les dieux l'ont
permis ils concluent qu'il a son utilité. Tout d'abord « pris
en lui-même, le vice ne nuit point au monde » (Marc-
Aur., VII, 55). En outre, « nous concourons tous à
l'accomplissement d'une seule et même œuvre ». Il n'y
a pas jusqu'au vicieux, jusqu'au mécontent qui ne contri-
bue à l'ordre du monde, « car le monde avait besoin d'un

tel homme ». Il tient parmi les êtres « le même rang que,
dans la comédie, le vers plat et ridicule dont Chrysippe
a parlé. » (M.-A., VI, 42.) Voici le passage de Chrysippe
auquel Marc-Aurèle fait allusion : « Comme les comédies
« ont quelquefois des vers ridicules et des plaisanteries
« qui ne valent rien en elles-mêmes, et qui néanmoins
« ajoutent au charme de la poésie, ainsi le vice est
« certainement condamnable en lui-même, mais n'est pas
« inutile par rapport au reste des choses. » (Plut.,
Défense contre les Stoïciens.) On reconnaît ici l'orgueil
stoïcien : le vice sert à rehausser la vertu ; le sage se
détache de la foule des méchants ; il est la bande de
pourpre dans la robe de laine.

Ce n'est pas assez que les méchants soient immolés à
la gloire des bons ; ils le sont encore à leur vertu même.
Ils exercent la patience du sage, et accroissent son
mérite, comme les monstres dans la nature font éclater le
courage des héros. Qu'eût été Hercule sans le lion
prodigieux, l'hydre, la biche, le sanglier et ces hommes
iniques et cruels dont il purgea la terre ? « Il se serait
« enveloppé dans sa couverture et y aurait dormi. Il n'au-
« rait pas été Hercule... A quoi lui auraient servi ses bras
« vigoureux et cette autre force, cette force d'âme et cette
« grandeur de courage, sans les dangers et la matière
« capable de l'éveiller et de l'exercer ? » Les monstres se
sont trouvés très propres « à exercer Hercule et à faire
voir ce qu'il était ». Le sage est un autre Hercule que
retrempe et fortifie l'épreuve ; il s'écrie : « Envoie main-
« tenant, ô Jupiter, les circonstances que tu voudras ;
« car j'ai des ressources et des moyens donnés par toi-
« même pour tirer parti de tous les événements. » (*Entr.*,
I, VI.)

Parmi les circonstances favorables à la vertu du sage,
il faut compter l'existence des méchants. Par exemple,
celui qui m'injurie m'est aussi utile qu'à l'athlète le
maître de gymnastique. Voire, plus est lourd le pilon

que m'oblige à soulever le maître de palestre, mieux cela
vaut pour moi. De même, le profit que je retire des
hommes est en raison de leur méchanceté ! « Mon voi-
« sin est-il méchant ? Il est méchant pour lui, mais il est
« bon pour moi. C'est là la baguette de Mercure. Tou-
« ches-en ce que tu voudras et je le changerai en bien...
« Présente-moi les insultes et la condamnation au der-
« nier supplice, tout cela tournera à notre profit. »
(*Entr.*, III, xx.)

Pour le Stoïcisme, la vertu est une tension, un effort.
Mais l'effort s'accroît par la résistance. La vertu du sage
tirera donc parti des obstacles que rencontre sa volonté.
« De l'obstacle qui se présente, dit Marc-Aurèle, il fait
« la matière même de son action. C'est ainsi que le feu
« se rend maître de ce qui tombe dedans : une petite
« lampe en eût été éteinte, mais le feu resplendissant
« s'approprie bientôt les matières entassées, les consume,
« et par elles s'élève plus haut encore » (IV, 1). Par
exemple, la violence d'autrui tourne notre âme à la rési-
gnation et au calme (VI, 50) ; la nature « a donné comme
« antidote contre l'ingratitude, la douceur, et telle autre
« vertu, contre tel autre vice » (IX, 72). Ainsi donc,
le sage ne doit pas seulement pardonner au sage ses
vices tout involontaires, il peut encore lui en savoir gré.
Il est, en effet, de son intérêt à lui qu'il y ait des vicieux ;
les réprouvés servent à la gloire des élus. Le lot du sage
est vraiment trop beau. Pour accroître le mérite de sa
vertu, pour la rendre éclatante, héroïque, la Providence
permet qu'il soit mis à l'épreuve et subisse l'injustice.
Mais faut-il donc que d'autres hommes soient condamnés
à être injustes, pour qu'il ait l'occasion et le mérite de
pratiquer à leur égard la vertu sublime du pardon ? Le
méchant, dans cette doctrine, est sacrifié, le sage est
comblé des faveurs du Ciel. L'un a sans doute tous les
biens matériels : la puissance, la richesse, les honneurs ;
mais l'autre a les biens véritables : la vertu et ses joies

divines. Les plus nobles âmes du Stoïcisme ne semblent pas exemptes, au moins théoriquement, de dureté et de haine à l'égard des méchants. Le Stoïcisme et le Platonisme donnent seulement l'illusion de la fraternité universelle. Il y a toujours entre les hommes des amis et des ennemis. En effet, les bons et les méchants se haïssent, d'une haine, chez les uns, brutale et féroce ; chez les autres, méprisante et fière.

Le *Traité* de Plutarque « sur l'utilité des ennemis » achèvera de montrer combien la notion de charité est étrangère à l'esprit antique. Les sentiments de haine à l'égard des méchants sont désavoués par Platon et les Stoïciens, quoiqu'ils se glissent secrètement en leur cœur et se retrouvent au fond de leurs doctrines. Plutarque revient à ces sentiments, ne songe pas à en rougir, et prétend leur trouver moralement un emploi. Il insiste d'abord sur la relativité de l'amour et de la haine. Renoncer à haïr serait renoncer à aimer. Si donc la haine est un mal, ce mal est la condition d'un plus grand bien, à savoir de l'amitié. Mais la haine n'est pas un mal. Il est également avantageux de haïr et d'être haï.

1° Il est avantageux d'être haï. De même qu'à l'origine l'homme s'est simplement défendu des bêtes et n'a su que plus tard les employer à son service, il n'a songé d'abord qu'à mettre ses ennemis hors d'état de lui nuire, puis il a compris qu'il pouvait les faire servir à son avancement moral. En effet, grâce à ses ennemis, le sage se corrige de ses défauts et développe ses qualités. Dans l'ordre politique, ce qui a fait Rome si grande, c'est sa lutte contre Carthage, et Nasica a bien vu qu'elle entrerait en décadence, quand elle n'aurait plus d'ennemis à combattre. Dans l'ordre moral, suivant le mot d'Antisthène, un ennemi acharné nous rend les mêmes services qu'un ami sincère; car, l'un nous reproche nos fautes, et l'autre nous en avertit.

2° S'il est avantageux d'être haï, il est aussi permis de

haïr. Non seulement on ne doit pas s'interdire la haine, mais on doit se féliciter de la ressentir. Elle est déjà un bien, puisqu'elle est la condition de l'amour. Elle a, en outre, d'heureux effets. Diogène disait que le désir de se venger de son ennemi peut conduire à la vertu. En effet, si on excite la jalousie quand on possède de beaux chevaux, une belle meute, on l'excitera davantage quand on sera juste, tempérant. Au lieu donc d'injurier son ennemi, qu'on l'écrase de sa supériorité morale. Qu'on ne réponde point à ses reproches, mais qu'on en tienne compte, qu'on s'applique à ne plus les mériter. Ainsi, on est conduit à pratiquer la vertu pour satisfaire sa haine. (*De l'utilité des ennemis,* ch. IV.)

La vertu, il est vrai, a ses exigences; il faut parfois lui sacrifier ses rancunes. Il n'en est pas moins toujours avantageux d'avoir des ennemis. Lors même en effet que nous ne pouvons nous venger d'eux, que nous devons les supporter avec patience, les traiter avec douceur, nous avons encore à leur savoir gré de l'occasion qu'ils nous offrent de déployer nos vertus et d'accroître notre mérite. Il est bon de s'imposer des tâches difficiles pour s'exercer à la pratique des vertus moyennes. Quand on aura supporté en silence les outrages d'un ennemi, on n'aura pas de peine à supporter ceux d'une femme, d'un ami, d'un frère; c'est ainsi que Socrate, en vivant avec Xanthippe, s'habituait à la patience. De même, quand on aura pratiqué à l'égard d'un ennemi la générosité, la grandeur d'âme et le pardon, on ne pourra manquer d'être un ami courageux et dévoué. Nous devons être justes envers nos ennemis parce que cela exige un noble effort, et aussi parce que nous devons nous faire de la justice une habitude. « La méchanceté, la « fourberie et la ruse qui ne paraissent point, à l'égard « d'un ennemi, des actions injustes et coupables, une fois « qu'elles sont entrées dans l'âme, y demeurent et n'en « peuvent être chassées : puis on se rend injuste envers

« ses amis par habitude et pour ne s'être point interdit de
« l'être envers ses ennemis ». (Καὶ πανουργία καὶ ἀπάτη καὶ
ἐπιβουλή, δοκοῦσα μὴ φαῦλον εἶναι μηδὲ ἄδικον πρὸς ἐχθρὸν, ἂν
ἐγγένηται, παραμένει δυσαπάλλακτος· εἶτα χρῶνται πρὸς τοὺς
φίλους αὐτοὶ ὑπὸ συνηθείας, ἂν μὴ φυλάξωνται πρὸς τοὺς
ἐχθρούς. *De l'utilité des ennemis,* ch. IX.)

Si donc, on n'avait égard qu'à ses ennemis, la
jalousie, le ressentiment des injures seraient des sentiments permis; mais il n'est point sans conséquence de
nourrir en son âme des sentiments de haine. C'est ainsi
que, selon Pythagore, il ne faut pas être cruel envers
les animaux, de peur qu'on ne prenne l'habitude de la
cruauté[1]. Ni les animaux, ni les ennemis ne se recom-
mandent à nous par leur valeur propre : ils n'ont sur
nous aucun droit; quand nous pratiquons la bonté
envers eux, ce n'est point non plus par générosité pure,
mais à titre d'exercice; ils sont pour nous un *moyen* de
perfectionnement moral, une occasion de mérite.

Ainsi on ne doit point à ses ennemis la justice; mais
on s'interdit de les haïr par une sorte d'hygiène morale.
Cependant, la haine est parfois aussi une maladie qui
doit suivre son cours. Il y a tel cas où il est bon de s'y
abandonner. Tantôt le moraliste ne voit en elle qu'un sentiment funeste, et la condamne absolument; tantôt il
considère qu'elle est dans la nature, partant inévitable,
et il lui fait sa part. Tout homme a dans le cœur une
certaine dose de haine et de jalousie; il fera bien de la
dépenser toute à l'égard de ses ennemis. « Il y aurait
« pour lui un grand avantage à se *purger* de ces passions,
« en les reportant sur ses ennemis, en leur trouvant un
« écoulement, une issue, et en faisant qu'elles n'atteignent
« jamais ses amis et ses proches. » (Οὐ μετρίως ὠφελοῖτο

---

[1] Pour la critique de cette théorie, reproduite par Kant, voir
Schopenhauer : *Le fondement de la morale,* trad. Burdeau, p. 64.

τῶν παθῶν τούτων ποιούμενος εἰς τοὺς ἐχθροὺς ἀποκαθάρσεις καὶ ἀπόστρέφων, ὥσπερ ὀχετοὺς, πορρωτάτω τῶν ἑταίρων καὶ οἰκείων, ch. x.)

Une révolte ayant éclaté à Chio, Onomadème conseilla à la faction victorieuse de ne pas exiler tous les vaincus, mais d'en laisser quelques-uns dans la ville, de peur que la discorde n'éclatât dans ses rangs, quand elle n'aurait plus de faction rivale. Il y a des chances pour qu'on traite d'autant mieux ses amis qu'on traitera plus mal ses ennemis. Plutarque ne se lasse pas de rendre cette idée en variant ses images. « Si on n'a pas d'autre « moyen, dit-il, d'éviter les rivalités, les jalousies, les « querelles, qu'on s'habitue à mordre ses ennemis pros- « pères, qu'on aiguise sur eux ses dents, qu'on leur en « fasse porter la marque. » De même encore, les roses et les violettes s'améliorent quand on plante auprès d'elles de l'aïl et des oignons, parce que ces dernières plantes accaparent les sucs âcres et fétides du sol. Ainsi notre ennemi, attirant à lui les sentiments de malveillance et d'envie qui sont en notre âme, nous rend par là-même plus bienveillant et plus tendre pour nos amis.

En résumé Plutarque, sachant que la haine a dans nos cœurs des racines naturelles, consent à ce qu'elle croisse, se développe et porte ses fruits. Il s'efforce seulement d'en régler le cours, d'en diriger l'emploi. Nous devons, selon lui, traiter nos ennemis comme des moyens, en faire un marchepied pour notre vertu, nous exercer sur eux à la patience, à la grandeur d'âme, nous efforcer, pour les rendre jaloux, de devenir meilleurs, enfin les charger, comme une victime expiatoire, de tout le poids de nos haines et réserver à nos amis notre bonté de cœur. On voit combien la morale antique se complaît dans la dureté. Sans doute il entre ici du paradoxe; il faut faire triompher la thèse de l'utilité des ennemis, et les raisons les plus risquées, les moins naturelles sont trouvées assez bonnes. La subtilité l'emporte donc encore

sur l'immoralité. Toutefois de telles théories sont signi-
ficatives ; elles détonnent chez Plutarque et seraient de
nature à porter atteinte à sa réputation de bonhomie et
de candeur, si la candeur ne consistait justement aussi
à raffiner sur les sentiments naïfs de la foule, à les
dénoncer et à les trahir par la clarté, la suite et le relief
qu'on leur donne en les traduisant.

Plutarque résume assez bien l'opinion moyenne dans
l'antiquité. Il est respectueux de la tradition et il s'inspire
à la fois des théories des philosophes et des idées de la
foule. Les anciens ne s'élèvent donc pas à la notion
d'une justice universelle. Ils croient volontiers que la
justice s'arrête où l'inimitié commence. Autant on doit
être doux à ses amis, autant on peut être pour ses ennemis impitoyable et dur. Quand Platon dit qu'il ne faut
pas rendre le mal pour le mal, il n'entend pas que la
vengeance est illégitime en soi et qu'il est défendu
d'avoir des ennemis, mais bien que la vengeance efficace
et sûre est d'épargner son ennemi. La morale stoïcienne
elle-même reste aristocratique : elle divise les hommes
en bons et méchants, et traite les méchants en ennemis,
avec une réelle dureté. Si donc on veut étudier le développement de la justice et de la bonté dans le monde
antique, on devra étudier les seules sociétés où ces
vertus soient reconnues et pratiquées, à savoir celles
que forment entre eux les amis.

II. — L'AMITIÉ, CONDITION, PRINCIPE ET FIN DE LA VERTU.

L'amitié s'oppose à la justice : sa sphère d'application
est plus étroite, ..mais elle n'est pas cependant d'une autre
nature ; elle a tous les attributs de la justice ; elle est

« la justice portée à son plus haut degré » (τὸ μάλιστα τῶν δικαίων φιλικὸν εἶναι δοκεῖ, Arist., *Eth. Nic.*, VIII, 1). N'être juste qu'envers ses amis, c'est, en un sens, cesser de l'être, puisque la justice est universelle ; mais, d'autre part, la justice qu'observent entre eux les amis, a son sens le plus plein, et s'étend bien au delà des limites légales. Le préjudice que l'amitié porte à la justice est donc relatif : l'amitié est une justice particularisée, mais d'autant plus achevée. D'une part, l'amitié exclut la justice, mais de l'autre, elle offre le modèle de la justice la plus parfaite ; et ainsi, en dépit des empiètements de l'amitié sur la justice, le progrès de l'idée de justice est liée au développement de l'amitié.

D'une manière générale, l'amitié n'a d'abord d'autre fin qu'elle-même et se développe en dehors des idées morales ; mais bientôt, on reconnaît qu'elle ne se suffit point, qu'elle a besoin, pour être et pour durer, de s'appuyer sur la vertu. La vertu, d'abord conçue comme étrangère à l'amitié, est donc ensuite posée comme condition de l'amitié.

Enfin, après s'être représenté la vertu comme la simple condition de l'amitié, on veut qu'elle soit sa raison d'être et sa fin. Dès lors, on n'acquiert pas des vertus pour conquérir des amis ; mais c'est l'amitié qui est l'apprentissage en commun du bien. Aristote disait : l'amitié vertueuse est l'amitié parfaite. Les Stoïciens diront qu'elle est l'amitié unique.

Le problème de l'amitié prend ainsi une forme nouvelle. Il se complique de données morales ; la vertu entre dans l'amitié : 1° à titre de condition ; 2° à titre de principe. L'amitié qui semblait incompatible avec la justice et les idées morales, se trouve avoir la moralité pour base. « L'amitié, dit Aristote, est une vertu, ou ne va point sans la vertu. »

Socrate.

Socrate énonce le premier cette proposition : *l'amitié dépend de la vertu ;* mais il ne l'érige pas en principe ni en thèse absolue. En effet, suivant lui, l'amitié se fonde sur l'utilité d'abord, sur la vertu ensuite, et elle suppose certaines qualités morales ; mais non pas peut-être cet ensemble de qualités qu'on appelle *la vertu.* Enfin, la vertu toute seule ne produit pas l'amitié ; elle en est la condition nécessaire, mais non suffisante. La thèse socratique sur les rapports de l'amitié et de la vertu est donc d'un énoncé modeste ; telle du moins que Xénophon l'expose, elle est ajustée au niveau de la raison commune ou du bon sens.

Si l'amitié suppose la vertu, c'est qu'elle se fonde sur l'utilité, et que l'utilité et la vertu coïncident. Socrate vouait aux dieux infernaux celui qui avait le premier séparé l'honnête de l'utile. Nous rechercherons pour amis ceux qui nous sont utiles, *nécessaires* (l'ami s'appelle ἐπιτήδειος) ; cela revient à dire *ceux qui sont bons ;* car ce sont leurs qualités morales qui disposent les hommes à se rendre utiles aux autres, et leur en fournissent le moyen. Quand on dit qu'on est guidé dans le choix des amis par la considération des services qu'ils peuvent rendre, c'est comme si on disait qu'on est guidé par la considération de leur vertu, car celle-ci est le *criterium* de l'utilité. La bonté de nos amis est la meilleure, la plus sûre garantie des services que nous pouvons en attendre. De même, le secret pour se faire aimer, c'est d'acquérir la plus grande valeur (πειρᾶσθαι ὡς πλείστου ἄξιος εἶναι. *Mém.,* II, 514), et cela doit s'entendre, sans doute, de la valeur morale. Socrate rai-

sonne ainsi : Voulez-vous qu'on vous aime, qu'on ne
vous abandonne et qu'on ne vous trahisse jamais ! Rendez-vous utile, indispensable aux autres, et pour cela,
développez vos qualités morales, votre valeur propre.
L'amitié a un double fondement : l'utilité et la vertu ;
elle est utile dans la mesure où elle est vertueuse, et
l'amitié que Socrate déclare souverainement utile (κτῆμα
πάγχρηστον) ne se rencontre qu'entre des hommes d'une
vertu parfaite.

Toutefois, on peut se demander si l'amitié requiert
toutes les vertus. Socrate énumère les qualités que doit
réunir celui qui prétend au titre d'ami : il ne doit pas
être adonné au vin et à la bonne chère, débauché, efféminé, paresseux ; il ne doit être ni prodigue de son bien
ni avare ; il ne doit pas aimer à jeter la division et à
susciter des querelles ; enfin, il ne doit pas être d'humeur
à recevoir des bienfaits sans les rendre. (Xén., *Mém.*,
II, vi, 1-6.) La réunion de ces qualités ne constitue pas
la vertu. L'amitié dépend donc de quelques qualités
morales, elle n'a point proprement la moralité pour base.

A fortiori, la vertu n'est-elle pas le principe de
l'amitié. Il n'y a d'amitié qu'entre les gens de bien, mais
les gens de bien ne laissent pas d'être, en fait, souvent
ennemis les uns des autres (V. plus haut). Leurs qualités les rendent aimables et les portent à aimer ; ils sont
empressés à faire le bien et reconnaissants des services
rendus. Mais ils sont aussi naturellement enclins à la
haine (φύσει ἔχουσι... τὰ πολεμικά). La vertu serait donc la
condition nécessaire, non pourtant suffisante de l'amitié.
Mais il faut s'entendre sur le mot vertu. Il semble que
Socrate distingue entre la générosité et la justice. La
bonté qui se renferme dans les limites de la justice n'est
point aimable : ceux qui ne sont que justes peuvent
être divisés par l'ambition, la rivalité et l'envie. Le vrai
principe de l'amour, c'est la générosité. Les amis
« aiment mieux jouir en paix d'une fortune modeste

18

« que d'entrer en guerre avec tous les hommes ; ils sont
« capables, quand ils ont faim et soif, de partager sans
« regrets ce qu'ils mangent et boivent ; ils peuvent
« vaincre leur passion amoureuse pour ne pas offenser
« ceux qu'ils doivent respecter ; ils peuvent non seu-
« lement répartir les richesses selon la justice et ne pas
« réclamer plus qu'il ne leur est dû, mais encore se
« venir en aide les uns aux autres ; ils peuvent régler
« leurs différends, non seulement sans faire tort à per-
« sonne, mais au mieux des intérêts de tous ; ils peu-
« vent si bien maîtriser leur colère qu'ils n'aient jamais
« rien à regretter ; et ils ôtent tout prétexte à l'envie,
« en regardant leurs biens comme appartenant à leurs
« amis, et les biens de leurs amis comme leur appar-
« tenant à eux-mêmes. » (*Mém.*, II, vi, 22, 23.)

Si donc on donne le nom de vertu à la pure justice,
il est vrai que la vertu est insuffisante à produire l'amitié ;
mais si par vertu on entend la générosité, qui consiste
à se désister de son droit en faveur d'autrui, il faut dire
que la vertu n'est pas seulement la condition, mais le
principe de l'amitié.

Telle est la véritable pensée de Socrate. L'amitié
n'existe que par la vertu. Si la vertu toute seule n'engendre point l'amitié, c'est que par vertu on entend la
justice stricte et non la générosité du cœur. Si l'amitié
se produit en dehors de la vertu parfaite, c'est qu'elle
est elle-même imparfaite. Enfin si la vertu est subordonnée dans la théorie socratique à l'utilité, c'est que
l'utilité, telle que Socrate l'entend, est générale et se
confond avec le bien. Xénophon s'applique à atténuer
la hardiesse des théories de Socrate. Il tend à leur retirer
leur sens philosophique en voulant les réconcilier avec
le bon sens. Cependant on peut conclure de son témoignage qu'en dépit d'apparentes réserves, Socrate soutient
très nettement l'accord de l'amitié et de la vertu.

Platon.

Socrate étudie l'amitié en moraliste et la définit par la vertu qu'elle suppose ou qu'elle établit. Platon étudie moins l'amitié que l'amour, et il l'étudie en métaphysicien, c'est-à-dire qu'il détermine sa fin, ses rapports, non avec la vertu, mais avec le Bien en soi.

Suivant Platon, le bien n'est pas la condition de l'amitié. En effet, pour être amis, il n'est pas nécessaire d'être bons ; même celui qui serait absolument bon se suffirait à lui-même et n'aurait pas besoin d'amis. De plus, l'amitié ou l'amour est le désir du bien ; or le désir suppose la privation de la chose qu'on désire. Loin d'être la condition de l'amitié, la vertu parfaite serait donc, aussi bien que le vice, un empêchement à l'amitié. S'il n'y a pas d'amitié possible entre les méchants, il n'y en a pas non plus entre les bons ; les uns ont des raisons de se haïr ; les autres n'ont pas de raisons de s'aimer ; les premiers sont hostiles ; les seconds, indifférents les uns aux autres. Il n'y aura donc d'amitié qu'entre les bons et ceux qui ne sont ni bons ni méchants.

Est-ce à dire que l'amitié est étrangère à la moralité ? Non, car déjà on voit que les méchants en sont exclus comme indignes ; et de plus, si le bien n'est pas la condition de l'amitié, il en est la fin. Ce qui fonde l'amitié, ce n'est pas la vertu, mais le désir de la vertu. Les hommes deviennent amis par le besoin qu'ils ont les uns des autres. Ceux qui sont absolument bons n'ont besoin de personne, et ainsi sont au-dessus de l'amitié ; mais ceux qui ne sont ni bons ni méchants, c'est-à-dire qui ne possèdent pas le bien, mais aspirent au bien, ont besoin, pour l'atteindre, de l'appui des bons et deviennent leurs

amis. L'amitié repose donc à la fois sur l'utilité et sur
le bien, ou plutôt elle se fonde uniquement sur le besoin
que les hommes ont moralement les uns des autres. Suivant Socrate, l'amitié dérive de la vertu ; elle est, dans
l'ordre social, son couronnement et sa récompense ; suivant Platon, elle n'est que l'effort commun des hommes
pour arriver au bien. On dira, si l'on veut, que chez ces
deux philosophes, le principe de l'amitié est le bien,
pourvu qu'on applique au bien la distinction de l'*esse* et
du *fieri*. En effet, suivant Socrate, l'amitié suppose la
vertu réalisée ; suivant Platon, elle la réalise. De là vient
que, pour Platon, l'amitié ou l'amour est à la fois dans
la pauvreté et dans l'abondance ; d'une part, il sent la
privation du bien ; de l'autre, il se procure ce qui lui
manque ; il produit, il « engendre » le bien.

Aristote.

C'est dans l'*Éthique à Nicomaque* qu'Aristote expose
sa théorie de l'amitié, et il ne lui consacre pas moins de
deux livres sur dix. On peut s'étonner que l'analyse
d'un sentiment prenne place, et une telle place, dans un
traité de morale. La raison en est que l'amitié, au sens
péripatéticien, ne se distingue pas du penchant social,
dont elle est la manifestation la plus immédiate et la
forme la plus haute. On sait qu'Aristote ne conçoit pas
l'éthique en dehors de la politique, ni la vie morale en
dehors de la vie en société. « L'homme juste, dit-il, a
« besoin d'autres hommes envers qui et avec qui il pra-
« tique la justice ; on en dirait autant de celui qui est tem-
« pérant, courageux, ou pratique toute autre vertu. »
(*Eth. Nic.*, X, 7, 117 A, 30. — Zeller, *Phil. der Griechen,* p. 662.) Si la vertu revêt ainsi toujours une forme
sociale, la sociabilité intéresse la morale, et elle est bien

près d'être elle-même une vertu, au moins sous sa forme
idéale, qui est l'amitié.

En outre, pour les anciens, le problème moral se
pose autrement que pour nous. L'éthique est la science
du bonheur et de ses conditions. Or, suivant Aristote,
le bonheur a pour élément essentiel, ou pour *forme,* la
vertu, et pour condition accessoire, ou *matière,* la possession des biens extérieurs. L'amitié rentre à la fois dans
les circonstances extérieures, sans lesquelles nous ne
pouvons être heureux, et dans les vertus qui nous rendent proprement heureux. Elle nous est « *nécessaire* »
(ἀναγκαῖον, VIII, ɪ), au même titre que la santé, la fortune, la beauté et les avantages d'une condition libre;
et elle est « belle »[1], c'est-à-dire qu'elle est une qualité
morale, ou une vertu (ἀρετή τις, *ibid.*); du moins, si elle
n'est pas une vertu, elle ne va pas sans la vertu (ἢ ἀρετή
τις ἢ μετ'ἀρετῆς). Aristote ne tombe pas dans l'excès,
commun aux moralistes qui traitent de l'amitié; il ne la
réduit pas à la vertu, il ne nie pas la possibilité ou le fait
d'une amitié se constituant en dehors de toute préoccupation morale, sur la base de l'intérêt ou du plaisir.
Mais il soutient que l'amitié vertueuse est l'amitié parfaite (τελεία) et que les autres liaisons ne méritent le
nom d'amitié qu'autant qu'elles s'en rapprochent et en
reproduisent les traits (ὁμοιώματα).

C'est donc seulement au point de vue idéal qu'on peut
dire que l'amitié implique la vertu: μετ'ἀρετῆς (*amicitia...
est cum virtute, in quantum scilicet est causa veræ
amicitiæ.* Saint-Thomas). Mais, considérée en elle-
même, l'amitié est encore une vertu, au moins une
« vertu naturelle » (φυσικὴ ἀρετή). La disposition à aimer
est l'indice d'une belle âme : « nous louons ceux en qui
elle se trouve » (τοὺς φιλοφίλους ἐπαινοῦμεν, *Eth. Nic.,*

[1] χαλόν.

VIII, 1); les mots ἀγαθός et φιλός sont tenus pour synonymes. Non seulement le penchant à l'amitié est une
qualité heureuse, mais l'amitié elle-même est « une vertu
particulière » (ἀρετή τις). Elle est une vertu, en tant
qu'elle est une « habitude » (ἕξις προαιρετική) et une vertu
particulière, en tant qu'elle rentre dans la justice (*redu-
citur ad genus justitiæ*, Saint-Thomas), qu'elle est la
justice à l'état d'achèvement. En effet, « quand les
hommes s'aiment entre eux, il n'est plus besoin de
justice; mais ils ont beau être justes, ils ont encore
besoin d'amitié; et le plus haut degré de la justice paraît
tenir de l'amitié » (*Eth. Nic.*, VIII, 1).

A. – L'amitié fait partie des biens extérieurs, et est le complément de la vertu [1].

Suivant Aristote, l'homme vertueux n'est jamais véritablement misérable; toutefois, il ne goûte pas non plus
le bonheur complet, s'il manque des biens extérieurs,
s'il est, par exemple, sans amis. Fût-elle étrangère à la
vertu, l'amitié contribuerait donc encore au bonheur.
Nul ne peut se passer d'amis, les riches et les pauvres
en ont un égal besoin. En effet, « comment entretenir
« et conserver des biens considérables sans amis qui
« vous guident? Plus la fortune est considérable, plus
« elle est exposée ». En outre, « à quoi sert la richesse,
« sinon à pratiquer la bienfaisance, laquelle s'exerce
« surtout, et de la façon la plus louable, à l'égard des

---

[1] Le plan du présent chapitre nous est tracé par la formule très précise d'Aristote : *l'amitié a, au moins sous sa forme parfaite, la vertu
pour condition* (μετ'ἀρετῆς) *et elle est elle-même une vertu* (ἀρετή
τις).

« amis ? » L'amitié est le recours naturel des faibles :
elle procure un appui moral aux jeunes gens, un appui
matériel aux vieillards ; elle met les premiers en garde
contre les entraînements et les fautes, elle donne aux
autres des soins. Elles est un encouragement aux forts.

« Deux hommes de cœur, lorsqu'ils marchent ensem-
« ble [1], sont plus capables de bien voir et de bien faire. »
D'une manière générale, l'amitié est donc « très néces-
« saire » à la vie (*Eth. Nic.,* VIII, 1).

B. — L'amitié sous sa forme parfaite a pour condition la vertu.

L'amitié est donc un bien extérieur, et, à ce titre, elle
est le complément de la vertu, puisqu'il est désirable,
sinon nécessaire, qu'à la vertu se joignent les faveurs
de la fortune. En outre, l'amitié implique la vertu
comme condition essentielle, ou du moins comme cause
adjuvante et occasionnelle ; car, si l'amitié se rencontre
en dehors des gens de bien, c'est chez eux qu'elle se
rencontre toutefois le plus ordinairement et sous sa
forme la plus parfaite.

L'objet de l'amour (τὸ φιλητόν) ne peut être que le bien
(τὸ ἀγαθόν), mais on distingue trois sortes de biens : l'intérêt, le plaisir et la vertu. C'est une illusion de rechercher comme des biens l'intérêt et le plaisir, car l'intérêt
n'est qu'un moyen de se procurer le plaisir : et le plaisir
lui-même ne peut être une fin, étant le résultat ou l'ac-
compagnement d'une action et empruntant à cette action
sa valeur. Le seul bien véritable, c'est la vertu. C'est

---

[1] Citation de l'*Iliade,* X, 224.

donc aussi une illusion de tenir pour des amitiés les liaisons qui se fondent sur l'intérêt et le plaisir. En effet, la communauté des intérêts n'est pas l'union des cœurs, et le fait de goûter des plaisirs communs n'est pas l'affection. La seule amitié véritable, c'est l'estime réciproque des gens de bien. Aristote soutient que le degré de l'amitié se mesure à sa valeur morale. La plus noble amitié est aussi la plus réelle; celle qui a le plus de droit à être est aussi le plus pleinement; l'idéal est la suprème expression du vrai. De là vient qu'exposer la morale de l'amitié, c'est répéter ce qu'on a dit de sa psychologie. En effet, on a vu que, l'amitié étant l'attament à une personne, si on aime une personne pour les services qu'elle rend, on aime en elle ce qui est *accidentel*, à savoir des qualités qu'elle a par rapport à nous, mais qui ne tiennent pas au fond même de son être et ne sont pas constitutives de sa nature propre ; si on l'aime au contraire pour sa vertu, on l'aime pour ce qu'il y a en elle *d'essentiel* et d'intime. Car la vertu, c'est l'homme même. Dès lors, les liaisons d'intérêt et de plaisir sont des semblants d'amitié ; l'amitié qui se fonde sur la vertu est seule véritable.

Toutefois, l'intérêt et le plaisir ne sont pas en eux-mêmes condamnables, ils sont seulement indéterminés : il y a, en effet, des intérêts et des plaisirs bas, comme il y en a d'élevés ; il n'y a donc pas une forme unique d'amitié d'intérêt ou de plaisir, comme il y a une forme unique d'amitié vertueuse. L'amitié intéressée n'est pas un type net, ni une espèce distincte ; car son caractère fondamental se rencontre dans l'amitié vertueuse, les gens de bien étant *utiles* les uns aux autres. On en dirait autant de l'amitié fondée sur le plaisir. L'amitié vertueuse est à la fois « agréable et utile » (ὠφέλιμος καὶ ἡδύς, *Eth. Nic.*, VIII, III). L'intérêt et le plaisir sont des caractères qui devraient se rencontrer en toute amitié ; ils ne sont donc proprement distinctifs d'aucune, à moins qu'on n'appelle utiles les amitiés imparfaites où manque l'agrément, et agréables les amitiés où manque l'utilité. L'amitié vertueuse, au contraire, est un type défini, car si les intérêts et les plaisirs sont divers et changeants, la vertu est une. Elle est, de plus, un type achevé, car, non seulement elle réunit tous les caractères des autres amitiés, mais elle a encore des perfections qui lui sont propres.

On a déjà établi, au point de vue psychologique, la supériorité de l'amitié vertueuse sur les autres amitiés. Il faut y revenir, pour prouver que c'est bien la qualité des affections qui fait leur force et leur durée.

L'amitié vertueuse est stable, les amitiés d'intérêt ou de plaisir sont passagères. Cette différence dans la durée tient à une différence d'origine. Les gens de bien ne se lient pas d'emblée, ils s'éprouvent longtemps ; leur amitié procède d'un choix ; ils ne cèdent pas à un entraînement aveugle, comme ceux qui se lient par plaisir. Ils ne passent pas par-dessus des divergences de sentiment et de pensée, comme ceux qui se lient par intérêt. Ils ne se quittent plus après s'être choisis ; leurs amitiés sont aussi lentes à se rompre qu'elles l'ont été à se former. Mais surtout, elles offrent toutes les garanties. Les goûts changent et les intérêts se déplacent, mais la vertu reste identique à elle-même. Ce qui fait jouir et souffrir l'homme de bien, « ce n'est pas tantôt une chose, tantôt « une autre, ce sont toujours les mêmes choses, son « cœur n'a jamais de repentir », et ce qu'il est pour lui-même, il l'est pour son ami. Il est fidèle en affection, comme il l'est à son caractère. Les amis par plaisir peuvent perdre le goût qu'ils ont l'un pour l'autre. Les amis par intérêt cessent bientôt d'être utiles l'un à l'autre. Seuls, les amis vertueux restent amis, parce qu'ils restent ce qu'ils sont.

L'amitié vertueuse n'est pas non plus exposée aux causes de rupture qui menacent les autres amitiés. Elle est au-dessus de la calomnie (ἀδιάβλητος); les gens de bien ont confiance les uns dans les autres, et sont incapables de se nuire (τὸ πιστεύειν — καὶ τὸ μηδὲποτ᾽ἂν ἀδικῆσαι). Ils observent tous leurs devoirs réciproques.

En résumé, il n'y a pas de circonstance plus favorable que la vertu à l'éclosion de l'amitié, à son développement et à sa durée. L'intérêt et le plaisir produisent des liaisons qui se rapprochent de l'amitié vertueuse, mais qui ne l'égalent point. L'amitié vertueuse est, sinon l'amitié unique, du moins le type de la vraie amitié.

C. — L'amitié est une vertu particulière, à la fois voisine et distincte de la justice.

Non seulement l'amité a pour condition la vertu, mais elle est elle-même une vertu. En effet, elle ne dérive point de la « passion », comme la φίλησις [1], elle n'est point l'expression d'un goût passager, mais elle procède d'un choix réfléchi (προαίρεσις) et dans ce choix se manifestent le caractère, les dispositions habituelles et durables (ἕξις). « Elle n'est pas simplement, dit Zeller, affaire de senti- « ment et d'inclination,..... mais de caractère; et c'est « pourquoi elle dure autant que la vertu, et en a la « valeur. » (*Phil. der Griehen*, p. 664.) On sait en effet que la vertu est une habitude, c'est-à-dire une disposition acquise, non un penchant subi, et une disposition constante, non une humeur capricieuse et légère.

L'amitié a donc psychologiquement tous les caractères de la vertu. En outre, elle se réfère à une règle, elle

---

[1] Ἔοικε δ᾽ ἡ μὲν φίλησις πάθει, ἡ δὲ φιλία ἕξει. *Eth. Nic.*, VIII, v.

poursuit un idéal ; elle tend à établir entre les personnes
un rapport d'égalité : φιλότης ἡ ἰσότης (*Eth. Nic.*, VIII, v).
Elle est de même nature que la justice. Elle se rapporte « au
même objet » (περὶ ταὐτά) et « lie les mêmes personnes »
(ἔοικε δὲ... ἐν τοῖς αὐτοῖς εἶναι ἥ τε φιλία καὶ τὸ δίκαιον, VIII,
ix). Partout où il y a association ou vie commune (κοινωνία)
il tend à s'établir en même temps des rapports de justice et d'amitié, et la nature ou le degré d'association
détermine la nature ou le degré de ces rapports (καθ᾽ ὅσον
δὲ κοινωνοῦσι, ἐπὶ τοσοῦτον ἔστι φιλία· καὶ γὰρ τὸ δίκαιον, *Eth.
Nic.*, VIII, ix). Ainsi la société que forment des compagnons de voyage et des compagnons d'armes leur
crée des devoirs, et développe entre eux une certaine
amitié. Entre les frères, entre les parents et les enfants,
les devoirs deviennent plus étendus, et l'amitié plus
étroite. L'amitié et la justice se développent donc toujours simultanément, et sont corrélatives et proportion-
nelles. On ne peut violer la justice sans manquer à
l'amitié, et l'injustice envers une personne s'aggrave de
ce fait qu'on est tenu de l'aimer, et qu'on l'aime, en
fait, davantage. Ainsi, il est plus odieux de frapper son
père que qui que ce soit d'autre.

Mais, l'amitié et la justice ne laissent pas d'être distinctes. Il y a tout au moins entre elles une inégalité de
rang et de valeur. « Amis, on n'a plus besoin de justice ;
« mais, justes, on ne saurait se passer de l'amitié, et le
« plus haut degré de la justice paraît tenir de l'amitié. »
(*Eth. Nic.*, VIII, i.) C'est une loi générale, dans la philosophie d'Aristote, que le supérieur enveloppe l'inférieur. Quand donc on dit que l'amitié est supérieure à
la justice, on n'entend pas qu'elle s'en affranchit, mais
qu'elle la dépasse, qu'elle la résume et la complète.
L'amitié et la justice tendent toutes deux à établir l'égalité, mais l'amitié établira une égalité plus entière, elle
sera une justice plus parfaite (τὸ τῶν δικαίων μάλιστα φιλικὸν εἶναι δοκεῖ. *Eth. Nic.*, VIII, i).

En outre, l'égalité qu'a en vue la justice n'est pas celle qu'exige l'amitié. « L'égalité n'est manifestement « pas de même nature dans ce qui est du domaine de « la justice et dans l'amitié; le premier rang, dans le « domaine de la justice, appartient à l'*égalité proportion-* « *nelle* (τὸ κατ'ἀξίαν ἴσον), et le second, à l'*égalité arith-* « *métique* (τὸ κατὰ ποσὸν ἴσον); tandis que dans l'amitié, « c'est tout le contraire : l'*égalité arithmétique* est au « premier rang, l'*égalité proportionnelle,* au second. » (*Eth. Nic.*, VIII, vii.) L'*égalité arithmétique* consiste à donner à A autant qu'à B, et l'*égalité proportionnelle* à donner à A plus ou moins qu'à B, selon son mérite par rapport à B. Il est clair que la justice gagne en per- fection, quand la considération du mérite des personnes s'ajoute à l'évaluation des choses, et qu'une saine appré- ciation du mérite personnel importe plus qu'une rigou- reuse estimation des choses.

Tel est le sens de cette formule abstraite : « le premier rang dans le domaine de la justice appartient à l'*égalité proportionnelle,* et le second à l'*égalité arithmétique.* » De même qu'Aristote oppose à la *justice distributive,* dont l'égalité proportionnelle est la règle, la *justice commutative* qui établit une égalité numérique, il distin- gue une amitié dans laquelle les deux amis, étant égaux, donnent et reçoivent également en affection et en bons offices, et une amitié dans laquelle l'un des amis, étant supérieur à l'autre, est traité avec des égards parti- culiers et selon son mérite. Tandis que la justice distri- butive est supérieure à la justice commutative, l'amitié entre égaux l'emporte sur l'amitié de supérieur à infé- rieur. L'amitié étant définie une égalité, l'amitié qui réalise l'égalité parfaite (κατὰ ποσὸν) de traitement et d'égards, ou l'amitié entre égaux, *inter pares,* vient *au premier rang* (πρώτως); quant à celle qui existe entre personnes dont l'une est supérieure à l'autre, *inter impares,* elle est de *second ordre* (δευτέρως) et n'est même possible que si l'inégalité d'égards compense l'inégalité de mérite, et rétablit ainsi l'égalité (φιλία κατ᾽ἀξίαν).

On voit en quoi l'amitié diffère de la justice. L'amitié suppose l'égalité, la justice vise à l'établir. C'est le triomphe de la justice de réaliser l'égalité dans les conditions les plus complexes, de ramener à l'équilibre les intérêts les plus divers. Au contraire, c'est pour l'amitié une condition d'infériorité, que l'égalité ne se trouve pas réalisée d'emblée entre les amis, que le degré d'affection ait besoin d'être proportionné au mérite relatif de chacun. L'amitié devrait commencer où finit la justice. Il répugne aux amis d'avoir à examiner, à débattre et à faire prévaloir leurs droits respectifs; ils voudraient qu'entre eux ne se posât point de question de mérite, et qu'il leur fût permis de se traiter avec les mêmes égards, et de s'aimer également.

En quoi consiste l'égalité qui doit exister entre amis? Jusqu'où va-t-elle dans l'amitié idéale ou amitié entre égaux? A quoi se réduit-elle dans l'amitié entre supérieur et inférieur? En d'autres termes, quel est le plus haut degré d'égalité que l'amitié puisse atteindre? Quel est le minimum d'égalité qu'il lui faut réaliser pour être?

L'égalité des amis est d'abord une égalité de nature et de condition. Il n'y a pas d'amitié possible entre des êtres de nature différente, comme l'homme et les dieux. Il n'y en a pas davantage entre le maître et l'esclave, entre un particulier et un roi. Pourtant l'inégalité de condition n'est un obstacle à l'amitié que si elle est extrême. Encore sommes-nous ici dans « l'ordre des « choses indéterminées dont la règle doit être indéter- « minée. » (*Eth. Nic.*, V, x, 7, 1137 B, 29.) Par consé- « quent, il n'est pas possible de déterminer avec précision « où cesse l'amitié : ôtez beaucoup à l'un des amis, elle « demeure encore; mais que la distance soit extrême, « par exemple, que l'un des deux soit dieu, l'amitié « n'est plus. » (*Eth. Nic.*, VIII, vii, 5, 1159 A.) Ainsi, la différence de fortune, de rang, d'âge, qui devrait écarter l'amitié, ne l'éloigne pas toujours. C'est qu'elle est une circonstance extérieure, accidentelle, par elle-même sans portée, mais elle exerce sur les sentiments des amis une action indirecte. Quand on dit que les amis doivent être égaux, on n'entend point : par la condition, mais par le plaisir qu'ils goûtent ensemble et l'intérêt qui les rapproche. Il est vrai seulement que l'égalité de condition rapproche les personnes et les prédispose à s'aimer. Mais, c'est à l'égalité dans l'amour, non dans la condition, que l'amitié se ramène essentiellement.

L'égalité dans l'amour consiste en ce que, des deux côtés, l'affection échangée est *la même* ou *équivalente*. Elle est la même dans l'amitié entre égaux ; elle est équivalente, dans l'amitié entre supérieur et inférieur.

L'amitié est une égalité, au sens absolu et littéral, quand, chez les amis, *le motif d'aimer* et la somme d'affection sont les mêmes.

Considérons d'abord le cas où deux personnes s'aiment pour le même motif. Il y a alors entente entre elles, non entente intellectuelle ou accord des pensées (ὁμο-δοξία), mais entente morale ou accord de sentiments et de volonté (ὁμόνοια). Il faut revenir à la considération du motif de l'amitié (δι'ἃ φιλοῦσιν), pour établir dans quelle mesure ce motif est favorable ou contraire à l'entente amicale, à l'égalité de sentiments entre les amis. L'entente est parfaite *entre les amis vertueux ;* l'amour que chacun d'eux éprouve et celui qu'il inspire partent du même principe, sont des affections de même ordre. *Entre ceux que lie le plaisir,* l'ὁμόνοια est tantôt apparente, tantôt réelle. Elle est réelle si les amis goûtent à être ensemble la même espèce de plaisir : c'est ainsi que la sympathie qui existe entre les personnes d'humeur enjouée (οἱ εὐτράπελοι) dérive de la même cause. Au contraire, l'ὁμόνοια n'est qu'apparente entre les amants ;

ils ont bien tous deux le plaisir en vue, mais non le même ; car le plaisir de l'amant est de *voir* l'aimé, et le plaisir de l'aimé, *de recevoir les hommages* de l'amant. Enfin, l'ὁμόνοια ne se rencontre point dans les *amitiés intéressées;* le riche et le pauvre ne s'aiment évidemment pas par les mêmes motifs (ἕτερα δι'ἃ φιλοῦσι). Ainsi, la parité de sentiments ou ὁμόνοια croît et décroît, selon que l'amitié est plus ou moins parfaite. L'amitié qu'on définit une ressemblance (ὁμοιότης) serait définie avec plus de précision, une ressemblance morale ou accord des sentiments (ὁμόνοια). Il est vrai, qu'en fait, il y a amitié sans ὁμόνοια. Le riche est l'ami du pauvre, l'amant de l'aimé, sans que le sentiment qu'ils éprouvent l'un pour l'autre soit le même. Mais il y a pourtant entre l'amant et l'aimé un commencement d'ὁμόνοια ; si leurs sentiments ne sont pas les mêmes, du moins ils s'accordent ; si le plaisir que l'amant reçoit n'est pas exactement celui qu'il donne, il en est l'*équivalent.* Il suit de là que l'amitié comporte deux degrés : 1° elle est une ὁμόνοια ou égalité parfaite (ἰσότης) de sentiments (φιλία ἐν ἰσότητι) ; 2° elle est l'accord qui résulte de deux affections *équivalentes,* non *égales* (φιλία καθ'ὑπεροχήν).

L'amitié n'est pas seulement une même affection que deux personnes ressentent l'une pour l'autre (ὁμόνοια) ; elle est encore cette affection ressentie par chacun avec la même force (ἴση κατὰ ποσόν). Les sentiments des amis doivent être les mêmes *en degré* aussi bien qu'en *nature.* L'amitié est plus qu'une communauté d'affection (ὁμόνοια) ; elle est une égalité, au sens mathématique du mot (ἰσότης κατ'ἀριθμόν) ; elle suppose, des deux côtés, une somme d'affection égale.

Mais l'exacte réciprocité d'affection (ἀντιφίλησις) est, en amitié, la loi plutôt que le fait. Il n'arrive guère à chaque ami d'être aimé justement autant qu'il aime. Pour que deux personnes pussent s'aimer au même degré, il faudrait qu'elles eussent une même chaleur de cœur, ou

faculté d'aimer, un même mérite moral ou *droit à être
aimé.* Mais la faculté d'aimer varie en chacun : s'il y a
des hommes qui aiment mieux aimer qu'être aimés (οἱ
φιλητικοί), il y en a d'autres qui trouvent avantageux ou
honorable d'être aimés et qui n'aiment point (οἱ φιλότιμοι,
Eth. Eud., VII, ɪɪɪ). C'est ainsi que l'amitié des vieillards est un froid calcul, celle des jeunes gens un élan
passionné (*Eth. Nic.,* VIII, vɪ). Les amis ne sont donc
pas tous égaux par le cœur. Ils ne sont pas davantage
égaux en mérite. Or, le mérite moral, c'est le droit à
l'amour. La vertu est un φιλητόν ; une personne est
aimable par là-même qu'elle est vertueuse, et dans la
mesure où elle l'est. Être bon, c'est être digne d'être
aimé ; la valeur morale d'une personne mesure l'affection qui lui est due, et il faut que celui qui est meilleur
soit aimé plus qu'il n'aime. Peut-être, aimer étant une
perfection et une joie, l'homme bon et qui a du cœur,
voudrait-il aimer plutôt qu'être aimé. Mais il y a des
droits qu'il faut maintenir, une justice qu'il faut observer.
L'amitié n'est pas une passion affranchie du devoir, et
qu'on admirerait en ses emportements ; elle est un sentiment où il entre de la raison, une « vertu naturelle ».
Il faut que la justice fixe les clauses du pacte amical ;
voici comment elle règle la situation respective des
amis inégaux en mérite. « C'est suivant une proportion
« qu'il faut aimer dans ces amitiés entre personnes, dont
« l'une est supérieure à l'autre ; par exemple, il faut que
« le meilleur soit aimé plus qu'il n'aime, et aussi celui
« qui rend le plus de services, et ainsi dans tous les
« cas semblables ; car, lorsqu'on aime d'une manière
« proportionnée au mérite, alors il s'établit une certaine
« sorte d'égalité, et l'égalité semble être un caractère
« essentiel de l'amitié. » (*Eth. Nic.,* VIII, vɪɪ, 1158 B,
trad. Ollé-Laprune. Ἀνάλογον δ᾽ἐν πάσαις ταῖς καθ᾽ὑπερο-
χὴν οὔσαις φιλίαις καὶ τὴν φίλησιν δεῖ γίνεσθαι· οἷον τὸν ἀμείνω
μᾶλλον φιλεῖσθαι ἢ φιλεῖν, καὶ τὸν ὠφελιμώτερον, καὶ τῶν ἄλλων

ἕκαστον ὁμοίως· ὅταν γὰρ κατ'ἀξίαν ἡ φίλησις γίγνηται, τότε γίγ-
νεταί πως ἰσότης, ὃ δὴ τῆς φιλίας εἶναι δοκεῖ.)

« Là où l'on aime en proportion du mérite de ce
« qu'on aime, on est solides amis, et une telle amitié
« est constante. C'est ce qui rend possible l'amitié entre
« personnes inégales, car l'égalité se rétablit par là. »
Οὕτω δ'ἂν καὶ οἱ ἄνισοι μάλιστ'ἂν εἶεν φίλοι· ἰσάζοιντο γὰρ ἄν.
Eth. Nic., VIII, VIII, 1159 B.

Une amitié dans laquelle un des amis aime plus,
l'autre moins, est pourtant une égalité (ἰσότης). Ceux qui
n'ont pas le même droit à être aimés, ou la même obligation d'aimer, deviennent justement égaux par le fait
qu'ils aiment ou sont aimés autant qu'ils doivent. A
mérite inégal répond une dose d'affection inégale. Ces
deux inégalités se détruisent, se compensent et font une
égalité.

En résumé, toute amitié est une égalité, mais il y a
lieu de distinguer deux cas : celui où l'égalité est la condition déterminante de l'amitié, celui où elle en est la
conséquence et l'effet. Tantôt les amis se ressemblent
avant de se lier, et se lient justement parce qu'ils se
ressemblent ; tantôt les amis diffèrent ; mais le lien qui
les unit les rend *égaux,* non à la lettre, puisque chacun
garde sa nature, mais au sens élevé du mot, l'égalité
véritable entre les personnes étant l'exacte répartition
des droits. L'égalité est donc toujours la loi en amitié ;
ou elle la fonde, ou elle en dérive.

On a retourné en tous sens la maxime d'Aristote :
φιλότης ἰσότης. Comment ramener à l'unité les acceptions
diverses du mot ἰσότης ? Comment en dégager la signification précise ? On donne à ce mot toute sa valeur, en le
détournant de son sens littéral, et le prenant au sens
moral. L'égalité qui doit exister entre amis est celle que
la justice réclame, à savoir l'égalité des charges et obligations, et l'égalité des droits. Ce que l'amitié exige
avant tout, c'est que les amis soient traités selon la jus-

tice. Cela veut-il dire précisément en égaux ? Oui, si les
amis se valent ; non, si l'un est supérieur à l'autre.
L'égalité de traitement ou d'égards est, en réalité,
secondaire ; l'essentiel, c'est que la règle : *à chacun son
mérite,* soit toujours observée. Ceux-là ne sont égaux
qu'en apparence qui conviennent tacitement de ne point
se juger, de s'accepter tels qu'ils sont, et de passer par-
dessus l'inégalité de mérite qui pourrait exister entre
eux. Ceux-là, au contraire, sont vraiment égaux qui,
sachant ce qu'ils valent, s'accordent de part et d'autre
l'amour auquel ils ont droit.

L'amitié est le contraire d'une passion aveugle ; elle
fait un choix entre les personnes, elle les « distingue »,
elle a égard à ce qu'elles sont, elle témoigne aux meilleures des préférences, entendez : des nuances particulières de tendresse. L'égalité des amis est donc celle que
la raison approuve, et qui est conforme à la justice. Or,
les amis sont égaux selon la justice, quand ils ont l'un
pour l'autre la même somme et la même nuance d'affection, quand ils s'aiment également et pour les mêmes
motifs. Lors même que leur affection n'est point d'égale
force et de même qualité, ils peuvent encore être égaux,
s'ils s'aiment seulement, comme on l'a vu, à mérite
égal. Ainsi l'amitié est un contrat à clauses bien définies ; la justice mesure la part d'affection qui revient à
chacun ; elle veille à ce que les amis reçoivent l'équivalent de ce qu'ils donnent.

En résumé, on ne saurait pousser plus loin en amitié
la préoccupation du droit. L'amitié est conforme à la
justice ; elle est une justice supérieure ; elle établit l'égalité comme la justice, et une égalité plus parfaite. Elle
est la plus haute des vertus sociales. Mais les vertus
sociales impliquent les vertus personnelles. C'est ainsi
que, selon Socrate, pour être digne d'être aimé, il faut
accroître son mérite propre, et que, chez Platon, le
même nom de justice sert à désigner la vertu qui pré-

side au rapport des facultés individuelles, et celle qui préside au rapport des hommes entre eux. De même, par la comparaison qu'il établit entre la φιλία et la φιλαυτία, Aristote tend à identifier la vertu personnelle et la vertu sociale, et à faire de l'une la condition de l'autre. Se faire aimer des autres, c'est se rendre aimable à soi-même ; être bon pour les autres, c'est l'être personnellement. L'amitié est donc une vertu particulière (ἀρετή τις), en tant que vertu sociale ou suprême expression de la justice, et, comme telle, elle a en outre pour condition les vertus personnelles. Elle est une vertu (ἀρετή τις) et se soutient par la vertu (μετ'ἀρετῆς).

Jamais l'assimilation de l'amitié à la vertu, qui n'est peut-être qu'un préjugé, n'a été présentée avec plus de rigueur scientifique et de bonne foi, sans l'allure déplaisante de la thèse et du paradoxe. Selon Aristote, l'amitié serait donc une affection qui, d'elle-même et dans l'intérêt de son propre développement, se montrerait sage, réservée, prudente, s'abandonnerait par degrés à la confiance, ne ferait fond que sur la vertu, et se réglerait toujours sur l'estime morale. Elle dépendrait de la volonté et du jugement. En réalité, elle est un élan du cœur, et cet élan, loin d'être toujours mesuré, ne saurait être trop passionné et trop ardent si, comme Aristote le reconnaît, tout le bonheur de l'amitié consiste dans l'acte d'aimer. L'amitié n'est donc pas seulement une habitude morale, elle est encore un sentiment ou une passion.

Elle ne se ramène pas non plus tout entière à la justice, et ne se règle pas rigoureusement sur la justice. Aristote fait trop intervenir dans la justice la mesure et le calcul ; il prétend trop proportionner aussi l'amour au mérite. L'idéal est-il donc de répartir l'amour comme les autres biens, et de n'accorder à chacun, dans l'ordre de l'affection, que ce qui lui est dû ? Aristote ose le dire, mais il se rétracte bientôt ; il déclare que c'est une perfection, un mérite d'aimer, et il cite comme modèle l'amour des bienfaiteurs et des mères, qui va au-delà de ce qu'il doit. Aristote semble outrer par moments la préoccupation du droit ; on sait pourtant qu'il fait prévaloir l'équité sur la justice ; et l'amour est, comme l'équité, une justice supérieure.

Mais l'amitié se distingue-t-elle vraiment de la justice ? Oui, la justice, c'est le bien d'autrui ; l'amitié, c'est le bien d'autrui, devenu notre bien. Je puis m'abstenir de la violence et de la fraude par un sentiment de dignité personnelle et de respect pour autrui, mais je suis encore loin de l'amour ; l'amour ôte jusqu'à la pensée de l'injustice, il nous attache aux autres comme à nous-mêmes, il supprime le mien et le tien ; dans l'amitié, les personnes ne se posent plus en face l'une de l'autre, et le droit disparaît.

Notre esprit a une prédilection secrète pour les idées claires, qui se prêtent le mieux à l'analyse et sont nettement exprimables. Aristote insiste sur la conformité naturelle de l'amitié avec la vertu, parce que c'est ce qu'il y a en elle de plus saisissable, de plus incontestable et de plus sûr. Il entrevoit pourtant qu'elle n'est pas une vertu, c'est-à-dire un empire de l'âme sur elle-même, mais une naturelle et libre expansion du sentiment. Il indique aussi qu'elle ne se réduit pas à la justice ; car si la justice et l'amitié dictent les mêmes actes, elles ne s'inspirent pas du même esprit. Enfin il reconnaît qu'elle a son autonomie, qu'elle ne s'astreint pas à observer rigoureusement le droit, qu'elle prend l'initiative d'actes généreux, qui déconcertent la justice. Par là même qu'Aristote donne une forme rigoureuse et précise à la théorie qui assimile l'amitié à la vertu, il indique, sans le vouloir, les bornes et les lacunes de cette théorie ; de plus, sa clairvoyance dissipe l'illusion du système, et sa pensée si ferme nous livre ses scrupules et ses doutes.

Épicure.

Le point de vue moral proprement dit est étranger à la théorie épicurienne de l'amitié. Suivant Épicure, l'amitié semble un défi porté à l'égoïsme, elle a l'apparence d'un paradoxe psychologique; en réalité elle met en lumière le jeu compliqué et subtil de l'intérêt. Il faut accepter comme un fait le dévoûment et la fidélité des amis. Épicure ne songe point à contester ce qu'on appelle les devoirs de l'amitié : l'ami mourra au besoin pour son ami, il l'aimera comme lui-même, il gardera son souvenir, il pleurera sa mort. Mais en cela il ne fait qu'obéir à ses penchants; il est vrai qu'en suivant son cœur, il sert son intérêt. L'instinct sympathique conduit par une voie détournée au triomphe de l'égoïsme; il est justifié par la raison, et ses impulsions gagnent à devenir réfléchies; elles deviennent plus fortes en devenant plus claires. Recommander l'amitié, l'ériger en règle revient donc pour Épicure à l'expliquer psychologiquement du point de vue de l'intérêt.

Les Stoïciens.

Tandis qu'Épicure accepte l'amitié comme un fait avec lequel il met d'accord sa doctrine, les Stoïciens n'admettent l'amitié qu'autant qu'elle se règle sur leurs théories morales. Ils la tiennent donc pour un idéal, ils la représentent comme une vertu. Le sage, dit Sénèque, veut avoir un ami, « quand ce ne serait que pour pratiquer « l'amitié, que pour ne pas laisser se perdre une vertu « si haute». *Si nihil aliud, ut exerceat amicitiam, ne tam magna virtus jaceat.* Ép., IX. Le sage pourrait se passer d'amis; il se suffit à lui-même, mais il s'attache à l'amour « comme à une chose belle » (*ibid.*). L'amitié vaut donc par le bien qu'elle produit, non par les joies qu'elle donne.

Toutefois est-elle proprement une vertu? Doit-elle être recherchée pour elle-même? Il faut dire plutôt qu'elle donne à la vertu l'occasion de s'exercer, qu'elle est une source de dévoûment et de sacrifice? Zénon la range parmi les *biens efficients,* non parmi les biens qui sont recherchés comme *fins* (τὰ ποιητικά — τὰ τελικά. Diog. Laert, VII, ι, 96). Si on regarde la bienfaisance comme une qualité qui mérite d'être recherchée pour elle-même ou à titre de *fin,* l'amitié, qui rend bienfaisant, sera un *bien efficient.*

C'est ainsi que l'entend Sénèque. Nous voulons avoir un ami, dit-il, « non pour nous assister quand nous « sommes malades, pour nous porter secours quand nous « sommes jetés en prison ou pauvres, mais pour avoir « quelqu'un à assister dans la maladie, à délivrer, s'il « tombe prisonnier aux mains des ennemis », ou encore « pour avoir quelqu'un à la place de qui on puisse « mourir, qu'on suive dans l'exil, etc. » (Ép., IX). L'amitié est donc un bien, sinon en elle-même (τελικόν), du moins en tant qu'elle produit et met au jour les vertus (ποιητικόν).

L'amitié a encore pour condition la vertu. Plus exactement elle repose sur la connaissance du bien, car la connaissance équivaut à l'acte : nul homme n'est méchant volontairement, et selon le mot de Platon, « c'est toujours malgré elle qu'une âme est privée de la vérité » (Épict., *Entr.*, I, xxviii; II, xxii). Ce sont nos opinions qui règlent et déterminent nos sentiments. Nous savons ou ne savons pas aimer, suivant que nous distinguons ou que nous ne distinguons pas « le bien du mal, et tous les « deux de ce qui est indifférent ». Toute haine provient d'une fausse opinion sur les biens et les maux. Le bien est toujours tel qu'on ne peut nous le ravir, le mal, tel qu'on ne peut nous l'infliger.

En effet, il n'y a de bien que la vertu, de mal que le vice, et tous les deux dépendent exclusivement de nous. Mais si nous appelons biens les choses indifférentes et qui ne dépendent pas de nous, comme la richesse, le pouvoir, nous entrons aussitôt en guerre avec tous les hommes ; car ces choses ne peuvent être communes à tous [1], et il faut en disputer aux autres la possession (Marc-Aurèle, VI, 41).

C'est ce qu'Épictète exprime par une comparaison. De petits chiens jouent ensemble et se caressent ; qu'on leur jette un morceau de viande ; les voilà prêts à s'entre dévorer. De même qu'on mette entre Étéocle et Polynice un royaume, entre un père et un fils une jeune fille qu'ils convoitent, entre Amphiaraüs et sa femme un collier [2], et ces êtres destinés à s'aimer et qui s'aimaient, deviendront des ennemis acharnés à se nuire. Leur haine naît de l'opinion où ils sont qu'un royaume, la possession d'une jeune fille, un collier sont des biens. S'ils esti- maient ces choses à leur prix, s'ils les tenaient pour indifférentes, ils garderaient les sentiments qui convien- nent aux frères, aux pères, aux fils, aux époux.

C'est pourquoi les Stoïciens prétendent que « le sage « seul sait aimer ». Le sage ici désigne celui qui est déta- ché des choses indifférentes, éternel et unique objet de division et de haine parmi les hommes. Si le bien en effet consiste dans les choses indifférentes, c'est-à-dire dans le corps et les choses extérieures, il n'y aura pas un seul

---

[1] Simplicius les appelle μεριστά (*Comm. d'Épict.*, ch. xxx).

[2] Amphiaraüs, devin d'Argos, avait d'abord refusé d'aller au siège de Thèbes, où il savait qu'il devait périr ; il consentit à s'y rendre sur les conseils de sa femme Eryphile, que Polynice avait séduite par le don d'un collier d'or.

bien, il y en aura une infinité, et l'un exclura l'autre.
Dès lors l'amitié ne sera jamais constante et sûre : on
sera sollicité tour à tour par des intérêts contraires, on
quittera un bien pour un autre, la volupté par exemple
pour la richesse ; on sera bientôt détaché par quelque
passion nouvelle de ceux qu'on aimait.

Au contraire, le bien réside-t-il uniquement dans ce
qui dépend de nous, dans la faculté de juger et de
vouloir, et dans la vertu qui en dérive ? Alors les hommes
n'ont plus sujet de se haïr, et ils sont tout portés à s'aimer.
En effet « les biens de l'âme, la science et la vertu, se
« communiquent sans se diviser (ἀμέριστα) : qu'un autre
« que nous y ait part, nous n'y perdons point, mais
« nous y gagnons même » (Simplic., *ibid.*). L'amitié
éveille dans les âmes la science et la vertu, comme le
choc des cailloux fait jaillir la lumière. Le lien le plus
fort qui existe entre les hommes c'est la poursuite d'un
idéal commun. « S'ils placent le bien dans les choses
« extérieures, dis qu'ils ne sont pas plus amis qu'ils ne
« sont sûrs, constants, courageux et libres..... Mais si
« tu entends dire qu'ils croient réellement que le bien
« n'est que dans la faculté de juger et de vouloir, et dans
« le bon usage des représentations,... tu en sais assez
« pour déclarer hardiment que ce sont des amis, comme
« tu peux déclarer qu'ils sont loyaux et justes. » (Épict.,
Entr., II, xxii.) C'est la communauté d'opinions (ὁμόνοια)
qui nous rend amis, c'est la vérité de nos opinions qui
fait la valeur de notre amitié. Celui-là seul sait aimer qui
est sage, c'est-à-dire qui place le bien dans le bon usage
des pensées. L'amitié stoïcienne, étant fondée sur la
vertu qui est toujours d'accord avec elle-même, sera
constante, ne se démentira point.

Les hommes sont amis ou ennemis selon l'opinon
qu'ils professent sur les biens et les maux. La forme
que revêt leur amitié dépend aussi de cette opinion. En
un sens, le sage stoïcien considère les autres hommes

comme une chose indifférente; il est détaché d'eux.
« Sous un point de vue, dit Marc-Aurèle, les hommes
« nous sont unis par un lien étroit; c'est en tant qu'il
« faut leur faire du bien, et les supporter; mais en tant
« que tel ou tel est un obstacle à l'accomplissement des
« œuvres qui me sont propres, l'homme est pour moi
« *chose indifférente,* non moins que le soleil, le vent,
« une bête sauvage » (V, 20). « La volonté d'un autre
« m'est aussi *indifférente* que son souffle et son corps.
« Car bien que la nature nous ait faits particulièrement
« les uns pour les autres, l'âme de chacun a son do-
« maine propre » (M.-A., VIII, 56). Le sage est indé-
pendant à l'égard des autres hommes, comme il l'est
à l'égard des choses extérieures. En toutes choses
il fait la part de l'inévitable; il ne désire rien d'une
manière absolue. Ses desseins impliquent toujours cette
réserve : « S'il n'arrive rien qui empêche. » (*Si nihil
inciderit, quod impediat.* Sén., *de Benef.,* IV, 34.)
Se propose-t-il une action? Il ne vise point le succès; il
« excepte » de la fin poursuivie ce qui ne peut être
atteint par son effort propre, ce qui ne lui est point directement accessible.

Dès lors le sage aura un amour sans illusion : il ne
se flattera point d'échapper à la haine, au mépris, aux
mauvais traitements et aux injures. Il dépend de lui de
se conduire en ami, non de faire qu'on l'aime. « Mon
« frère ne devrait pas me traiter de la sorte, non sans
« doute; mais c'est lui que cela regarde; de quelque
« façon qu'il me traite, je me conduirai toujours avec
« lui comme je dois; l'un dépend de moi, l'autre m'est
« étranger. Je ne peux être entravé dans ce qui dépend
« de moi, au lieu que je peux l'être dans ce qui dépend
« d'autrui. » (Épict., *Entr.,* III, x.) « Quelqu'un me
« méprise, c'est son affaire. Moi je prendrai garde de
« ne rien dire ou faire qui soit digne de son mépris.
« Quelqu'un me hait : c'est son affaire encore. Moi je

« suis doux et bienveillant pour tout le monde... » (M.-A., XI, 13). Le sage sait que ses sentiments seront méconnus. Il aura beau faire, abandonner aux autres hommes les choses indifférentes, leur céder par exemple sa part de richesses, de pouvoir et d'honneurs, il ne laissera pas de leur être suspect et odieux, par là même que ses principes les condamnent, que sa vertu les offusque et les confond. Il prend son parti des préventions injustes et des haines brutales. Il dit avec Antisthène : « C'est « chose royale, quand on a fait le bien, d'entendre dire du « mal de soi » (Épict., *Entr.*, IV, VI. — M.-A., VII, 36), et avec Socrate : « Amytus et Mélitus peuvent me faire « mourir, ils ne peuvent pas me nuire » (Épict. *Entr.*, I, XXIX. — M.-A., VII, 43).

Il est insensible aux injures[1]. Cependant son amour ne se rebute point. Il n'est jamais las ou découragé de faire du bien aux autres; car il n'escompte point leur reconnaissance, il ignore et oublie ses propres bienfaits : « il est semblable à la vigne qui porte son fruit et puis « après ne demande plus rien, satisfaite d'avoir donné « sa grappe » (M.-A., V, 6).

On peut dire que le sage s'attache dans l'amour à l'amour même. Ceux qu'il appelle ses amis lui sont proprement indifférents. Il n'a point souci d'eux, mais du bien qu'il peut leur faire. Ils sont pour lui un *moyen,* une occasion de mérite. En pratiquant l'amitié, le sage développe ses vertus. Il raisonne ainsi : je m'applique à aimer, parce que cela dépend de moi et que c'est un bien, non à être aimé, parce que cela n'est pas en mon pouvoir et que c'est indifférent. Mais il ne s'aperçoit pas qu'il mésestime et blesse ceux qu'il aime, en n'attendant rien d'eux, pas même un retour d'affection.

---

[1] « On demandait à Zénon comment il supporterait une injure. Il répondit : comme un envoyé qu'on congédierait sans réponse » (Diog. Laert., VII, 24).

Le sage, renonçant à être aimé, renonce par là même aux moyens de gagner l'affection. Il retranche de l'amitié tout ce qui n'est pas un devoir dicté par la raison, c'est-à-dire non seulement les complaisances, les flatteries, mais encore les égards et les marques de tendresse. « Choisis lequel tu préfères, dit Épictète, ou de con-« server l'affection que tes amis avaient pour toi, en « continuant d'être semblable à toi-même, ou de deve-« nir meilleur, et n'être plus traité par eux de la même « manière. En cessant de boire avec ceux avec qui tu « buvais, tu ne saurais leur être aussi agréable qu'au-« paravant ; choisis ou d'être un ivrogne et de leur « plaire, ou d'être sobre et de leur déplaire. En ne chan-« tant plus avec ceux avec qui tu chantais, il n'auront « plus pour toi la même amitié ; décide-toi pour ce que « tu crois préférable. Car s'il vaut mieux être modeste et « décent que d'entendre quelqu'un s'écrier : ô l'homme « charmant ! répudie, abandonne le reste, tu n'as plus « rien de commun avec eux » (*Entr.*, IV, II).

Non seulement le sage s'interdit certaines amitiés par respect pour lui-même, mais encore il n'a égard dans ses amitiés qu'à lui-même et à ce qu'il doit. Il n'accorde point aux autres hommes l'amitié à laquelle ils préten-dent, mais seulement celle dont il les juge dignes. Quel que soit l'objet de ton affection, souviens-toi, dit Épic-tète, de te demander « quelle est sa nature (ὁποῖόν ἐστι) et règle là-dessus tes vœux » (*Man.*, III). Il faut aimer les personnes selon ce qu'elles sont, et non pas comme elles veulent. « Si c'est un vase d'argile que tu aimes, dis : « c'est un vase d'argile que j'aime, car s'il se brise, tu « n'en seras pas troublé. De même si tu embrasses ton « enfant ou ta femme, dis : c'est un être humain que « j'embrasse, car s'il meurt, tu n'en seras pas troublé. » (*Man.*, III, cf. *Entr.*, III, XXIV.) Les hommes, il est vrai, ne consentent pas à être aimés ainsi sans émotion, sans trouble ; mais le sage ne saurait les traiter autrement que lui-même. Il accepte de mourir ; pourquoi n'accepte-rait-il pas de voir mourir aussi ceux qu'il aime ? Cou-rageux pour son compte, aurait-il le droit d'être lâche pour le compte des autres ? « Il faut aimer tes amis « comme il convient à un homme généreux et heureux. « Jamais la raison ne nous commande de nous abaisser, « de pleurer, de nous mettre dans la dépendance des « autres ». Comment Socrate aimait-il ses enfants ? « En homme libre ». « Nous, tous les prétextes nous sont « bons pour être lâches : à l'un, c'est son enfant; à « l'autre, c'est sa mère ; à l'autre, ce sont ses frères. » (Épict., *Entr.*, III, xxiv.)

Le sage est heureux, quoi qu'il lui arrive ; il doit l'être encore, quoi qu'il arrive à ses amis. « Il ne faut « jamais se rendre misérable pour personne, mais être « heureux pour tout le monde, surtout pour l'amour de « Dieu, qui nous a donné les moyens d'atteindre au « bonheur » (*ibid.*). L'amitié du sage, comme l'a dit Guyau (*Étude sur la Phil. d'Épict.*) n'est point l'*atta-chement* qui veut retenir ce « à quoi il s'est pris une fois », mais « l'*affection* qui, soit que son objet s'éloigne « ou s'approche, reste impassible ».

Le Stoïcien ira à l'encontre des sentiments de ceux qu'il aime, si ces sentiments sont déraisonnables et injustes. Par exemple, il ne consent à les plaindre que s'ils méritent d'être plaints. « Ce qu'un autre éprouve de « contraire à la nature, dit Épictète, ne doit pas être un « mal pour toi. » (*Entr.*, III, xxiv.) « Viens au secours « des autres selon ton pouvoir et selon leur mérite ; « pourtant, si la perte qu'ils ont faite n'est qu'en choses « indifférentes, garde-toi d'y voir une perte véritable ; « ce préjugé est un mal. » (M.-A., V, 36.)

Le sage blâme donc les vaines afflictions, les larmes qu'on verse au départ d'un ami. « Quel cœur dur que « ce vieillard ! dites-vous. Il m'a laissé partir sans « pleurer, sans me dire : A quels périls tu vas t'exposer,

« mon fils ! Si tu y échappes, j'allumerai mes flambeaux.
« — Comme ce serait là, en effet, le langage d'un cœur
« aimant ! » (Épict., *Entr.*, II, xvii.) S'il n'est pas permis de pleurer la mort d'un ami, comment le serait-il
de pleurer leur absence ?

Le sage peut plaindre les méchants qui font le mal
par ignorance du bien : il plaint Médée, aveuglée par la
passion, massacrant ses enfants pour se venger de son
mari. Il a pour les méchants la pitié que nous ressen-
tons pour les aveugles et les boîteux (Épict., *Entr.*, I,
xxviii) ; mais cette pitié qu'il leur accorde, il la refuse
aux exilés, aux pauvres. C'est que l'exil et le besoin ne
sont pas des maux. Peu importe que les autres en souffrent parce qu'ils les jugent tels : le stoïcien condamne
leur opinion et ne plaint pas leur souffrance. « Si nous
« voyons quelqu'un qui gémit, nous nous écrions aussi-
« tôt : c'est un homme perdu !... Si nous voyons un
« exilé : infortuné ! Si nous voyons un indigent : pauvre
« malheureux ! il n'a pas de quoi manger ! Ce sont là
« des opinions fausses qu'il faut rejeter, contre lesquel-
« les il faut se raidir. En effet, qu'est-ce que pleurer et
« se lamenter ? opinion. Le malheur ? opinion. » (*Entr.*,
III, iii.)

Ainsi, il faut avoir de la compassion pour le seul
malheur vrai, qui est le vice, tandis qu'il faut fermer
son cœur aux infortunes vulgaires : à la séparation, à
l'exil, aux maladies et à la mort. Le Stoïcien va contre
les sentiments naturels ; il a pour les méchants de la
pitié et point de haine, et ceux que les hommes appellent malheureux ne lui inspirent pas même de la commisération. On sent chez lui comme une affectation de
raideur, comme un parti-pris d'insensibilité.

Le devoir doit prendre en amitié la place du sentiment.
La tendresse est vaine, la pitié funeste. Épictète parle
d'un homme qui aurait quitté sa fille malade pour ne
pas la voir souffrir. (*Entr.*, I, xi.) Cet homme aimait trop

son enfant pour lui donner des soins : il l'abandonnait
à sa nourrice, à son précepteur qui, s'ils l'avaient aimée
à ce point, l'auraient donc abandonnée aussi. La pitié
est déraisonnable, puisqu'elle porte à trahir ses devoirs
envers ceux qu'on aime. Aussi est-il permis de la feindre,
plutôt que de l'éprouver : la tendresse est pire que l'hypocrisie. Si un homme pleure, dit Épictète, le départ de
son fils ou la perte de ses biens, tu peux le plaindre « en
paroles » (μέχρι λόγου), mais prends garde de t'affliger
aussi intérieurement (*Man.*, xvi).

En résumé, l'amitié stoïcienne est toute raisonnable.
Le sage s'attache à l'homme en tant que doué de volonté
et de jugement, il tient pour indifférents tout ce qui
regarde son corps, tous les événements de sa vie ; il tient
pour indifférents ses sentiments mêmes, quand ils sont
contraires à la raison ; il ne recherche point son amitié,
il ne la ménage point ; il se dévoue à lui, sans sympathie, sans amour.

Cependant, l'homme n'est pas pour l'homme un simple
moyen : le sage ne s'attache pas à ses semblables, uniquement pour leur faire du bien, ou parce qu'il leur en
fait ; il les aime, en un mot, non seulement par vertu,
mais pour eux-mêmes. Remplir les devoirs de l'amitié,
ce n'est pas encore éprouver l'amitié. Les hommes se
méprennent d'ordinaire sur les sentiments qu'ils inspirent ; ils se croient aimés quand on a soin d'eux. C'est
qu'ils ne placent pas l'amitié assez haut ; ils la font
consister toute dans les bons offices ; ils ne voient pas
que les bons offices sont la moindre marque d'amitié, ne
sont pas même toujours une marque d'amitié. Ils disent :
« Mais voilà si longtemps qu'il me rend des soins, et il
« ne m'aimerait pas ! Esclave ! Que sais-tu s'il ne te rend
« pas ces soins comme on nettoie sa chaussure ou sa
« bête de somme ? Que sais-tu s'il ne te jettera pas
« comme un plat fêlé, lorsque tu seras devenu un meuble
« inutile ? » (Épict., *Entr.*, II, xxii.)

Le tyran n'est point aimé, cependant il est choyé, entouré de soins et d'égards. « Quel est ton pouvoir? lui « demande Épictète. — Tout le monde a soin de moi. « — Hé quoi! j'ai bien soin de ma planchette, moi ! je la « lave et je l'essuie; j'enfonce aussi des clous pour accro- « cher ma burette à huile. Ma planchette et ma burette « seraient-elles donc supérieures à moi? Non, mais elles « me servent pour quelque usage et c'est pour cela que « j'en prends soin. Est-ce que je ne prends pas soin « de mon âne? Est-ce que je ne lui lave et ne lui nettoie « pas les pieds? Ne vois-tu pas que c'est de lui-même que « tout le monde a soin, et qu'on n'a de soins pour toi « que comme on en a pour son âne? Qui donc enfin a « *des soins pour toi à titre d'homme?* Montre-moi « celui-là. Qui est-ce qui veut te ressembler? Qui est-ce « qui veut marcher sur tes traces comme sur celles de « Socrate? » (*Entr.*, I, xix.)

Ce n'est pas aux services qu'un homme nous rend, c'est aux sentiments qu'il a pour nous que nous recon- naissons s'il est notre ami. *In pectore... amicus quæritur,* dit Sénèque (*de Benef.*, VI, xxxiv). Un homme n'est pas notre ami, alors qu'il nous traite extérieurement comme tel, qu'il nous entoure d'égards, nous accable de préve- nances et de soins. Il reste en effet à se demander si nous sommes pour lui un moyen ou une fin, si c'est son bien ou le nôtre qu'il cherche, s'il nous prête son appui ou se ménage le nôtre, si c'est à notre personne enfin et à elle seule qu'il est attaché. Au contraire un homme est notre ami alors qu'il ne nous est effectivement d'aucun secours, par cela même qu'il nous aime et que nous sommes pour lui, selon le mot de Zénon, un autre lui- même (ἄλλος ἐγώ. Diog. L., VII, 1, 23).

Le sage seul est vraiment aimé, car seul il est aimé pour lui-même. En effet il laisse ses amis « sans secours », il ne leur distribue point d'argent, il n'en fait pas des citoyens romains (Épict., *Man.*, XXIV). Il refuse orgueil-

leusement de rendre des services. « Amasse donc, lui dit-
« on, afin que nous possédions, nous aussi. » Il répond :
« Si je puis amasser la richesse, tout en me conservant
« plein de pudeur et de foi et de magnanimité, mon-
« trez-moi la voie, et j'amasserai. Mais si vous me de-
« mandez que je perde mes biens, mes biens propres,
« afin que vous acquériez des choses qui ne sont pas
« même des biens, voyez vous-mêmes combien vous
« êtes injustes et imprudents. Eh quoi! qu'aimez-vous
« donc mieux de l'argent ou d'un ami plein de fidélité
« et de pudeur? A devenir tel aidez-moi plutôt, et ne
« me demandez point de rien faire par quoi je perdrais
« de tels biens. » (Épict., *Man.*, XXIV.) Le sage est sans
influence; son lot, c'est la vertu, et non point une condition élevée (Épict., *Entr.*, IV, VI). Il n'est pas en situation de rendre à ses amis des services. En eût-il les
moyens, il n'en aurait pas la volonté. Il suit de là pour
lui une conséquence heureuse : il n'a pas, comme les
puissants, à se défier de ses amis. Quand il est aimé, il
a la certitude de l'être pour lui-même, pour son caractère et pour ses vertus.

L'amitié stoïcienne nous avait d'abord paru un attachement impersonnel. Il semblait que le sage pratiquât
envers les autres hommes les devoirs de l'amitié, sans
les aimer vraiment, qu'il se dévouât à eux, sans avoir
avec eux une union de cœur et de volonté. En réalité,
l'amitié ne consiste pas seulement à faire du bien à ses
amis, mais encore et avant tout à les aimer eux-mêmes,
à sympathiser avec leur volonté, non point, il est vrai,
en tant que cette volonté est déraisonnable et injuste, mais
en tant qu'elle est aimable, ayant le bien pour objet.
L'amitié en effet est l'union des volontés raisonnables,
elle n'existe qu'entre les sages, elle est la communion
dans le bien, elle est une vertu. Les Stoïciens la conçoivent, non comme une société réelle, mais comme
l'organisation idéale de la société humaine.

CONCLUSION.

On peut distinguer trois stades dans l'évolution de l'amitié : 1º l'amitié est un sentiment fort de lui-même, qui ne se croit pas justiciable des lois morales ou s'élève au-dessus de ces lois ; 2º elle ne croit pas pouvoir s'établir en dehors des lois morales; elle comprend qu'elle a besoin, pour vivre et pour durer, de s'appuyer sur la vertu, et qu'elle est d'autant plus forte qu'elle est plus vertueuse; 3º elle se forme en vue d'une fin morale, elle est subordonnée à cette fin, et la rigide observation du bien altère ou détruit l'affection. En un mot, l'amitié se trahit elle-même, toutes les fois qu'elle s'affranchit de la moralité ou qu'elle s'y asservit.

L'amitié est en dehors des lois morales, parce qu'elle les ignore ou qu'elle les brave. Elle est naïvement ou systématiquement injuste. Favoriser ses amis, rehausser le bien qu'on leur fait par le tort qu'on cause à ses ennemis, ce peut être l'effet d'un entraînement aveugle ou d'une passion froide et raisonneuse. Il faut distinguer l'immoralité naïve des Barbares et l'immoralité systématique des casuistes. S'il paraît naturel de haïr ses ennemis, il ne peut pas l'être de les haïr d'une haine hypocrite comme Platon, ou méprisante et fière, comme les Stoïciens. Platon raffine sur les sentiments de la foule, lorsqu'il dit qu'il faut laisser son ennemi comblé en apparence de tous les biens, pourvu qu'il garde la souillure du seul mal réel qui est l'injustice. Les Stoïciens de même se croient à tort exempts de haine à l'égard des méchants, car ils trouvent juste qu'il y ait de tels hommes, pour mieux faire ressortir le mérite des bons. Traiter ainsi la vertu comme un privilège, la réserver à ses amis et à soi-même, c'est pratiquer l'amitié au détriment de la justice.

Mais peut-être l'immoralité cynique de cette théorie n'est-elle qu'apparente. Au fond, on juge l'amitié un tel bien, qu'il ne paraît pas pouvoir être trop chèrement acheté ; on accepte comme un moindre mal la partialité qu'elle comporte ; on la tient pour une vertu, sinon pour la vertu suprême. On craindrait de l'affaiblir, en la soumettant à des règles. On ne l'élève pas proprement au-dessus de la morale ; on croit qu'elle réalise d'elle-même l'idéal moral. Elle n'est pas une passion qu'on excuse, mais une vertu qu'on admire. En général, le cynisme n'est pas une immoralité voulue, mais une moralité mal comprise.

Ainsi la première théorie de l'amitié n'est pas si éloignée qu'il paraît des deux autres. L'amitié dérive d'abord du sentiment ou de l'instinct : l'instinct dévoyé ou porté à l'excès produit l'amitié qui s'affranchit des lois morales. Quand la réflexion s'ajoute à l'instinct, l'amitié change de nature. Il est d'observation vulgaire que l'amitié exige ou développe certaines vertus. Plus la vertu des amis est achevée, plus leur liaison paraît devoir être solide et sûre. L'amitié suppose donc la vertu en général. De plus, elle est une vertu particulière. Aristote définit avec précision les devoirs et les droits réciproques des amis. L'amitié est une égalité parfaite ; elle suppose, de part et d'autre, des sentiments de même qualité et de même force, ou tout au moins un amour proportionné au mérite de chacun.

De la conception de l'amitié rigoureusement soumise aux lois morales et définie une vertu, on passe aisément à la conception de l'amitié n'existant qu'en vue de la moralité. Parce que l'amitié suppose la vertu, on croit qu'elle est elle-même une vertu, puis on admet qu'elle s'inspire de la vertu seule, et enfin on fait prévaloir les qualités morales sur les qualités aimantes. Les Stoïciens retirent à l'amitié tout ce qui n'est pas compatible avec leur conception austère de la moralité, par exemple la tendresse compatissante et émue. Ils condamnent presque l'amitié elle-même comme un vol fait à l'humanité. Par là on voit que l'amitié n'est pas tout entière réductible à la vertu, et que le moralisme méconnaît son originalité. L'amitié est un sentiment que la morale règle, mais qu'elle n'éveille point, qu'elle ne peut former, et qu'elle doit même, dans une certaine mesure (qu'il appartiendra à la casuistique de fixer), laisser se développer suivant ses lois.

CHAPITRE III.

CASUISTIQUE.

I. — La casuistique. — Ses espèces : la casuistique reliée à la science morale (*Platon, Aristote, Stoïciens*) — détachée de la science morale (*Cicéron, Sénèque, Plutarque, Aulu-Gelle*).

II. De la nécessité de classer les questions multiples de la casuistique. — Indication du PLAN suivi.

III. — De la formation de l'amitié.

A. *Le choix des amis.*

Raisons de ce choix. — Son importance. — Ses difficultés. — Part de la prudence humaine, part du hasard dans la formation des amitiés. — Conclusion : il faut distinguer une amitié idéale et une amitié imparfaite.

B. *Du nombre des amis.*

Du nombre des amis dépend la qualité de l'amitié. — L'affection s'affaiblit en se divisant. — Deux conceptions de l'amitié : l'amitié impersonnelle (πολυφιλία ou φιλανθρωπία, *Platon* et *les Stoïciens*), — l'amitié personnelle (φιλία, *Aristote*).

C. *Quels sont ceux qu'il faut choisir pour amis?*

Le choix des amis doit-il se fonder sur la considération des qualités morales ou des qualités d'agrément ? — On choisira pour amis les meilleurs : *de préférence* (*Aristote*) ou *exclusivement* (*Stoïciens*). — On choisira pour amis ceux pour lesquels on se sent le plus d'attrait ou qui peuvent être le plus utiles (*Épicure*). — On voudra trouver réunies chez ses amis les qualités morales et les qualités d'agrément (*Cicéron, Sénèque*). — Mais on pourra se tromper sur les deux sortes de qualités.

On risque en particulier de confondre l'ami et le flatteur. La flatterie s'applique à reproduire tous les traits de l'amitié. On emploiera la ruse pour démasquer le flatteur, on lui tendra des pièges. On le reconnaîtra à ce qu'il n'a pas de caractère propre, à ce qu'il imite en tout son ami, à ce qu'il imite particulièrement ses défauts et ses vices, — à ce qu'il donne sans cesse des éloges, — à ce qu'il n'est pas franc, ou à ce que sa franchise sonne le creux, — à ce qu'il affecte de rendre des services et se répand surtout en protestations, en promesses, — à ce qu'il montre une bonne volonté, toute de surface et en dehors (*Plutarque*).

IV. DE LA CONSERVATION ET DE LA RUPTURE DES AMITIÉS. La durée des amitiés dépend du *choix* des amis. La question de la conservation des amitiés ne fait qu'un avec celle de leur *rupture*.

Classification des amitiés sous le rapport de la *durée*. L'amitié vertueuse est indissoluble (μόνιμος); les amitiés de plaisir et d'intérêt sont sujettes à se rompre. Seule, l'amitié intéressée se rompt d'une *façon violente*. — Deux causes de rupture : les unes fatales, les autres volontaires. — Les secondes seules importent, comme pouvant être évitées.

L'amitié intéressée est à la fois un attachement aux personnes et un attachement aux choses : ces deux attachements entrent en conflit. — L'amitié intéressée revêt deux formes principales : elle est *légale* ou *morale,* selon qu'elle repose sur un contrat *écrit* ou *tacite.* L'amitié *morale* seule donne lieu à des contestations, parce qu'elle repose sur la bonne volonté, laquelle peut faire défaut. — Règles pour éviter ou résoudre les contestations : 1° définir exactement les clauses du pacte amical ; 2° interpréter ces clauses dans le sens le plus large, le plus libéral.

L'amitié vertueuse est *indissoluble* en principe. Elle peut cependant se rompre, quand l'un des amis devient trop supérieur à l'autre.

Suites de la rupture : on a des devoirs envers ses amis, même après qu'on s'est séparé d'eux.

Tandis qu'Aristote étudie surtout les causes de la rupture des amitiés et les moyens de l'éviter, Cicéron étudie la manière dont elle doit s'accomplir et les suites qu'elle doit avoir.

La χρῆσις φίλων ou les devoirs de l'amitié.

On distingue : 1° les devoirs de l'amitié dans les conditions de vie ordinaire ; 2° dans les circonstances particulières.

I. Devoirs de l'amitié dans les conditions de vie ordinaire : la confiance, la franchise. — S'il faut aimer ses amis comme soi-même ou plus que soi-même. — S'il faut préférer ses amis aux autres hommes et dans quelle mesure.

A. *De la confiance.* — Deux façons de concevoir l'amitié : 1° comme comportant la réserve ; 2° comme impliquant la confiance. — La maxime de Bias et le mot de César. — La réserve convient à l'amitié naissante, la confiance à l'amitié toute formée (*Théophraste*). Dans toute amitié entre une part de chance ; cette part, il faut s'appliquer à la réduire. La confiance n'est pas la foi aveugle, mais la certitude qui suit la preuve. La confiance peut toujours être trompée, mais on n'est pas vraiment trompé quand on prévoit qu'on peut l'être et qu'on s'expose volontairement à l'être. C'est un moindre mal de mal placer sa confiance que de refuser sa confiance à ceux qui en sont dignes. Témoigner de la confiance est un moyen de l'obtenir. — Conclusion : la confiance est un heureux mélange de prévoyance et d'audace.

B. *De la franchise.* — La franchise est une preuve de confiance. Elle est la confiance dans l'amitié que les autres ont pour nous. La sincérité ou la franchise est un devoir pour tous les hommes, mais elle est particulièrement le devoir des amis, et elle doit revêtir la forme amicale. Certains philosophes l'ont honorée entre toutes les vertus (*Cyniques, Stoïciens*). Ce sont les *moralistes* qui l'ont le mieux définie.

Cicéron. — Les amis ont le devoir et le droit d'être francs.

Plutarque. — Définition de la franchise : Quels sont ceux à qui elle est permise et envers qui elle est permise. Des circonstances dans lesquelles la franchise est de mise. De la forme qu'elle doit revêtir pour n'être pas blessante. Pratiquer la franchise est un art délicat et que connaissent seuls les amis.

C. *Principe duquel découlent tous les devoirs de l'amitié* : l'ami est celui que nous ne distinguons pas de nous-mêmes et que nous distinguons de tous les autres.

1° *L'ami est un autre nous-mêmes.*

Nous devons traiter nos amis comme nous-mêmes. Cette maxime adoptée par tous les philosophes ne peut avoir pour tous le même sens. — En quel sens la casuistique est le correctif de la morale. — Chaque philosophe s'efforce de remonter la pente logique de son système. — Exemple d'Épicure et d'Aristote : l'un dépasse l'égoïsme, l'autre limite le désintéressement. — Selon Cicéron, on doit aimer son ami plus que soi-même, — on doit l'aimer plus qu'on n'est aimé soi-même, on doit l'aimer plus qu'il ne veut être aimé. Selon Simplicius, on doit aimer son ami à la fois plus et mieux que soi-même.

Conclusion. — Deux thèses contraires : il faut aimer son ami comme soi-même — il faut l'aimer plus que soi-même. Ces deux thèses sont vagues, car il y a deux façons de s'aimer soi-même : l'une vulgaire, l'autre élevée. On revient donc à la distinction d'une amitié idéale et d'une amitié commune.

2° *Il faut préférer ses amis aux autres hommes.*

Mais jusqu'où doit aller cette préférence ? — Opinions contraires de Thémistocle et de Périclès. — Compromis imaginés par Chilon et Gorgias entre l'amitié et la justice. — Deux façons d'entendre la casuistique : elle est un recueil d'opinions individuelles et arbitraires, — elle est un examen raisonné et suivi de questions particulières. Selon Théophraste, les circonstances particulières décident de la règle des devoirs. Il est permis de manquer légèrement à la justice pour procurer à des amis un grand avantage. Opinion semblable de Favorinus. — Selon Cicéron, il faut faire pour ses amis tout ce que permet la justice et rien de plus. Ainsi il faut leur faire le sacrifice de ses intérêts, non de son devoir. Cicéron se contredit et tombe dans le vague, lorsqu'il ajoute que, dans les cas graves, on peut s'écarter légèrement de la justice en faveur de ses amis. — Plutarque défend avec plus de suite la thèse du rigorisme moral.

Conclusion.

I. — DE LA CASUISTIQUE EN GÉNÉRAL. — SES ESPÈCES.

Après avoir tracé les devoirs de l'amitié, les philosophes sont entrés dans le détail de leur application. Toute morale, en se développant, devient une casuistique.

La casuistique, à son tour, traverse deux phases : elle est cultivée accessoirement ou pour elle-même; ses solutions émanent d'une doctrine arrêtée et suivie, ou de l'inspiration libre et individuelle. Ou bien l'examen d'un cas de conscience devient l'occasion d'énoncer un principe, de préciser une doctrine et d'en déterminer la portée; ou bien, la question posée reste particulière, on ne peut la ramener à une loi connue, on ne peut s'en servir pour établir une loi nouvelle. Dans le premier cas, la casuistique se fonde sur la science morale ; dans le second, elle est un pur empirisme. Platon, Aristote et les Stoïciens sont, en un sens, des casuistes. Ils soulèvent des problèmes embarrassants et subtils, par exemple, celui-ci : Comment l'homme de bien, qui se suffit à lui-même, a-t-il besoin d'amis? Ils sentent cette difficulté de mettre d'accord l'idéal et les mœurs, à laquelle se heurte toute morale élevée. Mais, d'autre part, il n'est pas pour eux de questions particulières : de l'examen d'un cas de conscience, ils font sortir un enseignement philosophique.

Considérons, par exemple, Aristote. Il est le vrai fondateur de la casuistique. Il se défie des maximes absolues : il nous avertit sans cesse que la complexité des questions morales est incompatible avec l'exactitude et la rigueur du raisonnement ; il reconnaît l'insuffisance et le vague des théories et des principes. « Des choses indéterminées, la règle doit être indéterminée. » Suivant lui, la précision, et, partant, la valeur pratique des règles, serait toujours en raison inverse de leur généralité. Aussi apporte-t-il un correctif à celles qu'il énonce. Il note les cas où elles s'appliquent mal, il soulève les questions embarrassantes, les difficultés et les doutes (ἀπορίαι). Ainsi, après avoir exposé sa théorie de l'amitié, il agite les questions suivantes : Est-il permis de rompre avec ses amis, et dans quels cas ? — Un ami doit-il être plus pour nous qu'un homme vertueux, qu'un bienfaiteur ? — Qui doit-on aimer le plus de son ami ou de soimême ? — Est-ce dans la bonne ou dans la mauvaise fortune qu'on a le plus besoin d'amis ?

Ce sont là d'humbles questions ; mais, pour les résoudre, Aristote remonte aux principes philosophiques et élevés ; parfois, c'est à leur occasion et incidemment, qu'il expose ses théories les plus profondes. Ainsi, la comparaison qu'il établit entre les sentiments du bienfaiteur et de l'obligé l'amène à expliquer le désintéressement en amour. La casuistique se relie donc ici à la morale : elle en est l'application, elle en est aussi l'illustration ou l'éclaircissement. En effet, l'esprit d'une doctrine morale se laisse, en un sens, mieux saisir dans le détail des applications ou dans l'interprétation des principes, que dans leur énoncé et leur exposition méthodique. Ainsi, la sûreté avec laquelle Aristote résout les problèmes captieux de la casuistique, fait ressortir, avec la sagacité de son esprit, la droiture foncière de sa nature généreuse. La casuistique offre donc un intérêt dogmatique, et son étude rentre dans celle des systèmes.

Mais souvent aussi, elle est un objet de pure curiosité. Devant les problèmes complexes que soulève la vie, le philosophe se trouve déconcerté, pris au dépourvu ; sa raison l'abandonne, il ne peut justifier le parti qu'il prend ; il ne voit pas que ce parti s'accorde avec sa doc-

trine, il voit même parfois qu'il la contredit. Il oublie
alors ou trahit son système : il suit ses instincts, ses
préjugés ou son cœur. L'histoire de la casuistique ne
serait donc, le plus souvent, qu'un recueil d'opinions
individuelles, originales, arbitraires. Ces opinions, pourtant, sont intéressantes à connaître : elles sont les manifestations de la conscience individuelle, échappant à
l'influence des systèmes, montrant de l'initiative, de la
spontanéité et de la décision. Elles intéressent la biogra-
phie des philosophes et l'histoire des idées et des mœurs.
La casuistique de l'amitié, considérée à part des théories
philosophiques de l'amitié, a pour principaux représentants: Cicéron, Plutarque et Sénèque.

II. — PLAN.

Une question domine toutes les autres : Faut-il avoir
des amis ?

Logiquement, elle devrait se poser d'abord ; car s'il
était prouvé que l'homme doit se suffire à lui-même, on
n'aurait pas à entrer dans l'examen des difficultés que
soulève le problème de l'amitié. Mais la casuistique se
plaît dans les questions de détail ; on dirait qu'elle recule
devant les questions radicales et dernières ; la vérité est
qu'elle n'aborde pas celles-ci de front, qu'elle se défie
des solutions sommaires et *à priori,* qu'elle examine le
fait avant de discuter le droit, et qu'elle « série » les
questions au lieu de les faire tenir toutes en une.

En réalité, décider s'il faut avoir des amis, ce serait
préjuger la question de savoir si l'homme trouve son
bonheur en lui-même ou dans la société de ses semblables, s'il peut se passer des autres en toutes circonstances, dans la bonne et la mauvaise fortune, ce serait

enfin supposer instruit tout le procès de l'amitié. On ne peut, en effet, conclure en connaissance de cause que l'amitié doit être recherchée, si l'on n'a examiné en détail toutes les difficultés qu'elle éprouve à se constituer, à durer, à se concilier avec le devoir, avec les autres affections, et si l'on n'a trouvé à chacune de ces difficultés une solution satisfaisante.

Avant de chercher si l'amitié est légitime, il faut s'assurer qu'elle ne renferme pas une contradiction interne, qu'elle est possible.

Voyons comment elle se forme, se maintient et se détruit. Nous verrons ensuite quels devoirs elle entraîne dans tous les cas (devoir de franchise — de confiance), et dans des circonstances déterminées (devoirs envers les amis heureux et malheureux, supérieurs à nous, etc.) Enfin nous chercherons comment l'amitié se concilie avec l'amour-propre, avec la justice, etc. Il importe de classer les questions casuistiques dans un ordre méthodique, d'aller des plus simples aux plus complexes, de montrer enfin qu'elles se relient et se complètent, en dépit de leur désordre apparent et de la confusion qui résulte de leur seule multiplicité.

III. — LA FORMATION DE L'AMITIÉ.

A. — *Du choix des amis.*

Le premier soin doit être de choisir ses amis. Tous les philosophes ont senti l'importance d'un tel choix. Aristippe par exemple « blâmait beaucoup les hommes de « ce que dans les ventes publiques ils regardaient avec « soin les effets qu'ils voulaient acheter et n'exami- « naient que superficiellement la conduite de ceux avec

« qui ils voulaient former des liaisons » (Diog. Laert., II, 8, 78). Épicure disait de même : « Il faut t'informer « des personnes avec qui tu manges et tu bois, avant de « t'informer des choses que tu manges et tu bois » (ap. Sén., *Ép.*, 19).

C'est le privilège des amis d'avoir à se chercher, à se découvrir, de se lier librement. Mais il est aussi de leur intérêt et de leur honneur de ne pas se lier à la légère. Tout d'abord l'amitié est un engagement qu'on est libre de contracter, mais qu'on ne peut se dispenser de tenir. Il ne faut pas avoir à retirer sa confiance; il importe donc de la placer bien. Du choix des amis dépend la fidélité, la sûreté et la durée des relations.

Mais plus ce choix est grave, plus il est difficile. Tout d'abord, on aimerait à accepter sans défiance l'amitié qui s'offre ; on voudrait aussi n'avoir pas « à résister à l'élan de son cœur » (*sustinere... impetum benivolentiæ*. Cic., *de Amic.*, 17). On voudrait enfin goûter sans réserve le charme spécial de l'amitié naissante. « Le « philosophe Attale disait qu'il y a plus de plaisir à se « donner un ami qu'à en avoir un, comme le peintre « jouit plus de l'exécution de son œuvre que de son « œuvre même. » (Sén., *Ép.*, 9.) Le meilleur de l'amour est-il donc la lune de miel? Jouit-on moins d'une amitié ancienne et éprouvée (*amicitiæ usus veteris et certæ*) que du plaisir de former une amitié nouvelle (*initium et comparatio novæ*)? « Sur une telle question, dit Cicéron, le doute n'est pas permis » (*indigna homine dubitatio. De Amic.*, 19). L'amitié ne produit pas à la longue la satiété et le dégoût : elle est comme le vin qui gagne à vieillir. L'habitude est un lien puissant; elle nous attache aux animaux, aux choses mêmes : « Ainsi nous aimons les montagnes et les bois où nous « avons séjourné longtemps. » (*ibid.*) L'attrait de la nouveauté ne vaut pas l'attendrissement du souvenir. En tout cas, nous ne devons pas dédaigner les amitiés

anciennes, et nous devons être réservés dans le choix
des amitiés nouvelles.

Mais si l'on a le devoir de choisir ses amis, en a-t-on
aussi le pouvoir? Chacun se promettra sans doute d'être
réservé et prudent, mais qui saura l'être? L'intention
ici ne suffit pas : on serait dupe plutôt de ses qualités
morales, de sa candeur, de sa bonne foi. Le discernement des amis est-il, comme l'enseigne Socrate, soumis
à des règles? Constitue-t-il un art? Et cet art est-il
à la portée de tous ou le privilège de quelques-uns?
Enfin est-il d'une application sûre, ou doit-on suppléer
à son insuffisance par le flair psychologique, par ce don
de pénétrer les âmes que Socrate disait avoir reçu des
dieux? Enfin doit-on ne se fier qu'à soi-même du soin de
choisir ses amis, ou peut-on s'adjoindre, comme le
recommande encore Socrate, un sage et habile conseiller?

Supposons de la part des personnes une inspiration
heureuse jointe à une prudence accomplie. Il restera à
faire la part de la fortune. La difficulté du choix des
amis s'accroît de ce fait qu'elle est l'œuvre du temps,
des circonstances. On n'est l'ami d'un homme, dit le
proverbe antique, qu'après avoir mangé avec lui un
boisseau de sel. Il faut éprouver ses amis, mais l'occasion peut manquer ou l'épreuve n'être pas convaincante,
décisive. D'ailleurs il y a encore ici une mesure à observer. Une trop grande réserve empêcherait l'amitié de
naître. On doit se garder de l'entraînement, mais il est
permis de céder à l'attrait. Il ne faudrait pas, par crainte
d'erreur et de méprise, ne se lier jamais. Ce serait là
l'erreur la plus forte. Si grande que soit la difficulté de
bien choisir ses amis, il faut pourtant arrêter son choix.
Les problèmes pratiques sont de ceux qu'il n'est pas
permis de tenir pour insolubles. On fait toujours dans
les choses humaines la part de l'incertitude et du hasard.
Qu'on n'engage donc pas légèrement son cœur, mais

qu'on prenne son parti des mécomptes possibles. Les anciens seraient plutôt portés à exagérer le rôle de la prudence dans le choix des amis; ils ne laissent pas pourtant de reconnaître que ce choix est incertain, et qu'il y a là un beau risque à courir [1]. Ainsi l'amitié paraît tour à tour un chef-d'œuvre de sagesse et une chance heureuse. Elle se range à la fois, comme disaient les Stoïciens, dans les choses qui dépendent de nous et dans celles qui n'en dépendent pas. Elle est à la fois notre œuvre et celle des circonstances. De là ses imperfections. Peut-être faut-il distinguer deux sortes d'amitié : l'une idéale, existant entre les gens de bien, offrant toutes les garanties et sûre de sa durée, l'autre, ayant dû s'adapter à un milieu donné, imparfaite comme tout ce qui est réel, plus ou moins incertaine dans ses choix et sujette à se rompre.

B. — *Du nombre des amis.*

Avant de dire qui l'on doit choisir pour amis, on recherchera combien on peut avoir d'amis. Suivant Aristote, il faut tenir le milieu entre n'avoir point d'amis ou en avoir trop. Mais où commence l'excès ? L'idéal, sinon la règle, serait de n'avoir qu'un ami. Les amitiés célèbres sont des amitiés à deux (αἱ δ'ὑμνούμεναι ἐν δύσι λέγονται, Arist., *Eth. Nic.*, IX, x. — Κατὰ ζεῦγος φιλίαι, Plut., *du Grand nombre des Amis*, II), témoin Thésée et Pirithoüs, Achille et Patrocle, Oreste et Pylade, Phintias et Damon, Épaminondas et Pélopidas. Ami en grec se dit : ἑταῖρος de ἕτερος, l'*autre* en parlant des deux. « L'amitié à plusieurs » (ἡ πολυφιλία) ressemble à l'amour

---

[1] Xén., *Mém.,* II, iii. — Plat., *Banq.,* 185 B.

des courtisanes : l'honnête femme n'a qu'un amant, et l'honnête homme qu'un ami. Toutefois, il est puéril de concevoir toutes les amitiés sur le modèle de celle d'Oreste et de Pylade. Si l'amitié parfaite n'est possible qu'entre deux personnes, l'amitié commune se rencontre entre plusieurs. Au reste, comme le dit très bien Plutarque, ce qui importe, ce n'est pas de n'avoir qu'un ami, c'est d'aimer son ami comme si on n'en avait qu'un (*ibid.*, III).

Aristote s'en tient à cette règle : le chiffre des amis ne doit pas dépasser celui des personnes dont on peut partager la vie[1], mais on ne peut pas plus fixer ce chiffre que celui des habitants qu'il faut pour composer une ville. Tout ce qu'on peut dire, c'est qu'une cité suppose plus de dix citoyens et moins de dix fois dix mille. A cette question : combien aura-t-on d'amis? On ne peut donc répondre d'une façon précise. On peut dire seulement qu'il est impossible d'en avoir beaucoup. S'agit-il, en effet, d'amitiés intéressées? Ce serait une tâche pénible et à laquelle notre vie ne suffirait point d'avoir à rendre service à beaucoup de gens. S'agit-il d'amitiés fondées sur le plaisir? « Mais pour l'agrément, peu d'amis suffisent, comme pour la nourriture peu d'assaisonnement. » Pour ce qui est des amis vertueux, sans doute, on n'en saurait trop avoir, mais on n'en peut avoir plus qu'on n'en peut aimer. Il faut, en effet, qu'on puisse se donner à ses amis, partager leur vie; il faut aussi que tous les amis qu'on a soient eux-mêmes amis les uns des autres; « enfin, il est difficile de « partager les joies et les souffrances d'un grand nombre « d'hommes à la fois; car il arrivera alors qu'on ait à « boire et à se réjouir avec l'un, à pleurer avec l'autre » (Arist., *loc. cit.*).

---

[1] τοσούτους ὅσοι εἰς τὸ συζῆν ἱκανοί.

Plutarque reprend et développe les mêmes arguments, en leur donnant un tour de familiarité charmante. Quand on a beaucoup d'amis, on ne sait, dit-il, auquel entendre : l'un vous demande de l'accompagner en voyage, l'autre de lui servir de témoin au tribunal, l'un vous invite à un sacrifice nuptial, l'autre, à des funérailles. L'on ne peut obliger l'un sans désobliger l'autre. On serait mal venu de dire à un ami : « si je ne suis pas allé te voir quand tu avais la fièvre, c'est que j'étais à banqueter avec d'autres amis. » Au reste, comme il est difficile de trouver des danseurs ou des rameurs allant bien ensemble, il l'est plus encore de trouver des amis prêts à partager la même fortune, bonne ou mauvaise. Devenir l'ami de quelqu'un, c'est épouser en effet ses amitiés et ses haines. Tel donc qui cherche un essaim d'amis risque de tomber en une guêpière d'ennemis. Enfin, l'amitié suppose une entière ressemblance du caractère et des goûts difficile à rencontrer.

On ne peut donc avoir beaucoup d'amis, on ne doit pas non plus le désirer. L'amitié décroît, à mesure qu'elle s'étend. De la quantité des amis dépend, en un sens, la qualité de l'amitié. On ne peut aimer intimement (σφόδρα) que très peu de personnes (ὀλίγους) et on n'en peut aimer aimer qu'une avec « excès » (ὑπερβολή), c'est-à-dire d'un amour absolu, sans réserves. L'amitié qui nous lie à beaucoup de personnes a le caractère banal des relations de société (πολιτικὴ φιλία). L'amitié proprement dite[1] est au contraire exclusive (Aristote, *loc. cit.*). Comme les fleuves, dit Plutarque, divisés en beaucoup de bras, ralentissent leur cours, l'affection, répartie sur un grand nombre d'êtres, s'affaiblit. Il y a donc des amitiés banales et une amitié vraie. Caïus Gracchus et Livius Drusus,

---

[1] φιλία ἑταιρική.

dit Sénèque[1], divisaient les amis en trois classes : ceux qu'on reçoit en particulier (*in secretum*) — ceux qu'on admet dans un petit cercle d'intimes (*cum pluribus*) — ceux qu'on reçoit en masse et tous à la fois (*universos*). Cela revient à dire qu'il y a autant de degrés ou de nuances particulières de l'amitié qu'il y a de groupes d'amis.

La question du nombre des amis n'est frivole qu'en apparence. Elle est psychologiquement d'un intérêt véritable et d'une haute portée. Vouloir que les affections s'étendent, c'est demander qu'elles se perdent. Voilà ce que n'ont pas vu les Stoïciens ni Platon. La πολυ-φιλία est une espèce de communisme. L'erreur est la même de croire qu'on puisse avoir pour amis tous les hommes et pour enfants tous les enfants de la cité. L'amitié change de nom et de nature, suivant qu'elle est conçue à la façon d'Aristote ou à celle de Zénon, suivant qu'elle est personnelle ou impersonnelle (φιλία — πολυφιλία, φιλανθρωπία).

Suivant Aristote, l'amitié est une affection particulière, exclusive, jalouse, qui se fonde sur un choix, et qui n'est possible qu'entre un petit nombre de personnes, peut-être qu'entre deux personnes. Suivant les Stoïciens, « c'est un bien d'avoir beaucoup d'amis[2], » ou, pour mieux dire, il faut aimer tous les hommes d'un amour égal[3]. « Partout où il y a un homme, il y a place pour le dévoûment et les bienfaits[4]. » Aristote dit au contraire : « Il vaut mieux faire du bien à des amis qu'à des indifférents ou à des étrangers[5]. » On reviendra plus loin sur le conflit des devoirs de l'amitié et des devoirs envers tous

---

[1] *De Benef.*, VI, 34.
[2] Τὴν πολυφιλίαν ἀγαθόν, Diog. L., VII, 124.
[3] Cf. Guyau, *Étude sur la philosophie d'Épictète.*
[4] *Ubicumque homo est, beneficii locus est.* Sén., *de Vita beata.*
[5] Κάλλιον δ'εὖ ποιεῖν φίλους ὀθνείων, *Eth. Nic.*, IX, IX.

les hommes. Notons encore que le nombre des amis sert à caractériser l'amitié.

Ainsi, quand on dit que les amis épicuriens étaient « si nombreux que des villes entières n'auraient pu les contenir » (Diog. L., X, 9), on donne à entendre qu'ils avaient « une serviabilité complaisante et empressée dans les difficultés et les chagrins médiocres, » une calme bienveillance, bonne « pour les rapports de tous les jours » et telle enfin qu'on se représente « l'amitié gracieuse et un peu banale d'Atticus ». (Denis, *Théor. Mor.*, I, pp. 283-4.) Au reste, il ne faudrait pas confondre l'amitié épicurienne en général, et l'amitié d'Épicure et de Métrodore. Autant l'amitié à deux peut être passionnée et ardente, autant l'amitié pour un grand nombre de personnes est nécessairement calme, froide, quelque peu détachée et indifférente.

C. — *Faut-il faire prévaloir dans le choix des amis les considérations morales ou les raisons de sentiment ?*

En dernière analyse, la question du nombre des amis se ramène à celle du choix des amis. Il est clair qu'on aura d'autant moins d'amis qu'on exigera d'eux un plus grand nombre de qualités et des qualités plus hautes. Qui doit-on prendre pour amis ? C'est là au fond ce qui importe. C'est là aussi ce qui décide du nombre des amis possibles.

La question n'est pas simple : elle se pose au point de vue moral et au point de vue psychologique. Quelles qualités sommes-nous en droit d'exiger de nos amis ? En fait quelles qualités goûtons-nous en eux ? Qu'est-ce qui les rend dignes d'être aimés ? Qu'est-ce qui fait qu'on les aime ? Le plus souvent on confond ces questions, parfois on les oppose.

Socrate indique à quelles conditions l'amitié est possible. On ne saurait se lier à un homme qui serait débauché, intempérant, qui aurait l'humeur querelleuse, qui serait disposé à recevoir des services sans en rendre. Socrate parle toujours de l'amitié en général. Platon, le premier, entrevoit que l'amitié n'est pas une, qu'elle est tantôt l'union des semblables, tantôt celle des contraires, et qu'ainsi il n'y a point de caractères qui s'appliquent à tous les amis. Aristote, à son tour, dit qu'on peut être guidé dans le choix des amis par des motifs divers : par l'intérêt, le plaisir ou la vertu. Cependant, il y a une amitié supérieure à toutes les autres : c'est celle des gens de bien. Elle a tous les caractères des autres amitiés ; elle est agréable et utile ; elle est en outre la liaison la plus personnelle et la plus intime. On peut donc choisir d'autres amis que les gens de bien, on n'en peut choisir de meilleurs.

La vertu n'est pour Socrate que la condition de l'amitié ; elle est pour Aristote un droit à l'amour. En tant que condition de l'amitié, la vertu peut être négative et médiocre ; elle est, à vrai dire, l'absence de défauts déplaisants ; en tant que raison de l'amitié, elle ne saurait être trop parfaite, elle est donc l'ensemble et la plénitude des qualités morales. Suivant Aristote, on doit préférer seulement les gens de bien pour amis ; suivant les Stoïciens, on ne doit pas avoir d'autres amis. Ainsi les raisons morales qui d'abord interviennent dans le choix des amis, guident bientôt exclusivement ce choix, et deviennent de plus en plus rigoureuses et étroites. Parce qu'il n'est pas indifférent d'être bons pour devenir amis, on croit que la vertu suffit pour fonder l'amitié, ou importe plus que l'amitié même. Les préoccupations morales éloignent de la vérité psychologique. Épicure montre que l'amitié n'est pas un devoir

qu'on s'impose, mais un attrait auquel on cède ; encore
la présente-t-il en quelque sorte comme un devoir envers
soi-même, et il ne voit pas que l'élan du cœur est com-
primé par les calculs de l'intérêt aussi bien que par la
poursuite du devoir.

Suivant des philosophes moins systématiques, comme
Cicéron et Sénèque, il faut tenir compte, dans le choix
des amis, non seulement des qualités morales, mais du
caractère et de l'humeur des personnes. Les qualités
morales, qui fixent ce choix, ont elles-mêmes trait à
l'amitié, non à la vertu en général. Ainsi, suivant
Cicéron, l'ami que nous jugerons digne de notre confiance
(*fidus*) aura un caractère ferme, inaltérable (*stabilis,
consentiens*), une humeur égale ; il ne sera pas porté à
accueillir ou à lancer légèrement des accusations mal-
veillantes, il sera franc, ouvert (*De Amic.*, 18) ; il saura
commander à ses passions, il observera la justice, il
respectera notre personne (*ibid.*, 18) ; mais en outre, il
devra nous plaire. « Le charme de la conversation, et
« celui de la personne, c'est là le grand assaisonnement
« de l'amitié » (*Suavitas quœdam sermonum atque
morum, haudquaquam mediocre condimentum amicitiœ*, 18.) L'amitié ne s'accommode point de l'humeur
grave et austère ; il y faut l'aisance et la grâce. Pour
notre sûreté, nous ne devons nous lier qu'avec des gens
de bien ; mais pour notre plaisir, nous devons chercher
des amis qui joignent aux qualités solides les qualités
aimables.

Sénèque considère l'amitié comme une union en vue
du bien. Il remarque pourtant qu'elle exige des qualités
qui n'ont rien à voir avec la vertu, ou du moins qui
n'ont pas avec elle des rapports directs, comme la bonne
humeur. Un mélancolique, qui se plaint de tout (*omnia
gemens*) et sans raison, serait un compagnon peu enviable, eût-il de l'honneur et de la bonté (*De Tranq.
anim.*, VII).

En résumé, ce qui rend difficile le choix des amis,
c'est qu'on exige d'eux des qualités d'ordre différent et
dont la réunion indispensable est toujours fortuite. Ce
sont des qualités charmantes, comme la douceur du
caractère, et des qualités morales, comme la loyauté et
l'honneur. Sans les premières, il n'y a point d'amitié, et
sans les secondes, l'amitié n'est point sûre. Il est difficile
de ne pas faire prévaloir les unes sur les autres, de ne
pas sacrifier en amitié la sécurité à l'agrément, ou le
contraire. Enfin, il est possible de se méprendre, soit
sur le mérite des amis, soit sur leurs qualités aimables.
On peut confondre l'ami avec celui qui se donne pour
tel, ou le flatteur.

Distinction de l'ami et du flatteur.

La distinction de l'ami et du flatteur est un des liens
communs de la morale antique. Plutarque a écrit un
Traité sur ce sujet[1]. La flatterie, dit-il, donne l'illusion
de l'amitié ; elle en prend les dehors et l'apparence, elle
en reproduit les traits. Elle serait trop aisée à connaître, si
elle était toujours le contraire de l'amitié. Mais, de ce que
le flatteur nous plaît, nous donne des éloges, de ce qu'il
est obligeant, zélé, et qu'il entre dans tous nos sentiments, il ne s'ensuit pas que l'ami doive être déplaisant
et rude, qu'il doive nous blâmer toujours, ne nous louer
jamais, qu'il doive nous refuser ses services, contredire
et blesser nos sentiments. Ce qui fait la force et le danger
de la flatterie, c'est qu'elle sait, au contraire, imiter
l'amitié, c'est qu'elle l'imite vraiment et à s'y méprendre,

---

[1] Cf. Maxime de Tyr., Diss. XX. *A quels signes on reconnaît le flatteur de l'ami.*

c'est qu'elle simule même au besoin la franchise et la
rudesse, comme ces cuisiniers habiles qui relèvent par
des sauces amères ou piquantes des plats trop sucrés.
La flatterie, telle que Plutarque la conçoit, est un art :
elle n'a rien à voir avec les flagorneries grossières des
parasites ou des bouffons de comédie : il faut la prendre
au sérieux et même au tragique ; c'est une fourberie
savante ; elle suppose chez celui qui l'exerce l'observation profonde du caractère et des mœurs des amis. Pour
la démasquer et la combattre, il faut lutter avec elle
d'ingéniosité et de ruse ; il faut pénétrer plus avant que
le « maître flatteur » (ὁ τεχνίτης κόλαξ) dans la connaissance de l'amitié. Ainsi, Plutarque a usurpé sa réputation de bonhomie : il a l'âme honnête, mais point naïve.
Il défie la flatterie la plus habile de tromper sa clairvoyance.

Pour juger de la copie, il faut la comparer trait pour
trait au modèle. Les traits distinctifs de l'amitié sont : la
ressemblance des caractères et des goûts, — la franchise,
— l'empressement et le zèle à rendre service. Voyons
comment la flatterie s'applique à reproduire ces traits,
et en quoi elle y manque.

L'amitié se fonde sur la ressemblance des goûts, des
habitudes, des caractères (φιλίαν..... ὁμοιοπαθῆ διάθεσίν τε
καὶ φύσιν). Mais, comment savoir si cette ressemblance
est feinte ou réelle ? Tout d'abord, le flatteur n'a point
de caractère propre, de volonté constante et suivie, de
principe de conduite stable. Il n'a qu'un être d'emprunt :
il est comme l'eau, prenant la forme du vase qui la
contient. Dès lors, il aura autant de façons d'être que
d'amis différents. S'il est avec un homme appliqué à
l'étude, il se plonge dans les livres, porte une longue
barbe, revêt le manteau du philosophe, et n'a à la bouche
que les nombres, les triangles et les rectangles de
Platon. S'il vit dans la compagnie d'un débauché, il
envoie promener ses haillons, il tond sa barbe, il plai-
sante et raille les philosophes. C'est ainsi qu'à Syracuse,

au temps de la faveur de Platon, la cour de Denys était pleine de poussière par le grand nombre de ceux qui y traçaient des figures. Mais le tyran s'étant dégoûté de l'étude, et plongé à nouveau dans les plaisirs, les courtisans, comme métamorphosés par Circé, redevinrent étrangers aux Muses. Pour prendre le flatteur en défaut, il sera permis de lui tendre un piège, de feindre des sentiments qu'on n'a pas, et de louer, par exemple, tour à tour l'oisiveté et la vie active : si l'on a toujours, quoi qu'on dise ou qu'on fasse, son approbation, on verra par là qu'il n' « a point de personnalité » (ἴδιος), mais qu'il est un miroir renvoyant aux autres leur image, ou une ombre suivant le corps et répétant ses mouvements[1].

De plus, le flatteur se perd par son zèle. L'ami n'imite pas en tout son ami ; il lui laisse ses défauts. Le flatteur, au contraire, s'efforcera de ressembler à son ami par les petits ou les vilains côtés ; il lui prendra ses travers, ses ridicules, ses défauts et ses vices. Il s'est trouvé des hommes pour imiter le dos voûté de Platon, le bégaiement d'Aristote. Le flatteur ne voudra ni bien voir ni bien entendre si son ami a la vue basse ou l'oreille dure ; les flatteurs de Denys louchaient comme lui, faisaient mine de tomber les uns sur les autres, et laissaient à table échapper les assiettes. « Dans les choses qui ne dépendent pas de la volonté mais du hasard », le flatteur veut encore ressembler à son ami ; il veut être malheureux comme lui et de la même manière ; Plutarque conte l'histoire d'un mari qui avait répudié sa femme et

---

[1] Cf. Cicéron : *de Amic.*, 25. *Nam cum amicitiæ vis sit in eo, ut unus quasi animus fiat ex pluribus ; qui id fieri potest, si ne in uno quidem quoque unus animus erit, idemque semper, sed varius, commutabilis, multiplex ? Quid enim potest esse tam flexibile, tam devium, quam animus ejus, qui ad alterius non modo sensum ac voluntatem, sed etiam vultum atque nutum convertitur ?*

Maxime de Tyr remarque aussi que « seul l'ami véritable a *un caractère qui demeure semblable à lui-même : ἰσότης τρόπου.* »

ne la voyait qu'en secret, parce que son ami avait répudié la sienne.

Mais ce que le flatteur imite par-dessus tout, ce sont les défauts ou les vices, comme la colère, la superstition, la dureté envers les esclaves, la défiance à l'égard des parents. Sa tactique (σόφισμα) est de le céder à son ami dans l'ordre des qualités et de lui disputer le premier rang en ce qui regarde les défauts. Ainsi il dira qu'il court vite, mais que son ami vole, qu'il monte bien à cheval, mais que son ami est un centaure. Si son ami est triste, lui est sombre, s'il est superstitieux, lui est fanatique.

Le langage ordinaire des flatteurs est l'éloge. Il n'use de la franchise que pour donner le change. L'éloge est suspect lorsqu'il ne se relâche jamais. Il doit l'être encore lorsqu'il s'adresse à notre personne et non à nos actes, lorsqu'il se produit seulement en notre présence. Il faut se défier même de l'éloge indirect, c'est-à-dire de celui qu'on nous adresse en le mettant dans la bouche d'un autre, de l'éloge déguisé sous forme de blâme à l'égard de ceux qui ont des défauts ou des qualités opposés aux nôtres, des hommages rendus à notre sagesse par une demande d'avis, des flatteries en action comme celle qui consiste à céder sa place à un autre.

La franchise répugne naturellement au flatteur; il la redoute pour son compte. Celle qu'il se résigne à employer sonne le creux comme la massue de l'acteur qui joue le rôle d'Hercule; ou encore elle est molle et flasque, comme ces oreillers cédant sous le poids de la tête qu'ils devraient soutenir. Elle découvre les fautes légères et elle épargne les vices. Le flatteur reproche à son ami en termes très vifs de se loger mal, d'être négligé dans sa mise; mais il ne lui dit mot s'il méprise ses parents, s'il néglige ses enfants et manque d'égards pour sa femme. Parfois même la franchise n'est qu'une forme déguisée de la flatterie. Ainsi, on reprochera à l'avare d'être prodigue, au prodigue d'être avare. La franchise du flatteur ressemble aux morsures des femmes amoureuses qui ont l'air de faire mal, et qui réveillent la jouissance.

Le flatteur paraît disposé à rendre plus de services que l'ami. Il ne néglige pas les menus soins, les regards, les sourires, les serrements de main, les protestations d'amitié. Il veut qu'on dispose de lui à toute heure, en toute occasion. L'ami a moins de zèle ou un zèle plus discret. Le flatteur prodigue surtout les promesses, et ses promesses, dirait Kant, sont *catégoriques* : « parle, dis ce que tu veux, quoi que tu demandes, je le ferai. » Les promesses de l'ami, au contraire, sont *hypothétiques*; elles comportent cette réserve : « je ferai ce que tu me demandes, *si j'en ai le pouvoir et si j'en ai le droit*.» Le flatteur ne se permet pas d'avoir une pensée personnelle. Comme les lignes et les surfaces ne se meuvent pas par elles-mèmes, étant incorporelles et intelligibles, mais se meuvent en même temps que les corps qu'elles limi-tent, ainsi le flatteur ne parle pas, ne pense pas par lui-même, mais reproduit les paroles, les pensées de son ami. On reconnaît le flatteur non seulement à son empres-sement à offrir ses services, mais à la nature des services qu'il rend et à la *manière de les rendre* (ἐν τῷ τρόπῳ τῆς ὑπουργίας).

Il en est de la bienveillance de l'ami comme du prin-cipe vital chez l'animal; elle est intérieure, cachée, et ne transparaît pas au dehors. L'ami laisse ignorer à son ami les services qu'il lui rend. Le flatteur, au contraire, s'agite, se démène, il court, il crie, il contracte le visage, il veut qu'on voie bien la peine qu'il se donne, il ne tarit pas sur ses démarches, sur son zèle. Enfin, les services qu'il rend trahissent son caractère; il se dérobe à toutes les charges, il accepte toutes les hontes. Il ne court pas de dangers, il ne dépensera pas d'argent, il est incapable de dévoûment et de sacrifices; mais il aura de basses complaisances, il rendra des services secrets, il favorisera par exemple des amours coupables. Le flatteur, si habile qu'il soit, sent son faible : il n'affronte pas la comparaison avec les vrais amis, il s'efforce de tenir à l'écart ces rivaux dangereux, il s'en montre jaloux, il sème contre eux en secret des calomnies.

En résumé, la flatterie la plus ingénieuse peut toujours être mise en défaut; et l'amitié vraie, proclamée et reconnue. D'une manière générale, le choix des amis, selon les moralistes anciens est réfléchi et grave; il s'entoure des précautions d'un bon sens judicieux, il s'inspire aussi de préoccupations élevées et se fonde sur la vertu; il témoigne enfin de ce rationalisme antique qui n'exclut pas des affections la prudence, qui « philosophe, s'il est permis de détourner de son sens un mot d'Aristote, avec la passion », qui s'exagère même et aboutit à la sagesse méthodique, réglée, à la pédanterie vertueuse du bon Plutarque.

IV. — DE LA CONSERVATION ET DE LA RUPTURE DES AMITIÉS.

Nous ne séparons pas la question de la conservation des amitiés de celle de leur rupture. *Contrariorum eadem est scientia.* Savoir comment l'amitié se maintient, ce serait savoir pourquoi elle se dissout.

Du choix des amis dépend la durée des amitiés. Quand ce choix se fonde sur la vertu, l'amitié est « indissoluble » (μόνιμος. *Eth. Nic.*, VIII, III) : la vertu, en effet, est une habitude, une manière d'être durable; elle est ce qu'il y a dans l'homme d'inaltérable et de profond, elle est l'homme même. L'attachement qui se fonde sur la vertu doit se maintenir comme elle. Il est « au-dessus de la calomnie » (ἀδιάβλητος. *Eth. Nic.*, VIII, IV) : les gens de bien ne peuvent se nuire, et ils ont confiance les uns dans les autres. Au contraire, les amitiés d'intérêt et de plaisir « sont sujettes à se rompre » (εὐδιάλυτοι. *Eth. Nic.*, VIII, III); elles tiennent à des « circonstances accidentelles » et changeantes. « L'utile n'est pas fixe, il varie sans cesse. » « Avec l'âge, les plaisirs deviennent autres. » Les liaisons d'intérêt et de plaisir sont également promptes à se former et à se dissoudre. On cesse bientôt de se plaire, d'être utiles les uns aux autres, et par suite d'être amis[1].

A la rigueur cependant, toutes les amitiés peuvent finir, même l'amitié vertueuse, encore qu'elle ait toutes les chances de durée. Mais seule, l'amitié intéressée est sujette aux récriminations et aux reproches. Les autres amitiés meurent de leur mort naturelle, sans déchirement ni violence ; suivant le mot de Caton, elles ne se rompent pas, elles se dénouent (Cic., *de am.*, 21). En effet, des amis par vertu, c'est à qui montrera le plus de zèle et d'affection : « Dans cette émulation, il n'y a ni récrimi-
« nations, ni disputes : on n'est point mécontent de ce
« qui aime et fait du bien, mais si l'on a soi-même le
« cœur délicat, on répond en faisant du bien à son tour,
« et celui des deux qui se trouve comme en avance,
« étant maître de l'objet de ses vœux, ne saurait adres-
« ser de reproches à son ami, vu que chacun d'eux
« aspire au bien. » (*Eth. Nic.*, VIII, XIII, trad. Ollé-
Laprune.) Dans les amitiés fondées sur le plaisir, ou
« l'on obtient des deux côtés ce qu'on désire, » ou, si la
vie commune cesse d'être agréable, on se sépare. « Ce
« serait chose manifestement ridicule de reprocher à un
« ami de n'avoir plus de charme, quand il n'y a qu'à
« ne plus vivre ensemble. » Il en est tout autrement de
l'amitié intéressée. « Comme on n'a de mutuels rapports
« qu'en vue du profit espéré, on demande toujours

---

[1] Cf. Sén., *Ép.*, 9.

« davantage et on croit toujours avoir moins qu'on ne
« doit avoir, et l'on se plaint de n'obtenir jamais autant
« qu'on demande, encore qu'on y ait droit ; les bienfaits,
« si grands qu'ils soient, ne peuvent suffire aux désirs
« de ceux qui les reçoivent » (*ibid.*). L'amitié intéressée
est donc toujours grosse de querelles : c'est pourquoi elle
ne dure point, et, tant qu'elle dure, elle n'offre ni sécurité ni confiance.

Aristote, traitant de la rupture des amitiés, a surtout
ou uniquement en vue l'amitié intéressée. La rupture
d'une telle amitié est sans doute la plus ordinaire et la
plus fréquente, mais elle est aussi la moins regrettable.
Pourquoi donc est-elle néanmoins la seule qu'Aristote
étudie ? C'est qu'elle est la seule qui puisse être évitée.
On peut régler en effet des intérêts, les mettre d'accord ;
mais on ne ranime pas des sentiments éteints, on ne
ressuscite pas le charme d'une amitié évanouie. Il n'y a
qu'à constater et à déplorer la fin des amitiés qui se
fondent sur le plaisir : cette fin est naturelle et fatale. Il
est logique de se quitter quand on ne s'aime plus, et les
séparations inévitables doivent s'accomplir d'elles-mêmes
sans récriminations injustes ni regrets superflus. Aristote oublie peut-être que les amis ne cessent pas en
même temps de s'aimer. Il est ridicule sans doute, quoique assez ordinaire, d'en vouloir à ceux que nous
n'aimons plus de ne plus nous aimer ; mais n'avons-nous
pas le droit de nous plaindre des amis qui nous quittent,
quand nous leur restons fidèles ? Les récrimination alors
restent sans effet, mais n'en sont pas moins fondées.

On a reproché à Aristote d'envisager avec tant de
sérénité les ruptures nécessaires. On peut voir là un
trait de la sagesse grecque, ennemie des déclamations
vaines. Mais il faut remarquer plutôt qu'Aristote traite
ici, non de la rupture des amitiés en général, mais des
ruptures provenant d'une mésintelligence qui peut être
dissipée. La rupture des amitiés peut être un malheur

ou une faute. Elle peut être déterminée par les circonstances, comme l'absence prolongée, un défaut d'humeur, la mélancolie ou le chagrin (*Eth. Nic.*, VIII, v),
et enfin l'involontaire détachement des personnes et des
choses qu'on a trop aimées. On ne peut rien alors pour
l'empêcher; on n'en parlera donc que pour mémoire.
Mais d'autres fois les brouilles arrivent par notre faute,
sont l'effet d'un malentendu : il manque aux amis, pour
rester tels, de connaître leurs devoirs, leurs droits, et
de se respecter mutuellement. Il faut alors faire appel à
leur bonne volonté, éclairer leur conscience. C'est proprement la mésintelligence qui amène la rupture, non
la rupture elle-même qu'Aristote étudie et s'efforce de
prévenir.

Cette mésintelligence se produit surtout, sinon exclusivement, dans les amitiés imparfaites, comme l'amitié
fondée sur l'intérêt ou le plaisir, et l'amitié entre supérieur et inférieur. L'amitié intéressée est à la fois un
échange de services matériels et un accord des volontés.
Elle a un double caractère : *légal* et *moral*. Il est déjà
difficile de concilier les intérêts, il le sera bien plus
de mettre d'accord l'intérêt et le sentiment. Dans l'amitié
intéressée, on peut distinguer un attachement aux choses,
aux intérêts matériels et un attachement personnel.
Ces deux attachements entrent en conflit : l'un fait tort
à l'autre. De même aussi, dans l'amour, l'amant poursuit son plaisir, l'aimé, son intérêt; où il ne devrait y
avoir qu'un même sentiment, il y en a deux, et contraires. La mésintelligence provient donc toujours d'une
lutte d'intérêts, ou de la lutte des intérêts et des sentiments.

Étudions en particulier l'amitié intéressée. Elle suppose entre les amis des engagements réciproques, un
contrat bilatéral, *écrit* ou *tacite*. La mésintelligence
éclate, quand les conditions du contrat amical sont mal
posées ou mal comprises; elle est surtout fréquente

dans l'amitié *morale;* en effet, un contrat écrit est net
et formel, tandis qu'on ne connaît pas toujours la
nature et la portée des engagements tacites, et qu'on les
interprète diversement. Faire cesser l'équivoque, dissiper les malentendus, donner au contrat tout son sens et
son vrai sens, telle est la tâche qu'entreprend Aristote.
« Il faut savoir, dit-il, dès le commencement, envers
« qui et à quoi on s'engage, pour voir si, dans ces termes,
« on accepte ou non de rester amis[1]. » Il ne suffit pas
de connaître et d'accepter loyalement les conditions du
contrat, il faut encore fidèlement s'y tenir. « Ce qui
« cause le plus de contestations, c'est qu'en exécutant
« le contrat, on ne l'entend plus dans le même sens
« qu'au moment où on l'a fait[2]. » Deux causes générales
expliquent donc la rupture des amitiés : l'obscurité et le
vague du contrat passé entre les amis, l'ignorance où ils
sont de ses vrais termes, et le changement qui se fait
en leur âme, la baisse que subit leur affection, dans l'in-
tervalle qui sépare la formation du contrat de son exécution. En d'autres termes, ou l'on ne sait pas d'abord
sur quelles bases l'amitié s'établit, ou l'on ne peut la
maintenir sur les bases où elle s'est établie.

On fera rentrer dans ces lois toutes les contestations :

1° Des différends s'élèvent, quand les clauses du contrat sont mal définies. Ainsi, on est traité par quelqu'un
en ami; on reçoit de lui un don, on croit le tenir de sa
générosité; en réalité, il entend faire une avance ou un
prêt. Il se plaindra donc s'il ne recueille pas autant ou
plus qu'il n'a donné. Ici, l'un des amis ignore les

---

[1] Ἐν ἀρχῇ δ'ἐπισκεπτέον ὑφ'οὖ εὐεργετεῖται καὶ ἐπὶ τίνι, ὅπως
ἐπὶ τούτοις ὑπομένῃ ἢ μή. *Eth. Nic.,* VIII, XIII.

[2] Γίγνεται τὰ ἐγκλήματα μάλισθ'ὅταν μὴ κατὰ τὴν αὐτὴν
συναλλάξωσι καὶ διαλύωνται... οὐχ ὁμοίως δὲ συναλλάξας καὶ
διαλυόμενος ἐγκαλέσει. — *Ibid.*

clauses du traité. Ailleurs, chacun les entend à sa manière. Par exemple, si l'un des amis est supérieur à
l'autre, s'il a plus de mérite, s'il rend plus de services,
il croira devoir être mieux traité. L'autre fera le raisonnement inverse : il dira que celui qui a plus de besoins
doit obtenir davantage.

Tous les deux ont raison, et on peut les mettre d'accord. Le premier doit obtenir plus d'honneur, le second,
plus de profit : ainsi entre eux se rétablit l'équilibre ; les
services de l'un ont pour équivalent les hommages de
l'autre. Mais l'inégalité qui existe entre les amis ne
comporte pas toujours une compensation. L'amant se
plaint qu'on ne réponde pas par l'amour à son excès
d'amour, l'aimé qu'on lui promette tout, sans rien tenir.
Entre le plaisir de l'un et l'intérêt de l'autre, il n'y a pas
de commune mesure, et leur querelle ne peut finir. Enfin, la mésintelligence provient de ce que les clauses du
contrat amical ne sont pas au gré des deux contractants.
Ainsi on serait mal venu à dire au cithariste réclamant
son salaire : « le plaisir que je vous fais en vous écou-
tant paie celui que vous me faites. »

2° La mésintelligence a pour cause un changement
survenu dans les sentiments des amis. Ainsi, on se pose
d'abord en ami, puis, en créancier. Au premier moment,
on n'écoute que son cœur, on est généreux, on donne sans
compter ; puis on réfléchit, on se ravise, et si on ne rentre
pas dans ses avances, on éprouve du désappointement,
du dépit ; le premier mouvement, en effet, va toujours
au beau, mais le second, à l'utile. Ici l'on s'abuse donc
sur ses propres sentiments. L'on se méprend aussi sur
les sentiments d'autrui. Cela arrive de deux manières :
ou l'on croit être aimé pour son caractère, quand on est
aimé par intérêt, sans qu'on puisse s'en prendre qu'à
soi-même de cette erreur passagère, ou l'on est dupe de
protestations non suivies d'effets. Dans tous les cas, il
ne faut pas bénéficier d'une erreur. « Il ne faut pas, dit

Aristide, traiter un homme en ami contre son gré. »
(*Eth. Nic.*, VIII, xiii.) On ne doit pas recevoir un bienfait d'un homme intéressé ; l'argent reçu, on ne doit
point le garder. On doit rendre, quand on le peut, la
valeur de ce qu'on a reçu.

Entre deux partis, il faut prendre le plus généreux ;
c'est la règle constante d'Aristote. Ainsi, il est difficile
d'évaluer un bienfait : celui qui le rend le surfait, celui
qui le reçoit le rabaisse. Puisqu'il ne s'agit ici que d'intérêt, il semble que le profit de l'obligé doit être la
mesure et qu'on doit rendre exactement ce qu'on a reçu.
Toutefois, on accordera quelque chose à l'amitié et on
devra rendre « autant qu'on a reçu et même davantage » (*Eth. Nic.*, VIII, xiii). Pour apprécier exactement le bienfait, l'obligé devra l'estimer au prix qu'il y
attachait avant de le recevoir, non celui qu'il y attache
après l'avoir reçu (*Eth. Nic.*, IX, i). En effet, les choses
ardemment désirées ne procurent parfois qu'une jouissance médiocre. Toutes les questions d'intérêt relèvent
aussi de l'équité et non de la simple justice. S'agit-il de
fixer les salaires ? Ou le service précède le salaire, ou le
salaire est perçu d'avance. Ou bien on laisse à celui qui
reçoit le service le soin de l'apprécier, et de le rému-
nérer selon le cas qu'il en fait ; il serait blâmable s'il ne
reconnaissait pas la confiance qu'on lui témoigne et le
service qu'on lui rend. Ou bien, on reçoit d'avance le
salaire : on est alors blâmable si on ne rend pas le
service attendu et payé, ou si on n'est plus en état de le
rendre parce qu'on en a exagéré le prix. Il faut donc
s'acquitter, quand on le peut, et de bonne grâce.

Il est d'ailleurs des dettes dont on ne s'acquitte jamais :
ce sont celles qu'on contracte envers ses maîtres, envers
ses parents et envers les dieux ; mais il suffit de reconnaître par le cœur les services que ne paient point
l'argent et l'honneur. D'une manière générale, il faut
que, dans les questions où les intérêts sont en jeu,

22

l'équité, la bonne foi, soient la règle suprème. Une
société qui repose sur des bases économiques ne laisse
pas d'être constituée par un lien moral. L'amitié est la
forme suprème de la justice. C'est donc l'affaire de
l'amitié de régler les intérèts, de les concilier, d'écarter
les contestations et les brouilles et, quand elles écla-
tent, de les résoudre selon ses lois, ou, comme on dit,
à l'*amiable,* sans faire appel aux tribunaux et à la
force. Aristote mentionne l'opinion d'après laquelle
échappe à l'action judiciaire tout procès qui soulève
une question de confiance. On peut croire qu'il y
adhère, car il étend en général la juridiction de la
conscience.

Tous les hommes qui se réunissent en société pour
un motif quelconque, même d'intérêt, sont regardés
comme étant, en un sens, des amis ; ils sont tenus par là
même d'observer les uns à l'égard des autres les règles de
l'amitié, et ainsi se trouve confirmée cette parole d'Aristote : « C'est l'amitié qui, à ce qu'il semble, est le lien
« des États, et les législateurs en ont plus de souci que
« de la justice » (*Eth. Nic.,* VIII, 1). En d'autres termes, la loi d'amour règle toutes les relations, sociales
ou privées.

On n'a considéré jusqu'ici que l'amitié intéressée,
comme si elle était la seule qui pût soulever des contestations et se rompre. L'amitié vertueuse est en principe « indissoluble ». Cependant, si on s'est lié à un
homme en lui attribuant une vertu qu'il n'a pas, ou en
lui reconnaissant une vertu qu'il a cessé d'avoir, doit-
on rester son ami ? Non. Aimer quelqu'un, c'est se
rendre semblable à lui ; on ne peut donc aimer un
méchant. Mais il faut distinguer ceux dont la perversité
est « inguérissable » de ceux « dont le caractère peut
être redressé ». Il est conforme à l'amitié d'aider un
homme à devenir meilleur, plus encore que de l'aider à
s'enrichir. Quant aux méchants, destinés à rester tels,

on ne peut, ni on ne doit les garder pour amis. Enfin l'inégalité peut devenir telle entre des amis, liés dès l'enfance, que la vie commune entre eux cesse d'être possible, l'un restant pour la raison un enfant, tandis que l'autre devient un homme supérieur.

En résumé, Aristote « demande si une liaison amicale doit être rompue, quand l'un des amis change, et il répond que la rupture s'impose dans le cas où ce changement touche aux conditions essentielles de cette amitié » (Zeller, *Ph. des Gr.*, éd. all., 3ᵉ vol., p. 669). Mais la rupture est-elle jamais complète? Ne laisse-t-elle rien subsister de l'amitié passée? En détruit-elle jusqu'au souvenir? « Comme on doit chercher à plaire
« à des amis plus qu'à des étrangers, on doit aussi, en
« souvenir du passé, avoir des égards pour ceux dont
« on a été l'ami, à moins que la rupture n'ait eu pour
« cause leur extrême méchanceté » (*Eth. Nic.*, IX, iii).

L'amitié ayant tenu la même place dans la société antique que le sentiment de la famille dans notre société moderne, la question de la rupture de l'amitié a dû exciter le même intérêt et soulever les mêmes discussions, ardentes et passionnées, que de nos jours la question du divorce. Cicéron n'a pu passer à côté de cette question sans la plaider à son tour. Elle est un lieu commun dont il s'empare. Il remarque, comme Aristote, que la durée de l'amitié dépend de son origine : l'intérêt ne crée que des liaisons passagères, la vertu fonde des amitiés éternelles (*de Amic.*, ix). Rien n'est plus rare qu'une amitié qui dure jusqu'à la mort. Les motifs qui entraînent la ruine des amitiés sont : les conflits d'intérêts, — les dissentiments politiques, — les changements de caractère, — ou bien l'injustice d'un des amis (*de Amic.*, X, xxi).

La rupture est un mal. Il faut l'empêcher de se produire ; mais on ne le peut, et même on ne le doit pas toujours. Parfois, c'est un « mal nécessaire » (xxi). En effet, ou l'on souffre soi-même des vices de ses amis, ou, si ce sont les autres qui en souffrent, on en partage la honte. Au contraire d'Aristote, Cicéron envisage moins les causes de la rupture que ses suites : il ne recherche pas comment elle peut être évitée, mais comment elle doit s'accomplir. Alors qu'elle est nécessaire, elle n'a pas nécessairement un caractère brutal et odieux. « Les ami-« tiés doivent plutôt se dénouer que se rompre » ; il vaut mieux « en laisser s'éteindre la flamme que l'étouffer » (xxi).

Il n'y a qu'un cas où l'on doive quitter un ami sans ménagement : c'est celui où l'offense a été telle « qu'il « n'est ni juste, ni honorable, ni possible de ne pas se dé-« tacher et se séparer de lui sur l'heure ». Mais la divergence de goûts, les dissentiments politiques n'autorisent qu'une rupture insensible et lente. Surtout, il ne faut pas que la fin de l'amitié soit le commencement de la haine. Rien n'est plus honteux que d'entrer en guerre avec celui dont on a été l'ami. D'ordinaire, pourtant, on ne distingue pas entre : haïr et cesser d'aimer[1]. On se met même à haïr violemment ceux pour qui on n'avait qu'une affection tiède ; on les accable de reproches, de malédictions et d'outrages. « Il faut, dit Cicéron, laisser « passer ces outrages s'ils peuvent être supportés ; il faut « rendre cet hommage à l'amitié ancienne, de regarder « comme coupable celui qui commet l'offense, non celui « qui la subit. » (de Amic., xxi.)

Ainsi les anciens avaient réglé la rupture des amitiés, comme nous réglementons le duel. Ils avaient minutieusement déterminé les cas où elle est permise, la forme sous laquelle elle doit s'accomplir, et les suites qu'elle doit avoir. Le code de l'honneur, qui a existé de tout temps, mais dont les prescriptions changent avec les

[1] C'est ce qu'atteste le langage : *in-imicus* veut dire *hostile,* et non simplement *indifférent, non-ami.*

mœurs, réglaient dans l'antiquité les relations des amis, comme il réglera plus tard les relations des amants (*Lois chevaleresques* — *Code de la galanterie*).

Les devoirs de l'amitié.

On a étudié l'amitié dans son *devenir,* on a dit comment elle naît, se développe et meurt ; il reste à l'étudier une fois formée, et à dire quels rapports elle établit, quels devoirs elle crée. Les anciens l'ont considérée tour à tour au point de vue *statique* et *dynamique :* ils distinguent l'organisation des amitiés[1], et l'amitié organisée, avec les devoirs qui en découlent[2]. On a vu quelles questions casuistiques soulève le *progrès* de l'amitié ; voyons quelles sont celles qui se posent au sujet de la *pratique* de l'amitié.

Les devoirs des amis ont été examinés en détail et définis avec précision par la morale antique. Ces devoirs diffèrent, suivant que les amis sont dans des conditions de vie ordinaire et commune, ou qu'ils sont placés dans des circonstances particulières, comme l'éloignement et le malheur.

---

[1] C'est ce que Xénophon appelle κτῆσις φίλων (*Mém.,* II, IV, 1).

[2] Χρεία φίλων (Xén., *ibid.*) — χρῆσις (*Simplicius, Comm.* d'Épictète, ch. XXX), — *usus.*

I. — DES DEVOIRS DES AMIS DANS LES CONDITIONS
DE VIE ORDINAIRE.

A. — La confiance.

Définir la conduite à tenir à l'égard des amis, c'est dire comment on doit les aimer. Or, il y a deux façons de concevoir l'amour : ou il est fait d'abandon et de confiance, ou il est réservé et prudent. Ces points de vue opposés trouvent leur expression extrême, l'un, dans le mot de César : *Se malle perire semel quam diffidere semper* ; l'autre, dans la maxime de Bias : « Il faut aimer ses amis, comme si on devait avoir un jour à les haïr [1]. » Tous les philosophes reconnaissent que l'amitié suppose la confiance ou tend à l'établir. Mais, on distingue avec raison l'amitié à naître et l'amitié déjà formée : l'une comporte la réserve, l'autre commande la confiance. « Ne te hâte pas, dit Solon, de te donner des amis, mais « ne juge pas mal ceux que tu t'es une fois donnés [2]. » — « Ne tends pas légèrement la main droite », dit encore un proverbe pythagoricien. Enfin, tous les moralistes répètent l'heureuse formule de Théophraste : « Quand « l'amitié est née, il faut avoir confiance ; avant qu'elle « naisse, il faut être sur ses gardes [3]. » On fait au

---

[1] Diog. Laert., I. — Cic., *de Amic.*, XVI. — Arist., *Rhét.*, I, 2, 13. Aulu-Gelle, I, 3, attribue le mot à Chilon. Cette maxime se rencontre accidentellement chez Sophocle, *Ajax*, v. 687. Publius Syrus la répète : *Ita amicum habeas, posse ut facile fieri hunc inimicum putes.*

[2] D. L., I : φίλους μὴ ταχὺ κτῶ· οὓς δ'ἂν κτήσῃ μὴ ἀποδοκίμαζε.

[3] Cic., *de Amic.*, XXII. *Quum judicaveris, diligere oportet, non quum dilexeris judicare.* Cf. Sén., *Ép.*, 3. *Post amicitiam credendum, ante*

tutiorisme sa part, puisqu'on reconnaît que la confiance ne s'établit pas d'emblée et à la légère. L'amitié se fonde sur un choix ; la rigueur de ce choix fait la sécurité des amis et justifie leur confiance.

D'autres philosophes prennent la défense d'une générosité hardie. Sénèque dit que la confiance appelle la confiance : *fidelem si putaveris, facies.* Ce n'est donc pas assez de se fier à ceux dont on a éprouvé l'amitié : il est permis d'accorder sa confiance à ceux-mêmes dont on n'est point sûr. On gagne l'amitié de ceux à qui on témoigne de l'amitié. Ici, un appel est fait à la chance ; on consent à courir un risque. Toutefois, la générosité des anciens n'est jamais paradoxale. Ils honorent la confiance, mais non la confiance aveugle. La maxime de Bias leur a paru odieuse ; Cicéron déclare qu'elle n'est pas digne d'un sage[1]. Mais on n'a jamais soutenu, même pour protester contre les excès du tutiorisme, que la confiance dût être un parti-pris, une gageure.

Dans les amitiés, si grande que soit la part de la sagesse humaine, il y a toujours un risque à courir : ce risque, on l'accepte d'avance, mais on s'applique à le réduire. On ne pense pas que la foi ou la confiance soit nécessairement un pari, un défi à la fortune, ni, par conséquent, qu'elle ait d'autant plus de prix qu'elle est plus gratuite et moins sûre. L'absence de garanties, qui constitue pour l'amitié un défaut, ferait en un sens le mérite des amis, étant pour eux l'occasion d'attester leur

---

amicitiam, judicandum.—Plut., *Am. frat.,*483 B : τοὺς μὲν γὰρ ἀλλο-τρίους, ὡς ἔλεγε Θεόφραστος, οὐ φιλοῦντα δεῖ κρίνειν, ἀλλὰ κρίνοντα φιλεῖν.

[1] Je ne vois que Valère Maxime qui l'approuve. Val. Max., VII, 3 : *Hoc quidam præceptum prima specie nimis fortasse callidum videatur inimicumque simplicitati, quâ præcipue familiaritas gaudet, sed si altioribus animis cogitatio demissa fuerit, perquam utile reperietur.*

candide et courageuse bonne foi. Mais l'aveuglement ne
doit pas être pris pour la mesure de l'amitié.

La question qui se pose est celle-ci : Faut-il suivre,
en amitié, les conseils de la prudence ou les élans du
cœur ? L'antithèse des deux termes n'est qu'apparente.
La prudence travaille à se rendre inutile : elle précède
l'amitié, l'établit sur une base solide, puis s'efface devant
elle. La confiance, c'est la prudence satisfaite qui jouit
en paix du succès de son œuvre. Il y a de l'une à
l'autre la distance, mais aussi la relation des moyens au
but. La confiance n'est jamais plus entière que lorsqu'elle
s'établit avec choix et discernement. Elle consiste à ne
pas remettre l'amitié en question, à ne plus lui demander
de gages, et à tenir désormais pour non avenues les
marques, vraies ou apparentes, de désaffection ou de
moindre estime. Elle est le repos d'esprit qui suit la
preuve. Elle est l'aveuglement produit par une vive
lumière. Sa formule n'est point : *credo quia absurdum.*
Elle pourrait être : *credo quia absurdum non credere.*
La foi la plus robuste n'est pas celle qui se montre
entêtée et aveugle, et qui a pour mot d'ordre : Quand
même ! c'est celle qui n'est traversée d'aucun doute, qui
est également sûre de n'être point trahie par son objet,
et de se maintenir elle-même sans défaillance, qui, en
un mot, ne court et sait ne courir aucun risque. La
confiance a son principe dans la raison, non dans la
volonté. Mais quand la raison a parlé, elle ne se répète
plus ; la preuve, une fois donnée, demeure acquise ; la
volonté maintient ce que le jugement a décidé ; l'habitude prend la place de la réflexion [1]. La confiance est
donc la certitude de ne pouvoir être trompé, certitude
établie naguère sur de bonnes raisons, et désormais
assise et inébranlable.

---

[1] C'est la théorie de Descartes et de Pascal.

Cependant, au sens spéculatif et absolu, il n'est pas
de certitude entière : toute pensée est sujette à l'erreur.
Mais, si l'on ne peut éviter l'erreur, on peut la prévoir ;
on peut l'admettre comme possible, alors qu'on la sait
improbable ; on en mesure alors les conséquences, et on
est prêt à y remédier. On n'est pas trompé, quand on
n'est trompé qu'autant qu'on a voulu l'être. La confiance
mal placée n'est pas nécessairement une duperie, comme
Socrate le fait entendre à Chérécrate, brouillé avec son
frère Chéréphon. Pourquoi doutes-tu, lui dit-il, des bons
sentiments de ton frère ? Que risques-tu à croire en lui ?
« De montrer que tu es un bon et tendre frère, et qu'il
« n'est qu'un mauvais cœur, indigne de tendresse. »
(Xén., *Mém.*, II, III.) Ainsi, dans le doute, le parti le
meilleur est celui de la confiance.

C'est aussi le plus heureux, et si l'on ose dire, le mieux
avisé, le plus adroit. La confiance en effet est communicative. Ceux à qui nous nous fions se feraient scrupule
de nous tromper, et ce sont les soupçons injustes qui
provoquent les trahisons. *Quidem fallere docuerunt
dum timent falli, et illi jus peccandi suspicando fece-
runt* (Sén., *Ép.*, III). « Je connais ton frère, dit encore
« Socrate à Chérécrate ; quand il verra que tu le provo-
« ques à une lutte de générosité, il voudra te surpasser,
« et te faire plus de bien en paroles et en actes que tu ne
« lui en auras fait. »

Mais mettons les choses au pire. Supposons que contre
toute attente, un ami se montre indigne de notre confiance ; c'est là un moindre mal que de n'avoir pas cru
en lui. Celui qui n'a en amour que de nobles sentiments
peut consentir à être dupe ; « il est beau d'être ainsi
« trompé » (καλὴ ἡ ἀπάτη. Plat., *Banq.*, 185 B). Nous avons
toujours le temps de réparer notre erreur, et de rompre
avec des amis reconnus indignes.

Il semble que la confiance soit toujours subjective. A
proprement parler, on ne peut être sûr de ses amis, on

ne l'est que de soi-même et de la foi qu'on a en eux. La confiance n'est-elle donc qu'une illusion consentie par la générosité d'une belle âme ? Il en serait ainsi, s'il n'y avait quelque chose pour nous répondre des autres, à savoir leur vertu. La vertu est la condition de l'amitié, parce qu'elle inspire seule une confiance qui ne peut être trompée. Aussi voit-on que dans leurs analyses ou théories de l'amitié, le prix que les philosophes attachent à la confiance est en raison de l'estime qu'ils font de la vertu. Sans doute il n'en est point qui séparent la confiance de l'amitié. Ainsi la raison pour laquelle Épicure blâme la coutume pythagoricienne de la communauté des biens entre amis est que cette coutume marque « de la défiance plutôt que de l'amitié ».

Mais il est à noter que ce sont les Stoïciens entre tous qui érigent la confiance en règle de l'amitié. « Si tu « tiens quelqu'un pour ton ami, dit Sénèque, quand tu ne « te fies pas à lui comme à toi, tu te trompes beaucoup, « et tu ne connais pas toute la force de la vraie amitié[1]. » Le même philosophe veut que la confiance soit absolue, sans réserves. « Réfléchis longtemps avant de recevoir « quelqu'un en ton amitié ; mais quand tu l'y auras « reçu, admets-le de tout cœur ; parle-lui aussi franche- « ment que tu te parlerais à toi-même. » (*ibid.*) L'idéal serait de n'avoir rien à cacher, même à son ennemi ; mais, du moins, on peut échanger avec son ami tous ses soucis, toutes ses peines. « Et pourquoi me « retiendrais-je de parler devant mon ami ; pourquoi ne « serais-je pas en sa présence comme si j'étais seul ? » (*ibid.*). Autant il est indiscret d'accorder au premier venu sa confiance, autant il est injuste de la refuser à ceux

---

[1] Sén., *Ép.*, 3. *Si aliquem amicum existimas, cui non tantumdem credis quantum tibi, vehementer erras, et non satis nosti vim veræ amicitiæ.*

qui la méritent. « Quel bonheur, n'est-ce pas, dit encore
« Sénèque, qu'il y ait des âmes bien disposées, dans
« lesquelles on verse en sûreté tous ses secrets et dont
« on craigne moins d'être connu qu'on ne craint de se
« connaître ! [1] » L'amitié est avant tout un échange de
sentiments et de pensées, une pénétration des âmes [2].
Mais ce qui rend une telle intimité non seulement possible, mais encore sans danger, c'est qu'elle se fonde sur
la vertu. En effet, dans le commerce des bons se rencontre une sûreté entière.

En dernière analyse, la confiance est donc un hommage
rendu à la vertu. Les Stoïciens considèrent la vertu
comme une tension de la volonté énergique et forte,
mais surtout durable (ζῆν ὁμολογουμένως, *constantia*); ils la
représentent encore comme absolue : il n'y a pas de milieu
entre la sagesse et la folie. A cette vertu sans défail-
lances doit naturellement répondre une confiance sans
limites. Rousseau se montre heureusement inspiré de
Plutarque et des idées antiques lorsque, commentant l'histoire d'Alexandre et de son médecin Philippe, il dégage
sa signification morale : « S'il y a, dit-il, le moindre
courage, la moindre générosité dans l'action d'Alexandre, elle n'est qu'une extravagance..... Ce que je trouve
de beau dans l'action d'Alexandre, c'est qu'Alexandre
croyait à la vertu, c'est qu'il y croyait sur sa tète, sur sa
propre vie, c'est que sa grande âme était faite pour y
croire. Oh ! que cette médecine avalée était une belle
profession de foi ! » (*Émile*, liv. II.)

En résumé, la confiance a un double caractère : elle est

---

[1] *De Tranq. anim.*, VII, 1. *Quantum bonum est ubi preparata pec-
tora, in quæ tuto secretum omne descendat, quorum conscientiam minus
quam tuam timeas.*

[2] Sén., *Ép.*, 55. *Amicus animo possidendus est.* — *De Beneficiis*, VI,
XXXIV. *Ex pectore... amicus quæritur : illo recipiendus, illic retinendus
et in sensu recondendus.*

un acte de courage et un acte de raison. Si on l'admire
pour le courage qu'elle atteste et le risque couru, on
l'honore mal, on lui sait gré d'être une « extravagance » ;
d'autre part, si on l'assimile à un acte de raison, on
méconnaît son ardeur généreuse et on la fait évanouir.
Ce qui justifie le *tutiorisme* ou *doctrine de Bias,* c'est
l'abus qu'on fait de la confiance, c'est l'amitié indis-
crète et banale, c'est l'insécurité des liaisons fondées
sur un autre principe que la vertu. Il est juste sans
doute de signaler les dangers de la bonne foi. Mais
ces dangers, l'amitié les écarte, ou y pare : elle est un
choix qui exclut les indignes ; et, si ce choix s'égare, la
rupture survient comme une délivrance. La confiance
qui existe entre amis est fondée, non sans doute d'une
façon absolue ; mais aussi cela n'est-il point nécessaire ni
désirable. Il y a une raison timide, ingénieuse à s'alar-
mer ; il y en a une autre prévoyante et hardie, prête
aux éventualités fâcheuses et sûre d'y remédier, quand
elle n'a pu les prévenir. La confiance est la condition de
l'amitié, son caractère distinctif et son charme propre.
Elle a pour fondement la vertu ; il faut être bon pour
inspirer la confiance absolue requise entre amis, il faut
l'être aussi pour croire à la bonté et avoir foi en ses
amis. Si on a souvent donné à l'amitié la vertu pour
fondement, c'est que la confiance ne saurait s'établir sur
une autre base, ou du moins sur une base plus solide que
la vertu.

B. — *De la franchise.*

Les devoirs de l'amitié sont réciproques. A la confiance qu'on doit témoigner à ses amis répond celle
qu'on est en droit d'exiger d'eux. Par là même que j'ai
foi dans les autres, je ne doute pas qu'ils n'aient foi en

moi. Sûr de mon amitié pour eux, je le suis aussi que cette amitié ne sera pas méconnue, lors même que les apparences témoigneraient contre elle. De là vient que je brave le risque de déplaire, et que j'ose être franc. La franchise qu'on témoigne à ses amis dérive de la confiance qu'on a en eux.

La franchise, il est vrai, est un devoir de dignité personnelle et de justice autant que d'amitié. Pourtant les amis sont plus coupables que les autres d'y manquer, et on leur reconnaît le droit exclusif de la pratiquer entièrement et sans réserves. Certains philosophes ont honoré la franchise entre toutes les vertus : ce sont les Cyniques et les Stoïciens. Ils l'ont donc aussi spécialement recommandée aux amis. Diogène « interrogé sur « ce qu'il y avait de plus beau parmi les hommes, répondit « que c'était la franchise » (Diog. L., V, ii). Antisthène disait qu'on a besoin, pour bien vivre, d'amis sincères ou d'ennemis acharnés, car les uns nous avertissent de nos fautes, et les autres nous les reprochent (Plut., *de l'utilité des ennemis*, ch. vi. — *Distinct. de l'ami et du flatteur*, ch. xxxvi).

Les Stoïciens condamnent le mensonge, la flatterie, et en général tout ce qui est contraire à la liberté et à la dignité de l'homme. Suivant eux, loin d'autoriser les complaisances, l'amitié les exclut. On ne craindra pas de blesser les sentiments de son ami, de heurter de front ses préjugés; on lui épargnera moins qu'à tout autre les dures vérités; on lui laissera voir son insensibilité, sa froideur. « Quel cœur dur que ce vieillard ! Il « m'a laissé partir sans pleurer, sans me dire : à quels « périls tu vas t'exposer, mon fils ! Si tu y échappes, « j'allumerai mes flambeaux » (Épict., *Entr.*, II, xvii).

Mais peut-être les Stoïciens et les Cyniques ont-ils outré la franchise. La franchise est un devoir de l'amitié ; elle doit donc revêtir une forme amicale. Ce sont les moralistes, les *philosophi minores*, qui l'ont le mieux

définie. On citera parmi eux Cicéron et Plutarque : l'un
s'en tient aux règles du bon sens et de l'expérience
commune, et peut-être résume les théories courantes ;
l'autre raffine sur l'art délicat de pratiquer la franchise, sans manquer aux ménagements qu'on doit aux
amis.

D'après Cicéron, l'amitié repose sur la franchise, la
loyauté et la bonne foi. On a souvent l'occasion « d'avertir » ses amis, de les « reprendre ». Les flatter serait les
trahir ; ce ne serait ni se montrer leur ami ni se conduire
en homme libre. « On ne vit pas avec un ami comme
avec un tyran. » Il vaudrait mieux avoir, selon le mot
de Caton, « des ennemis acharnés que des amis douce-
reux ; les uns disent souvent la vérité ; les autres, jamais».
La franchise est une obligation et un droit. Ce droit, on
est tenu d'en user ; mais on ne doit en user, pourtant,
qu'avec discrétion et mesure. On doit avertir ses amis
de leurs fautes, mais sans amertume ; on doit leur adresser
des reproches, non les offenser ; on doit leur parler « avec
franchise, sans dureté ». Si notre devoir est d'être franc
envers nos amis, le leur est d'autoriser notre franchise.
Ils doivent prendre en bonne amitié les reproches que
nous leur adressons avec bienveillance. Il est d'ailleurs
absurde qu'on soit sensible aux reproches, au lieu de
l'être à la faute reprochée. C'est une grande faiblesse
d'aimer la flatterie. La flatterie n'a de prise que sur
celui qui se flatte lui-même. On a tort, non seulement
d'y recourir, mais de la bien accueillir.

Plutarque définit la franchise, dit comment elle doit
être pratiquée, à quelle occasion et dans quelles dispositions doivent être celui qui en tient le langage et celui
qui l'entend.

Être franc, ce n'est pas avoir le courage de déplaire,
c'est plutôt savoir faire aux autres les reproches ; c'est
se tenir aussi loin de la dureté que de la complaisance ;
ce n'est pas prendre une liberté, mais remplir un devoir,

et le remplir à propos, avec un art discret et une ferme douceur.

La franchise n'est pas permise à tous ni envers tous. Celui-là seul a le droit de nous blâmer, qui n'a pas contre nous de griefs personnels, et ainsi ne mêle, aux reproches qu'il nous adresse, ni mépris, ni colère. C'est pourquoi Agamemnon ne put supporter les reproches d'Achille, si modérés qu'ils fussent, et laissa passer les invectives bien plus fortes d'Ulysse. Un ami ne se plaindra donc jamais de son ami, mais il lui reprochera ses fautes envers d'autres. Il évitera ainsi la raillerie et les injures. La franchise ne doit pas être offensante et brutale ; elle ne doit pas non plus être satirique et cruelle. Les poètes comiques, qui attaquent les mœurs avec une grande liberté de langage, ne les réforment point ; ils gâtent par leurs plaisanteries la leçon qu'ils donnent ; leur réputation de malignité nuit à leur crédit. Enfin, pour avoir le droit de blâmer les autres, il faut être soi-même exempt de blâme, à moins que, par l'aveu de ses fautes, on ne témoigne clairement à ses amis qu'on veut leur épargner d'en commettre de semblables. Mais il est odieux de se prévaloir de sa vertu et d'accabler les autres de sa supériorité morale.

Les amis à l'égard desquels on peut user de franchise sont ceux qui sont présentement heureux et que la prospérité enivre. Il est inutile et cruel de faire sentir leurs fautes à ceux qui les expient. Aussi, il était sage d'avertir Crésus, en pleine gloire, qu'un homme ne peut être proclamé heureux avant sa mort ; mais il ne fallait pas accabler de reproches Persée, vaincu et exilé.

La franchise doit être opportune. Non seulement il faut qu'elle soit justifiée par le caractère de ceux qui l'emploient et la condition de ceux à qui elle s'adresse, mais encore elle doit choisir son moment, et recevoir une forme appropriée aux circonstances.

Ainsi, à table, dans la joie des festins, la franchise

paraîtrait maussade et chagrine. C'est insulter au dieu de Lydie qui chasse les soucis, que de prononcer des paroles qui assombrissent les fronts et contractent les visages. Le vin dispose les âmes à la colère : l'homme ivre est blessé par la franchise. Il y a lâcheté aussi à ne se montrer franc que sous l'influence de l'ivresse. Il faut user de ménagements, ne pas blâmer quelqu'un devant témoins, ne pas reprendre un mari devant sa femme, un père devant ses enfants, un maître devant ses disciples. L'amour-propre blessé s'entête dans la faute ; les reproches qu'on montre de la répugnance à nous adresser sont ceux qui nous causent le plus de confusion. Il y a donc des circonstances où la franchise est déplacée. Celles où elle est de mise sont rares et doivent être épiées et saisies. On profitera du moment où un homme est accablé par les reproches des autres, on prendra sa défense, on lui rendra confiance en lui-même, mais on l'avertira de surveiller sa conduite, pour ne pas donner prise aux accusations de ses ennemis. On adoucira le blâme par l'éloge ; on évitera les comparaisons désobligeantes ; au lieu d'opposer un homme à d'autres qui valent mieux que lui, on l'opposera à lui-même : on le fera rougir de ses fautes en lui rappelant ses belles actions. On lui dira : « ce que tu fais est indigne de toi. » On cherchera une excuse aux fautes qu'on dénonce. Au lieu de les flétrir, on s'appliquera à les atténuer. On dira : « tu n'as pas réfléchi, » plutôt que : « tu as été injuste ; — n'entre pas en lutte avec ton frère » plutôt que : « ne sois pas jaloux de ton frère. » Il est une forme élégante de reproche : c'est le reproche indirect. Ammonius ayant appris que quelques-uns de ses disciples avaient pris part à un dîner trop somptueux, fit battre devant eux son esclave, qui ne s'accommodait pas d'une nourriture assaisonnée au vinaigre ; puis, par un simple regard jeté aux coupables, il leur fit comprendre leur faute.

Enfin, il faut tenir compte, non seulement de la forme sous laquelle les reproches doivent être présentés, mais de ce qui en fait le fond. Il est des fautes qu'on doit laisser passer : les reproches sont comme ces remèdes qui perdraient leur vertu, si on en usait en toute occasion. Il faut distinguer aussi les fautes commises et celles qui restent à commettre. Aux secondes seules, on peut opposer une sévérité entière. La possibilité d'empêcher le mal autorise et encourage la franchise.

La franchise, considérée en elle-même, est toujours pénible à ceux auxquels elle s'adresse. On fera donc comme les médecins qui ne se contentent pas de couper la partie malade, mais qui soignent l'endroit où le fer a passé, ou comme les statuaires qui polissent le marbre qu'ils ont taillé. On ne quittera point celui qu'on a accablé de reproches sans le consoler et sans lui faire entendre des paroles d'affection.

En résumé, la franchise est la marque distinctive et le privilège des amis. Les amis seuls ont le droit de tout dire parce qu'ils savent l'art de tout dire. Ils sont sincères et restent bienveillants. Ils se sauvent où d'autres se perdraient. Ils confirment leur amitié par ce qui devrait la détruire.

1° S'il faut aimer son ami comme soi-même ou plus que soi-même.

L'amitié crée des devoirs spéciaux : devoirs de confiance et de franchise. De quel principe se déduisent ces devoirs? En quoi nos amis diffèrent-ils pour nous des autres hommes? Que sont-ils par rapport aux autres et par rapport à nous? En quoi consistent les égards, le traitement de faveur qui leur sont dus? En d'autres termes, comment l'amitié se concilie-t-elle avec la justice et avec l'amour-propre?

23

Par définition, notre ami est celui que nous distinguons
de tous les autres, et que nous ne distinguons pas de
nous-mêmes. Mais cette formule est vague; il faut la
décomposer, en discuter les termes et en préciser le
sens. Voyons d'abord ce que notre ami doit être par rapport
à nous, si nous devons l'aimer comme nous-mêmes, ou
plus que nous-mêmes.

L'opinion courante est que notre ami ne fait qu'un
avec nous, et ainsi ne doit pas être traité autrement que
nous-mêmes. En grec φίλος signifiait « mien » avant de
signifier « ami », ce qui est « mien » m'étant naturellement « cher », et ce qui m'est « cher » étant ce que je
considère comme « mien ». Platon donne aussi pour
synonyme au mot φίλος le mot οἰκεῖος (Lysis, 221, 222).
L'ami est universellement défini un autre moi-même,
ἄλλος ἐγώ. Les amis sont considérés comme ne formant
qu'une seule âme, μία ψυχή. Ils n'ont rien en propre, ni
leurs personnes, ni leurs biens : κοινὰ τὰ τῶν φίλων. Dès
lors tous les devoirs de l'amitié tiennent dans la maxime :
φιλότης ἰσότης, l'amitié consiste à traiter exactement son
ami comme soi-même.

Une formule heureuse met ou paraît mettre tous les
hommes d'accord. La sagesse populaire ayant défini l'ami
un ἄλλος ἐγώ, tous les philosophes s'emparent de cette
définition. Épicure par exemple se croit fondé à dire : « il
n'y a d'amitié que si nous aimons nos amis comme
nous-mêmes » (nisi æque amicos et nosmetipsos dili-
gamus. Cic., de Fin, I, xx, 67); car l'ami étant un autre
soi-même, se dévouer à son ami, ce n'est pas renoncer à
soi. D'autre part, on peut dire que ne pas préférer son
intérêt à celui de son ami, c'est vraiment déjà s'oublier
soi-même. C'est la gloire de l'amitié de nous détacher de
nous-mêmes, de notre intérêt personnel, ou de faire que
nous ne nous distinguons plus bien de notre ami, ni son
intérêt du nôtre. On sait d'ailleurs que des formules

identiques peuvent être interprétées en des sens différents.
Traiter ses amis comme soi-même, cela veut dire dans la
langue d'Épicure leur être utile, leur complaire, et dans
celle du Portique, s'intéresser à leur vertu, les exhorter
au bien, les instruire, sans avoir pour eux ni complaisance ni faiblesse. Il y a, comme dit Aristote, plusieurs
façons de s'aimer soi-même; il y en aura donc aussi
plusieurs d'aimer son ami.
La maxime : « traite ton ami comme toi-même », est
donc vague. C'est pourquoi tous les systèmes s'en accommodent, et c'est pourquoi aucun ne s'en montre satisfait.
On la corrige, et on la dépasse. Ici apparaît un côté
curieux de la casuistique : elle est la contre-partie de la
morale; ainsi à une morale utilitaire répond une casuistique altruiste. On dirait que les logiciens ont leurs
scrupules, qu'il leur déplaît d'avoir orgueilleusement
raison. Plus exactement, chaque philosophe allant d'instinct à ce qui lui manque, il arrive que l'utilitaire
réclame pour l'ami le droit de se dévouer, et que celui
qui fonde l'amitié sur la vertu déclare qu'il trouve à la
vertu son compte et que le désintéressement n'est pas
une duperie. Les esprits ont l'intuition secrète de leurs
exagérations et de leurs erreurs, comme il paraît au soin
qu'ils prennent de les atténuer. De là vient qu'Épicure
dira où s'arrête l'égoïsme, et Aristote, où s'arrête le
désintéressement. Il échappe à l'un de dire qu'il faut
aimer son ami plus que soi-même : « Il est plus agréable
« de faire du bien que d'en recevoir. » (Plut., *Qu'on ne
peut vivre heureusement selon la doctrine d'Épicure*,
1100.) L'autre soutient au contraire qu'on ne doit aimer
son ami ni plus ni moins que soi-même. Ainsi on ne
lui souhaite pas tous les biens, on ne lui souhaite pas par
exemple de devenir Dieu.
« On se demande, dit Aristote, s'il est bien vrai que
« les amis veuillent pour leurs amis les plus grands des
« biens. Voudraient-ils par exemple qu'ils fussent dieux?

« Mais ceux-ci devenus dieux ne seraient plus leurs amis,
« ni partant leur bien, car l'ami est le bien de son ami.
« Si donc on a dit avec raison que l'ami veut le bien de
« son ami à cause de son ami même, du moins faut-il
« que celui-ci demeure ce qu'il est ; et dès lors, c'est en le
« considérant comme homme que l'ami voudra pour lui
« les plus grands des biens. Et encore pas tous peut-être,
« car c'est pour soi-même surtout que chacun veut le
« bien. » (*Eth. Nic.*, VIII, vii, trad. Ollé-Laprune.)

La casuistique est l'art des concessions, des accommodements ; elle est l'abandon des thèses systématiques et
absolues, le retour aux idées moyennes ; c'est la revanche du bon sens sur la philosophie. Aristote et Épicure
font le même effort, en sens inverse, pour se rapprocher
de l'opinion vulgaire. Cela est d'ailleurs naturel et
logique. Le triomphe de l'intérêt est de fonder l'amitié,
et l'honneur du désintéressement est de s'ignorer lui-
même.

La casuistique, se donnant pour tâche de concilier les
contraires, atténue la rigueur des principes, adoucit les
formules. Elle va plus loin encore : elle montre que
toute formule est vaine, qu'on ne peut fixer ni saisir
d'une seule vue les aspects divers et flottants de la vérité.
Elle conclut, non au scepticisme, mais à l'insuffisance
des systèmes. Elle prétend, non qu'on ne peut rien
connaître, mais qu'on ne peut connaître le tout de rien, et
ce qui rend sa démonstration plus convaincante, c'est
qu'elle la tire de l'examen des plus humbles questions.
Elle excelle à faire sortir l'exception de la règle. Ainsi
Cicéron passe en revue toutes les définitions de l'amitié,
et montre que l'amitié échappe à toute définition.

On ne peut dire que « nous devions avoir pour notre
ami les mêmes sentiments que pour nous-mêmes[1] », car

---

[1] Cic., *de Amic.*, XVI .. *ut eodem modo erga amicum affecti simus, quo*

nous pouvons faire pour notre ami ce que nous ne ferions pas pour nous : nous abaisser aux prières, aux supplications, ou récriminer, éclater en reproches, et ce que nous aurions mauvaise grâce à réclamer pour nous, nous sommes en droit de le demander pour notre ami : *quæ in rebus nostris non satis honestè, in amicorum fiunt honestissimè.*

Devons-nous donc avoir pour notre ami la bienveillance qu'il a pour nous [1]? Pas davantage. Aimer notre ami juste autant qu'il nous aime, c'est établir d'une façon déplaisante le compte du doit et de l'avoir. L'amitié est plus riche et plus libérale, elle donne sans compter.

Enfin, la pire règle à suivre (*finis deterrimus*) serait de « témoigner à notre ami l'amour dont il se croit digne [2] ». En effet, on s'associerait alors à l'opinion fâcheuse qu'il aurait de lui-même : or, il faut aimer son ami, dit très bien Cicéron, non pas précisément pour ce qu'il est, mais pour ce qu'il peut être, c'est-à-dire pour la vertu et les talents qu'il est capable d'acquérir, autant que pour ceux qu'il possède.

Aux définitions de l'amitié qu'il critique, Cicéron ne trouve pas à en substituer une meilleure ; mais, ce qu'on voit clairement, et ce qu'on veut retenir, c'est qu'il ne tient pas la balance égale entre l'amitié et l'amour-propre, mais l'incline fortement du côté de l'amitié.

Enfin, à la question : Comment faut-il aimer ses amis? Simplicius répond, non plus : *comme nous-mêmes,* mais comme nous *voulons* être aimés nous-mêmes [3]. C'est là

---

erga nosmetipsos..... ut quemadmodum in se quisque, sic in amicum sit animatus.

[1] *Ibid..... Ut nostra in amicos benivolentia, illorum erga nos benivolentiæ pariter æqualiterque respondeat.*

[2] Cic., *de Amic.*, XVI.... *Ut quanti quisque se ipse faciat, tanti fiat ab amicis.*

[3] Simplicius : *Comm. d'Épict.*, ch. XXX. τοῖς φίλοις ἡμῶν οὕτω κεχρῆσθαι, ὡς ἡμῖν ἐκείνους χρῆσθαι βουλόμεθα.

une correction heureuse de l'antique formule. Il faut distinguer l'amitié idéale de celle qui existe en fait. Aristote l'avait dit déjà : l'amitié doit se modeler, non sur l'amour de soi en général, mais sur l'amour de soi, noble et légitime. Il faut donc aimer les autres, non *peut-être* comme nous nous aimons, mais comme nous devrions nous aimer, et comme nous *voulons* qu'on nous aime. Cela revient à dire qu'il faut aimer ses amis à la fois plus et mieux que soi-même. Nous devons, dit Simplicius, rabaisser les services que nous leur rendons, et relever les leurs ; nous devons, au contraire, glisser sur leurs fautes et nous reprocher sévèrement les nôtres[1], nous devons leur pardonner leurs torts, partager avec eux nos biens, et leur céder en tout le premier rang. En un mot, nous devons les préférer à nous.

En résumé, définir l'amitié par l'amour de soi, c'est user seulement d'une comparaison. L'amour de soi, qui devrait éclairer l'amitié, n'est pas clair lui-même. Les moralistes hésitent entre ces deux règles : Aime ton ami comme toi-même, — aime-le plus que toi-même. La vérité est qu'aucune des deux ne peut être prise à la lettre : la première est étroite, et la seconde est vague. Enfin, comme il y a plusieurs façons de s'aimer soi-même, il faudrait décider quelle est la meilleure, et sur laquelle doit se régler l'amitié. La casuistique fait voir que les maximes, en apparence les plus claires, deviennent obscures, quand on en presse et on précise le sens.

---

[1] Cf. *Horace,* Sat., I, III, v. 41 et sq.

2° Dans quelle mesure il est permis de préférer ses amis aux
autres hommes.

On doute s'il faut préférer ses amis à soi-même ; on
ne doute pas qu'il faille les préférer aux autres hommes;
la discussion porte seulement sur les limites de cette
préférence.

Thémistocle, Périclès, professent sur ce point des opinions contraires. L'un disait : « Que je ne siège jamais
« sur un tribunal, si mes amis ne doivent gagner à ma
« présence » (cité par Thamin, *Casuistique stoïcienne*,
ch. v). L'autre répondit « à un sien ami qui le requit de
« porter un jugement faux pour luy, à laquelle fausseté
« il avait encore un parjurement adjoint : Je suis amy
« de mes amys jusques aux autels; comme s'il eût voulu
« dire jusqu'à n'offenser point les dieux [1] ». Périclès et
Thémistocle parlent en politiques, ils prennent un parti
net, une décision ferme. Des philosophes, comme Chilon
et Gorgias, examinent le cas, pèsent les raisons contraires et s'arrêtent à un compromis. Chilon, ayant à
juger un ami coupable, vote sa condamnation, mais
conseille aux autres membres du tribunal de l'absoudre :
il croit remplir ainsi son double devoir de juge et d'ami [2].
Gorgias est d'avis qu'on ne peut adresser à ses amis une
requête injuste, mais qu'il est permis de faire droit à
une requête injuste de leur part : en d'autres termes,
l'amitié aurait des privilèges que n'a pas l'amour-
propre [3].

---

[1] Plut., *Tr. de la mauvaise honte,* trad. Amyot. Aulu-Gelle, I, 3, cite
le même mot : δεῖ με συμπράττειν τοῖς φίλοις, ἀλλὰ μέχρι θέων.
[2] Aul.-Gell., *Nuits att.,* I, 3.
[3] Plut., *le Flatt. et l'ami,* ch. 23.

Mais la casuistique n'est pas un recueil d'opinions individuelles, de sentences arbitraires. Elle est l'examen
philosophique, la discussion raisonnée de questions particulières. Ces questions, elle les pose d'abord en termes
précis, puis elle en poursuit jusqu'au bout l'analyse.
Tandis que Chilon, Gorgias se contentent de rapporter
tels cas où il serait permis de violer la justice au profit
de l'amitié ; d'autres philosophes discutent la question
de savoir « s'il faut venir en aide à son ami, contraire-
« ment à la justice, dans quelle mesure et de quelle
« manière[1] ».

Ce n'est pas en examinant des cas particuliers, en
citant des exemples, que Théophraste résout cette question ; il la traite d'un point de vue général[2]. Il se
montre, dit Aulu-Gelle, un moraliste subtil, hardi, n'ayant
pas peur des mots, plus attentif à l'examen et à la discussion que décidé à conclure[3]. D'après lui, s'agit-il de
rendre à notre ami un service important au prix d'une
injustice légère, il ne faut pas hésiter à commettre l'injustice : on rachète alors un petit mal par un grand bien.
Qu'on ne dise pas que mon honneur et l'intérêt de mon
ami sont d'espèce différente (non paria genere ipso). On
ne dispute pas sur les mots, sur la hiérarchie des genres ;
on compare la valeur réelle des choses[4].

---

[1] Aul.-Gel., loc. cit., εἰ δεῖ βοηθεῖν τῷ φίλῳ παρὰ τὸ δίκαιον καὶ
μέχρι πόσου καὶ ποῖα. Cicéron énonce la même question en termes
plus vagues, de Amic., XI : Quatenus amor in amicitia progredi debeat.

[2] Ibid... is in docendo non de uno quoque facto singillatim existimat,
neque certis exemplorum documentis, sed generibus rerum summatim
universimque utitur.

[3] Aul.-Gelle, Nuits att., I, 3. Hæc taliaque Theophrastus, cautè et
sollicitè et religiosè, causa disserendi magis disputandique diligentia,
quam cum decernendi sententia atque fiducia, disseruit.

[4] Ibid. Neque nominibus moveri nos oportet, quod paria genere ipso
non sunt honestas meæ famæ et rei amici utilitas. Ponderibus hæc enim
potestatibusque præsentibus, non vocabulorum appellationibus neque
dignitatibus generum dijudicanda sunt.

Sans doute, toutes choses égales d'ailleurs, l'honnête
l'emporte sur l'utile ; mais je ne puis hésiter entre ce
qui est grandement utile à mon ami, et ce qui entache
fort peu mon honneur. C'est ainsi qu'un grand poids
d'airain a plus de prix qu'une mince lame d'or. Quant à
décider de ce qui est, dans l'ordre du devoir, important
et accessoire, on ne le peut quelquefois qu'à l'aide de
considérations tirées du dehors, qu'en tenant compte des
nécessités du moment, des circonstances; toutes choses
« qu'il est difficile d'enfermer en des maximes », et qui
rendent les règles morales tantôt obligatoires, tantôt
variées[1]. Ainsi, en posant que l'amitié nous relève, en
certains cas, de l'obligation d'être justes, Théophraste
n'exprime pas, comme Chilon ou Gorgias, une opinion
de rencontre, il fait l'application d'une doctrine suivie
et cohérente, il part de ce principe que la casuistique est
toute la morale.

A la doctrine de Théophraste se rallie le philosophe
Favorinus, disciple d'Épictète. Il prétend que « ce qu'on
« appelle parmi les hommes la sympathie consiste à se
« relâcher à l'égard des amis de l'exacte rigueur du
« droit »[2].

La thèse contraire du rigorisme en amitié a été soutenue par Cicéron et Plutarque.

« Il est également contre le devoir, dit Cicéron, de ne
« pas faire pour ses amis tout ce qu'on peut dans les
« limites de la justice, et de faire pour eux plus qu'on

---

[1] Ibid. *Has et parvitates rerum et magnitudines, atque has omnes officiorum existimationes alia nonnumquam momenta extrinsecus atque aliæ quasi appendices personarum et causarum et temporum et circumstantiæ ipsius necessitatis, quas includere in præcepta difficile est, moderantur et regunt, et quasi gubernant, et nunc ratas officiunt, nunc irritas.*
[2] Aul.-Gell., *Nuits att.*, I, 3. ἡ καλουμένη χάρις παρὰ τοῖς ἀνθρώποις ἐστὶν ὕφεσις ἀκριβείας ἐν δέοντι.

« ne doit. » (*De off.*, III, 10.) Mais Cicéron n'est ni un
pur moraliste, ni un moraliste conséquent. Il voit surtout que le droit de tout faire pour ses amis met l'État
en péril, et il place l'intérêt de la patrie avant les intérêts supérieurs de la morale. En effet, il admet qu'on
oublie en faveur de l'amitié ce qu'on doit à la justice,
non ce qu'on doit à son pays.

Les fauteurs de troubles, les agitateurs du peuple (les
Gracques), les traîtres à la patrie (Coriolan) ne sont dangereux que parce qu'ils ont des amis, et des amis prêts
à faire tout ce qu'ils leur commandent. On demandait à
Blossius de Cumes, ami de Tibérius Gracchus : Si Tibérius t'avait commandé de mettre le feu au Capitole.
« Jamais, répondit-il, il ne me l'aurait commandé. — Si
« pourtant il l'avait fait? — Je lui aurais obéi. » C'est
là « une parole impie » (*nefaria vox. — de Amic.*, XI).
« On n'est point excusé de mal faire, si c'est par amitié
« qu'on fait mal ; car la raison de se lier avec quelqu'un
« d'amitié étant qu'on le croit bon, il est difficile de
« rester son ami, s'il s'écarte du devoir. » (*Ibid.*)

Il n'est pas juste que nous obtenions de nos amis tout
ce que nous voulons ; nous ne devons pas davantage
leur accorder tout ce qu'ils veulent, car alors les amitiés
ressembleraient à des complots[1]. Il ne faut pas que « la
complicité des méchants se couvre du prétexte de l'amitié », il ne faut pas que « l'on se croie autorisé à suivre
son ami, même lorsqu'il prend les armes contre sa
patrie » (*De Amic.*, XII). « Posons donc cette double
« loi : ne rien demander à ses amis et ne rien leur
« accorder qui soit contre l'honneur... Demander à ses
« amis tout ce que l'honneur permet qu'on demande,

---

[1] Cic., *de Offic.*, III, 10. *Nam si omnia facienda sint, quæ amici
velint, non amicitiæ tales, sed conjurationes putandæ sint.*

« et leur accorder tout ce que l'honneur permet qu'on
« fasse[1] ».

Cicéron, dans le *de Officiis,* précise le sens de cette
règle et fixe la limite de ce qu'on peut et de ce qu'on
doit accorder à l'amitié : on fera à ses amis le sacrifice
de ses intérèts, non de son devoir. « Rien de ce qui
« paraît utile, comme les honneurs, les richesses, les
« plaisirs et les autres choses de cette espèce ne doit en
« aucun cas prévaloir sur l'amitié. Mais sacrifier à ce
« sentiment l'intérèt public, le serment, la probité, c'est
« ce que l'honnète homme ne fera jamais, eût-il à juger
« cet ami lui-mème, car il dépouille le caractère d'ami,
« en revètant celui de juge... Lors donc qu'en amitié,
« ce qui semble utile se trouve opposé à ce qui est
« honnète, il faut que l'utilité prétendue succombe, et
« que l'honnèteté l'emporte. Mais quand nos amis nous
« demanderont des choses qui ne sont pas honnètes,
« la religion et l'équité devront passer avant l'amitié. »
(*de Off.,* III, 10.)

Ainsi c'est d'abord en politique que Cicéron s'inquiète
des violations du droit commises au nom de l'amitié,
mais c'est par des raisons morales qu'il les réprouve et
les flétrit.

Toutefois il établit une distinction grosse de conséquences : celle de l'amitié parfaite et de l'amitié vulgaire.
Il n'a parlé jusqu'ici que de la seconde[2]. La première a
ses lois à part. Il semblerait que par définition elle dût

---

[1] Cic., *de Amic.,* XII. *Hæc igitur prima lex in amicitia sanciatur :
ut neque rogemus res turpes, nec faciamus rogati...* Ibid., XIII : *ut ab
amicis honesta petamus, amicorum causa honesta faciamus, ne expec-
temus quidem dum rogemur.*

[2] Cic., *de Off.,* III, 10. *Loquor autem de communibus amicitiis, nam in
sapientibus viris perfectisque nihil potest esse tale.* — *De amic.,* XI.
*Sed loquimur de iis amicis qui ante oculos sunt, quos videmus, aut de
quibus memoriam accepimus, aut quos novit vita communis.*

CASUISTIQUE.

se renfermer exactement dans les limites de la justice ; au contraire, elle les franchit, et c'est là son privilège. « Je crois, dit Cicéron, qu'il faut poser cette règle : « qu'entre les amis, *lorsque leur caractère est honnète,* « toutes choses sans exception soient communes : des- « seins, volontés ; et s'il arrive que de tels amis forment « des desseins moins justes, pour défendre leur vie, « leur honneur, *il faut leur venir en aide et s'écarter* « *un peu du droit chemin,* pourvu qu'ainsi on ne se « couvre pas absolument de honte. Il faut en effet pous- « ser jusque-là la complaisance en amitié[1]. »

Aulu-Gelle remarque que Cicéron, qui a fait à Théo- phraste dans son *Traité de l'Amitié* de larges et heu- reux emprunts, glisse sur le plus difficile problème que celui-ci ait posé, le résout en deux mots et d'une ma- nière vague[2]. En effet, si l'on admet en faveur de l'amitié un écart des règles de la justice, il faut dire en quoi consiste cet écart, et jusqu'où il doit aller. Que l'on ne puisse trahir sa patrie pour servir un ami, c'est ce qui est trop évident, et ce que nul ne conteste. Il faudrait tracer plus exactement la limite des complaisances per- mises.

Le texte qu'on a rapporté de Cicéron trahit la double influence de Théophraste et des Stoïciens. Il reproduit la

---

[1] Cic., *de Amic.,* XVII. *His igitur finibus utendum arbitror, ut, cum emendati mores amicorum sint, tum sit inter eos omnium rerum, con- siliorum et voluntatum sine ulla exceptione communitas ; et si qua for- tuna acciderit ut minus justæ amicorum voluntates adjurandæ sint, in quibus eorum aut de capite agatur, aut fama, declinandum est de via, modo ne summa turpitudo sequatur. Est enim quatenus amicitiæ dari venia possit.*

[2] Aul.-Gell., *Nuits att.,* I, 3... *Hunc locum... omnium rerum aliarum difficillimum strictim atque cursim transgressus ; neque ea quæ a Theo- phrasto pensim atque enucleate scripta sunt, exsecutus est ; sed anxietate illâ et quasi morositate disputationis prætermissâ, genus ipsum rei tan- tum paucis verbis notavit.*

distinction stoïcienne des sages et des hommes en progrès vers la sagesse. On sait que, d'après Chrysippe, le sage a le privilège de commettre l'injustice sans en être souillé : « pour un talent, il donnera trois fois, s'il le faut, de la tête en terre ».

Cicéron n'invente rien; il suit la tradition stoïcienne, soit qu'elle énonce le devoir dans toute sa rigueur, soit qu'elle l'accommode aux mœurs courantes; il recueille et adopte des opinions isolées, sans remarquer qu'elles se contredisent, ou sans découvrir comment elles se rejoignent. Dans le même traité, il absout et condamne les complaisances des amis. Il prête à l'amitié parfaite et à l'amitié vulgaire des attributs contradictoires : il fait à la seconde une loi d'être honnête, lui prescrivant ainsi un idéal qui la dépasse; il exempte la première de suivre la justice, lui concédant ainsi un droit qui lui répugne. Cicéron n'a donc pas de doctrine cohérente; mais il a des idées dominantes, et en général ces idées sont orientées dans le sens de l'honnête et du juste.

Plutarque est un moraliste plus droit et plus sûr. Il n'envisage pas le danger que peuvent faire courir à l'État des amis dévoués jusqu'au crime; mais il voit le tort que de telles amitiés font à la morale privée. « L'ami, dit-il, doit aider son ami dans toutes ses entre-« prises, mais non dans ses mauvaises actions, seconder « ses généreux projets, mais non ses desseins coupa-« bles; témoigner pour lui, mais non se parjurer; par-« tager ses disgrâces, mais non ses injustices » (*Flatt. et ami*, 23). Ce qui distingue l'ami du flatteur, c'est qu'il est des services qu'il se refuse à rendre. Le flatteur, par exemple, favorise les amours coupables, vient en aide au mari qui n'ose répudier sa femme ; il apprend au fils à affronter la colère de ses parents; il est le complice de toutes les fautes, il les encourage, il aide à les commettre. L'ami, au contraire, mis en demeure de choisir entre commettre une injustice et perdre son ami, n'hésite pas; loin d'aider son ami à mal faire, il l'en détourne. Il n'est pas le témoin complaisant ou résigné de ses fautes, il ne lui épargne ni les avis ni les reproches. L'amitié contractée en vue du bien ne peut s'écarter de sa fin.

En résumé, la casuistique tend à conclure contre les empiètements de l'amitié sur la justice ; il faut aimer ses amis plus que les autres hommes, mais non au détriment des autres hommes. On a pu approuver tel ou tel acte d'injustice commis au profit de l'amitié, mais il a paru plus difficile de justifier de tels actes en général. Théophraste l'a essayé pourtant, non d'ailleurs sans d'importantes réserves. La lente acquisition de cette vérité morale, que l'amitié doit s'exercer seulement dans les limites du droit, ou en d'autres termes qu'il faut préférer le droit des autres hommes à l'intérêt de ses amis, la tendance à exagérer les devoirs de l'amitié attestent le prix que l'antiquité attache à ce sentiment et la valeur morale qu'elle lui attribue.

CHAPITRE IV.

CASUISTIQUE (Suite).

II. Les devoirs de l'amitié dans les circonstances particulières : (la prospérité et l'adversité, — la séparation, — l'inégalité des amis).

A. *Devoirs envers les amis heureux et malheureux.*

Nous devons aimer nos amis dans toutes les conditions, mais non les aimer autant et de la même manière, suivant qu'ils sont heureux ou malheureux.

Heureux et malheureux, nous avons toujours besoin d'amis (*Socrate*). — En quels sens les heureux, en quels sens les malheureux ont besoin d'amis (*Aristote*). Ni la prospérité ni l'adversité n'expliquent l'origine de l'amitié, mais elles modifient l'une et l'autre les devoirs de l'amitié. L'ami malheureux doit montrer de la discrétion et de la réserve, tandis que l'ami heureux doit être empressé et faire les avances.

B. *L'amitié entre supérieur et inférieur.*

L'amitié ne tient pas compte des inégalités de rang et de condition, mais elle fait droit à l'inégalité de mérite. L'amitié, même intéressée, n'est jamais une répartition rigoureusement égale des devoirs et des charges ; elle se fonde sur la bonne volonté, elle est généreuse. Exemple du bienfaiteur et de l'obligé (*Aristote*).

Cicéron définit les devoirs respectifs du supérieur et de l'inférieur en amitié.

Les Stoïciens proclament que les hommes sont égaux et sont ainsi dans l'obligation de s'aimer les uns les autres.

L'amitié supprime donc l'inégalité entre les hommes, ou bien c'est l'inégalité qu'on supprime en vue de fonder l'amitié.

C. *La séparation des amis.*

La vie en commun est la condition de l'amitié ; la séparation des amis devrait donc mettre fin à l'amitié.

Aristote admet que la séparation entraîne toujours la dissolution de l'amitié. — Selon Épicure, le sage garde un souvenir fidèle à ses amis absents, voire à ses amis morts, quoiqu'il n'ait point l'espoir de les revoir dans une autre vie.

Selon les Stoïciens, le sage tient pour « une chose indifférente » la séparation ou la mort de ses amis ; ne trouve-t-il pas toujours des hommes à aimer ? Sénèque reconnaît que la présence des amis est un bien, mais qu'on peut se consoler des séparations comme étant un mal ordinaire. — Les regrets trop vifs ne sont pas une preuve certaine d'amitié ; il peut y entrer de l'ostentation ou du remords. Il faut aimer ses amis quand ils vivent, plutôt que les pleurer morts. Le regret a sa douceur.

En général, les anciens attachent peu de prix à la fidélité en amitié.

III. A QUOI SE RAMÈNE LA CASUISTIQUE. — CONFLIT DE L'AMITIÉ
        IDÉALE ET DE L'AMITIÉ VULGAIRE.

Socrate ne soupçonne pas l'écart entre l'idéal moral et les mœurs.

Platon a uniquement en vue l'amitié idéale.

Aristote distingue une amitié proprement dite et une amitié improprement dite.

L'amitié idéale sert à juger les amitiés communes, les amitiés communes servent à illustrer et à préciser la notion de la pure amitié. Les différentes amitiés : amitié d'égal à égal, de supérieur à inférieur, amitié politique, domestique, et amitié proprement dite, renferment toutes quelque élément de l'amitié idéale, et l'amitié idéale réunit tous les éléments épars des amitiés communes.

Épicure a uniquement en vue l'amitié telle qu'elle existe en fait. — Cependant sa distinction de l'amitié naissante et de l'amitié développée équivaut à celle de l'amitié vulgaire et de l'amitié parfaite.

Les Stoïciens ont uniquement en vue l'amitié idéale ; cependant les derniers Stoïciens distinguent l'amitié des sages et celle des hommes en progrès vers la sagesse. — Sénèque recommande la seconde comme seule accessible. Cicéron affecte de dédaigner la première comme n'étant qu'une fiction.

CONCLUSION.

En traitant des devoirs de l'amitié, on a supposé des amis vivant dans des conditions ordinaires. Ces devoirs changent de nature, quand les amis sont placés dans des circonstances particulières, par exemple, quand ils vivent séparés, quand l'un est heureux, l'autre malheureux. Le détail de ces circonstances serait infini ; nous ne parlerons que des plus fréquentes ; nous laisserons de côté la casuistique romanesque, dont le *Toxaris* de Lucien offre un spécimen curieux ; nous ne rechercherons pas ce que devient l'amitié dans des circonstances exceptionnelles, rares, inventées à plaisir. Il suffira de dire quels changements elle subit dans l'adversité et la prospérité, dans l'absence, ou par le fait de l'inégalité des amis.

A. — *Devoirs envers les amis heureux et malheureux.*

La prospérité ou l'adversité des amis intéresse à un double titre le problème de l'amitié ; elle influe sur l'origine et le déclin des amitiés, et elle change la nature de l'affection.

La fortune, semble-t-il, devrait être étrangère à la formation et à la durée des amitiés. « Sois le même « pour tes amis, dit Périandre, qu'ils soient heureux ou « malheureux[1]. » En fait pourtant, la condition de nos

---

[1] Diog. Laert., I, 7 : φίλοις εὐτυχοῦσι καὶ ἀτυχοῦσιν ὁ αὐτὸς ἴσθι.

amis ne nous est pas, ne peut nous être indifférente ;
en un sens, le bonheur ou le malheur nous attache à eux,
et si le devoir nous commande de les aimer également,
en toutes les conditions, il ne nous commande pas de
les aimer de la même manière.

La vertu, dit Épictète, ressemble à la baguette de
Mercure, qui change toutes choses en or : la bonne et
la mauvaise fortune sont également pour elle une condition de mérite. L'amitié de même trouve toujours à
s'exercer ; elle tire parti de toutes les circonstances. La
pauvreté ne la rebute point : c'est parce qu'ils sont
pauvres qu'Archédème et Hermogène sont recherchés
comme amis (Xén., *Mém.*, II, 9, 10), et Criton a d'autant
plus besoin d'amis qu'il est plus riche. Suivant Socrate,
l'amitié se fonde sur l'intérêt et est également avantageuse à ceux qui sont dans la prospérité et dans le
malheur.

Suivant Aristote, tous les hommes ont besoin d'amis,
mais non au même degré ni dans le même sens. Ainsi,
c'est par générosité ou beauté d'âme (τὸ καλόν) que ceux
qui sont heureux ont besoin d'amis : ils cherchent l'occasion d'être utiles et de faire du bien ; et c'est par
intérêt que les malheureux cultivent l'amitié ; ils veulent être secourus. Tandis que Socrate fait surtout
ressortir les avantages matériels de l'amitié en général,
Aristote dégage le caractère moral de l'amitié intéressée
elle-même. Ainsi les malheureux, dit-il, n'implorent pas
seulement une aide, un appui ; ils ont besoin d'affections,
ils goûtent la douceur d'être aimés. « Dans le bonheur
et dans le malheur, la seule présence des amis est une
joie » (*Eth. Nic.*, IX, xi).

Ceux qui souffrent sont soulagés par la sympathie de
leurs amis ; on dirait que la peine est comme un far-
deau, et s'allège quand on la partage. L'ami est donc
pour le malheureux un réconfort ; sa seule présence est
un bienfait ; le voir, l'entendre, sentir sa sympathie,

être consolé par lui; pour celui que la fortune accable, c'est presque le bonheur. En somme, l'adversité ne nous empêche point d'aimer; au contraire, elle fond notre cœur, elle nous rend plus sensibles à l'affection des autres et développe en nous une affection particulière : la reconnaissance attendrie. Elle ne nous empêche pas non plus d'être aimés; au contraire, le seul fait d'être malheureux serait plutôt un titre à l'affection des âmes nobles. On montrerait de même que la prospérité n'exclut pas l'amitié. En effet, on ne désire les biens de la fortune que pour les partager avec des amis et on acquiert des amis par la générosité et les bienfaits.

L'amitié paraît donc être l'effet de causes contraires : elle est cimentée par la bonne et la mauvaise fortune. Mais n'y a-t-il pas deux sortes d'amitié : l'une qui consiste à faire du bien, l'autre, à en recevoir, l'une qui répond à l'idéal des Stoïciens, l'autre, à la définition d'Épicure? Non, ni l'une ni l'autre de ces conceptions de l'amitié n'est exacte et complète. Les Stoïciens n'iraient à rien moins qu'à interdire l'amitié aux malheureux, parce qu'elle risquerait d'être pour eux un gain, une bonne affaire; et s'il y avait des hommes assez heureux pour être sûrs d'être toujours à l'abri du besoin, ils devraient aussi, selon Épicure, se passer d'amis. En réalité, comme Aristote l'a fait voir, nos sentiments sont plus complexes, et ne dépendent pas entièrement de la fortune : les malheureux sont capables de générosité, de désintéressement, et les heureux ont leur égoïsme. L'amitié est de toutes les conditions : elle ne tire donc son origine d'aucune. Ce n'est point le malheur ni la prospérité de nos amis qui nous attache à eux : nous les aimons pour eux-mêmes, non pour leur fortune, et leurs changements de fortune n'altèrent pas non plus notre amitié. L'amitié atteste par sa fidélité qu'elle est indifférente à la condition et s'attache aux personnes.

Mais si la prospérité et l'adversité n'en sont pas le

fondement et n'en expliquent pas l'origine, ils en transforment pourtant la nature et les devoirs. La conduite à tenir n'est pas la même pour les amis heureux et malheureux : aux uns, il appartient de faire des avances, aux autres, de se tenir sur la réserve. « Il faut être plus empressé, dit Chilon, à partager l'infortune que la bonne fortune des amis[1]. » (Diog. L., I, 3.) « Les amis, dit « Démétrius, sont ceux qui viennent à nous, dans la « bonne fortune, quand on les appelle, dans l'adversité, « sans qu'on les appelle[2]. »

Aristote trace avec précision les limites de la réserve et de la confiance en amitié. Les malheureux, dit-il, craindront d'affliger leurs amis; s'ils ont du cœur, ils ne voudront pas qu'ils les plaignent, ils ne songeront qu'à leur épargner la vue de leurs souffrances; les heureux, au contraire, voudront partager leur bonheur avec leurs amis. « Il faut donc inviter sans crainte ses amis à parta- « ger la bonne fortune, car il est beau de faire du bien ; « mais il faut hésiter à les attirer à soi dans l'infortune, « car il ne faut point faire partager ses maux, d'où cette « parole :

Je suis trop malheureux!

« Mais, il faut appeler à soi ses amis, quand, en s'impo- « sant un peu de gêne, ils peuvent nous rendre un grand « service. » (*Eth. Nic.*, IX, xi.)

Ainsi, le malheur impose la réserve, mais l'amitié autorise et prescrit la confiance. Loin d'envier à notre ami la joie de nous être utile, nous devons parfois lui en fournir l'occasion. C'est en ce sens que Diogène

---

[1] Diog. Laert., I, 3. Ταχύτερον ἐπὶ τὰς ἀτυχίας τῶν φίλων ἢ ἐπὶ τὰς εὐτυχίας πορεύεσθαι.

[2] Diog. Laert., V, 5 : Τοὺς μὲν φίλους ἐπὶ μὲν τὰ ἀγαθὰ παρακαλουμένους ἀπιέναι, ἐπὶ δὲ τὰς συμφορὰς αὐτομάτους.

disait que « lorsqu'il avait besoin d'argent, il en demandait à ses amis, plutôt comme une restitution que comme
un présent » (Diog. L., V, 2). Il ne faut pas que la fierté
nous empêche de faire appel au bon cœur de nos amis.
De même, dit Aristote, reprenant le mot de Démétrius,
« on devra aller vers les malheureux sans qu'ils nous
« appellent et avec empressement, car il est beau de
« faire du bien, surtout à ceux qui sont dans le besoin et
« qui n'attendent pas de secours : le bienfaiteur et
« l'obligé ont alors plus de mérite et une joie plus
« grande ; on doit aussi aller avec empressement vers
« ceux qui sont heureux, car, pour jouir de la bonne
« fortune, on a besoin d'amis ; mais on doit aller avec
« répugnance vers ceux qui doivent nous être utiles,
« car il n'est pas beau de montrer de l'empressement à
« recevoir des bienfaits ; pourtant, il faut peut-être
« prendre garde de laisser voir une humeur farouche en
« refusant les bienfaits » (*Eth. Nic.*, IX, xi).

On ne saurait mieux définir ni plus heureusement
concilier les droits et les devoirs qui se déduisent des
relations d'amitié, et ceux qui découlent du fait de la
bonne ou mauvaise fortune des amis. En résumé, la fortune n'est ni un obstacle à l'amitié, ni une raison d'être,
un motif déterminant de l'amitié. Elle est une circonstance étrangère à la formation de l'amitié, mais non à son
développement ultérieur. Sans doute, les amis restent
tels, quelle que soit leur condition respective ; mais cette
condition détermine pourtant la forme et la nuance de
leurs sentiments : ainsi, dans l'adversité, ils montrent
de la réserve et de la pudeur, dans la prospérité, de
l'empressement et du zèle. La casuistique étudie cette
altération spéciale du sentiment de l'amitié, en recherche
les causes, et détermine ce qu'elle a de légitime et
d'outré.

B. — *De l'amitié entre supérieur et inférieur.*

L'amitié entre riches et pauvres n'est qu'un cas particulier de l'amitié καθ'ὑπεροχήν, dont Aristote a fait une étude spéciale[1]. En principe, l'amitié ne peut exister qu'entre égaux[2]; en fait, elle s'établit de père à fils, de mari à femme, en un mot de supérieur à inférieur. Le mot amitié s'applique à toutes les affections, mais il ne convient proprement qu'à une, à celle qui se fonde sur l'égalité. Mais l'égalité, dont le nom est synonyme d'amitié, est-elle l'égalité dans l'ordre des avantages matériels, comme l'égalité de condition, de rang, de fortune, égalité exprimable en termes mathématiques (τὸ κατὰ ποσὸν ἴσον), ou bien l'égalité morale, qui tient au mérite des personnes, et dont le sentiment est le seul juge (τὸ κατ'ἀξίαν ἴσον) ?

On vient de montrer que l'égalité que réclame l'amitié n'est point celle des richesses : car les amis peuvent être, l'un riche, l'autre pauvre ; pourtant les sentiments et la conduite de chacun varient suivant l'état de sa fortune. De même, l'inégalité que la nature a mise entre le père et le fils, entre le mari et la femme ne rend pas impossible entre eux l'amitié, mais détermine la forme particulière de cette amitié; chacun d'eux en effet a sa « *fonction* » propre (ἔργον), partant aussi une « vertu » (ἀρετή) et des « sentiments » (φιλήσεις καὶ φιλίαν) qui lui

---

[1] *Eth. Nic.*, VIII, VI, VIII, XIII, XIV. — IX, I. II, VII, XII.

[2] Diog. Laert., *Vie de Pythagore*, VIII, I, 8. εἶπέ τε πρῶτος κοινὰ τὰ τῶν φίλων εἶναι καὶ φιλίαν ἰσότητα. — Plat., *Lois*, VI, 757 A : παλαιὸς λόγος, ἀληθὴς ὢν, ὡς ἰσότης φιλότητα ἀπεργάζεται. — Arist., *Eth. Nic.*, VIII, v. λέγεται... φιλότης ἡ ἰσότης.

sont propres; ainsi la piété filiale diffère de l'amour paternel, l'amour du mari de l'amour de la femme. D'une manière générale, dans l'amitié καθ'ὑπεροχήν, chacun des amis sent à sa manière. Comment donc l'amitié est-elle dite alors une égalité? C'est que chacun des amis obtient ce qui lui est dû, étant aimé en proportion de son mérite. De plus, il est au pouvoir de l'amitié de faire disparaître ou de rendre non avenues les inégalités de rang, de condition, et en général toutes celles qui dépendent des circonstances extérieures. Qu'importe en effet si l'un des amis est riche, l'autre pauvre, si l'un donne et l'autre reçoit. Celui qui, en retour de bienfaits reçus, m'accorde son amitié est quitte envers moi : il me rend bien plus que je ne lui ai donné, et il a droit à ma reconnaissance et à mon amour. « Ainsi l'amitié peut exister entre les personnes les plus inégales, car elles deviennent égales par le seul fait de l'amitié. » (Arist., *Eth. Nic.*, VIII, viii.) Quand les amis sont appelés des égaux, il faut entendre des égaux par le cœur.

Mais si l'amitié fait justice des inégalités apparentes, comme celle de la fortune, comment s'accommode-t-elle des inégalités réelles, comme celle du mérite? Les amis dont l'un est moralement supérieur à l'autre sont-ils réellement égaux par l'amour qu'ils se portent? Aristote dit que les amis doivent être traités selon leur mérite et qu'ainsi le meilleur doit être aimé davantage. Cependant la supériorité ne saurait être le privilège d'aimer moins, puisque « la vertu propre des amis c'est d'aimer » (φίλων ἀρετὴ τὸ φιλεῖν). Le meilleur au contraire, par sa nature même, sera le plus aimant. « Rigoureusement, ce qui
« fait l'amitié entre deux amis inégaux, c'est ceci : d'une
« part, le supérieur aime d'autant plus qu'étant meilleur,
« il agit d'une manière plus parfaite, et il doit être aimé
« d'autant plus qu'étant meilleur, il est digne de plus
« d'amour; mais d'autre part l'inférieur aime d'autant

« plus qu'il doit en effet aimer davantage, et lui-même
« est aimé d'autant plus que son ami est excellent. Chez
« l'un, l'excellence même de la nature et de la vertu qui le
« porte à aimer davantage ; chez l'autre, le sentiment de
« ce qui est dû à cette excellence qui le porte également
« à aimer beaucoup, comblent la distance qui les séparait
« et leur commun amour les rend égaux. » (Ollé-Laprune,
édit. classique du VIIIe livre de la *Morale à Nicomaque*, p. 74, note.)

En résumé, la devise pythagoricienne « l'amitié est
une égalité » doit être prise au sens moral. L'amitié s'accommode de toutes les inégalités naturelles ou sociales :
elle dédaigne d'en tenir compte, parfois elle les supprime, en établissant par exemple la communauté des
biens ; toujours elle en atténue l'effet et en corrige l'injustice. L'égalité qu'elle vise à établir est d'un autre
ordre. Lors même qu'elle se fonde sur l'intérêt, l'amitié
n'est point une répartition rigoureusement égale d'avantages matériels.

En amitié, il ne s'agit pas de réclamer son dû,
mais de se montrer digne de la confiance qu'on inspire ; de tenir tous ses engagements, même tacites,
de faire tout ce que l'honneur commande, d'être généreux, loyal (*Eth. Nic.*, VIII, xiii). C'est ce qui apparaît
encore dans les rapports du bienfaiteur et de l'obligé.
Ces rapports ne sont pas ceux du créancier au débiteur,
mais du père aux enfants, de l'artiste à son œuvre.
L'obligé sent tout le prix du bienfait qu'il reçoit ; il ne le
mesure pas au profit qu'il en retire ; il ne calcule pas
non plus ce qu'il a pu coûter ; il envisage seulement la
bonne volonté qu'on lui montre, et c'est là-dessus qu'il
règle sa reconnaissance. Le bienfaiteur suit aussi l'élan
de son cœur. Il aime ceux à qui il fait du bien, alors
qu'il n'attend rien d'eux, et les aime plus qu'il n'en est
aimé. C'est ainsi que l'artiste aime son œuvre, plus que
son œuvre ne l'aimerait si elle devenait capable d'aimer.

L'amitié est donc désintéressée. L'obligé s'acquitte envers son bienfaiteur par la reconnaissance, alors qu'il est incapable de rendre l'équivalent de ce qu'il a reçu.

En amitié, l'intention passe avant l'acte : celui qui aime peut être dispensé au besoin de donner des marques extérieures de son amour. Les amis sont égaux, quand ils ont au cœur un même amour, et cette égalité est la seule dont ils tiennent compte, la seule qu'ils veulent établir ou voir régner entre eux. L'amitié n'est point jalouse des supériorités : elle n'est point jacobine et niveleuse. L'ami, dit Aristote, est moins fier de sa vertu que de celle de son ami. S'il consent ainsi à lui être inférieur, ce n'est pas par humilité et bassesse, c'est que son ami étant un autre lui-même, il participe à sa supériorité ; loin d'en être écrasé, il se trouve honoré de sa vertu. On voit en quel sens l'égalité est la règle souveraine de l'amitié. Cicéron, qui aborde incidemment la question de l'amitié καθ'ὑπεροχήν, ne remonte pas si haut : il se contente de dire quelle doit être l'attitude respective des amis. La supériorité crée des devoirs : celui qui l'emporte par le génie ou la fortune doit protéger ses amis, faire profiter ses proches de son crédit, de sa puissance. C'est ainsi que dans les tragédies, les fils de dieux ou de rois, qui ont vécu dans l'esclavage, ignorant leur naissance, gardent, après que le secret de leur origine a été dévoilé, de l'amitié pour les bergers dont ils se sont crus longtemps les fils. Les bienfaits des supérieurs doivent être proportionnés d'abord à leur pouvoir, ensuite au mérite de l'inférieur [1]. Quant aux inférieurs, ils ne doivent pas s'affliger de la supériorité de leurs amis ni éclater contre eux en plaintes, en reproches, rappelant

---

[1] Cic., de Amic., XIX. Tantum autem cuique tribuendum, primum quantum ipse efficere possit, deinde, quantum ille, quem diligas atque adjuves, sustinere.

avec aigreur leurs services passés. Enfin, chacun des amis doit garder sa dignité. Il est des personnes portées à se méconnaître ; il faut que leurs amis s'appliquent par leurs actes et par leurs paroles à leur rendre le sentiment de leur propre valeur.

Ces remarques de Cicéron ne dépasssent pas la raison commune, n'impliquent pas une théorie philosophique. Les Stoïciens généralisent le problème ; ils soutiennent que les distinctions qu'on établit entre les hommes sont artificielles et vaines ; tous les hommes sont naturellement égaux, et ainsi sont faits pour s'aimer. Selon Aristote il n'y a pas d'amitié possible entre le maître et l'esclave ; selon Epictète « le monde est une seule cité, « et l'essence dont il est formé est unique ; tout est peu- « plé d'amis, les dieux d'abord, et puis les hommes : παντὰ « φίλων μεστά » (*Entr.*, III, xxiv, 10).

Ainsi on a prétendu d'abord que l'amitié a le privilège d'adoucir et de faire disparaître les inégalités que la nature ou la société a mises entre les hommes ; puis on a posé en principe que tous les hommes sont égaux, pour conclure de là qu'ils ont l'obligation de s'aimer. De toute manière, c'est l'amitié qui a fait prévaloir le principe de l'égalité entre les hommes.

C. — *De la séparation des amis.*

Parmi les circonstances extérieures, il en est une d'où paraît dépendre l'existence de l'amitié : c'est la présence ou la vie commune. L'adversité et la prospérité des amis changent seulement la nature de leurs rapports ; la séparation met fin à ces rapports. On distinguera la séparation temporaire et la séparation définitive, l'absence et la mort. L'absence laisse-t-elle subsister l'amitié ? L'affaiblit-elle sans la détruire ? ou la fait-elle à la longue disparaître ? La mort rompt-elle tous liens d'affection ?

Ces questions se sont posées fort tard. Le fatalisme antique y répondait d'avance. On acceptait comme naturelle la fin de l'amitié, causée par l'éloignement et la mort. Aristote s'en tient sur ce point à l'opinion vulgaire ; mais cette opinion, se présentant chez lui sous une forme réfléchie et cohérente, s'impose à l'attention, provoque la critique ; et ainsi se trouve érigé en problème un fait jusqu'alors aveuglément admis.

Suivant Aristote, l'amitié n'est possible qu'entre ceux qui partagent la même vie. Par définition, les amis sont ceux qui ne se quittent pas et ne consentent pas à se quitter. La séparation volontaire marque évidemment la froideur ou l'aversion. Mais, celle qui est imposée par les circonstances et qu'on subit à regret, devrait laisser, ce semble, l'amitié entière. Comment donc la détruit-elle ? En ne lui permettant pas de s'exercer. La vie commune, en effet, est la condition de l'amitié, comme la richesse est la condition de la libéralité, de la magnificence. L'affection n'est pas plus affranchie des circonstances extérieures que le bonheur ou la vertu. Sans doute, les circonstances qui nous éloignent de nos amis, ne nous ôtent pas le pouvoir de les aimer ; elles laissent subsister le penchant et l'attrait ; mais le penchant à aimer n'est pas l'amour même. Aristote distingue l'amitié en puissance et l'amitié en acte. L'amitié en acte, c'est celle qu'on témoigne à un ami présent ; l'amitié en puissance, c'est celle qu'on ressent pour lui, mais dont on n'a pas l'occasion de lui donner la preuve.

Peut-être même, dans la pensée d'Aristote, l'éloignement ne supprime-t-il pas seulement l'amitié effective, mais affaiblit encore à la longue la faculté d'aimer. Toute faculté, en effet, se perd, faute d'exercice. C'est pourquoi, par le fait de la séparation prolongée, l'amitié est d'abord comme si elle n'existait pas, et, finalement, cesse d'être. On a remarqué déjà combien Aristote prend aisément son parti d'une rupture inévitable, produite

par la mauvaise volonté de l'un des amis ; il ne lui
semble pas non plus que l'amitié puisse et doive se
maintenir en face de circonstances hostiles. Enfin, il
ne se demande pas si elle doit survivre à la mort. D'une
manière générale, il aurait donc méconnu la fidélité des
sentiments ; ce serait là le point faible de ses belles
théories.

Il semble qu'il ait analysé sévèrement les conditions
de l'amitié, et se soit appliqué à tracer le cours de son
évolution. Il l'a donc considérée comme un phénomène
naturel. Épicure a moins bien connu ses lois ; mais il a
mieux vu qu'elle relève de la volonté humaine. La fatalité des physiciens ne lui paraît pas moins menacer
notre bonheur, que la puissance redoutable attribuée
aux dieux. Nous devons donc nous affranchir des circonstances extérieures ; en particulier, nous ne devons
pas permettre que le simple fait de l'éloignement nous
prive des bienfaits de l'amitié. « Seul, le sage gardera
entre ses amis présents et absents une égale bienveillance[1]. »

On sait comment le sage épicurien relie dans un acte
de pensée les divers moments de sa vie, et oppose à la
souffrance présente les souvenirs heureux. Comme il
prolonge son plaisir en l'évoquant alors qu'il n'est plus,
il fait durer son amitié au-delà du temps où il lui est
donné d'en jouir. Sénèque, qui prend son bien où il le
trouve, doit s'inspirer d'Épicure, lorsqu'il écrit : « C'est
par l'âme qu'il faut posséder son ami ; l'ami n'est donc
jamais absent ; l'âme voit tous les jours celui qu'il lui
plaît de voir[2]. » L'amitié survit donc à l'absence, même

---

[1] Épic. ap. Diog. Laert., *Lettre à Pythoclès* : Μόνον χάριν ἕξειν τὸν
σοφὸν φίλοις καὶ παροῦσι καὶ ἀποῦσιν ὁμοίως.
[2] Sén., *Ép.*, 55. *Amicus animo possidendus est : hic autem nunquam
abest ; quemcumque vult, quotidie videt.*

à la mort, grâce à la fidélité du souvenir. Toutefois, comme le remarque Plutarque, en niant l'immortalité de l'âme, les Épicuriens se privent de l'espérance de retrouver un jour les amis perdus. « Et s'il est ainsi que « dit Épicurus, que la recordation d'un ami trespassé « soit fort douce en toute manière, on peut dès icy assez « cognaistre de quelle joie ils se privent eux-mêmes, ces « Épicuriens icy qui cuident quelquefois, en songeant, « recevoir les ombres et images de leurs amis trespassés « et aller après pour les embrasser, encore que ce « soient choses vaines qui n'ont ni sentiment ni enten- « dement : et cependant, ils se frustrent eux-mêmes de « l'attente de converser jamais en droit avec leur cher « père, leur chère mère, ni de revoir jamais leur hon- « nête femme, se bannissant de toute telle espérance de « si aimable compagnie et si douce fréquentation, comme « ont ceux qui tiennent les mêmes opinions que tenaient « Pythagoras, Platon et Homère, touchant la nature de « l'âme. » (Plut., *Qu'on ne saurait vivre sagement selon la doctrine d'Épicure*, trad. Amyot).

Les Stoïciens font rentrer la séparation des amis dans « les choses qui ne dépendent point de nous ». Ils la tiennent donc pour « indifférente », ils nient qu'elle soit un mal. Ne pouvant l'empêcher, nous devons la sup- porter sans plainte (ἀνέχου), et ne pas désirer même qu'elle n'ait point lieu (ἀπέχου). Notre volonté, recon- naissant son impuissance à l'égard des choses du dehors, s'en détache entièrement. Épictète raille les vaines afflic- tions, les larmes qu'on verse sur le départ d'un ami (*Entr.*, II, xvii). Il ne permet pas davantage de pleurer leur mort. Ces événements sont indifférents, en tant qu'ils échappent à notre pouvoir ; mais ils n'échappent pas à notre prévision : nous devons donc y accoutumer notre pensée, les accepter d'avance[1].

---

[1] Voir plus haut, pp. 299-300.

Est-ce seulement par souci de sa dignité propre et de celle de ses amis que le sage doit envisager sans trouble l'absence et la mort des siens? Non, l'amour de l'humanité lui interdit encore de s'enfermer dans ses douleurs privées. Les amitiés particulières trop ardentes portent ombrage à l'amour du genre humain. « Le monde est « plein d'amis, dit Épictète, d'abord plein de dieux et « ensuite d'hommes attachés les uns aux autres par les « liens de la nature ; les uns doivent vivre ensemble, et « les autres s'éloigner ; il faut se réjouir de la présence « des uns et ne pas s'affliger de l'absence des autres. » (*Entr.*, III, xxiv.) — « Le sage, dit Sénèque, ne sera « jamais sans ami. Il est en son pouvoir de réparer bien « vite les pertes qu'il fait. Si Phidias perdait une statue, « il en ferait aussitôt une seconde ; de même, le sage, « cet artiste dans l'art de négocier des amitiés, saura « remplacer l'ami qu'il a perdu. » (Sén., *Ép.*, IX.) A l'amitié qui meurt, on oppose des amitiés encore à naître, on oppose aussi des amitiés déjà nées. L'ami perdu ne doit pas faire oublier ceux qui restent. S'abîmer dans les regrets serait se dérober à ses devoirs. On offense les amis présents quand on se détourne d'eux par fidélité à d'autres, absents ou morts (Sén., *Ép.*, 63).

En résumé, la séparation n'est pas un mal : telle est la thèse paradoxale du Stoïcisme. A l'appui de cette thèse, Sénèque invoque, en dehors des arguments d'école, des raisons humaines et touchantes. Mais d'abord il lui arrive de reconnaître que la présence des amis est un bien. « Il nous vient de la joie de ceux que « nous aimons, même lorsqu'ils sont loin de nous ; « mais cette joie est faible et vaine. La vue, la présence « et la conversation ont un charme vivant, surtout si « l'on ne voit pas seulement la personne qu'on veut, « mais si on la voit telle qu'on veut [1]. » Cependant on

---

[1] Sén., *Ép.* 35. *Venit ad nos ex his, quos amamus, etiam absen-*

doit se consoler de l'éloignement des siens. L'absence ne peut être regardée comme un mal, tant elle est habituelle et commune. Les amis ne sont-ils pas séparés à toute heure par la diversité de leurs occupations, de leurs goûts personnels? Ils restent sans se voir toutes les nuits, ils se quittent pour aller à la campagne. Mais à la distance des lieux ne répond pas l'éloignement du cœur. On n'est pas séparé de ses amis, quand on garde leur souvenir.

Tout en ne voulant pas avouer que la séparation est un mal, les Stoïciens s'exhortent à la supporter ; leur fermeté d'âme n'a que les apparences de la dureté. Interprétées par les derniers Stoïciens, les maximes de l'École cessent de paraître inhumaines ; les paradoxes d'une raison orgueilleuse se changent en vérités psychologiques, finement analysées. Ainsi Sénèque se borne à combattre cette opinion que les regrets et les larmes seraient la preuve d'un attachement vrai ; il s'y mêle parfois, dit-il, de l'amour-propre et du remords. On pleure en effet par ostentation et pour se faire honneur de ses larmes. *Nemo sibi tristis est.* Ceux qui ne peuvent se consoler de la mort de leurs amis ont souvent aussi à se reprocher de n'avoir pas su les aimer au temps qu'ils vivaient; il entre du repentir dans l'amertume de leurs regrets. D'autre part, consentir à être consolé, ce n'est pas nécessairement montrer de l'insensibilité ou de la légèreté de cœur. Sénèque ne demande pas que, lorsque nous perdons un ami, nous n'ayons point de douleur et gardions les yeux secs. Est-il infidèle en cela aux préceptes de la secte? Non, il leur donne plutôt leur sens vrai et profond ; il respecte l'esprit en violant la

---

tibus, gaudium ; sed id leve et evanidum. Conspectus, et præsentia, et conversatio habet aliquid vivæ voluptatis : utique si non tantum quem velis, sed qualem velis, videas.

lettre. Il faut pleurer, dit-il, il ne faut pas s'abîmer
dans les larmes. *Lacrimandum est, non plorandum.*
Il faut aussi respecter sa douleur, ne pas la donner
en spectacle. Veut-on ne jamais oublier ses amis ?
« Faisons en sorte que nous ayons du plaisir à nous
souvenir de ceux que nous avons perdus. » Selon le
philosophe Attale, l'amertume qui se mêle au souvenir
d'un ami mort, est comme celle de certains fruits ou des
vins trop vieux; elle n'est pas sans charme. Ne soyons
pas injustes envers la fortune ; disons-nous : « elle nous
a ôté nos amis, mais elle nous les avait donnés », *Abs-*
tulit, sed dedit. Sachons plutôt profiter de ses dons ;
hâtons-nous de jouir de nos amis, n'attendons pas qu'ils
meurent pour leur rendre justice. N'oublions pas non
plus que c'est au présent que se rapportent nos devoirs;
nous nous devons aux amis qui nous restent, puisque
nous ne pouvons rien pour ceux qui ne sont plus. Laissons le temps faire son œuvre, la douleur s'apaise d'elle-
même, en s'épuisant : *remedium mœroris, lassitudo*
mœrendi. Enfin, comme consolation suprême, gardons
l'espérance de retrouver après la mort les amis qui nous
quittent.

Quand les Stoïciens soutiennent que l'absence et la
mort des amis ne sont point des maux, ils forcent évidemment leur pensée. En effet, ils devraient s'en tenir
au simple énoncé de cette thèse ; ils l'affaiblissent déjà
en la développant ; bien plus, en l'interprétant, ils la
détruisent ; le commentaire dément le texte. De plus, ils
furent des maîtres dans l'art de consoler ; or cet art
implique, chez celui qui l'exerce, le sentiment des maux
auxquels il apporte un remède. Mais les Stoïciens conçoivent l'amitié comme exempte de faiblesse; ils en
acceptent les tristesses comme les joies, avec sérénité.

D'une manière générale, les anciens attachent moins
de prix que nous à la fidélité des sentiments. Une amitié
qui, par le fait des circonstances, ne trouve pas à se

dépenser et s'épuise en regrets, leur paraît inférieure à
une amitié vivante et active. Ils ont trop le sentiment de
la réalité pour s'éprendre des affections qui ne sont pas
nées viables et se maintiennent seulement par une sorte
de gageure, par un défi porté aux lois de la nature humaine. Il y a une candeur de sentiment qui ne s'offusque
pas de l'infidélité, qui l'accepte comme un fait normal,
inévitable. Il en est du cœur comme de la raison ; il se
connaît mal, s'il ignore sa faiblesse et ses limites. Si
l'on prend l'ardeur pour mesure des affections, on doit
en effet reconnaître qu'il n'y a d'affections vraies que
dans « la vie commune » (τὸ συζῆν). Un souvenir attendri
n'est point l'amitié. Non seulement l'amitié en fait n'est
jamais éternelle, mais il n'est pas sûr qu'elle doive
l'être. Si noble et si touchante que soit la fidélité des
souvenirs, elle n'est pas toujours une vertu. S'il est
permis de porter le deuil de ses amis, il ne l'est pas, si
j'ose dire, de porter le deuil de l'amitié. Parce qu'un
amour nous manque, on n'a pas le droit de renoncer à
l'amour. L'amitié a un tel prix qu'il faut la préférer en
quelque sorte à ses amis ; c'est à elle qu'il faut s'attacher et rester fidèle plutôt qu'à tel d'entre eux.

III. — A QUOI SE RAMÈNE LA CASUISTIQUE. — CONFLIT DE
L'AMITIÉ IDÉALE ET DE L'AMITIÉ VULGAIRE.

On aimerait à saisir un lien entre les questions de tout
ordre qu'étudie la casuistique. Les difficultés (ἀπορίαι)
qu'elle entasse et dont elle est plus ingénieuse peut-être
à grossir le nombre qu'à trouver la solution, paraîtraient
déjà à moitié éclaircies, si on pouvait les rattacher à
une difficulté fondamentale, et montrer comment elles
s'engendrent.

25

L'écart entre l'idéal et les mœurs ne serait-il pas le nœud des questions embrouillées de la casuistique? L'amitié est d'abord conçue comme une union des âmes généreuses, bien nées, capables de dévouement et d'héroïsme et s'élevant au-dessus de la fortune. Mais l'expérience force bientôt à convenir que l'amitié est entravée par la mauvaise volonté des hommes, par leurs intérêts et leurs passions, et qu'elle est en outre à la merci d'événements contraires, comme l'inégalité des conditions, l'éloignement et la mort. La casuistique a précisément pour but de déterminer si l'amitié subsiste, et à quelles conditions et à quel degré, quand elle a contre elle les passions humaines, ou les événements de la fortune. Elle étudie donc, en général, le conflit de l'idéal et de la réalité.

On ne saisit pas d'abord l'opposition entre l'amitié telle qu'elle doit être, et l'amitié telle que les mœurs la rendent possible, ou, si on l'entrevoit, on se refuse à l'admettre. Ainsi, selon Socrate, il n'est point d'obstacle à l'établissement de l'amitié parmi les hommes : il est conforme à notre intérêt d'avoir des amis, et, quelles que soient les circonstances, par exemple que nous soyons riches ou pauvres, il est en notre pouvoir d'acquérir des amis par nos services et par notre vertu. Socrate donnait pour objet à la science le genre, sans rechercher si le genre existe à part des individus ou est réalisé en eux. Il pose donc une définition de l'amitié et ne se demande pas si cette définition est un concept rationnel ou si elle s'accorde avec l'expérience. A n'en pas douter, il ignore ou il nie cette rupture de l'idéal et du réel qui est le point de départ, le postulat fondamental de la casuistique.

Platon pose l'Idée à part des choses sensibles ; il dédaigne l'expérience ; d'avance, il s'attend à la trouver pleine de contradictions et d'erreurs ; il ne la confronte avec la raison que pour l'humilier devant elle. Dès lors,

CASUISTIQUE. 387

décrit-il l'amitié telle qu'elle existe en fait? Il dira qu'elle
échappe à toute définition, qu'elle est insaisissable et
fuyante, qu'elle ne se fonde ni sur la ressemblance ni sur
le contraste, qu'elle ne se réfère à aucun principe. Au
contraire, il découvre par la raison ce que l'amitié doit
être, il pénètre le mystère de son origine et de sa fin, il
détermine sa place dans l'ascension dialectique. Pour
mesurer la distance qui sépare la théorie platonicienne
de l'amitié de la conception vulgaire, il suffit de rappeler
que l'amitié ou l'amour est une faculté philosophique et
implique un élan de l'âme vers le Bien. A vrai dire,
Platon n'essaie pas de réconcilier l'idéal et la réalité; il
supprime l'un des termes[1]. La casuistique ne trouve pas
place dans l'idéalisme absolu.

Pour qu'elle puisse naître, il faut qu'on soit résolu
à maintenir les droits respectifs de l'expérience et de la
raison. Elle découle donc naturellement du principe
d'Aristote que l'idéal, s'il existe, est contenu dans le réel.
Sans doute on ne trouve nulle part réalisée dans l'expérience l'amitié parfaite. Aristote le reconnaît quand il dit :
« O mes amis, il n'y a point d'amis [2] ».

Pourtant, c'est le spectacle de l'amitié commune qui
suggère la notion de la pure amitié. L'opposition du réel
et de l'idéal est toujours présente à l'esprit d'Aristote, mais
il s'applique à la faire cesser, à la résoudre en accord.
L'analyse des amitiés communes lui sert à dégager les
caractères de la vraie amitié, et l'idée de la vraie amitié

---

[1] On objectera que Socrate et Platon distinguent l'amour vulgaire
et l'amour céleste. Il est vrai; mais ils tiennent en quelque sorte le
premier comme non avenu, quoique réel; l'amour céleste est, à leurs
yeux, seul légitime et seul véritable.

[2] Diog. Laert., V, 1. Φησὶ δὲ Φαβωρῖνος ἐν τῷ δευτέρῳ τῶν
ἀπομνημονευμάτων ὡς ἑκάστοτε λέγοι, « ὦ φίλοι, οὐδεὶς φίλος. »
Ἀλλὰ καὶ ἐν τῷ ἑβδόμῳ τῶν Ἠθικῶν ἐστι.

est le type auquel il ramène et compare les amitiés communes. Suivant Aristote, dit M. Ollé-Laprune, il y a « une amitié proprement dite et une amitié improprement dite ». « Nous distinguons plusieurs espèces d'amitiés, et celle qui sera l'*amitié au sens premier et propre* (πρώτως μὲν καὶ κυρίως) ce sera l'amitié des bons entre eux, et les autres ne seront amitiés que par analogie à celle-là » (καθ᾽ ὁμοιότητα. *Eth. Nic.*, VIII, ιv). « Le langage ordinaire, ajoute le commentateur, nomme amitié ce qui n'est pas la vraie et pure amitié ; on pourrait être tenté de réformer le langage ordinaire, mais on s'aperçoit que ces inexactitudes ont leur raison d'être ; les amitiés, au sens impropre, retiennent encore quelque chose de la vraie amitié ; elles ont avec elle quelque analogie, quelque ressemblance, elles sont comme des dégradations du type premier, de l'amitié par excellence..... Il y a des degrés dans l'amitié (τὸ μᾶλλον καὶ τὸ ἧττον) selon qu'on s'éloigne ou se rapproche du type souverain..... Il n'y a point quelque part l'amitié en soi qui serait une pure chimère, mais des amis qui sont d'autant plus amis que tout ce qui est requis dans l'amitié est plus complètement et plus parfaitement en eux. »

En effet, les individus seuls existent, « mais ils sont d'autant plus réels qu'ils sont plus complètement développés, d'une manière plus conforme à leur essence. L'existence n'est point détachée de l'individu, elle est en lui, elle le constitue ; plus ce qui était *virtuel* ou en *puissance* est *effectif, ou en acte,* plus et mieux l'être est ce qu'il peut et doit être, plus il est lui-même » (Édition classique de la *Mor. à Nic.*, VIIIe livre, p. 55, note 4). L'idéal est la plénitude du réel, et le réel est l'ébauche de l'idéal. La casuistique dès lors est possible. Elle n'est pas un chaos de questions insolubles, ou qui ne peuvent être tranchées que par une décision arbitraire ; elle est un ordre de questions fondées, elle relève de la science. Elle a une base solide, elle repose sur l'harmonie secrète,

sur l'identité fondamentale de la règle morale et des
mœurs. De ce point de vue s'éclaire toute la théorie péripatéticienne de l'amitié. Aristote distingue un grand nombre
d'amitiés diverses, à savoir : les amitiés fondées sur
l'intérêt, le plaisir ou la vertu, — les amitiés d'égal à égal
(φιλία ἐν ἰσότητι) ou de supérieur à inférieur (φιλία καθ᾽ ὑπεροχήν) — les associations civiles de toutes sortes (φιλία
πολιτική) — les relations de famille (φιλία συγγενική) et les
relations d'intime à intime (φιλία ἑταιρική).

Mais il ramène toutes ces classes d'amitié à deux types
principaux : celui de l'amitié *parfaite* et celui de l'amitié
vulgaire. En analysant les formes particulières de l'amitié, il ne perd pas de vue la forme idéale, le type essentiel
et unique. Considère-t-il les motifs de s'unir et distingue-
t-il à ce point de vue trois sortes de liaisons : les liaisons
d'intérêt et de plaisir et l'amitié des gens de bien? Il veut
alors mettre en relief « le désintéressement et le caractère tout personnel de la vraie amitié ». Considère-t-il
la situation respective des personnes qui s'unissent et
distingue-t-il une amitié entre égaux et une amitié καθ᾽
ὑπεροχήν? Son but est d'établir que la vraie amitié a pour
trait essentiel l'égalité. Enfin, fait-il rentrer l'amitié dans
le genre association ou κοινωνία, et la rapproche-t-il de
l'État ou de la famille? Il veut alors prouver qu'elle
implique la communauté et que, selon le proverbe, tout
est commun entre amis. Ainsi convergent les résultats de
son enquête sur les formes variées de l'amitié, ainsi se
classent et s'ordonnent ses informations multiples. Tout
se ramène à la distinction d'une amitié improprement
dite et d'une amitié proprement dite.

« D'une part, l'amitié fondée sur l'intérêt et le plaisir
n'est amitié qu'au sens impropre et par dérivation : là
n'est pas l'essence de l'amitié, là n'en est pas le type
parfait. Et pourquoi? Parce que précisément l'ami n'est
pas aimé pour lui-même; il n'y a pas de désintéresse-

ment, et l'objet voulu et aimé n'est pas la personne même.

D'autre part, la vraie égalité n'existe qu'entre personnes vertueuses.

Enfin, quand est-ce qu'il y a vraiment communauté, si ce n'est quand la vertu rapproche les esprits, les cœurs, les volontés?

D'où il suit que l'amitié entre les gens de bien est celle qui réunit les conditions requises pour qu'il y ait amitié ; nulle part ailleurs les caractères de l'amitié ne se trouvent avec cette pureté tous ensemble. C'est l'amitié parfaite, l'amitié idéale. C'est le type primitif dont tout le reste est la dérivation ou l'ombre.

Mais où cette amitié vraiment désintéressée et personnelle, vraiment ἰσότης, vraiment κοινωνία se rencontrera-t-elle? Ne sera-ce pas entre intimes, et d'ailleurs le συζῆν n'est-il pas aussi un des caractères qu'elle implique? Ce sera donc quelque chose d'analogue à l'ἑταιρική, ce sera l'ἑταιρική elle-même.

Ainsi, l'amitié par vertu et l'ἑταιρική se confondent à la fin. Et l'on voit comment tout se classe en définitive :

1° Amitié au sens propre du mot, méritant le nom général de κοινωνική, et comprenant les liaisons fondées sur l'intérêt et sur le plaisir, si l'on rappelle la première classification; les amitiés entre supérieur et inférieur, quand la vertu n'en est pas le principal motif; les associations civiles de toute sorte et les relations de famille ;

2° Amitié au sens propre, qui sera la vraie ἑταιρική et l'amitié fondée sur la vertu.

La vertu, en se mêlant aux autres amitiés, les rapproche du type parfait. La perfection de l'amitié, c'est de réunir l'intimité qui appartient à l'ἑταιρική et toutes les qualités que la vertu seule rend possibles. Et l'intimité même, c'est grâce à la vertu qu'elle est complète.

Ainsi, tout s'élève peu à peu vers l'amitié idéale, qui est l'union intime de deux êtres humains, vraiment vertueux, unis par leur vertu, et par conséquent unis par le fond et par le meilleur d'eux-mêmes. » (Ollé-Laprune, édit. classique du VIII livre de la *Morale à Nicomaque,* pp. 114-115.) En résumé, Aristote se tient à égale distance de l'idéalisme et de l'empirisme. Il confronte sans cesse l'idéal avec le réel. C'est dire qu'il ne sort pas de la casuistique. Mais la casuistique ne consiste pas pour lui à agiter des problèmes pratiques d'un caractère exceptionnel et rare, d'espèces disparates, et sans grande portée. Elle est l'art d'interpréter l'expérience, d'en faire sortir un enseignement, de saisir à travers la diversité des mœurs les traits épars de la vérité idéale. On ne connaît guère qu'une casuistique subtile et raisonneuse qui s'enferme dans d'étroites et mesquines questions : il en est une autre, dont Aristote a laissé le modèle; elle est d'un esprit large, philosophique et profond, elle se confond avec la morale la plus haute.

Épicure assigne à l'amitié l'intérêt pour base. L'intérêt est la fin universelle. Tous les hommes pratiquent l'amitié, par là même qu'ils entendent et suivent leur intérêt. Il n'y a donc pas lieu de distinguer une amitié vulgaire et une amitié idéale. Toute amitié est un fait qui découle naturellement de la considération de l'utile. L'empirisme, en excluant l'idéal, oppose une fin de non-recevoir aux problèmes de la casuistique. Toutefois, Épicure établit une distinction analogue à celle de l'amitié proprement dite et improprement dite d'Aristote. Il oppose à l'amitié naissante l'amitié développée. « L'amitié, dit-il, commence par le besoin et se soutient par les jouissances de la vie en commun. »

« Les premières démarches, les premiers rapproche-
« ments et le désir de lier amitié ont leur raison, dit Cicé-
« ron, dans le plaisir personnel ; mais lorsque le progrès

« de l'habitude a fini par produire l'intimité, alors l'amour
« s'épanouit à ce point qu'on chérit ses amis uniquement
« pour eux-mêmes, sans retirer aucun profit de l'ami-
« tié[1].» Mais pour Épicure, ces deux formes de l'amitié
sont également légitimes ; leur opposition est d'ailleurs
plus apparente que réelle ; elles n'ont pas à s'accorder
entre elles, elles restent identiques au fond. Une seule
amitié existe, celle que produit le jeu naturel des intérêts ;
mais tantôt l'intérêt est grossièrement entendu, tantôt il
est pris en un sens raffiné et subtil ; de là la distinction
de l'amitié vulgaire et de l'amitié idéale.

Tandis que la conception épicurienne de l'amitié est,
ou prétend être déduite de l'expérience et conforme aux
penchants de la nature humaine, la théorie stoïcienne
est franchement idéaliste et fait violence à tous les instincts. L'amitié que les Stoïciens ont en vue n'a rien de
commun avec celle que connaît le vulgaire. Le sage aime
tous les hommes ; les mauvais traitements et les injures
ne le rebutent point ; rien ne décourage son zèle à servir
l'humanité ; il a un entêtement de bon vouloir : *pertinax bonitas*. Mais son amitié n'a point les caractères
de la passion, les complaisances ou les faiblesses de
l'amour humain : elle s'interdit la compassion, la pitié,
les regrets et les larmes. Dans les sentiments épurés
du sage on ne retrouve plus l'accent des affections humaines.

L'amitié stoïcienne est un idéal. Encore faut-il que
cet idéal satisfasse la raison et ne décourage pas les efforts
de la volonté, qui prétend y atteindre. Les Stoïciens ont
compris qu'on ne doit pas placer trop haut la sagesse, et
ils ont appliqué à la vertu la distinction de l'*esse* et du
fieri : à côté de la sagesse ils ont admis le progrès vers

---

[1] *De Fin.*, I, XX, 69.

la sagesse. De même ils ont admis une amitié idéale qui n'existe, comme la sagesse, que dans l'absolu, et une amitié imparfaite, mais réelle, qui s'accommode d'une vertu relative et humaine. Entre les deux il faut choisir, et Sénèque n'hésite pas : « Je ne te prescrirai point, dit-il, « de ne rechercher et de n'agréer d'autre ami que le « sage; où le trouveras-tu, en effet, depuis tant de « siècles qu'on le cherche? A défaut de l'homme parfait, « ayons pour amis les moins imparfaits. » (*de Tranquillitate animi,* VII, 3.)

Sans doute, on souhaiterait de vivre à une époque héroïque, d'être le contemporain et l'ami d'un Socrate, d'un Platon. Mais il faut bien se résigner à être de son temps. « Aujourd'hui qu'est si grande la pénurie des « gens de bien, il faut être moins dédaigneux dans le « choix de ses amis. » (*Ibid.*)

Si un Stoïcien, comme Sénèque, relègue ainsi dans l'abstrait les vertus du sage, Cicéron, qui s'inspire du stoïcisme, sans être enrôlé dans la secte, prend parti plus nettement encore pour l'amitié vulgaire. En effet, il entend laisser au Portique ses ronces et ses épines, c'est-à-dire ses subtilités de langage, ses exagérations, ses paradoxes. Il n'a aucun goût pour la logique pure et les théories absolues. Il ne rêve donc point une amitié idéale, ni une vertu parfaite. Il raille la « sagesse » stoïcienne dont il n'y a point d'exemple : il tient pour suffisamment « sages » les héros de l'ancienne Rome, un Fabricius, un Curius, un Coruncanius (V, 8) ou même ses contemporains : les Pauls, les Catons, les Gallus, les Scipions, etc. (IV, 21); il croit qu'on ne gagne rien à exalter la vertu en termes magnifiques, qu'on la rend seulement « odieuse et incompréhensible » (*invidiosum* et *obscurum,* V, 8); il en parle lui-même familièrement (*pingui Minervâ*), non à la façon des philosophes (*ut quidam docti*), mais à celle du vulgaire (*ex consuetudine vitæ sermonisque nostri,* VI, 21).

Dès lors, les amis qu'il a en vue ne réalisent pas la
perfection, ne sont pas des sages, mais ils existent : ce
sont de « ces amis que nous avons sous les yeux, que nous
« voyons, dont nous avons entendu parler, tels qu'il s'en
« rencontre dans la vie ordinaire » (XI, 38). Ils se rendent aimables par leurs vertus, mais leur bonté est à la
portée de tous (*bonitas etiam ad multitudinem per-*
tinet), elle n'est point orgueilleuse et farouche (*non est*
enim inhumana virtus, neque immanis neque superba,
XIV). Ils ont des sentiments humains ; ils ne sont pas
au-dessus de la joie et de la tristesse, ils n'ont ni l'insensibilité du roc, ni la dureté du fer (*virtutem duram*
et quasi ferream) ; leur vertu est « tendre et attaquable »
(*tenera atque tractabilis,* XIII, 48)[1]. Ainsi le Stoïcisme
porte la peine de son orgueil ; la hauteur de son idéal
décourage les âmes nobles qui lui échappent et se rejettent sur l'amitié vulgaire. Il subit encore une humilia-
tion plus grande : il voit ses propres partisans entrer
dans la voie dangereuse des accommodements. La casuistique s'impose donc à ceux qui la nient ; le bon sens a
sa revanche sur la raison hautaine ; il lui fait perdre
son assurance et même son crédit, il lui arrache des
concessions, qui sont un désaveu.

Ne reconnût-on d'autres amitiés que celles dont on
trouve l'exemple dans la vie humaine, on devrait encore
distinguer des amitiés banales et une amitié vraie. Ainsi
il y a des amitiés de table, de jeu et de débauche, des
amitiés intéressées : les mettra-t-on en regard des amitiés généreuses, fondées sur la vertu (Plut. *Du grand*
nombre des Amis, 3, 6)? L'amitié a bien des degrés,
bien des nuances. « Tu m'aimes, écrit Sénèque à Luci-
« lius, tu n'es pas mon ami. — Hé quoi? Ce n'est pas

---

1 Sén., *Ép.,* 35. *Amas me, non amicus es. Quid ergo? Hæc inter se*
diversa sunt? Imo dissimilia.

« la même chose? Non, rien n'est même plus opposé. »
Qu'est-ce à dire sinon que reparaît toujours l'écart
entre la sagesse ou l'idéal conçu par la raison, et la
vie humaine, faite d'aspirations trompées! Mesurer
cet écart, s'efforcer de le réduire, tel est l'objet de la
casuistique.

CHAPITRE V.

RÉSUMÉ ET CONCLUSION.

I. Les faits.

Objet de l'histoire : étude des sentiments. — **Les sentiments ont une évolution historique.** — Phases du sentiment de l'amitié.

1º **Phase naturaliste :** l'amitié est une force cosmique. Explications physiques de l'amitié ;

2º **Phase psychologique :** Par amitié on entend d'abord toute affection sociale, comme l'amour et la philanthropie, puis une affection distincte.

L'amitié expliquée par ses causes extérieures :

A. *Première forme de l'organisation amicale :*
La communauté des biens.

B. *L'amitié se développe dans les écoles.*

Elle les fait vivre, elle en est le lien moral ; — l'établissement de l'amitié est la fin de l'enseignement. — Rupture de l'amitié et de l'enseignement. — Légitimité de cette rupture.

C. *L'amitié se développe dans les gymnases.*
Elle se confond alors avec l'amour.

II. Les théories.

Théories psychologiques de l'amitié :

A. *Confusion de l'amitié et de l'amour* :

1° **Théorie romanesque :** l'amitié est le principe du courage, des vertus civiques, de la vertu en général (*Platon*). — Critique de cette théorie (*Lucien*). L'amitié est une passion aveugle et furieuse. Elle se porte à tous les excès, étouffe tous les autres sentiments, elle inspire le dévoûment poussé jusqu'à l'injustice et au crime.

2° **Théorie anti-romanesque ou réaliste :** l'amour n'est rien de plus que l'instinct sexuel (*Épicure*).
Conciliation des théories romanesque et réaliste. L'amour est une passion spéciale, ayant son principe dans l'instinct sexuel ; mais il est en même temps le principe de tous les sentiments généreux (*Plutarque*).

3° **Conclusion générale : l'amitié est distincte de l'amour.**

B. *L'amitié est distincte :* 1° *de la haine ; 2° de l'amour-propre ; 3° de la philanthropie ; 4° de l'amour divin.*

III. Conclusion.

1° **En quel sens l'amitié doit garder son originalité.**

A. *Le caractère propre de l'amitié est d'être volontaire.*
Par là, elle s'oppose à toute affection, et mérite d'être prise pour le modèle de toute affection.

B. *L'amitié est une vertu.*
Elle relève de la raison ou de la réflexion. La casuistique.

2° **Comment s'explique la disparition de l'amitié antique.** Ce qui en a survécu, ce qui doit en survivre.

I. — LES FAITS.

Les sentiments ont une évolution historique.

« L'histoire, dit Taine, n'est que l'histoire du cœur ;
« nous avons à chercher les sentiments des générations
« passées, et nous n'avons à chercher rien autre chose...
« La connaissance d'un sentiment héroïque nous donne
« la connaissance d'un âge tout entier. » (*Ét. sur
Carlyle.*) Les faits valent par l'état d'âme qu'ils tradui-
sent : toute leur objectivité consiste en ce que l'historien
en retrouve le sens vrai, en saisit l'exacte physionomie
morale. Les institutions, les mœurs, tous les détails
matériels du passé, auxquels on attache aujourd'hui tant
de prix, paraissent éloigner de la vérité psychologique :
en réalité, ils y ramènent par une voie indirecte, et
d'autant plus sûre. Ainsi, des institutions durables attestent des sentiments profonds. Si l'histoire est une
science, elle n'a point pour objet des faits, mais elle
remonte aux causes, c'est-à-dire aux sentiments, aux
idées, dont les faits sont l'illustration et le symbole. Dès
lors, rien n'empêche que l'histoire étudie les sentiments
en eux-mêmes, non dans leurs manifestations extérieures : elle sera alors simplifiée, réduite, en restant
complète.

Les sentiments ont leur histoire. Non seulement chaque peuple a son âme, son tempérament, ses vertus,
mais encore sa nature morale subit des modifications

profondes. Les sentiments d'un peuple ont leur fraîche
éclosion, leur poussée vigoureuse, puis ils se fanent, se
ternissent et meurent. Il y a des périodes de fécondité et
de stérilité morale. Ainsi, l'amitié est un sentiment et
une vertu antiques ; mais elle ne demeure pas, dans
l'antiquité, semblable à elle-même. Elle est érotique,
puis chaste ; elle est la passion des héros, puis la vertu
des sages. Elle est le produit naturel de la civilisation
hellénique ; elle fleurit dans les gymnases et dans les
écoles ; elle est la passion de la jeunesse, elle supplante
l'amour ; elle est le trait de mœurs original et caracté-
ristique d'une société qui pourrait s'appeler une aristo-
cratie masculine. Elle engendre des vices honteux et des
vertus sublimes ; puis elle s'affine, s'épure ; elle se soumet à une règle, elle devient morale, on la définit une
vertu. L'amitié antique nous révèle l'âme grecque. Si
un accent, un geste, une parole mettent à nu le caractère d'un homme, un sentiment unique, mais d'une
intensité exceptionnelle, peut éclairer, *à fortiori*, l'étho-
logie d'un peuple. L'histoire de l'amitié n'est pas seulement un chapitre, mais un résumé de la vie morale des
Grecs.

En effet, l'amitié ne peut être détachée des autres
affections. Tous les sentiments sont solidaires : ils deviennent rivaux ou alliés, ils se gênent ou se renforcent.
Ainsi, en Grèce, la faiblesse des affections domestiques
fait la force des sentiments d'amitié. Raconter l'histoire
d'un sentiment, c'est donc analyser ou décrire du même
coup tous les autres ; on ne peut étudier l'amitié, sans
étudier, par exemple, l'amour-propre et l'amour.

1° Phase naturaliste.

A l'origine, on n'aperçoit pas la distinction des affections humaines. Bien plus, l'homme ne se distingue pas

de la nature : il attribue l'amitié aux éléments qui se combinent et s'attirent. L'amour et la haine sont, pour Empédocle, des forces cosmiques. Lors même qu'on n'identifie plus l'affinité des éléments et l'amour, on se plaît à leur trouver des analogies. Comme il y a un amour vulgaire et un amour céleste, il y a, selon Platon, deux combinaisons des corps, dont l'une engendre la maladie et l'autre la santé. Comme les penchants contraires s'équilibrent et produisent l'eurythmie et la vertu, les éléments contraires, le sec et l'humide, tendent à un état intermédiaire et stable (Aristote). Enfin, le naturalisme antique cherche une explication physique de l'amour. Ce sont des effluves corporels qui font naître dans l'âme le désir (Platon et Épicure). Le principe qui organise la vie et la matière est le même qui, sous le nom d'amour, organise les sociétés humaines (Stoïciens). L'amitié est donc conçue d'abord comme une force physique, ou comme analogue aux forces physiques ; lorsqu'on la considère comme une affection de l'âme, on ne laisse pas de lui assigner encore une origine corporelle.

2° Phase psychologique.

La psychologie grecque, qui a peine à distinguer l'existence spirituelle de l'existence matérielle, distingue encore moins les sentiments de l'âme. Socrate et Platon confondent l'amitié et l'amour : l'amitié, pour eux, est un amour chaste. Aristote donne le nom d'amitié aux relations de famille, de cité. Épicure seul entend l'amitié au sens étroit. Il fait table rase de toutes les autres affections. Les Stoïciens, au contraire, veulent que l'amitié s'étende à tous les hommes ; ils la ramènent à la philanthropie. Ainsi, rien de plus mal fixé que le sens

26

du mot φιλία. C'est que l'amitié évolue et se transforme, c'est qu'elle a peine d'abord à se constituer, à se dégager de l'amour ; c'est qu'après qu'elle est née, qu'elle a développé ses vertus propres, elle aspire à se surpasser elle-même ; c'est enfin qu'elle a une histoire et participe au mouvement des sociétés, qui bouleverse et renouvelle toutes les affections.

A. — *Première forme de l'organisation amicale.*

Les institutions d'où l'amitié est sortie ou qui sont sorties de l'amitié, ont leur période de transformation et de déclin. Ainsi, les amis vivent d'abord sous le régime de la communauté des biens : l'ami se considère comme ayant des droits sur la fortune de son ami (Pythagoriciens, Socrate). Plus tard, on admet que si l'ami a le devoir de partager ses biens avec son ami, celui-ci n'a point droit à ce partage. Selon Épicure, l'ami doit avoir l'initiative et le mérite de ses dons. Les Stoïciens rétablissent le communisme, mais seulement en théorie. Comme il y a des parts réservées à chaque citoyen dans le patrimoine social, dans les biens communs à la cité, de même, dans la fortune des amis, qui est commune en principe, il y a des biens qui appartiennent en propre à chacun. On comprend que l'usage s'étant établi entre les amis de mettre en commun leurs richesses, cet usage ait paru dans la suite une obligation sacrée. Les amis, en effet, doivent matériellement s'aider, et l'aide réciproque ne paraît être assurée que si les biens sont communs.

D'autre part, la sagesse primitive a très bien pu ne pas distinguer les droits de la propriété individuelle et les devoirs de l'amitié : il était naturel qu'elle exagérât les seconds. La maxime pythagoricienne : *Tout est commun entre amis*, était faite pour séduire les intelligences simples et les bonnes âmes, c'est-à-dire la grande majorité des hommes. Aussi, elle fonda une tradition qui se maintint longtemps, à l'encontre des mœurs. Enfin, après avoir été une règle suivie, elle représente un idéal regretté. Cependant, lorsque disparaît ce préjugé, que l'amitié implique le communisme, on ne peut dire que le sentiment de l'amitié s'affaiblit. En réalité, il s'épure. L'amitié met son honneur à n'exiger rien, à se voir tout accorder ; on ne veut pas non plus faire dépendre l'union des âmes de la communauté des biens.

B. — *L'amitié se développe dans les Écoles.*

L'amitié grecque, comme on l'a dit, a eu pour foyer les écoles. Les écoles philosophiques étaient, à l'origine, de simples réunions d'amis. Elles subsistaient, grâce aux libéralités des disciples ou des maîtres. Socrate vivait aux dépens de Criton, et Épicure mettait sa fortune personnelle au service de ses disciples. L'enseignement avait dû, pour vivre, se constituer en hétairie. Les Sophistes heurtèrent le préjugé grec en faisant payer leurs leçons. Selon les lois de l'honneur, l'ami pouvait avoir recours à la fortune de son ami, mais le maître ne devait pas toucher un salaire.

Cependant, Socrate qui reproche aux Sophistes de trafiquer de la sagesse, conçoit lui-même une organisation de l'enseignement supérieure à l'hétairie : il demande à être nourri au Prytanée, il prétend donc que l'enseignement doit être considéré comme un service public et rétribué par l'État. Il semble qu'il condamne implicitement ainsi l'enseignement soutenu par les dons volontaires, aussi bien que l'enseignement salarié des Sophistes. Les hétairies, en fait, seront difficilement

assez riches pour subvenir à l'entretien d'Écoles floris-
santes, comme le Stoïcisme, par exemple. Le vœu de
Socrate devait se réaliser à Rome, sous l'empire ; Ves-
pasien et Domitien fondent des chaires publiques d'éloquence ; Marc-Aurèle, des chaires de philosophie pour
les principales sectes.

Ainsi donc, à l'origine, des amis ont pu s'entendre
pour organiser et faire vivre l'enseignement philosophique ; mais cet enseignement, en se développant, a
brisé le cadre étroit de l'hétairie ; il a vécu de sa vie
propre, il n'a plus eu besoin, pour se constituer, de
l'attrait d'un commerce intime ; au lieu de se renfermer
dans un cercle intelligent d'amis, il est entré dans la vie
des peuples ; il ne s'est plus adressé à quelques-uns,
mais à tous ; enfin il a demandé ses moyens d'existence,
non plus à des donateurs volontaires, mais à l'État, son
protecteur obligé. Entre l'hétairie philosophique et
l'enseignement officiel, il y a eu, sans doute, bien des
intermédiaires ; nous n'avons pas à les signaler ; il nous
suffit de retenir que l'enseignement s'éloigne de plus en
plus de sa première forme : l'amitié se retire des institutions qu'elle a fondées.

Mais l'amitié n'a pas été seulement pour les Écoles
une condition d'existence matérielle, elle a été un lien
moral. Que l'enseignement pût vivre en dehors de
l'hétairie, c'est ce que prouve l'exemple des Sophistes,
et ce que chacun concevait sans peine ; mais qu'il pût
rencontrer une forme plus heureuse, et au point de vue
moral, une organisation meilleure, c'est ce que Socrate
et la majorité des philosophes auraient mis en doute. Il
semblait que l'accord des esprits dût être complété par
l'union des cœurs. Or, en fait, les Écoles antiques, qui
aspirent à être des réunions d'amis, sont à peine des
écoles, ou sont des écoles animées d'un esprit sectaire.
Les Socratiques, si divisés d'opinions et de tendances,
si unis dans leur attachement au maître, forment une

hétairie, mais non pas une École proprement dite.
Par contre, le Pythagorisme et l'Épicurisme, donnant
pour base à l'amitié l'attachement à une doctrine commune, sont des sectes étroites, intolérantes et jalouses.
L'amitié du maître et des disciples n'est donc désirable
qu'autant qu'elle ne nuit pas à l'indépendance des
esprits, qu'elle ne conduit pas ou ne se réfère pas à ce
principe, que l'acquiescement à la vérité nous engage
envers celui qui l'énonce, et que l'hérésie est une trahison. Les rapports de maître à disciple ne sont pas ceux
d'ami à ami : l'amitié réclame une entière confiance, et
l'enseignement fait appel à l'examen critique, à la réflexion individuelle. La forme d'hétairie, donnée aux
Écoles, pouvait donc nuire à la liberté de l'enseignement.
L'enseignement sophistique est-il préférable? Les Sophistes allaient de ville en ville et n'avaient pas de disciples
attitrés. Ils avaient des admirateurs, ils n'avaient pas
d'amis. Mais leurs adversaires leur reprochent de viser
à éblouir les esprits plus qu'à les instruire, de poursuivre le succès plus que la vérité. Ils remplacent les
séductions de l'amitié par la fascination de la parole.
L'enseignement trouvera sa véritable voie non en reniant
l'amitié, mais en l'enfermant dans son domaine propre,
c'est-à-dire, en maintenant à côté, ou plutôt en élevant
au-dessus le respect des intelligences. *Amicus Plato,
sed magis amica veritas.*
Si le point de vue de Pythagore eût prévalu, si les
adeptes de la philosophie se fussent groupés en sociétés
d'amis, l'enseignement philosophique serait devenu une
coterie, le mouvement et la vie s'en seraient retirés ; il
aurait manqué « de ce sel de la contradiction, sans
« lequel toute vérité risque de se corrompre[1] ». L'amitié
elle-même aurait dégénéré en esprit de secte. De toute

---

[1] Renouvier.

façon, l'hétairie philosophique devait donc se transformer et disparaître.

L'amitié qui s'établit entre le maître et les disciples est la vie de l'enseignement ; mais si elle en peut être la condition, elle n'en est pas la fin. Les anciens ont soutenu que l'intérêt qu'on prend à la vérité vient seulement du désir de la communiquer : c'est faire passer l'enseignement avant la science. Dès lors, on ne se vouerait pas à la recherche de la vérité ; on s'attacherait au commerce délicieux des esprits. L'enseignement serait à lui – même sa fin, ou plutôt il serait une occasion ou un prétexte à cultiver l'amitié ; les intelligences goûteraient en commun la joie de comprendre ; ce serait le triomphe, non de l'amitié proprement dite, mais de l'amitié intellectuelle. L'étude serait alors un dilettantisme, σχολή, *otium*, et l'amitié se réduirait à la sympathie des intelligences.

L'histoire de l'amitié est donc liée à celle de l'enseignement philosophique en Grèce. L'enseignement a dû à l'amitié ses conditions d'existence matérielle, sa force communicative, son empire sur les âmes ; mais il lui a dû aussi quelques-uns de ses défauts : son dilettantisme, ou son esprit de secte et d'intolérance, si contraire au génie de la Grèce. L'amitié, impliquée dans les rapports de maître à disciple, faussait ces rapports ; et l'enseignement, à son tour, développait l'esprit sectaire et altérait la pureté du sentiment de l'amitié.

De là, on peut conclure que le milieu social ne suffit pas à expliquer les sentiments, car il les déforme autant qu'il les développe. Il semble que l'amitié ne trouve pas seulement dans les mœurs scolaires de la Grèce un milieu favorable, qu'elle soit le produit de ces mœurs, parce qu'elle en reflète l'image. En réalité, elle a sa vie propre, sa logique intérieure ; elle se développe à la faveur ou à l'encontre des circonstances, mais suivant ses lois. Elle peut prendre la forme d'une liaison philosophique, elle peut être une amitié de maître à disciple, mais elle est si peu vouée à une telle forme, qu'elle ne révèle l'originalité de sa nature qu'autant qu'elle s'en dégage.

C. — *L'amitié se développe dans les gymnases.*

Au reste, l'amitié se développe dans des milieux divers, comme ces plantes vivaces qui s'accommodent de tous les terrains. On dit que le Grec déserte son foyer pour l'agora, et remplace les affections de famille par l'amitié. Mais, ce qui est retiré à un sentiment, par exemple à l'amour, n'est pas nécessairement acquis à l'amitié. En fait, l'amour grec ne se convertit pas en amitié; mais il est rendu à la nature, il est maintenu dans les limites des rapports sexuels, il est combattu comme un vice, et sa disparition laisse à l'amitié le champ libre. Il n'y a pas d'alchimie morale. L'amitié ne peut être la métamorphose de l'amour. En général, un sentiment ne sort pas d'un autre, mais il s'en dégage. C'est sous ces réserves qu'on peut dire que l'amitié en Grèce prend la place de l'amour.

II. — LES THÉORIES

A. — *Confusion de l'amitié et de l'amour.*

Il y a deux périodes dans l'histoire des sentiments : l'une romanesque, l'autre réaliste. Dans la première, les sentiments s'ignorent eux-mêmes, sont hors de la nature et cherchent leur voie; ils n'ont pas de nom

défini, étant des aspirations confuses ; ils produisent dans
le même temps des vertus sublimes et des vices grossiers : ainsi l'amour est en Grèce un penchant infâme
et un principe d'honneur. Dans la deuxième période, les
sentiments se révèlent dans la vérité de leur nature ; on
saisit leurs traits distinctifs, leur physionomie propre.
L'homme lit dans son cœur, la psychologie est née. Les
sentiments sont étudiés en eux-mêmes, rattachés à leur
principe, distingués de leurs effets ; on ne les confond
plus entre eux, on démêle les éléments propres à chacun.

1º Théorie romanesque.

Le romanesque vit d'équivoques. Ce qu'on appelle
l'amour grec est un vice contre nature, mais c'est aussi
la camaraderie innocente des jeunes gens de la palestre,
ou la passion qui soulève le cœur des héros. Ses transformations cachent sa nature et déconcertent la pensée.
On ne sait si l'on est en présence de l'amitié, de l'enthousiasme de la vertu, ou de ce qu'Aristote appelle la « bestialité ». On est partagé entre l'admiration et le dégoût.
Mais il faut renoncer à comprendre l'amour et à le juger
en bloc (ἁπλῶς). Socrate et Platon distinguent, il est vrai,
un amour vulgaire et un amour céleste, et en flétris-
sant l'un, ils croient avoir le droit d'exalter l'autre. Mais,
parce que l'amour produit des effets opposés, parce
qu'il est tour à tour ignoble et sublime, s'ensuit-il qu'il
soit double ? Platon, notamment, dit de l'amour vulgaire qu'il se transforme en amour céleste. N'est-ce
pas dire que, comme il porte le même nom, il est de
même nature et a la même origine ? Au reste, la distinction des deux amours n'est pas si claire, pour ceux
mêmes qui la posent, qu'il ne leur arrive de caractériser
l'amour céleste en termes choquants.

Ce qu'il faudrait savoir, c'est si l'amour est ou non détaché des sens, s'il est une perversion de l'instinct sexuel, ou s'il se réduit à l'amitié, s'il est le pur enthousiasme des âmes vertueuses ou s'il est une forme du délire érotique. Mais la théorie romanesque ne s'embarrasse pas de ces distinctions. Elle consiste à attribuer à l'amour des effets qu'il n'est pas en sa nature de produire : c'est ainsi qu'elle lui fait honneur des vertus héroïques. Elle est la solution imaginaire de ces problèmes désespérés de la psychologie que les logiciens appellent « la composition des causes et le mélange des « effets ». Elle est l'absence d'explication déguisée par un nom sonore. Plus exactement, elle est l'attribution de faits multiples, hétérogènes et contraires, à une cause unique, qui elle-même n'est pas définie. Ainsi, l'amour grec, dont on ne peut dire s'il est l'amour ou l'amitié, explique le courage à la guerre (Bataillon sacré), l'amour de la liberté (Harmodius et Aristogiton), la vertu et l'honneur, et ne laisse pas d'engendrer aussi des vices contre nature. Il ne paraît pas être une passion, sur laquelle s'exerce la volonté humaine, mais une force mystérieuse de la nature, odieuse en son principe, sublime en ses effets.

Le romanesque se réfute lui-même : il se perd par l'outrance, il est voué aux excès. L'antiquité a eu ses romans de chevalerie : Platon et Plutarque célèbrent les prouesses des amants. Elle a eu aussi son don Quichotte : c'est le Toxaris de Lucien. Lucien appelle amitié ce que Platon appelle amour. Il feint de prendre à son compte la thèse du romantisme; il exalte la passion. Il soutient que l'amitié n'est pas justiciable des lois morales, qu'elle tire sa valeur de l'intensité de la passion, et ne se signale pas moins par le crime que par la vertu. En fait, les exploits ou prouesses des amis, dont le récit remplit le dialogue de Lucien, sont des actions extraordinaires, éclatantes, héroïques, mais qui sont fort loin d'être toujours estimables. Ce dialogue paraît être une satire des idées et des mœurs des Grecs et une apologie paradoxale des Scythes dont le nom est pris ici au sens générique, et comme synonyme de Barbares. Les Grecs ne rendent pas justice à l'amitié ; ils la considèrent comme une vertu qu'ils pratiqueraient seuls. En réalité, elle est une passion, et, dans l'ordre de la passion, tous les peuples sont égaux, si même les Barbares ne l'emportent pas par la fougue et l'élan. L'amitié n'est ni grecque ni barbare, elle est simplement humaine [1].

[1] Telle est la thèse qui ressort des piquants récits du Toxaris : la Scythie est pour les Grecs ce que fut pour nous le Monomotapa : un pays de roman.

> Deux vrais amis vivaient au Monomotapa :
> Les amis de ce pays-là
> Valent bien, dit-on, ceux du nôtre.

Les Scythes ont des mœurs cruelles et des vertus héroïques : ils se nourrissent du cadavre de leurs pères, mais ils donnent des preuves d'amitié en comparaison desquelles celles des Grecs paraissent des « jeux d'enfants ». Ce sont « des massacres sans nombre, des guerres, des morts que les amis endurent les uns pour les autres » (xxxvi). C'est d'ailleurs un fait que la guerre est favorable à l'éclosion de l'amitié, et les Scythes vivent dans « des guerres perpétuelles ». Ils ont institué l'amitié comme moyen de défense ; ils s'en font dans les batailles « une arme invincible » (ibid.). L'amitié est en outre chez eux un objet de vénération et de culte. Ils ont élevé un temple à Oreste et à Pylade, et leur offrent des sacrifices ; ils leur pardonnent d'avoir envahi leur pays, pillé et massacré leur roi, et ils honorent en eux « les génies tutélaires de l'amitié ». S'ils sont battus à la guerre, mais qu'il se produise dans leurs rangs quelque beau trait d'amitié, ils se consolent de leur défaite (xli). Ils comblent d'honneur les amis illustres, les nourrissent aux frais de l'État (xli) et les ensevelissent dans le même tombeau (xliii). Chez eux, l'amitié est un pacte qui se conclut suivant un rite barbare. Les amis font le serment de vivre toujours ensemble, et de mourir, s'il le faut, l'un pour l'autre. On procède ainsi. Après s'être incisé ensemble le bout des doigts, on en fait couler le sang dans un vase ; chacun y trempe la pointe de son épée, et tous deux, penchés sur le vase, boivent le sang qu'il contient. A partir de ce moment, rien ne doit plus les séparer » (xxxvii) [1].

[1] Cf. Hérodote, *Melpomène*, lxx. Lucien rapporte un autre usage du même genre, le serment de la vendetta, qui consiste à marcher sur la peau d'un bœuf (xlviii).

Il n'y a entre l'amitié des Grecs et celle des Scythes
d'autre différence que celle qu'apportent dans les mœurs
des peuples la paix et la guerre : les Grecs vivent dans
« une paix profonde », les Scythes « dans des guerres
perpétuelles ». Sous l'influence des mêmes sentiments on
voit s'accomplir dans les deux pays à peu près les mêmes
prodiges. L'amitié, devant laquelle Grecs et Barbares

L'amitié scythe ne connaît pas d'autre loi que celle de la passion.
Lucien compte parmi ses exploits un meurtre accompli par trahison
et un enlèvement (*Histoire de Macentas, de Lonchate et d'Arzacomas*).
Cette passion brutale ne va pas d'ailleurs sans délicatesse. Lorsque
Macentas amena à Arzacomas la princesse Mazaïa qu'il avait enlevée
pour lui, son ami voulut le remercier. « Cesse, lui dit Macentas, de me
« traiter comme un autre toi-même. Me remercier de ce que j'ai fait
« pour toi est la même chose que si la main gauche savait quelque gré
« à la droite des services qu'elle en aurait reçus ». L'amitié ne laisse
pas place dans l'âme à d'autres sentiments. Le feu prend à la maison
où logeait Abouchas. « Il se réveille et au lieu de secourir ses enfants
« qui criaient, s'arrachant même des bras de sa femme qui s'attachait
« à lui, il se lève, lui ordonne de se sauver, court à son ami Gudanès,
« l'emporte dans ses bras, descend et s'élance hors de la maison par
« un endroit que les flammes n'avaient pas encore embrasé. »
L'amitié grecque n'est pas d'autre nature que celle des Scythes. Elle
se traduit par d'autres actes, mais elle est la même passion emportée
et furieuse. Ainsi, elle est plus forte que l'amour, que les préjugés,
que l'honneur. Le dévoûment des Grecs en amitié paraît moins
héroïque ; au lieu de se marquer par de beaux coups d'épée, il consistera, par exemple, à épouser une fille laide et sans dot. Mais Lucien
ne l'en juge pas moins méritoire. Zénothémis, par amitié pour Méné-
crate, épousa sa fille qui avait la moitié du corps desséché, un œil
éraillé, et qui tombait en épilepsie au croissant de la lune ; lui-même
était riche, « bel homme et d'une taille avantageuse ». On ajoute
qu'il aima sa femme. « Non seulement il ne rougit point de l'avoir
« épousée, il s'en fait même un honneur, et montre par là qu'il ne fait
« cas ni de la beauté, ni des richesses, ni de l'opinion publique ». Le
héros de cette histoire est de Marseille, son narrateur aussi. Elle a
dans tous ses détails la saveur méridionale. Une autre histoire, celle
de Dinias et d'Empédocle, montre que l'amitié ne se rebute pas
des affronts, des mauvais traitements, qu'elle est aveuglément et passionnément dévouée. Le récit du testament d'Eudamidas est plus
célèbre et plus touchant. On en peut lire le récit et le commentaire
dans Montaigne (*Essais,* liv. I, ch. XXVII).

sont égaux, ne se renferme pas dans les limites étroites
de la moralité ; elle pousse au meurtre, comme elle inspire le dévoûment ; elle est toujours et uniquement une
passion qui se satisfait elle-même. Elle est *amorale; c'est*
là le secret de sa puissance, les plus grandes forces étant
celles qui sont déchaînées et libres.

En bonne logique, de la conception romanesque de
l'amitié et de l'amour peut indifféremment sortir le pessi-
misme ou l'optimisme. Il est aussi naturel d'imputer à
l'amour la folie et le crime que de lui faire honneur de la
vertu héroïque. Il y a autant de vérité psychologique
dans le *Toxaris* que dans le *Banquet,* dans le *roman de
Don Quichotte* que dans les *épopées chevaleresques.* La
théorie romanesque, prise en elle-même, consiste à
représenter l'amour comme une force souveraine, et non
pas précisément comme une force uniquement bienfaisante ou souverainement bonne.

2° Théorie anti-romanesque ou réaliste.

A cette théorie s'oppose la théorie psychologique ou
réaliste, qui traite l'amour comme un fait, le ramène à
la nature, le réduit à lui-même. Pour Platon, l'amour
n'est pas l'amour au sens vrai et précis du mot, c'est la
floraison de tous les beaux sentiments. Par réaction
contre le romanesque, certains philosophes tombent dans
un réalisme grossier. L'amour, disent-ils, est l'instinct
sexuel et n'est rien de plus que cet instinct. Tel est
le point de vue d'Épicure. Non seulement, Épicure distingue l'amour de tous les autres sentiments et par exemple de l'amitié, mais encore, il distingue dans l'amour le
besoin et la passion, le besoin qui est naturel et veut être
satisfait, la passion, qui est un besoin factice ou le
produit de l'imagination et qui doit être combattue. La

théorie romanesque tend à exagérer le rôle de l'amour, la théorie réaliste à le réduire. Le réalisme prétend rester dans la vérité psychologique que la théorie romanesque dépasse ; mais, en réalité, il reste au-dessous de cette vérité. Il soutient que l'amour ne peut se dégager des sens et il nie l'élan qu'il communique aux âmes. Il ne distingue pas non plus ce que Plutarque appellera l'amour légitime et bâtard, c'est-à-dire l'amour conforme et contraire à la nature.

Il était réservé à Plutarque de concilier le réalisme et la théorie romanesque, en complétant l'une et l'autre. Plutarque définit nettement l'amour, le rapporte à son véritable objet qui est l'union des sexes. Il regarde l'amour de l'homme et de la femme comme seul légitime ; mais il attribue à cet amour les vertus héroïques dont Platon faisait trop exclusivement honneur à l'amour bâtard ou à la pédérastie.

3° Conclusion : L'amitié est distincte de l'amour.

Ainsi, peu à peu, se précise et se complète la notion de l'amour. A l'origine, elle enveloppe des éléments hétérogènes, à savoir, l'amour proprement dit et l'amitié ; plus tard, elle ne renferme pas d'autre élément que l'amour réduit à un besoin physique. Enfin, l'amour est conçu comme une passion distincte de l'amitié, qui n'est jamais détachée des sens, mais qui ne laisse pas d'être naturellement liée aux aspirations morales les plus hautes.

On a dû suivre cette évolution du sentiment de l'amour, parce que c'est du jour où ils ont donné à l'amour son vrai sens que les anciens ont réellement connu l'amitié. Longtemps ils se sont mépris sur leurs sentiments : l'amitié recouvrait l'amour et l'amour communiquait à

l'amitié sa flamme. Il faut ajouter que l'amitié antique
n'a pas été altérée seulement, mais encore accrue et
poétisée par l'amour ; et plus tard, lorsqu'elle s'en distingue, il lui arrive de perdre en force ce qu'elle gagne en
pureté.

B. — *L'amitié est distincte de la haine, de l'amour-*
propre, etc.

D'une manière générale, l'amitié est lente à se dégager des autres sentiments, à prendre conscience d'elle-
même, à accuser son originalité. C'est ainsi qu'elle a
peine à se dégager même de son contraire. Longtemps,
en effet, on admet qu'elle est inséparable de la haine ;
que les amitiés ardentes sont en raison des haines fortes
et sauvages. Il est aussi naturel, il paraît donc aussi
légitime aux Grecs de haïr ses ennemis que d'aimer ses
amis. C'est ce que professent ouvertement les Gnomiques,
les sages, Thalès, Solon, Théognis, et aussi Socrate et
Plutarque. C'est ce que n'avouent plus, c'est ce que ne
laissent pas d'admettre encore, soit tacitement, soit à
leur insu, les plus hautes morales de l'antiquité : le Platonisme et le Stoïcisme. Toutefois le rationalisme antique reniera le droit de haïr ; mais les anciens maintien-
dront comme une loi psychologique la solidarité de
l'amour et de la haine, entendus seulement, il est vrai,
comme des passions animales ; car il est au pouvoir de
la volonté et de la raison de refouler les instincts, partant de faire évanouir la haine, et d'établir le règne définitif et exclusif de l'amour. L'amitié ne se sépare donc
de la haine qu'autant qu'elle s'affranchit de la passion.
    De tous les sentiments, le plus envahissant, celui
contre lequel l'amitié a le plus à se défendre, est l'amour-
propre. L'amitié est la défaite de l'amour-propre ; toute-

fois, elle cède en un sens au sentiment qu'elle combat, car elle serait imparfaite, si elle ne jouissait pas d'elle-même, si ce qu'on appelle son désintéressement n'était pas un attachement exclusif à son intérêt propre. De son côté, l'égoïsme serait bien grossier s'il se privait des joies de l'amitié. L'amitié et l'amour-propre sont donc solidaires : l'un quelconque apparaît comme le triomphe de l'autre, ils se limitent réciproquement. De là vient qu'on a tant de peine à les distinguer. On doit éviter également de les poser l'un en face de l'autre comme indépendants et de les réduire l'un à l'autre.

Telle est l'analogie de l'amitié et de l'amour-propre que l'amour-propre sert à définir l'amitié. Mon ami, dit-on, est un autre moi-même. Cela veut dire non seulement que je l'aime comme moi-même, mais que je ne le distingue plus de moi-même. « Insensé, qui crois que je « ne suis pas toi ! » Sans doute, l'amitié paraît s'opposer à l'amour-propre, mais, c'est qu'en regard de telle forme d'amour-propre, on ne place pas l'espèce correspondante d'amitié. Le grossier amour de soi cadre de tous points avec l'amitié commune, et l'amour de soi, noble et légitime avec l'amitié parfaite. Le désintéressement de l'amitié n'est que le plus haut degré de l'amour de soi (Aristote).

Dès lors, on s'explique qu'on ait tenté de faire sortir l'amitié de l'amour-propre. L'amitié jouit d'elle-même, n'est-ce pas là de l'égoïsme? Mettre son bonheur à faire le bonheur d'autrui, n'est-ce pas le triomphe d'un amour-propre raffiné? Pourtant, il n'y a pas d'égoïsme absolu. Épicure, dit Épictète, sert l'humanité à sa manière, il lui consacre ses veilles; professer l'égoïsme, parce qu'on le regarde comme le secret du bonheur, c'est se dévouer à autrui; sans doute, c'est insulter en paroles à la générosité de la nature humaine, mais c'est l'attester en fait, c'est la prêcher d'exemple (*Entr.*, II, xx). Marc-Aurèle dit de même : les hommes ont beau renier les senti-

ments humains, « ils sont arrêtés, la nature est la plus
« forte. Tu verras ce que je te dis, si tu y prends garde.
« Oui, on trouverait plutôt un corps terrestre sans rap-
« port avec un autre corps terrestre, qu'un homme
« ayant rompu tout commerce avec un autre homme. »
(IX, 9.) La théorie de l'amitié intéressée se contredit
donc elle-même.

Mais il n'y a pas non plus en amitié de désintéressement pur. Aristote dit que l'ami ne consentirait jamais
à perdre son ami ; il n'irait pas jusqu'à souhaiter à son
ami les plus grands des biens et, par exemple, qu'il fût
dieu. Les anciens ont connu et réfuté par avance la
doctrine du pur amour.

L'utilitarisme est moins contraire à l'amitié que le
mysticisme. L'amitié est un sentiment humain ; elle
n'est pas compatible avec la « sagesse ». Le sage se
suffit à lui-même et n'a pas besoin d'amis (Platon, les
Stoïciens). Mais l'homme purement homme, celui qui
n'est ni une brute ni un dieu, ne peut se passer de la
société de ses semblables. Fût-il matériellement au-
dessus du besoin, il ne peut être heureux qu'autant
qu'il vit dans la société d'autres hommes et goûte les
joies de l'amitié. L'amitié est donc un besoin de la
nature humaine. De là vient que si elle s'oppose à
l'amour-propre, elle n'est point pourtant un détachement mystique. Elle n'est ni l'égoïsme pur ni le désintéressement absolu, il faut voir en elle une rencontre originale, une fusion harmonieuse de ces deux sentiments.
Ainsi, certains composés chimiques ont une véritable
individualité et des propriétés distinctes.

L'amitié a un double intérêt à se distinguer de l'amour-
propre. Il y va de son existence et de son honneur. Au
contraire, elle irait volontiers se perdre dans la philanthropie. En général, un sentiment est menacé dans son
indépendance, dans son originalité, non par les sentiments inférieurs et rivaux, mais par les sentiments supé-

rieurs et de même ordre, contre lesquels il n'est protégé, si j'ose dire, ni par un instinct de défense personnelle, ni par le souci de sa dignité propre. L'amitié cependant non seulement se distingue en fait, mais encore doit se distinguer de la philanthropie. Ces deux sentiments diffèrent, en nature et en degré. L'amitié implique une préférence, un choix ; elle est partiale, exclusive et jalouse. On aime ses amis pour eux-mêmes, c'est-à-dire pour ce qui les distingue des autres. On ne peut avoir beaucoup d'amis ; d'aucuns disent qu'on n'en peut avoir qu'un. Il est donc naturel, mais est-il légitime d'aimer ses amis plus que les autres hommes ? L'amitié ne contredit-elle pas la justice ? N'est-elle pas un vol fait à l'humanité ? Dès lors, ne doit-elle pas se convertir en philanthropie ou disparaître ? Sans rien préjuger encore de la valeur morale de l'amitié, il faudrait savoir si l'amitié dérive de la philanthropie ou la philanthropie de l'amitié. Car, si la dialectique du cœur est la même que celle de l'intelligence, si les affections particulières précèdent l'amour du genre humain et seules le rendent possible, l'amitié demeure, au moins comme condition de la philanthropie ; elle a sa place marquée dans l'évolution des sentiments. En effet, c'est par la pratique de l'amitié que la civilisation a fait l'apprentissage des vertus sociales ; et la philanthropie n'est qu'une amitié refroidie. Il faut donc entretenir l'amitié, comme le foyer où s'alimente l'amour du genre humain.

En outre, l'amitié a sa valeur propre. D'abord elle se renferme dans les limites de la justice et ne fait point tort à l'amour de l'humanité. De plus, elle est supérieure à cet amour. Aimer une personne pour l'humanité qui est en elle, comme dit Kant, ne revient pas à aimer cette personne pour elle-même. Aimer tous les hommes et n'aimer personnellement aucun d'eux, telle est la définition de la philanthropie. On sait que la philanthropie stoïcienne implique le détachement à l'égard

27

des personnes, et exclut la pitié et la tendresse. La philanthropie en général est à peine de l'amour. Elle ne
mérite pas qu'on lui sacrifie l'amitié, à laquelle, si on
la considère en elle-même ou en tant qu'affection, elle
est moralement inférieure. L'amitié a le droit de vivre,
car elle est conciliable avec l'amour de l'humanité, si
même elle n'engendre pas cet amour, et elle a de plus sa
moralité propre.

Si l'amitié cesse d'être par cela seul qu'au lieu de
s'attacher à une personne, elle s'étend à tous les hommes,
a fortiori ne se retrouve-t-elle plus dans l'amour du
Bien absolu auquel les métaphysiciens ramènent tout
amour. S'il y a un Bien absolu, il y a aussi un amour
unique; car on n'aime pas, dit Platon, la chose qu'on
aime en vue d'une autre, c'est proprement cette autre
qu'on aime. L'amour intelligible, qui a pour objet l'absolu, exclut tout autre amour, et particulièrement
l'amitié.

L'amitié a sans doute sa place dans la dialectique des
sentiments. Elle est l'amour qu'éprouvent l'une pour
l'autre deux âmes portées d'un même élan vers le Bien.
Mais quand chacune d'elles entre en possession du Bien,
elle s'attache uniquement au Bien, elle n'a plus d'autre
amour. Que serait en regard de la Beauté en soi toutes
les beautés mortelles? s'écrie Diotime. Que serait l'amitié en regard de l'amour divin? Les néo-platoniciens
disent aussi que l'amitié, qui réalise l'union des âmes,
est la meilleure préparation de l'union des âmes à Dieu[1].

Mais l'amour de Dieu, lorsqu'il aboutit à l'extase,
exclut toute passion terrestre. Simplicius, qui déplore

---

[1] ἡ καθαρὰ φιλία, τὰς φίλας ψυχὰς εἰς ἕνωσιν συνάγουσα,
μελέτη καλλίστη τῆς πρὸς θεὸν ἐνώσεως. Simplic., *Comm. d'Épict.*,
ch. xxx.

la disparition de l'amitié [1], en accuse à tort les mœurs
de son temps. C'est le mysticisme alexandrin qui condamne l'amitié; logiquement l'amour divin conduit au
détachement des personnes. C'est ainsi que selon le
dogme chrétien, Dieu veut être aimé seul, et ne permet
qu'on aime les hommes que par rapport à lui; tout
amour véritable est absolu ou unique.

L'amitié disparaît donc toutes les fois qu'elle cesse
d'être à elle-même sa fin, soit qu'on la considère comme
un acheminement à l'amour divin, à l'extase, soit qu'on
la présente comme une école de vertu, de sagesse, d'héroïsme et de courage. L'amitié ne doit pas être un moyen
d'acquérir la sagesse; il est vrai seulement que l'acquisition en commun de la sagesse resserre entre les âmes
les liens de l'amitié. L'amitié ne doit pas être non plus
une simple initiation à la vie divine; mais il se peut que
l'union religieuse des âmes fortifie l'amitié. En en mot,
il importe que l'amitié garde son originalité, et ne soit
subordonnée à aucune autre affection.

III. — CONCLUSION.

1° En quel sens l'amitié doit garder son originalité.

Ce n'est pas qu'on ne doive distinguer son développement historique de son développement logique. En un
sens, l'amitié gagne à être confondue avec l'amour, avec
la philanthropie; elle a alors une vitalité double, elle

---

[1] Simplic., *ibid*.... Τὴν παντελῆ σχεδὸν αὐτῆς (φιλίας) ἀπὸ τῶν
καθ'ἡμῶν ἀνθρώπων ἀναχώρησιν.

prend un développement anormal, mais puissant. Il est
bon que l'amitié ait revêtu toutes les formes, qu'elle se
soit montrée érotique, humanitaire, philanthropique. On
la connaîtrait moins si on ignorait ses transformations
diverses, ses égarements, si on ne l'avait pas vue en
conflit avec d'autres passions. Il n'en demeure pas moins
vrai que l'amitié doit se dégager de l'amour, de l'amour-
propre, de la philanthropie, de l'amour divin, et qu'elle
ne commence à exister vraiment que le jour où elle
prend conscience d'elle-même, où elle se pose en s'opposant à toute autre passion, où elle se constitue dans sa
pureté, dans son indépendance, dans sa distinction originale.

Quand l'amitié ne subit pas l'influence des autres
sentiments, elle leur fait sentir son influence. Elle affine
l'égoïsme, elle épure l'amour des jeunes gens, elle ouvre
les voies à l'amour de l'humanité. L'égoïsme ne se
satisfait pas lui-même, il envie à l'amitié ses joies, il se
persuade qu'il n'y a pas de plus grand bonheur que celui
qu'on trouve à faire le bonheur d'un ami. L'amour des
garçons rougit de lui-même et aspire à devenir chaste
comme l'amitié. La philanthropie est l'amitié généralisée. Ainsi l'amitié façonne les autres sentiments à son
image. Bien plus, alors qu'elle leur laisse leur originalité, elle les renouvelle, elle leur communique son âme.

A. — *Le caractère propre de l'amitié est d'être*
volontaire.

Ce qui met l'amitié à part de toutes les affections, c'est
qu'elle est volontaire, qu'elle se fonde sur un choix. C'est
la nature qui nous fait hommes, frères, parents, c'est
notre volonté qui nous rend amis. Suivant Épicure, le
sage s'affranchit des conventions de la société et même

des lois de la nature ; il ne relève que de lui-mème ; toutes ses affections sont libres, c'est pourquoi il se dégage des liens de la cité, de la famille et cultive l'amitié.

L'amitié en effet est un libre engagement, ou, comme dit Platon, une servitude volontaire, ἐθελοδουλεία. On est tenu de remplir les devoirs de père, de frère, tandis qu'on accepte et choisit les fonctions d'ami. L'amitié exclut la contrainte, le devoir, elle a pour mobile unique l'agrément ou l'attrait. Dans l'antiquité, les obligations sociales qui pesaient sur les hommes étaient multiples, étroites et tracassières ; les charges du citoyen (λειτουργίαι) étaient lourdes ; l'individu était le serviteur de l'État. Si on loue Épicure d'avoir fait tomber les chaines de la superstition, il faut l'approuver aussi d'avoir, par le mème principe, combattu le despotisme de l'État.

Dans la vie antique si réglementée, si ritualiste, l'amitié représente la libre disposition de soi. La cité absorbait l'individu, la famille ; de là le prix qu'on devait attacher aux affections électives, à celles qui restent enfermées dans cet « asile impénétrable du cœur que rien ne peut « violer ». Le charme particulier de l'amitié vient de ce qu'il est un lien accepté, non subi. Il ne suit pas de là sans doute, comme le prétend Épicure, que l'amitié doive remplacer toutes les affections, mais il est vrai qu'elle est moralement supérieure à toutes, et qu'elle doit, suivant la théorie stoïcienne, leur servir de modèle. La nature nous impose des devoirs ; ce n'est pas assez de les remplir, il faut les prendre à gré ; il faut que le devoir, cette règle de contrainte, se change en loi d'amour. En d'autres termes, il faut que toute affection ressemble à l'amitié.

Sans doute on ne choisit pas son père comme on choisit son ami ; toutefois, on n'a vraiment les sentiments d'un fils que lorsqu'on dit comme Horace (*Satires,* liv. I, xi, vers 89 et sq) : *Le père que la nature m'a donné est celui que mon cœur eût choisi.* L'amitié est le seul de nos

sentiments qui n'ait jamais d'autre raison d'être et de durer que sa volonté de vivre ; mais les autres affections, qui dérivent des rapports naturels et du devoir, doivent elles-mêmes être consacrées par la libre adhésion du cœur, subir la transformation que Simplicius décrit ainsi : « Il faut savoir que c'est l'amitié qui communi-
« que aux relations naturelles le charme, la sympathie
« et la bonne volonté dans l'accomplissement du devoir.
« En effet, des frères, des enfants, un mari, une femme
« qui ne s'aiment pas les uns les autres, lors même qu'ils
« observent la règle d'Épictète, qu'ils remplissent les
« devoirs qui découlent de leurs rapports naturels, ne le
« font pas de bon cœur, avec joie, en un mot volontaire-
« ment, mais en quelque sorte par obligation ou con-
« trainte ; ils croient s'acquitter d'une tâche, ils ne
« jouissent pas de leurs rapports, ils ne les apprécient
« pas comme un bien, mais ils agissent comme par force
« et pour remplir leur devoir. Ce qui fait que l'amitié
« a tant de force, c'est que les charges en sont remplies
« volontairement. Où la volonté n'intervient pas, le lien
« entre les hommes est constitué par une relation natu-
« relle, mais l'amitié constitue le rapport volontaire qui
« est plus fort que le lien naturel, parce que la raison et
« la volonté sont au-dessus de la nature et rapprochent
« davantage de l'Un qui relie toutes choses[1] ». Ainsi l'amitié pénètre tous les sentiments. Les affections natu-relles doivent se régler sur elle. Nous dirions aujourd'hui : « Il faut aimer son ami comme on aime son frère, ses parents » ; les anciens disaient : « Il faut aimer ses parents comme on aime ses amis ».

Si l'amitié est le modèle de toutes les relations qui existent entre les hommes, elle est particulièrement le modèle des relations sociales. Elle est le premier lien des

---

[1] Simplic., *Commentaire du Manuel d'Épictète*, ch. XXX.

sociétés ; elle précède la justice ; quand la justice naît,
elle paraît d'abord contredire l'amitié ; mais la forme
supérieure de la justice, à savoir l'équité, est en réalité
une justice complétée par l'amour. Aristote montre que
la meilleure solution des différends ou conflits qui s'élèvent entre les hommes, est celle qui se tire des règles de
l'amitié ; et peut-être il n'a manqué aux Stoïciens pour
fonder la véritable théorie du droit que de mieux connaître les lois de l'amitié ; leur sévère morale en eût été
adoucie, et fût devenue plus véritablement humaine.

B. — *L'amitié est une vertu.*

L'amitié se serait moins fortement emparée des âmes
si elle n'eût représenté une vertu. Elle n'est pas seulement le charme de la vie humaine, elle est un bien
moral. Notre volonté, qui décide du choix de nos amis,
décide aussi de la forme ou de la nature de notre amitié.
L'amitié est si impérieusement réglée par la raison, que
parfois elle prend les dehors de l'indifférence et de la
haine, et se traduit par une dureté et une froideur voulue (exemple, l'amitié stoïcienne). Par là, on voit que le
mot amitié est équivoque : il désigne une relation entre
des personnes et un sentiment. Cette relation est soumise à des lois morales, que parfois contredisent les lois
de la passion. De là naît la casuistique.

Les casuistes plaident tour à tour la cause du sentiment et de la raison. L'amitié ne doit pas être compri-
mée par une raison étroite, elle doit être encore moins
une passion déchaînée et aveugle. La casuistique qui
résout avec un art ingénieux et souvent profond le
conflit de l'idéal et des mœurs, résume les leçons de
l'expérience ; elle représente, par malheur, la sagesse
tardive de l'âge mûr ; elle prétend d'ordinaire régler les

sentiments, quand la source des sentiments est tarie.
Elle n'en offre pas moins un grand intérêt, comme
expression de la réflexion morale. Elle nous donne encore
une leçon indirecte : elle nous apprend comment le sentiment de l'amitié peut se perdre ou s'affaiblir, soit qu'il
entre en conflit avec la morale régnante, soit qu'il s'inspire d'une morale étroite et rigoriste.

2° Comment s'explique la disparition de l'amitié antique.

On vient de suivre l'évolution, en quelque sorte logique, du sentiment de l'amitié. A ne la considérer que
comme fait historique, l'amitié décline et meurt avec le
monde antique. Ainsi, c'est à peine si les moralistes
modernes mentionnent les devoirs de l'amitié ; dans
l'antiquité, l'étude de ces devoirs faisait le fond de la
morale sociale. Les poètes anciens aussi ont chanté plus
souvent l'amitié que l'amour. Les sentiments ont besoin,
pour vivre, d'un milieu moral : leur prestige sur l'imagination, leur empire sur les âmes, leur intérêt philosophique s'expliquent, en dernière analyse, par leur
adaptation aux besoins ou aux mœurs d'un temps.

Dans la Grèce héroïque et guerrière, l'amitié s'établit
entre compagnons d'armes ; dans la Grèce pacifique,
entre les compagnons d'études et de loisirs. Vienne à
disparaître la vie commune des camps, des gymnases et
des écoles, l'amitié perd à la fois ses conditions d'existence et sa raison d'être. D'autres sociétés naissent,
d'autres sentiments la remplacent. Le trait caractéristi-
que des mœurs grecques est la vie en plein air : *sub
dio ;* les hommes se rencontrant à toute heure sur l'agora,
dans les gymnases, sous les portiques , l'amitié naît de
ce contact incessant, de cette intimité au grand jour.

Notre vie sédentaire et retirée , nos occupations

absorbantes, nos maisons closes sont bien moins favorables à la formation et au progrès des amitiés. La différence des mœurs antiques d'avec les nôtres ne tient pas seulement à ces circonstances accidentelles et extérieures ; elle a des causes plus profondes. Comme notre vie est devenue plus complexe, notre âme s'est élargie : elle s'est ouverte à l'amour, aux passions impersonnelles. Le Stoïcien, par zèle pour l'humanité, s'interdit déjà l'amitié au sens étroit du mot : il ne la goûte plus, du moins sans arrière-pensée, sans scrupule, ni sans remords. De même, quand l'amour ne relève plus du tempérament et des sens, mais de l'âme tout entière, et quand il apparaît en outre comme un engagement sacré, non seulement il ne peut être refoulé par l'amitié, mais c'est à peine s'il nous laisse le loisir et le goût de cultiver l'amitié.

Ainsi, il ne faudrait pas trop regretter la perte de l'amitié antique. En fait, ceux des modernes qui nous l'ont rendue, Montaigne, La Fontaine, ne se sont-ils pas trouvés être des Épicuriens aimables et légers, sans chaleur de cœur, d'un tempérament étrangement réfractaire aux affections naturelles, à l'amour conjugal, paternel, incapables de passions élevées, politique, religieuse ? L'amitié antique serait donc l'équivalent unique de toutes les passions qui sollicitent l'âme moderne : lui rendre aujourd'hui la place qu'elle occupe dans les mœurs antiques, ce serait renier les conquêtes que nous avons faites dans l'ordre du sentiment.

Au reste, l'amitié antique n'a pas disparu tout entière. Au sens large, elle est ce sentiment ou cette vertu, dont les noms changent, dont la tradition demeure et qu'on appelle, suivant les temps, charité ou fraternité. Au sens étroit, l'amitié subsiste encore ; mais elle a cessé d'être le besoin particulier d'une époque, elle est cultivée pour elle-même, pour le charme qui lui est propre. Par suite, elle est devenue exceptionnelle et rare. Il est des cœurs que n'épuisent pas les affections ordinaires, ce sont ceux qui ont gardé le culte de l'amitié. L'amitié est le signe de la distinction morale, elle est la passion des âmes nobles et délicates, celle d'un Michelet, d'un Renan. Elle a donc perdu en extension, elle a gagné en qualité. Dans l'ordre des sentiments, une seule évolution peut se produire : leur fonction sociale se transforme ou disparaît, mais leurs qualités morales se maintiennent et se développent. L'amitié est aujourd'hui à peu près sans emploi ; mais elle a gardé moralement tout son prix, elle est restée chère aux âmes les plus nobles, et elle est autant ou plus que jamais délicate, confiante, généreuse et dévouée.

BIBLIOGRAPHIE.

CHAPITRE IV
THÉORIES DE L'AMOUR

phon, *Mémorables,* I, II, III, v; IV, I, v. *Banquet,*
er, *Phil. des Grecs,* tr. fr., III, p. 153, Hachette, P
ée, *la Philosophie de Socrate,* t. II, pp. 202-238. Ger

nquet, 179, 180 A, 182 D, 183 B. — *Phèdre,* 227 C, 256
III, 403 B, V, 461 B, 468 B, édit. Didot, Paris, 18
— 841 C. Consulter Zeller, édition allemande, pp. 8

. *Morale à Nicomaque,* VII, v, édit. Didot : VIII, III, xi
-Laprune. *Politique,* II, vi, viii; IV, xiv, xv, édit. Didot
e. Diogène Laerte, X, 118, 119. — Lucrèce, *de Natura rerum,*
— 1281, édit. Lemaire, Paris, 1838.

oïciens. Diog. Laert., VII, 130.—Cicéron, *de Finibus,* III, xx,
Lemaire. *Tusculanes,* IV, 33, édit. Berger, Delagrave, Paris.

arque. *De l'Amour,* IV, V, XVI.

LIVRE II

CHAPITRE Ier
LES THÉORIES PSYCHOLOGIQUES DE L'AMITIÉ

ocrate. Xénophon, *Mém.,* II, iv, vi. — Platon, *Lysis,* 215 A.
Platon. Définition des termes *ami, amitié.* Si l'*ami* est *celui qui aime*
u celui *qui est aimé,* ou celui qui *aime et est aimé* tout ensemble.
Lysis, 212 B — 213 D. Si l'*amitié* consiste à *aimer* ou à *être aimé.*
Banquet, 180 B, 204 C.
Les hommes, destinés à devenir *amis,* ne sont ni les *bons* ni les
méchants, mais ceux qui, n'étant *ni bons ni méchants,* aspirent à
devenir *bons. Lysis,* 214 A — 222 E. — Théorie analogue : 1º dans le
Banquet, mythe d'Éros, fils de Poros et de Pénia, 199 C — 204 C ;
2º dans le *Phèdre,* 237 D.

BIBLIOGRAPHIE

LIVRE I

CHAPITRE Ier
L'AMITIÉ CONSIDÉRÉE COMME FORCE PHYSIQUE

I. Empédocle ap. Platon, *Lysis,* 214 A, édit. Teubner, Leipsig, 1885 —
ap. Aristote, *Morale à Nicomaque,* VIII, I, édit. Ollé-Laprune, Belin, Paris, 1882; *Morale à Eudème,* VII, I, et *Grande Morale,* II, XI,
édit. Didot, Paris, 1850. — Consulter Zeller : *la Philosophie des Grecs,*
tr. fr. de M. E. Boutroux, II, p. 217, édit Hachette, Paris, 1882.

II. Héraclite ap. Platon, *Lysis,* 215 C, et *Banquet,* 182 B, édit. Teubner,
Leipsig, 1877 — ap. Aristote, *Mor. Nic.,* VIII, I, et *Mor. Eud.,* VII,
I, II[1].

III. Platon. Explication mythique de l'Amour. Théorie de l'ἵμερος.
Phèdre, 251 A et sq., édit. Teubner, Leipsig, 1877 — Origine mythique des différentes espèces d'amour. *Banq.,* 189 C — 193 D.

IV. Aristote. L'amitié est un fait psychique, et non physique. *Mor.
Nic.,* VIII, I, et *Mor. Eud.,* VII, I.

CHAPITRE II
L'AMITIÉ CONSIDÉRÉE DANS LES INSTITUTIONS ET DANS LES MŒURS

I. La communauté des biens entre amis.

A. *Chez les Pythagoriciens.* Diogène Laerte, VII, I, 10, édit. Didot,
Paris, 1878. — Consulter Zeller : *la Philosophie des Grecs,* tr. fr.,
I, p. 230, Hachette, Paris, 1877.

[1] J'abrège l'indication des ouvrages mentionnés déjà.

B. *Chez les Socratiques.* Xénophon, *Mémorables,* II, IV, 6 ; VI, 23, édit. Th.-H. Martin, Delagrave, Paris. Cette excellente édition, à l'usage des classes, a été expurgée. On a consulté, pour les chapitres qui manquent, l'édition Didot, Paris, 1838. — Xén., *Mém.,* III, XI, 4, édit. Didot. —Platon, *Criton,* 44 B — 45 B, édit. Didot, Paris, 1856. *Lysis,* 207 C.

C. *Chez les Épicuriens.* Diogène Laerte, X, II.

D. *Chez les Stoïciens.* Sénèque : *de Beneficiis,* VII, 12. édit. Lemaire, Paris, 1827.

II. L'amitié est une communauté de vie. Aristote, *Mor. Nic.,* VIII, IX, édit. Ollé-Laprune. Consulter l'Introduction au même ouvrage, p. 29. — Sénèque : *Lettres à Lucilius,* 35, édit. Lemaire, Paris, 1828.

III. L'amitié est une communauté de sentiments. Aristote, *Morale à Nicomaque,* IX, VI, édit. Didot, Paris, 1850.

IV. L'amitié est une communauté de doctrines. Épicure ap. Diog. L., X, 20. — Marc-Aurèle, *Pensees,* IV, 3, trad. Pierron, Charpentier, Paris, 1879. Consulter Guyau : *Étude sur la philosophie d'Épictète,* en tête de la traduction du *Manuel,* Delagrave, Paris, 1875.

V. Socrate, tuteur et directeur des jeunes gens. Xénophon : *Mémorables,* passim, édit. Martin. — Platon : *Apologie,* 31 B, *Théétète,* 150 D et sq., édit. Didot, Paris, 1856.

VI. L'hétairie épicurienne. Diog. L., X, passim. — Pline, *Histoire naturelle,* XXX, V, 5, édit. Lemaire, Paris, 1829. — Sénèque : *Lettres,* 6. — Cicéron : *de Finibus,* I, XX, 65, édit. Guyau, Delagrave, 1876. — Valère Maxime, I, 8, *de Miraculis,* 17, édit. Lemaire, Paris, 1822. Consulter Guyau : la *Morale d'Épicure,* p. 136, 2e édit., Germer-Baillière, Paris, 1881.

VII. L'enseignement salarié des Sophistes, opposé aux relations amicales de maître à disciple. Xén., *Mém.,* I, II, 7 ; I, VI, 13, édit. Martin. Consulter Zeller : *la Philosophie des Grecs,* tr. fr., II, p. 486, où se trouvent mentionnés tous les textes de Platon et d'Aristote.

VIII. Théorie de l'enseignement.

A. *Chez Socrate :* Plat., *Apol.,* 29 C, D.

B. *Chez Platon :* Plat., *Banq.,* 206 B, 209 A.

C. *Chez les Stoïciens :* Cic., *de Fin.,* III, XIX, édit. Lemaire, Paris, 1831. — Sén. *Ép.,* 6. — Épictète : *Entretiens,* II, XX, édit Didot, Paris, 1840.

IX. L'a

A. L
Pa
Ban

C. D'ap

D. D'ap
II, XXIV

X. L'amitié, ob
Mém., II, VI, 2
disciple d'Aspa
metteur, Xén.,
d'acquérir des an
Didot. Procédés d
(*Mém.,* II, III, IX) e
Plat., *Banq.,* 215 E)

I. Rôle de l'amour dans
passim, édit. Didot, 1838
Phédon, 116 B, édit Didot,
athénienne, p. 76. — De
t. I, p. 69, 2e édition, Thorir
Grecs, tr. fr., t. III, p. 154.

II. L'amour grec. Xénophon :
836 B, édit. Didot, Paris, 1868.
que, II, VI, édit. Didot, Paris, 18
édit. Didot, Paris, 1846. — *De l'A*
Consulter Girard : *l'Éducation a*
Schœmann : *Antiquités grecques,* t.

III. L'amour, principe du courage et
Banquet, VIII. — Platon, *Banquet,* 1
Plutarque, *Vie de Pélopidas, De l'A*
Schœmann, *ouv. cité,* p. 295.

IV. L'Amour, galanterie innocente. Xén
Platon, *Lysis,* 204 C, D, 205 A, 207 B, C
A, B, C.

I. Socrate. Xén
Consulter Zel
1884. — Fouil
Baillière, Pa

II. Platon. Ba
République,
Lois, 835 C
et suiv.

III. Aristote
édit. Ollé

IV. Épicur
IV, 1023

V. Les St
68, édit

VI. Plut

I. S

II.

Comment l'amour, qui s'attache à un objet impersonnel, engendre l'amitié ou liaison personnelle. *Phèdre*, 199 C — 204 C.
Dialectique de l'Amour.

A. L'amour concupiscible. *Phèdre*, 237 C — 241 D. *Banquet*, 180 C — 185 C.

B. L'amour irascible. *Phèdre*, 237 D, 256 A — 257 A. *Banquet*, 180 C — 185 C.

C. L'amour intelligible. *Banq.*, 210 E — 212 A.
Place de l'amitié dans la dialectique de l'Amour. L'amour, en général, aspire à l'éternité. L'amour concupiscible a pour fin la *génération*, et assure l'*éternité* de l'espèce *Banq.*, 206 B — 208 B.
L'amour irascible a pour fin l'*enseignement*, et assure la gloire, qui consiste à vivre *éternellement* dans la mémoire des hommes. *Banq.*, 208 C — 209 E.
L'amour intelligible a pour fin la beauté éternelle, 210 A — 212 C.

III. Aristote. Les formes et degrés de l'amitié. L'amitié pour les *choses* ou φίλησις. *Mor. Nic.*, VIII, ii, v. L'amitié pour les *personnes* ou φιλία. Ses degrés : 1° la bienveillance, εὔνοια. *Mor. Nic.*, VIII, ii ; IX, v. G^de *Mor.*, II, xii. *Mor. Eud.*, VII, vii ; la disposition à aimer, φιλία καθ'ἕξιν, et l'amitié proprement dite ou amitié en acte, φιλία κατ'ἐνέργειαν, *Mor. Nic.*, VIII, v ; 3° l'acte d'aimer ou la vie commune, τὸ συζῆν. *Mor. Nic.*, VIII, v ; IX, ix, xii. *Mor. Eud.*, VII, xii. La réciprocité d'affection, ἀντιφίλησις, est la condition du συζῆν, *Mor. Nic.*, VIII, viii. En d'autres termes, l'amitié consiste à *aimer* et à *être aimé* tout ensemble. Ce que c'est qu'*être aimé* φιλεῖσθαι; ce que c'est qu'*aimer*, φιλεῖν. Rapports du φιλεῖν et du φιλεῖσθαι, *Mor. Nic.*, VIII, viii ; *Mor. Eud.*, VII, ii ; G^de *Mor.*, II, xi ; 4° L'amitié et l'amour-propre. *Mor. Nic.*, IX, iv, viii. G^de *Mor.*, II, xiii. *Mor. Eud.*, VII, vi.

IV. Épicure.— A. Les prédécesseurs d'Épicure. Aristippe ap. Diog. L., X, 8, 91. Hégésias ap. Diog. L., X, 8, 93. Annicéris ap. Diog. L., X, 8, 96, 97. Théodore ap. Diog. L., X, 8, 98.
B. Épicure ap. Diog. L., X, 118, 120, 121,— ap. Cicéron, *de Finibus*, I, xx ; II, xxiv, xxvi,
Consulter Guyau : *la Morale d'Épicure*, pp. 130-142. — Denis : *Les Théories morales dans l'antiquité*, I, pp. 282-284. — Boissier : *Cicéron et ses amis*. Un type d'Épicurien : Atticus, pp. 129-166, Hachette, Paris, 1879.

V. Les Stoïciens. Cicéron : *de Amicitia*, passim. Sénèque, *Epist.*, 9 ; *de Beneficiis*, VII, 4 et 12. — Épictète : *Manuel* xxx et *Commentaires de Simplicius; Entretiens*, II, xxii et passim. — Diogène Laerte, VII, passim. — Marc-Aurèle, *passim*.

CHAPITRE II

THÉORIES MORALES

I. L'opposition de l'amitié et de la justice.

1° Chez les Gnomiques. V. Girard : *le Sentiment religieux en Grèce,*
Hachette, Paris, 1869.

2° Chez Socrate. Xénophon : *Mémorables,* II, vi, 35. — Platon :
Criton, 49 A et sq. — *Clitophon,* 410 B, édit. Didot, Paris, 1883.

3° Chez Platon : *République,* I, 334 B et sq., II, 360, édit. Didot,
Paris, 1883. *Gorgias,* 480 E, 481 A, édit. Didot, Paris, 1856.

4° Chez les Stoïciens. Épictète : *passim.* Marc-Aurèle : *passim.*

5° Chez Plutarque : *De l'utilité des ennemis.* Œuvres morales, I,
Didot, Paris, 1885.

II. L'amitié, condition, principe et fin de la vertu.

1° Chez Socrate. Xén. : *Mém.,* II, v, vi.

2° Chez Aristote. Rapports de l'amitié et de la justice. L'amitié et
la justice ont pour objet commun *l'égalité. Mor. Nic.,* VIII, i, ix.
Mais l'égalité que visent l'amitié et la justice n'est pas la même.
Mor. Nic., VIII, vii, viii. De l'égalité entre amis. L'ὁμόνοια.
Mor. Nic., IX, vi. Gde *Mor.,* II, xii. *Mor. Eud.,* VII, vii. Consulter
Zeller : *Phil. der Griechen,* III, pp. 662, 664.

3° Chez les Stoïciens. L'amitié est une vertu, ou du moins une
occasion de vertu. Sén., *Ép.,* IX. Diog. L., VII, i, 96. Elle a pour
condition la connaissance du bien. Épictète : *Entretiens,* II, xxii.
Elle est l'union des volontés dans la poursuite du bien, *ibid.*
Elle implique le détachement à l'égard des personnes. Épictète :
Manuel, III. Consulter Guyau : *Étude sur la philosophie d'Épictète.*
Elle consiste, non dans les bons offices, mais dans le sentiment.
Épict. : *Entr.,* I, xix. Sénèque : *de Beneficiis,* VI, xxxix, édit.
Lemaire, Paris, 1827.

CHAPITRE III

CASUISTIQUE

I. La formation de l'amitié.

A. Le choix des amis. Aristippe ap. Diogène Laerte, II, 8, 78. —
Épicure ap. Sénèque : *Épist.,* XIX. Distinction de l'amitié à naître
et de l'amitié déjà formée. Sén. : *Ep.,* XIX — Cicéron : *de Amicitia,* XIX, édit. Lemaire, Paris.

B. Du nombre des amis. Aristote : *Mor. Nic.,* IX, x. — Plutarque :
Du grand nombre des amis. Œuvres morales, I, édit. Didot,
Paris, 1885. — Zénon ap. Diog. L., VII, 124.

C. Distinction des qualités morales et des qualités aimables. Cic.,
de Amic., XVIII. — Sénèque : *de Tranquillitate animi,* VII,
édit. Nisard, Paris, 1878.

D. Distinction de l'ami et du flatteur. Cicéron : *De Amicit.,* XXV.
Plutarque : *De l'ami et du flatteur.* Œuvres morales, I, édit.
Didot, Paris, 1885. — Maxime de Tyr : Dissertation XX. *A quels
signes on reconnaît le flatteur de l'ami,* édit. Didot, Paris, 1878.

II. La conservation et la rupture des amitiés.
La durée de l'amitié dépend de la valeur des amis. Aristote : *Mor.
Nic.,* VIII, iv. — Sénèque : *Ép.,* IX. Comparaison des différentes espèces d'amitié au point de vue de la durée. Arist. : *Mor. Nic.,* VIII, xiii.
— De l'amitié intéressée. Ses espèces : l'amitié *légale* et l'amitié
morale. Règles pour éviter et résoudre les contestations en amitié.
Aristote : *Mor. Nic.,* VIII, xiii, xiv ; IX, i. De la rupture. Les causes
de rupture. Cic., *De Amic.,* ix, x, xxi. Les différents modes de rupture. Cic. : *De Amic.,* xxi. Les suites de la rupture. Cic. : *De Amic.,*
xxi. — Aristote : *Mor. Nic.,* IX, iii.

III. Les devoirs de l'amitié.

A. La confiance.
Deux excès à éviter : la défiance injurieuse et la confiance
aveugle. Le *tutiorisme,* ou parti de la réserve à l'égard des amis.
Bias ap. Diog. L., I, — ap. Cic. : *De Amic.,* XVII, — ap. Aristote,
Rhét., I, 2, 3. La réserve convient à l'amitié naissante, la confiance
à l'amitié formée. Solon ap. Diog. Laert., I. — Théophraste ap.
Cic. : *De Amic.,* XXII ; ap. Sén., *Ep.,* III ; ap. Plutarque : *De
l'amour fraternel,* Œuvres morales, I, édit. Didot, Paris, 1878. —
Sénèque : *Epist.,* iii, v. — *De benef.,* VI, xxxiv. *De Tranq. anim.,*
VII, 1.

B. La franchise.
Diogène ap. Diog. L., V, ii. — Antisthène, ap. Plutarque : *De
l'utilité des ennemis,* VI ; *de l'ami et du flatteur,* xxxvi. — Cicéron : *De Amic.,* xxiv — xxvi. — Plutarque : *l'ami et le flatteur,*
passim.

1° S'il faut aimer son ami comme soi-même ou plus que soi-
même. Épicure ap. Cic. : *De Fin.,* I, xx. — Aristote : *Mor. Nic.,*
VIII, vii. — Cicéron : *De Amic.,* xvi. — Simplicius : *Commentaire
du Manuel d'Épictète,* xxx. — Horace : *Satires,* I, iii, 41 et sq.,
édit. Lemaire, Paris, 1831.

2° Dans quelle mesure il est permis de préférer ses amis aux autres hommes. Aulu-Gelle : *Nuits attiques,* I, 3. Exposé et critique des opinions et théories de Chilon, de Théophraste, de Favorinus et de Cicéron. — Cicéron : *De Amic.,* xi — xiii, xvii, — *de officiis,* III, x. — Plutarque : *Le flatteur et l'ami,* xxiii.

CHAPITRE IV

CASUISTIQUE (Suite)

A. Devoirs envers les amis heureux et malheureux. Chilon ap. Diog. L., I, 3. — Périandre : *Ibid.,* I, 7. — Démétrius : *Ibid.,* V, 5. — Aristote : *Mor. Nic.,* IX, xi.

B. De l'amitié entre supérieur et inférieur. Aristote : *Mor. Nic.,* VIII, vi, viii, xiii, xiv, — IX, i, ii, vii, xii. — Cicéron : *De Amic.,* xix.

C. Devoirs envers les amis absents ou morts. Épicure ap. Diog. L., X, 118 ; ap. Plutarque : *Qu'on ne saurait vivre joyeusement selon la doctrine d'Épicure. Œuvres morales,* trad. Amyot, 1618. — Sénèque : *Ép.,* ix, xxxv, lv, lxiii.

CONCLUSION. — L'amitié idéale et l'amitié vulgaire. Aristote : *Mor. Nic.,* VIII, iv. — Consulter Ollé-Laprune, édition du VIIIe livre de la *Morale à Nicomaque,* pp. 114-115. — Cicéron : *De Amic.,* passim. — Sénèque : *De Tranq. anim.,* VII, 3, — *Ép.,* xxxv.

CHAPITRE V

RÉSUMÉ ET CONCLUSION

A signaler seulement trois textes nouveaux. Sur l'amitié romanesque, Lucien : *Toxaris,* édit. Firmin Didot, Paris, 1867. — Sur le caractère volontaire de l'amitié, Horace : *Sat.,* I, xi, 89 et sq. — Simplicius : *Commentaire sur le Manuel d'Épictète,* xxx.

TABLE ANALYTIQUE DES MATIÈRES

LIVRE PREMIER

LES FAITS

CHAPITRE Ier

CHAPITRE II

L'AMITIÉ ÉTUDIÉE DANS LES INSTITUTIONS ET DANS LES MŒURS..   21

Socrate est le conseiller et l'ami des jeunes gens ; il leur
rend des services matériels, il en reçoit d'eux ; il meurt, comme
il a vécu, au milieu de ses disciples. — L'École socratique est
une libre réunion d'amis.

Épicure établit entre ses disciples des relations d'amitié.
L'École épicurienne est une hétairie. Elle a ses propriétés, ses
revenus. Banquets et fêtes commémoratives destinés à res-
serrer et à perpétuer l'amitié entre les membres de la secte.

CHAPITRE III

CHAPITRE IV

LIVRE II

LES   THÉORIES

———

CHAPITRE Ier

II. PLATON.— Platon étudie moins l'amitié que la faculté d'aimer. 161

Analyse du *Lysis*. — Différents sens du mot ami (φίλος).

L'*ami* est-il celui qui aime (τὸ φιλοῦν) ou celui qui est aimé (τὸ φιλούμενον) ou celui qui aime et est aimé tout ensemble (τὸ φιλοῦν τε καί φιλούμενον)? Cette question revient à cette autre : L'amitié consiste-t-elle à aimer ou à être aimé ?

L'amitié ne dérive ni de la *ressemblance* ni du *contraste*. Par suite, elle n'existe ni entre les bons, ni entre les méchants — ni entre les bons et les méchants. — Reste qu'elle existe entre les bons et ceux qui ne sont ni bons ni méchants ; en d'autres termes, entre les bons et ceux qui, sans être bons, aspirent à le devenir.

Théorie analogue dans le *Banquet*. Mythe d'Eros, fils de Poros et de Pénia. L'amour est une imperfection, en tant qu'il est un *désir* ou besoin, et que le besoin implique une privation. L'amour est une perfection, en tant qu'il est l'aspiration au bien et au bien absolu. En un mot, l'amour a pour origine le *besoin*, et pour fin le bonheur, ou la possession du Bien.

L'ami (ou celui qui aime) n'est pas bon ou heureux, mais c'est une qualité d'aimer, et l'amour est une aspiration au bonheur.

De l'amour du Bien en soi sortent les autres amours : l'amour de soi, l'amitié. L'amitié est l'union des âmes dans la poursuite d'un idéal commun. Amitié est synonyme d'amour.

Dialectique de l'amour...................................... 172

Trois espèces d'amour : *concupiscible, irascible, intelligible.*

A. L'amour *concupiscible* n'a de l'amour que le nom. C'est une passion sensuelle, égoïste et brutale.

B. L'amour *irascible,* ou amour des âmes, a pour fin la vertu, particulièrement la sagesse. C'est une amitié intellectuelle. L'amour *irascible* dérive de la μανία. La μανία est une inspiration divine. C'est un élan de cœur analogue à l'intuition rationnelle (νόησις) et qui s'oppose au raisonnement ou au calcul des intérêts (διάνοια).

C. L'amour *intelligible* a pour objet la beauté absolue ; il implique le détachement à l'égard des personnes.

Place de l'amitié dans la dialectique des sentiments. 181.

A. L'amour *concupiscible* se ramène au désir d'*engendrer,* enveloppe le désir de l'*immortalité*. L'éternel est donc l'objet dernier de l'amour. — L'amour *concupiscible* s'attache à la beauté corporelle, mais la beauté corporelle est le reflet de la beauté éternelle.

CHAPITRE II

Partout où il y a justice, il y a amitié, et les variations ou degrés de l'amitié répondent aux variations ou degrés de la justice.

L'amitié et la justice tendent à établir toutes deux l'égalité, mais non la même : l'une a pour règle l'égalité arithmétique; l'autre, l'égalité proportionnelle.

De l'égalité des amis. — C'est une égalité de condition. Mais l'égalité de condition est réductible à l'égalité dans l'amour ou ὁμόνοια. — L'ὁμόνοια est un sentiment de même *qualité* éprouvé par deux personnes l'une pour l'autre. L'ὁμόνοια est pleinement réalisée dans l'amitié entre égaux et dans l'amitié vertueuse; elle est imparfaite dans l'amitié de supérieur à inférieur, et les amitiés de plaisir et d'intérêt. — L'ὁμόνοια est un sentiment de même *intensité* éprouvé par deux personnes l'une pour l'autre. Les amis doivent s'aimer également, s'ils sont égaux, proportionnellement à leur mérite, si l'un des amis est supérieur à l'autre. L'égalité est toujours et dans tous les cas la règle de l'amitié.

Résumé et conclusion. — L'amitié suppose : 1° la justice ou vertu sociale ; 2° la vertu personnelle. — L'amitié est une vertu et a pour règle la justice. Insuffisance de cette doctrine. L'amitié est un sentiment, elle dépasse la justice et paraît d'une autre nature que la justice.

Les Stoïciens. — L'amitié est une vertu. — Elle est cultivée pour elle-même ; ou du moins, elle est recherchée, non pour le plaisir qu'elle donne, mais pour le bien qu'elle produit. En d'autres termes, elle est un bien, mais un bien appelé ποιητικόν

L'amitié a pour condition la vertu. Elle suppose la connaissance du bien, c'est-à-dire la distinction du bien et des choses indifférentes, des choses qui dépendent de nous et de celles qui n'en dépendent pas. — Elle est l'attachement au bien et le détachement à l'égard des choses indifférentes. — Elle se fonde sur l'ὁμόνοια, elle est l'union des volontés dans la poursuite du bien.

L'amitié stoïcienne implique une sorte de détachement à l'égard des personnes. En un sens, les autres hommes sont pour le sage une *chose indifférente*. Il est insensible à leurs injures, à leur haine, à leur mépris. Il s'applique à les aimer, parce que cela dépend de lui et que c'est un bien; non à en être aimé, parce que cela ne dépend pas de lui et est indifférent.

Par là même que le sage renonce à être aimé, il aime ses amis comme ils doivent, non comme ils veulent être aimés,

c'est-à-dire sans émotion, sans trouble. Il n'a pas de pitié pour
leur malheur, mais seulement pour leurs vices. L'amitié stoïcienne est toute raisonnable.

En un sens, les autres hommes ne sont pas pour le sage
une chose indifférente, mais un bien. L'amitié consiste, non
à rendre des services, mais à aimer ses amis et à les aimer
pour eux-mêmes.

CHAPITRE III

amis les qualités morales et les qualités d'agrément (*Cicéron, Sénèque*). — Mais on pourra se tromper sur les deux sortes de qualités. On risque en particulier de confondre l'ami et le flatteur.

La flatterie s'applique à reproduire tous les traits de l'amitié. On emploiera la ruse pour démasquer le flatteur, on lui tendra des pièges. On le reconnaîtra à ce qu'il n'a pas de caractère propre, à ce qu'il imite en tout son ami, à ce qu'il imite particulièrement ses défauts et ses vices, — à ce qu'il donne sans cesse des éloges, — à ce qu'il n'est pas franc, ou à ce que sa franchise sonne le creux, — à ce qu'il affecte de rendre des services et se répand surtout en protestations, en promesses, — à ce qu'il montre une bonne volonté, toute de surface et en dehors (*Plutarque*).

La durée des amitiés dépend du *choix* des amis. La question de la conservation des amitiés ne fait qu'un avec celle de leur *rupture*.

Classification des amitiés sous le rapport de la *durée*. L'amitié vertueuse est indissoluble (μόνιμος); les amitiés de plaisir et d'intérêt sont sujettes à se rompre. Seule, l'amitié intéressée se rompt d'une *façon violente*. — Deux causes de rupture : les unes fatales, les autres volontaires. — Les secondes seules importent, comme pouvant être évitées.

L'amitié intéressée est à la fois un attachement aux personnes et un attachement aux choses : ces deux attachements entrent en conflit. — L'amitié intéressée revêt deux formes principales : elle est *légale* ou *morale*, selon qu'elle repose sur un contrat *écrit* ou *tacite*. L'amitié *morale* seule donne lieu à des contestations, parce qu'elle repose sur la bonne volonté, laquelle peut faire défaut. — Règles pour éviter ou résoudre les contestations : 1° définir exactement les clauses du pacte amical ; 2° interpréter ces clauses dans le sens le plus large, le plus libéral.

L'amitié vertueuse est *indissoluble* en principe. Elle peut cependant se rompre, quand l'un des amis devient trop supérieur à l'autre.

Suites de la rupture : on a des devoirs envers ses amis, même après qu'on s'est séparé d'eux..

Tandis qu'Aristote étudie surtout les causes de la rupture des amitiés et les moyens de l'éviter, Cicéron étudie la manière dont elle doit s'accomplir et les suites qu'elle doit avoir.

La χρῆσις φίλων ou les devoirs de l'amitié.

CHAPITRE IV

Nous devons aimer nos amis dans toutes les conditions,
mais non les aimer autant et de la même manière, suivant qu'ils sont heureux ou malheureux.

Heureux et malheureux, nous avons toujours besoin
d'amis (*Socrate*). — En quel sens les heureux, en quel
sens les malheureux ont besoin d'amis (*Aristote*). Ni la
prospérité ni l'adversité n'expliquent l'origine de l'amitié,
mais elles modifient l'une et l'autre les devoirs de l'amitié.
L'ami malheureux doit montrer de la discrétion et de la
réserve, tandis que l'ami heureux doit être empressé et
faire les avances.

L'amitié ne tient pas compte des inégalités de rang et de
condition, mais elle fait droit à l'inégalité de mérite.
L'amitié, même intéressée, n'est jamais une répartition
rigoureusement égale des devoirs et des charges ; elle se
fonde sur la bonne volonté, elle est généreuse. Exemple du
bienfaiteur et de l'obligé (*Aristote*).

Cicéron définit les devoirs respectifs du supérieur et de
l'inférieur en amitié.

Les Stoïciens proclament que les hommes sont égaux et
sont ainsi dans l'obligation de s'aimer les uns les autres.

L'amitié supprime donc l'inégalité entre les hommes, ou
bien c'est l'inégalité qu'on supprime en vue de fonder
l'amitié.

La vie en commun est la condition de l'amitié ; la séparation des amis devrait donc mettre fin à l'amitié.

Aristote admet que la séparation entraîne toujours la
dissolution de l'amitié. — Selon Épicure, le sage garde un
souvenir fidèle à ses amis absents, voire à ses amis morts,
quoiqu'il n'ait point l'espoir de les revoir dans une autre
vie.

Selon les Stoïciens, le sage tient pour « une chose indifférente » la séparation ou la mort de ses amis ; ne trouve-t-il pas toujours des hommes à aimer ? Sénèque reconnaît que la présence des amis est un bien, mais qu'on peut se consoler des séparations comme étant un mal ordinaire. — Les regrets trop vifs ne sont pas une preuve certaine d'amitié ; il peut y entrer de l'ostentation ou du remords. Il faut aimer ses amis quand ils vivent, plutôt que les pleurer morts. Le regret a sa douceur.

En général, les anciens attachent peu de prix à la fidélité en amitié.

Socrate ne soupçonne pas l'écart entre l'idéal moral et les mœurs.

Platon a uniquement en vue l'amitié idéale.

Aristote distingue une amitié proprement dite et une amitié improprement dite.

L'amitié idéale sert à juger les amitiés communes, les amitiés communes servent à illustrer et à préciser la notion de la pure amitié. Les différentes amitiés : amitié d'égal à égal, de supérieur à inférieur, amitié politique, domestique, et amitié proprement dite, renferment toutes quelque élément de l'amitié idéale, et l'amitié idéale réunit tous les éléments épars des amitiés communes.

Épicure a uniquement en vue l'amitié telle qu'elle existe en fait. — Cependant sa distinction de l'amitié naissante et de l'amitié développée équivaut à celle de l'amitié vulgaire et de l'amitié parfaite.

Les Stoïciens ont uniquement en vue l'amitié idéale ; cependant les derniers Stoïciens distinguent l'amitié des sages et celle des hommes en progrès vers la sagesse. — Sénèque recommande la seconde commé seule accessible. Cicéron affecte de dédaigner la première comme n'étant qu'une fiction.

CHAPITRE V

HISTORY OF IDEAS
IN
ANCIENT GREECE

An Arno Press Collection

Heidel, W[illiam] A[rthur]. **Plato's Euthyphro,** With Introduction and Notes and **Pseudo-Platonica.** [1902]/1896. Two vols. in one

Hermann, Karl Fr[iedrich]. **Geschichte Und System Der Platonischen Philosophie.** 1839. Part One all published

Hirzel, Rudolf. **Die Person:** Begriff Und Name Derselben Im Altertum and Uxkull-Gyllenband, Woldemar Graf, **Griechische Kultur-Entstehungslehren.** 1914/1924. Two vols. in one

Kleingünther, Adolf. ΠΡΩΤΟΣ ΕΤΡΕΤΗΣ : Untersuchungen Zur Geschichte Einer Fragestellung. 1933

Krohn, A[ugust A.] **Der Platonische Staat.** 1876

Mahaffy, J. P. **Greek Life And Thought From The Age Of Alexander To The Roman Conquest.** 1887

Martin, Th[omas] Henri. **Études Sur Le Timée De Platon.** 1841. Two vols. in one

Martin, Th[omas] H[enri]. **Mémoire Sur Les Hypothèses Astronomiques.** 1879/1881. Three parts in one

Milhaud, Gaston. **Les Philosophes-Géomètres De La Grèce.** 1900

Morrow, Glenn R. **Plato's Law Of Slavery In Its Relation To Greek Law.** 1939

Plato. **The Hippias Major Attributed To Plato.** With Introductory Essay and Commentary by Dorothy Tarrant. 1928

Plato. **The Laws Of Plato.** The Text Edited With Introduction and Notes by E. B. England. 1921. Two vols.

Saunders, Trevor J. **Bibliography On Plato's Laws, 1920-1970:** With Additional Citations Through May, 1975. 1975

Plato. **The Platonic Epistles.** Translated With Introduction and Notes by J. Harward. 1932

Raeder, Hans. **Platons Philosophische Entwickelung.** 1905

Ritter, Constantin. **Neue Untersuchungen Über Platon.** 1910

Ritter, Constantin. **Platon:** Sein Leben, Seine Schriften, Seine Lehre. 1910/1923. Two vols.

Sachs, Eva. **Die Fünf Platonischen Körper.** 1917

Schwartz, Eduard. **Ethik Der Griechen.** 1951

Shute, Richard. **On The History Of The Process By Which The Aristotelian Writings Arrived At Their Present Form.** 1888

Snell, Bruno. **Die Ausdrücke Für Den Begriff Des Wissens In Der Vorplatonischen Philosophie.** 1924

Tannery, Paul. **La Géométrie Grecque.** 1887

Tannery, Paul. **Recherches Sur L'Histoire De L'Astronomie Ancienne.** 1893

Taylor, A. E. **Philosophical Studies.** 1934

Wallace, Edwin, compiler. **Outlines Of The Philosophy Of Aristotle.** 1894

Zeller, Eduard. **Platonische Studien.** 1839

Zeno And The Discovery Of Incommensurables In Greek Mathematics. 1975